일상의 빅퀘스천

호모 스피리투스의 여정

일상의 빅퀘스천

도영인·박영재·송순현·이영환 지음

안티쿠스
ANTIQUUS

일러두기

1. 본서에 사용한 문장부호 가운데 " "는 독립적인 인용 또는 대화를 표시할 때, ' ' 는 부분적 인용이나 중복 인용 또는 강조를 표시할 때, 『 』는 저서명을 표시할 때, 「 」는 책 편명이나 논문명을 표시할 때, 《 》는 신문, 잡지(온, 오프라인) 〈 〉 는 신문, 잡지(온, 오프라인)에 실린 글 이름에 쓴다.

2. 본문 서술에서 설명이 필요한 단어는 미주로 처리하였다.

3. 본문과 미주에 참고한 문헌은 권말의 '참고문헌'에 기록하였다.

4. 미주 내용의 출처는 밝혔으며 밝히지 않은 것은 위키피디아를 다수 참고하였다.

5. 본문에 사용된 사진은 해당 저자의 제공이며 저작권은 해당 저자에게 있다. 저작권자를 찾지 못한 일부 작품은 저작권자가 확인되는 대로 절차에 따라 사용 허락을 받거나 계약을 맺을 예정이다.

6. 일부 생몰년을 확인할 수 없는 인물의 경우 생몰년 표시를 하지 못하였다.
   예) 해리 팔머Harry Palmer, 신디 위글워스Cindy Wigglesworth

서문

의식 상승의 시대 ― 영성 이야기

우리는 지금 어떤 시공간에서 살고 있는가? 더 큰 만족감이나 희망을 만 끽하며 살 수 있는 곳을 향하여 가고 싶은 사람이 있다면 현재 어느 위치 에 있는지 스스로 알아내야만 한다. 이 책은 지금까지 자신의 삶을 되돌 아보고 더 나은 삶을 모색하고자 하는 사람들을 위한 것이다.

오랜 시간에 걸쳐 형성된 '나'의 사고, 감정 및 느낌의 본질을 알아차 림으로써 나의 내면에서 작동하고 있는 신비로운 세계에 대해 다시 한 번 생각해보려는 사람들을 위함이다. 그런데 혼자서만 느끼고 의식할 수 있는 '나'의 세계에 대해 조금 더 깊이 생각해보면 내 몸 밖의 세계 또한 '나'와 밀접하게 연결되어 있음을 알아차리게 된다. 각자의 내면세계가 대체로 온전하다고 느끼면서 사는 사람들이 많으면 많을수록 이 세상은 훨씬 더 큰 행복감이 넘쳐나는 멋진 경험들로 채워질 것이다. 동시에 우 리는 물질세계가 더 현실적이고 정의로운 체계를 갖추게 된다면 더 많은 사람들이 더 평안하고 만족스러운 삶을 살 수 있다고 믿는다.

그런데 유감스럽게도 지금 우리는 예기치 않은 코로나19의 습격을 받 고난 후에 각자 자기에게 맞는 대응방안을 새롭게 강구하지 않으면 안 되는 상황에 직면했다. 인공지능으로 상징되는 2020년에 다양한 색깔과 디자인의 옷을 입고 사는 사람들이 공통적으로 착용하고 있는 것이 획일 적 마스크라는 사실은 역설적이다. 우리가 살고 있는 이 세상은 무방비 상태에서 사람들을 반길 수 있는 공간이 더 이상 아니다. 더욱이 즐거운 웃음소리를 크게 내면서 다른 사람들과 기쁨을 나누는 공존의 시간을 찾기도 어려운 곳이 되었다. 우리의 일상생활에서 그 존재조차 인지하기 어려운 바이러스가 우리 모두의 삶을 위태롭게 할 수 있다는 사실을 새삼 알게 되었다. 우리가 익숙한 평화롭게 먹고 마시고 악수하고 부둥켜안으며 서로를 반기는 사회적 존재로서의 삶, 안전한 일상은 이제는 옛일이 되었다. 대부분의 한국 사람들이 거추장스럽고 불편한 마스크를 착용하고 다님으로써 자신의 생명은 물론, 모르는 사람들의 건강까지 배려하는 새로운 삶의 방식으로 발 빠르게 적응해 가고 있다. 이 과정에서 평소에 영성靈性, spirituality이라는 단어에 익숙하든 그렇지 않든 점점 더 많은 사람들이 새로이 발견하고 있는 한 가지 사실은 누구나 눈에 보이지 않는 정신적 혹은 영적 보호막을 잘 활용할 수 있다는 것이다.

바이러스보다도 더 무서운 두려움과 혼돈스런 마음을 다스리기 위해 일부는 종교적 색채를 띤 영성의 옷을, 다른 일부는 종교와는 무관한 영적 방어복을 입고 있다. 영성이라는 내면의 면역력 덕분에 신종바이러스가 계속 진화해서 첨단기술로 만들어 낼 최신 백신을 무력화시키더라도 인류는 끝까지 생존할 것으로 생각한다. 영성에는 우리의 삶을 보호해줄 치료제와 백신이 있다. 이 책은 영성의 힘에 관한 에세이와 대담집이다.

현재 인류는 예상하지 못했던 온갖 변화를 온몸으로 겪으면서 집단적인 충격에 빠져 있으며, 이는 집단의식에 큰 영향을 미치고 있다. 만물의 영장임을 자처해 온 21세기의 인류가 그 동안 경험하지 못했던 불안감을 안고 살아간다는 현실은 인간의 집단의식 세계에 터뜨려진 일종의 핵폭발 사건과도 같다. 지금까지 알고 있던 세상과는 아주 판이하게 다른 세상이 바로 우리 눈앞에 전개되고 있다는 불편한 진실을 외면할 수는 없다. 이와 같이 삶의 모든 영역에서 다양한 변화가 진행되는 가운데 육체적·정신적 면역력이 모두 필요한 시점에서 새로운 백신을 개발하는 것만큼이나 평상심을 회복하는 일이 필수적임을 새삼스레 체득하게 되었다.

2020년은 수많은 목숨들이 희생된 상실의 해인 동시에 많은 사람들로 하여금 몸과 마음의 건강을 조화롭게 보존해야 한다는 집단적인 각성에 이르게 한 해이기도 하다. 눈에 보이는 물질세상이 눈에 보이지 않는 바이러스의 위력에 의해 위협을 받고 있는 가운데 동서양의 세계관이 서로의 가치를 존중해야 하는 패러다임의 전환점에 도달하였다. 우리는 이제 물질문명 위주의 세계화 과정에서 지구행성을 지배해 온, 자연으로부터 인위적으로 분리된 인간 중심 세계관을 극복하고 동서양 현자들이 주장해 온 것처럼 인간을 포함한 세상 만물이 보이지 않는 에너지장에 의해 깊은 차원에서 하나로 연결되어 있다는 사실을 재확인하고 있다. 지금은 인류가 이성과 영성의 활력을 상호 보완하고 강화시킴으로써 지금까지와는 차원이 다른 새로운 문명을 개척하고자 하는 의지를 함께 다짐해야 하는 시간이기도 하다. 코로나19 사태는 서양문명을 따라 잡으려 그 동안 '정신없이' 달려온 한국인들에게 특히 의미 있는 성찰의 시간을 제공한 셈이다.

산업혁명 이래 인간이 성취한 물질적인 풍요는 결국 인간을 포함한 자연생태계의 모든 생명체를 위협한다는 사실 앞에서 인간은 더 이상 합리성이나 이성적인 사고력에만 의지할 수 없게 되었다. 과학기술을 통해 물질적인 결핍과 질병의 위협을 극복해 온 인류가 미래에 살아남기 위해서는 우리 모두 개인의식이 깨어나야 할 뿐만 아니라 집단의식의 향상에 앞장서지 않을 수 없다. 변화무쌍한 인류 역사에서 사람들이 겪어 온 여러 유형의 재난들을 이겨내는 과정에서 그 동안 종교전통과 과학기술이 그 위력을 서로 다투면서 인류의 존재방식에 무시할 수 없는 영향력을 행사해 왔다. 그러나 앞으로의 세상에서는 이 두 세력 모두 그 동안 의존해 온 독자적인 방식으로는 글로벌 차원의 문제들을 해결하는데 효력을 발휘하기 어렵다. 코로나19 사태 이후 많은 지성인들과 지도자들이 그 중요성을 거듭 강조하고 있는 '공존'을 위한 의지력과 경계를 넘어서 다 함께 '연대'하는 실천력은 영성의 힘을 기반으로 할 때 비로소 효과를 발휘할 수 있다.

지금은 누가 뭐래도 집단적인 '의식의 점프'가 필요한 시대이다. 크고 작은 분쟁의 원인이 되어 온 종교들 간의 경계를 과감히 넘어서야 한다. 더불어 종교 영역 밖의 정치, 사회, 경제, 교육과 의료분야 등을 통합적으로 연결해야만 글로벌 차원의 문제 해결이 가능하다면, 이를 위한 원천적인 해결책을 인간에 내재해 있는 영성에서 찾아야 할 것이다. 이 책의 목적은 바로 그 가능성을 모색하기 위한 것이다. 이 책의 저자들은 개인적인 삶의 여정에서 체득한 바에 입각해 미래사회에서는 그 역할이 지금보다 훨씬 더 크게 확장될 것으로 전망되는 영성에 관한 이야기를 다각도에서 솔직하게 펼쳐 보려고 시도했다.

이 책을 통해서 저자들은 인간을 위시한 모든 생명체를 살리는 우주적인 힘Force의 근원으로서의 영성이라는 '본질'과 변화하는 물질세계 속 사회적 '현상'들이 서로를 마주하는 시공간을 각자의 방식으로 조망하였다. 개인 에세이와 담화 형식의 이야기를 통해 저자들은 예측불가능하고 불안정한 삶의 여정에서 인간에게 정말 필요한 안전망은 눈에 보이지 않는 의식세계에서 찾아질 수 있다는 가능성을 탐구하였다. 인류는 바야흐로 과거보다 영성적인 각성이 더욱 힘차게 물결치는 의식 상승의 시대로 접어들었다. 이제 인류는 그 동안 물질적인 측면에서 최상의 위치를 점했던 생명체로서 그 이면에 존재하는 자존감의 실체를 들여다보아야 한다. 우리는 개체의식과 집단의식 속에 숨겨져 온 정체성의 본질을 자기 성찰을 통해, 그리고 상호주관적인 맥락과 사회제도와 관습의 영역을 포괄하는 통합적인 관점에서 직시해야 한다. 그래야만 인간만이 갖는 고유한 영성적인 특성에 근거한 높은 의식수준의 가능성을 본격적으로 탐구할 때가 되었음을 인지하게 될 것이다. 인류가 보유한 강력한 사회적 자본이자 공통의 안전망으로서 영성은 한국인들뿐만 아니라 전세계 사람들을 위해 미래사회를 밝혀 줄 빛(光明)이며 모든 생명체를 보호하는 신성한 능력 그 자체이다.

1부 개인 에세이에서 저자들은 각자 자신의 삶을 돌아보면서 얻은 개인적인 통찰의 열매를 공유하는 시간을 가졌다. 영성과 사회과학이 만나는 접점에서 사회문제 해결의 열쇠를 탐색해 온 사회복지학 교수. 과학자로서 또한 재가 수행자로서 수행과 생업이 둘이 아님을 몸소 보여준 영성멘토이자 물리학 교수. 명상과 영성 분야의 도서출판과 대중들의 영성 계발에 기여해온 끝에 몸과 마음의 건강을 우주에너지와 융합시키는 방법을 개발한 춤 명상가. 다학제적인multidisciplinary 지식을 통해 공익 확장에 초점을 맞춘 진리탐구에 앞장서 온 경제학 교수. 이렇게 전부 네 사람이 각자 예순을 넘긴 삶의 여정을 뒤돌아보았다. 네 명의 저자들은 자본주의 세상이 가져 온 편리함을 당연시하면서 물질적으로 비교적 평안한 삶에서 대체로 심리적인 안정감을 누리며 살아왔다. 그와 동시에 궁극적으로 충족되지 않는 인간만이 갖는 메타욕구인 자기실현의 욕구를 충족시키려고 나름대로 애쓰며 살아왔다. 각자 다른 방식을 통하여 걸어 온 삶의 여정에서 쉽사리 답을 찾을 수 없는 빅퀘스천들이 제기하는 생각의 무게를 견디어 내면서 가장 중요한 것이 무엇인지 알아내려는 의지를 굽히지 않고 여기까지 왔다. 저자들에게서 발견되는 공통점이 있다면 눈에 보이지 않는 장애물들을 이겨내기 위한 자기 자신과의 내면적인 투쟁에서 각자의 방식으로 살아남았다는 점이다. 살아온 방식은 다르지만 네 사람 모두 영성적인 힘이라고 일컬을 수 있는 본질적인 진리를 추구해 왔다는 점에서는 공통적이다.

2부와 3부에서 저자들은 영성은 무엇이고 영성적 성장이 왜 중요한지 함께 토론하고 이어서 21세기가 필요로 하는 영성적 메시지를 어떻게 전할 것인가를 함께 고민하였다. 이 대담을 통하여 우리는 머리와 가슴을 열고 개인적 삶의 고유 영역과 제도권 종교를 넘어서는 다양한 형태의 영성적 삶의 가능성에 대해 이야기를 나누고자 했다. 호모 사피엔스Homo sapiens에서 호모 스피리투스Homo Spritus로 진전된 수준의 인성을 고민해야 한다. 보다 심도 있게 다루는 효과적인 영성적 교육의 필요성을 고민해야 한다. 사회적 혼란에 대처하고 미래사회의 불확실성에 대비하는 방안으로서 사회체제 전반에 걸쳐 영성적인 해결방법들이 얼마나 절실하게 필요한지 함께 논의하였다. 돈과 같은 일시적 현상과 정신적 수련과 관련된 본질적인 이슈들이 서로 대립하는데 있어서 현대인들이 느끼는 일상적인 어려움도 함께 들여다보았다.

호모 스피리투스인 우리 인간들은 누구나 영성적으로 계속 진화할 수 있다는 면에서 본질적으로 평등한 존재들이다. 우리는 모두 사랑받는 존재로서, 사랑 에너지를 전하는 인격체로서, 각자 우주적 차원에서 주어지는 찬란한 축복을 받고 살아가는 귀한 생명체이다. 새로운 정보기술을 이용해 우리 모두 최첨단 지식에 접근할 수 있는 것과 마찬가지로 영성지능적으로 온전함을 지향하는 삶의 기술은 일상 생활 속에서 누구나 계발하고 활용할 수 있다. 인류 의식의 상승은 곧 대다수 생명체를 살리는 상생의식win-win consciousness이 강화되는 것을 의미한다. 개인의식이 향상함에 따라 집단의식의 상승이 일어남으로써 인류문명 또한 수직적으로, 그리고 수평적으로 향상될 수 있다. 유일무이한 영혼의 빛을 발하는 사람들 모두가 함께하는 의식 상승의 시대를 사는 지구인으로서 필자는 가장 겸손한 마음으로 영성에 관한 이 책의 이야기에 귀 기울여 주실 독자 여러분들께 감사드리고 싶다.

필자는 영성의 고유한 힘에 대한 믿음을 바탕으로 우리의 의식세계를 한 단계 높임으로써, 각자 그리고 함께 더 큰 기쁨을 누리면서 더 나은 삶을 향해 진화해 갈 수 있다는 생각만으로 충분히 행복하다. 독자 여러분들을 향한 이 초대의 글을 마무리하면서 출판계가 겪고 있는 불황에 맞서서 이 책을 출판하기로 결정한 안티쿠스 출판사의 김종만, 고진숙 대표님께 깊이 감사드린다.

2020년 7월 5일 남양주 별내에서

저자들을 대표하여 도영인(昇子) 드림

서문: 의식 상승의 시대 – 영성 이야기　　　　5

1부 영성; 삶의 마중물

01 하나됨, 의식의 길 - 도영인　　　　18

외로운 성장, 딸이라는 존재　　　　20
하느님이 정말 있나?　　　　20
책임성 있는 딸　　　　25

고독, 홀로서기에 성공하다　　　　30
나를 지킬 신앙 울타리를 찾아서　　　　30
한바닷속의 투명한 물방울　　　　41
짜증내는 마음, 축복의 만트라　　　　51

드디어 한바다에서 숨 쉬다　　　　56
기적같은 내면의 평화　　　　56
지혜와 자비의 두 날개　　　　62
더 높고 광활한 의식세계로　　　　67
해야 할 일들, 하고 싶은 일들　　　　70
자기계발과 영성적 현존감 증진　　　　71
하나됨 공동체의식의 진화　　　　72

내 인생의 빅퀘스천　　　　74
첫 번째 질문: 하느님이 존재하는가?
두 번째 질문: 내 삶의 의미와 목적은 무엇인가?
세 번째 질문: 죽음이라는 현상을 어떻게 이해하는가?

02 향상의 길, 화두로 일상을 - 박영재   77

들어가는 글   77

진리를 온몸으로 자각하기   81

모두 다 소중한 존재이다   81

인생의 소중함을 삶에서 체득하기   83

간화선 수행   86

일상 속에서의 상속   102

기도와 화두 참구의 일상 사례   109

마무리 하는 글   117

내 인생의 빅퀘스천   122

-도솔종열 선사의 세 관문

첫 번째 질문: 지금 그대의 자성은 어디에 있는가?

두 번째 질문: 죽을 때 어떻게 벗어나겠는가?

세 번째 질문: 죽은 후 어느 곳을 향해 갈 것인가?

03 영성 계발의 여정 - 송순현   124

나는 누구인가?   124

봄늘과 『천부경』   124

정신세계의 탐구   126

자기계발의 여정에서 만난 수행법들   134

TM(초월명상) - 순수의식, 창조지성, 만트라   135

실바 마인드컨트롤 - 잠재의식, 알파뇌파, ESP   138

『단(丹)』의 주인공, 봉우 선생과의 만남
  - 전통 정신수련법   143

'아바타'와의 만남 - 현실창조의 의식과 신념   147

생활참선의 박희선 박사와의 만남 - 출장식 호흡법   149

데이비드 호킨스 박사와의 만남
  - '호모 스피리투스'와 영성지수   150

'저절로 신선춤'으로의 귀결   151

내 인생의 빅퀘스천   156

첫 번째 질문: 나는 무엇인가?(What am I)?

두 번째 질문: 운명은 있는 것인가?

세 번째 질문: 어떻게 살아가야 하는가?

04 앎의 길, 삶의 의미를 찾아서 - 이영환   158

인간 존재의 역설 - 빅퀘스천에 대한 호기심   161

우리가 추구해야 할 것, 지식과 믿음의 상보성   181

의미란 무엇인가? - 의미의 '의미'   197

읽고, 생각하고, 행동하라 - 독서의 미덕   208

내 인생의 빅퀘스천   216

첫 번째 질문 - 의식은 뇌의 산물인가 아니면
               뇌와 독립적인가?

두 번째 질문 - 사후생 문제를 어떻게 받아들일 것인가?

세 번째 질문 - 인공지능 기술은 인류를 극단적인
               상황으로 내몰 것인가?

2부 담화; 영성은 무엇이고 영성적 성장이 왜 중요한가?

영성은 무엇이고 영성적 성장이 왜 중요한가?   220

영성적 삶이란 어떤 것인가?   238

영성적 삶에서 무엇을 기대할 수 있는가?   251

영성적 삶은 어떤 의식을 요구하는가?   264

영성적 삶을 위한 교육이 가능한가?   272

3부 담화; 영성적 메시지, 어떻게 전할 것인가?

깨달음과 과학적 사고 - 과학과 영성의 조화는 가능한가?   292

생활 속의 영성 - 어떻게 실천할 것인가?   324

위기 상황 속 영성적 삶의 실천 - 코로나19 사태의 교훈   374

영성적 메시지 - 어떻게 전할 것인가?   397

미주   408

참고문헌   453

찾아보기   456

저자 소개   470

1부

영성
삶의 마중물

참여자

도영인(한영성코칭연구소장, 전 국제사회복지학회장)

박영재(서강대학교 물리학과 교수, 선도성찰나눔실천회 지도법사)

송순현(저절로아카데미 원장, 전 정신세계원장)

이영환(동국대학교 경제학과 명예교수, 정진기언론문화재단 이사)

01 하나됨, 의식의 길

이 에세이에서 필자는 행복하지 않았던 성장배경과 부모님으로부터의 독립, 미혼여성으로서 경험한 종교생활의 변화과정, 예사롭지 않은 삼십 년 동안의 타국 생활 끝에 한국에 다시 정착한 이야기를 스스럼없이 풀어 놓는다. 이 글을 읽는 독자들은 내 젊은 시절의 방황과 노년시절에 누리고 있는 상대적인 평안함, 그리고 틀에 박힌 종교생활이 아닌 영성적인 세계관을 살짝 엿보게 될 것이다. 「하나됨Oneness, 의식의 길」이라는 제목으로 정리된 이 글은 가정생활에서 오는 무게감이 없이 종교 간 경계를 넘나들며 살아온 반면에, 끊임없이 눈에 보이지 않는 무엇인가를 찾으며 살아온 촛불 같은 한 영혼에 대한 이야기이다. 이방인으로서 살아낸 삼십 년 동안의 외국생활은 수녀님이나 비구니스님처럼 공식화된 수도자 생활은 아니었으나 매우 단조로운 삶이었고 항상 혼자이었다는 면에서는 마치 창살 없는 감방에서처럼, 자신이 스스로 선택한 새장에서 나오지 않은 한 마리 작은 새의 삶과 같았다고 할 수도 있겠다.

자유로우면서도 자유롭지 못했던 내 삶이 노년기에 접어들면서 나름대로 영적인 평안함을 누리는 해방감에 도달했다고 한다면 독자들에게 큰 과장으로 들릴지 모르겠다. 한국사회에서 정해놓은 교수직 은퇴 나이

인 예순다섯을 지난 지금에 와서 내 삶을 크게 나누자면 유학 가기 전의 젊은 시절, 외국에서의 삼십 년 중년기, 한국에 재정착한 후의 삶으로 세 단계로 볼 수 있다. 내 인생 첫 단계에서는 부모님과의 인연으로 묶인 삶에서 자유롭지 못했고, 유학하기 위해 한국을 떠난 후로는 나에게 주어진 학생의 역할과 그 후에 얻은 교수라는 직책에 따른 책무로부터 자유롭지 못했다. 한국에 돌아온 후 한국의 혼란한 사회구조 속에서 방향성을 찾느라 애썼고, 교수직에서 은퇴한 후 현재는 비교적 안정적이고 긍정적인 자세로 노년의 삶의 기술을 익히고 있다. 이 글은 담담하게 나라는 한 인간의 본질을 들여다보면서 있는 그대로의 나를 인정하는 한 영혼의 낮은 목소리이다. 그 동안 살면서 견딜 수 없을 정도로 심하게 상처받은 삶은 아니었으나 늘 가시지 않는 영혼의 목마름을 느껴야 했고 허망한 삶인 줄을 잘 알면서도 포기하지 않고 나름대로 존재의 의미를 찾으려고 애써 온 평범한 한 인간의 이야기이다. 시를 맘껏 쓰고 싶었으나 그리 하지 못했고, 영원한 사랑이 있다고 믿고 싶었으나 그런 사랑을 만나지 못했고, 딱히 괄목할 만한 성공을 이루어냈다고 자부할 만한 삶은 더더욱 아니었다.

그럼에도 불구하고 필자는 앞으로의 삶은 나름대로 멋지고 신나고 조금 더 행복할 수 있다고 기대하는 초超종교 신앙인으로서의 조용한 삶이 될 것이라고 생각한다. 왜 그런 느낌이 드는 것일까에 대해 이 글을 통해 곰곰이 생각해 보고자 한다. 만약 필자와 같이 고독한 한 사람이 어떻게 감사한 마음으로 한 평생을 살아왔는지에 대해 조금이라도 관심이 있다면 이제부터의 이야기가 잔잔한 감동을 독자들 가슴에 선사할 수 있지 않을까 한다.

외로운 성장, 딸이라는 존재

하느님이 정말 있나?

지금까지 살아 온 나의 삶을 영적 성장의 길이었다고 말할 수 있을까? 내가 나에게 던지는 이 저돌적인 질문에 대해 이제부터 곰곰이 생각해보기로 한다. 나는 특별한 종교 전통을 따르지 않는 부모 밑에서 성장했고 중학교에 들어갈 때까지 특별한 종교교육을 받은 적도 없다. 그럼에도 불구하고 분명 초등학생 시절부터 나는 종교적 성향을 조금이나마 나타낸 것 같다. 지금 생각해보면 나는 어린 나이에도 나름대로 형이상학적인 확신에 차 있는 조숙한 아이였다. 뜬금없이 동갑내기 내 사촌오빠가 어느 날 내게 질문을 던졌다. 하느님이 정말 있나? 나는 별 생각도 없이 '하느님은 틀림없이 계신다'고 매우 확신에 찬 대답을 거의 즉각적으로 내놓았다. 초등학교 5, 6학년 때였으니 나는 왜 그렇게 자신 있는 어조로 세 가지 이유를 사촌오빠한테 얘기했는지 지금 생각해도 모를 일이다. 의심에 가득 찬 눈초리로 나를 바라보는 사촌오빠에게 말한 첫 번째 이유로는 사람들이 모두 죽기 때문에 하느님이 존재할 수밖에 없고, 두 번째는 사람들이 스스로를 만들어 낸 것이 아니므로 하느님이 인간을 만든 것이고, 세 번째 이유는 사람들이 별로 행복하게 살고 있지 않기 때문이라고 했다. 사촌오빠는 어안이 벙벙했는지 아니면 내 대답이 미심쩍어서였는지 별 대꾸가 없었던 것으로 기억한다. 수십 년 동안 만날 기회가 거의 없었다가 내가 2010년 2월에 한국에 재정착한 후에 다시 만나게 된, 내게 유일한 사촌오빠는 과거에도 그랬듯이 현재도 회의주의자로 살고 있다.

나로 말할 것 같으면 회의주의자는 절대 아니지만 그렇다고 한 종파를 열심히 추종하는 신앙인도 아니다. 그 동안 단 한 번도 하나님(하느님)의 존재를 의심해 본 적은 없지만 나이 들어가면서 한 가지 종교 전통에 매여 살지도 않는 나는 그런 면에서 자유롭게 마음 내키는 대로 변덕부리며 살아 온, 어찌 보면 종교를 여러 번 바꾼 지조 없는 신앙인으로 보일 수 있겠다. 그런데 나는 현재 종교 때문에 갈등하지 않고 매우 평안하고 만족한 삶을 산다. 특정 종교의 틀에서 벗어낫기 때문에 행복하다고 말하기보다는 여러 종교의 좋은 점을 조금씩은 알고 있기 때문에 그럭저럭 만족한다고 하는 편이 더 정확하다. 미국에 살면서 학술대회 참석 차 여러 도시를 방문할 때마다 회의장 근처에 교회이든 성당이든 있을 경우에 종파를 가리지 않고 편히 들어가 휴식을 취하곤 했었다. 약 일이 년 전에 접한 뉴스에 의하면 인천공항에도 다양한 종교 배경을 가진 여행객들을 위해 기도할 장소들이 마련되었다고 한다. 참 좋은 일이다. 요즘 나는 기도하기 위해 특별한 장소를 필요로 하지 않지만 많은 여행객들이 기도할 장소를 원한다는 것을 알고 있다. 뉴욕이었던가, 시카고이었던가. 지나가는 사람들을 전혀 의식하지 않은 채 어떤 이슬람 신도가 공항 한 구석에 작은 매트를 깔고 알라신께 엎드려 절하면서 예배 올리던, 그 당시에 매우 성스러워 보였던 이방인의 모습을 기억한다. 기도한다는 일은 언제 어디서나 아름다운 일이다. 누구라도 어떤 형태로든 믿음이 있는 사람은 그 사람 안에 있는 믿음 때문에 인생에서 길을 잃어버리지 않고 주어진 삶을 끝까지 잘 살아낼 것이라고 생각한다.

　내 생애 처음으로 하느님 앞에 본격적으로 간곡히 기도드린 경험은 내가 중학생이었을 때였다. 하느님 아버지시여. 보잘것없는 주님의 딸이

기도드리오니 저희 아버지가 그토록 원하시는 아들을 제 아버지에게 허락하여 주시옵소서. 참으로 순수하게 하느님께 바친 눈물어린 기도였다. 그렇다. 나는 아버지가 원하는 아들이 아니었고 아들이 꼭 있어야겠다고 생각하는 이 땅의 아버지 소원을 이루어 주시라고 하늘에 계신 아버지 하느님께 기도했었다. 나는 내가 아버지가 원하는 아들이 아닌 딸로 태어난 것을 한 번도 원망해본 적은 없다. 그러나 나의 정체성은 어디까지나 내가 남자가 아닌 여자라는 사실에 오래전부터 묶여져왔다. 하느님 아버지의 딸로서 내 나름 열심히 살아온 나는 이제는 '하늘에 계신 아버지-어머니 하느님이시여'라고 기도한다. 하느님이 어머니의 사랑과 같은 자애로운 속성을 더 많이 갖고 계신다고 생각하므로 아버지 같은 하느님이라기보다는 어머님 같은 하느님이라고 알아챈 지 오래되었다. 몇 년 전에 인도에 있는 원니스 대학Oneness University이라는 명칭을 가진 한 글로벌 영성 단체에 갔을 때 나는 부모님의 옛날 결혼식 사진을 들고 갔었다. 부모님을 위해 특별히 올리는 기도예식에 필요하다고 해서 전통 결혼식 옷차림으로 엄마는 신부 족두리를 쓰고 아버지는 사모관대를 차려입은 흑백사진을 들고 갔었다. 아버지가 겪으셨을 깊은 슬픔을 내 안에서 스스로 공감해보는 시간에 나는 정말로 내가 딸로 태어났을 때 느꼈을 아버지의 실망감을 가슴 속으로 깊이 느낄 수 있었다. 아버지가 느꼈을 생생한 실망감 때문에 나는 속절없이 눈물이 나왔고 그 때 나도 모르게 아버지를 무의식적으로 원망해 왔던 비밀스러운 감정을 인정하면서 뜨거운 눈물을 흘렸다. 용서하고 말고 할 일도 아무것도 없다고 생각했음에도 내면에 깊이 잠재되어 있던 용서하고자 하는 생각을 끄집어내었고 딸이라는 내 존재에 대한 아버지의 냉담함을 용서하였으며, 끝내

용서할 수 있는 마음이 있었다는 발견 때문에 내 영혼은 더욱 자유로워졌다.

그렇다. 나는 나를 이 세상에 있게 한 장본인인 아버지의 사랑을 듬뿍 받고 성장하는 자식으로서의 행복을 누리지 못하였고 그럼에도 불구하고 현재 나는 우주에 가득한 사랑 에너지를 충분히 느끼고 사는 지구행성의 딸로서 평안한 은퇴자의 삶을 누리고 있다. 기적이라면 충분히 기적이다! 지금 내 아버지는 아흔을 넘겨 고장나버린 몸으로 소변줄을 달고 사는 처지가 되어 요양원에서 일상 생활에 필요한 모든 도움을 받고 계신다. 요양사와 간호사의 도움을 받으며 침대에서 거의 나오지 못하는 아버지의 의식은 그래도 자식 걱정을 놓지 않으셨다. 부녀 간에 별로 각별한 정을 나누고 살지도 못했기 때문에 요양원 방문할 때마다 아버님이 흘리는 콧물과 침을 닦아드리는 것으로 돌아가시기 전에 딸 노릇을 대강이나마 할 수 있어서 다행으로 생각하며 지낸다. 엄마는 내가 미국에 있을 때 갑자기 돌아가셨기 때문에 지금 아버지께 해 드리는 것처럼 핏기 없이 가죽처럼 메마른 손에 핸드크림을 발라드릴 기회조차 없었다. 내가 예상한 일은 아니지만 말라빠지고 굽혀서 잘 펴지도 못하는 아버지 손을 잡을 수 있고 자식의 도리를 그나마 할 수 있어서 다행이라고 생각한다. 자식들 이름과 얼굴을 모두 다 기억하지 못하는 치매환자임에도 불구하고 자식을 걱정하는 영혼의 힘이 생생하게 약동하고 있는 아버지의 의식세계를 엿볼 수 있어서 참으로 감사한 일이다. 돌아가신 뒤에도 아버지의 의식세계는 계속 존재할 것이고 자식 걱정하는 아버지 마음도 없어지지 않을 것이라고 믿는 마음이 있다. 막연하게 추상적으로 받아들이는 영혼불멸 개념이 아니다. 삶과 죽음의 양면을 일상 속에서 생각하고 사는 요즈음 나는 예순다섯 살이 넘어서야 살아가는 것이 죽어가는 것이고 죽어가는 것이 다시 태어나는 과정이라는 것을 피부에 와 닿게 실감하게 되었다. 부녀 간에 깊은 정을 주고받음 없이 살아왔을망정 아버지에 대한 애틋한 마음을 늦게나마 치매 때문에 희미해진 아버지의 기억을 통해서, 푸르스름하게 야윈 아버지 손에 뛰는 맥박을 통해서, 미미하게나마 느낄 수 있어서 얼마나 다행스러운 일인지 모른다. 감히 아버지의 영적 발달 단계에 대해 생각해 보기도 하고 나 자신의 성장과정을 돌아다본다. 요양원을 오가며 운전 중에 기독교 기도문이나 불교식 만트라Man-tra1)를 암송하기도 한다. 이렇게 그렁저렁 나는 내 자신의 노년기 삶의 패턴에 익숙해지고 있다.

나는 삼십 년이라는 오랜 기간 동안 외국생활을 한 끝에 결국 고국에 돌아와서 한국사회에 재적응하는 과정을 거쳤고 이제 비교적 안정되고 자유로운 삶을 살고 있다. 서정주의 유명한 시 구절처럼 '인제는 돌아와 거울 앞에 선' 나는 과연 얼마나 의미 있는 삶을 살아왔는지, 나라는 사람이 정말 누구인지 그리고 앞으로의 삶이 얼마나 가치 있는 것일지에 대해 고요한 마음으로 자아성찰의 거울 앞에 서 있다. 진정한 내 모습을 들여다보는 일은 쉽지 않은 일이겠지만, 결국 내 의식세계 속에서 나라는 사람의 본질을 좀 더 뚜렷하게 점검할 수 있다고 생각한다. 나는 나 자신을 이해하고 통찰하는 과정에서 그 동안 살아오면서 내 마음에 수놓아 온 주요한 생각의 패턴들에 초점을 두려고 한다. 한 사람의 삶이 다른 이들이 살아온 삶과 구별이 된다면 그것은 각자 쌓아 온 생각의 습관이 다르기 때문이다. 내 삶을 이루어 온 핵심적인 생각의 패턴은 무엇일까를 생각해 본다. 나라는 사람에게서 우선적으로 발견할 수 있는 긍정적인 생각의 패턴들이라면 책임의식, 독립심, 투명성(솔직함), 감사함, 평안함(안정성)을 꼽아볼 수 있다. 그런데 나라는 개체의 자아정체성과 잘 부합한다고 여겨지는 이 특징들을 뒤집어 보면 자기주장의 강함, 판단하는 마음, 자만심, 짜증냄, 나태함이 된다. 이제 나는 '어르신 대우'를 제도화하여 한국사회가 부여하는 공식적인 인증이라고 할 만한 우대교통카드를 보유하고 노인인구통계에 포함되는 처지가 되었다. 65세 이상 '노인'에게 주어지는 지하철 무료승차카드가 겉으로는 '어르신' 대우를 받기위한 충분조건이 될지 몰라도 과연 나는 한국에서 여생을 사는 동안 성숙한 '어르신' 대우를 받을 만한 자격을 제대로 갖춘 것일까? 흔히 말하듯이 '육십 평생' 넘게 살아오면서 그 동안 나는 내 인생을 얼마나 잘 운영해 온 것일까.

책임성 있는 딸

어렸을 때부터 나는 제 할 일을 꼬박꼬박 잘하고 말썽부리지 않는 딸, 그리고 선생님들의 총애를 받는 모범적 학생이었다. 주어진 학교생활을 모범생으로서 평안하게 받아들였고 누가 시키지 않아도 예습과 복습을 참하게 잘하는 성실한 아이였다. 공부를 꽤 잘하는 딸이라서 엄마를 기쁘게 했고 전교에서 일등하거나 백일장에서 상장을 받기도 하면서 별다른 탈 없이 집과 학교를 오간 나는 착한 딸로서의 정체성을 일찌감치 확립하였다. 그런데 하루는 아버지가 엄마에게 하는 얘기를 듣고 가슴이 철렁 내려앉았었다. "우리 큰애가 이 담에 커서 아들 노릇하면 되지." 아니내가 커서 아들 노릇을 해야 한다니. 나는 그 말의 뜻을 잘 이해할 수 없었고 그저 가슴이 무겁게 내려앉았던 경험이 있다. 엄마는 내 여동생을 출산한 후 사 년 동안 복막염을 앓았고 그 후유증으로 더 이상 아이를 가질 수 없게 되었다. 그래서 내가 어른이 되어 아들 노릇을 해야 한다는 기대감을 갖게 된 부모님과 살면서 아마도 나는 처음으로 삶에 대한 부당함을 느낀 것 같다. 내 의식 속에 매우 깊이 자리 잡게 된 비자발적인 책임의식은 무거운 그림자처럼 항상 나를 따라 다녔던 것 같다. 나는 없는 듯이 조용한 아이로서 공부하는 재미 이외에는 집과 학교 밖의 세상에서 얻을 수 있는 온갖 기쁨에 대해 턱없이 모르고 자라났다. 나는 엄마를 크게 실망시켜 본 적이 없는 믿음직한 맏딸로서 정체성을 굳혔다.

이렇게 표현하는 것이 다소 과장하는 말로 들릴 수도 있겠으나 나는 인생의 전반부 오십 년 이상을 나라는 한 개인으로서 살았다기보다는 엄마의 딸로서 살았다고 할 수 있다. 이 사실을 깨닫게 된 것은 내가 미국에 있을 때 엄마가 갑자기 돌아가시고 난 이후였다. 더 이상 엄마의 딸이 아닌 내가 되었다는 생각이 내 존재감을 처음으로 광폭하게 뒤흔들었을 때 나는 오십대 중반의 나이였고 딸로서의 비자발적인 책임의식에서 벗어나는 새로운 상황을 직시해야 했다. 이상하게 나를 불안하게 만드는 해방감 또는 자유로움이 주어졌고 엄마 없이 살아가야 하는 내 삶은 나의 존재감을 재정립해야 하는 위기감을 가져왔다. 한 집에서 계속 산 것도 아니고 삼십 년 가까이 외국에서 혼자 독립적인 생활을 해왔음에도 불구하고 나라는 존재는 언제나 엄마의 딸로서 가장 중요한 의미가 있었다는 사실을 엄마가 돌아가신 후에야 깨달았으니 지금 생각해도 놀라운 일이다. 후대를 이어가는 아들 노릇을 대신 해 준 딸은 못 되었지만 그래도 엄마가 원하셨던 대로 박사학위를 받은 후 계속 노력해서 미국에서 교수가 되었고 '가방끈'이 짧았던 엄마에게 대리만족감을 선물하였던 것

사회복지전공 학생들과 La Sierra 대학교 졸업식에서

은 사실이다. 고등교육을 받은 오빠들과는 달리 엄마는 공부하고 싶은
만큼 엄마에게 정규교육 받을 기회를 주지 않은 당신의 아버지를 평생
원망하면서 사셨다. 자랑스럽게도 나는 엄마를 위해 교수가 된 딸이었
다. 미국 대학에서 교수 노릇하는 박사 딸을 가진 대가로 항상 멀리 떨어
져 살아야 했던 아픔을 엄마는 잘 이겨 내셨다. 엄마에 대한 딸로서의 책
임의식에서 갑작스레 자유로워진 나는 사실 엄마가 돌아가신 후에 오륙
년 동안 내 인생을 새로 정립하여 살아가지 않으면 안 되는 미묘한 심리
상태에 놓이게 되었다. 내가 다른 여자들처럼 결혼을 했더라면 그리고
남편과 자식이 있는 나만의 가정생활이 있었더라면 고아가 된 것 같은
처절한 느낌을 경험하지 않았을지도 모르겠다.

엄마의 장례식 때 나는 맏딸 노릇을 하느라고 제대로 크게 소리 내어
울지도 못했었다. 사실 나는 엄마가 더 이상 이 세상 사람이 아니라는 사

실이 실감나지 않았었다. 비현실적으로 멍해진 정신 상태에서 엄마의 장례식을 치르고 다시 미국으로 돌아온 후에야 엄마가 정말 죽고 안 계신다는 현실이 내 현존 의식을 후려쳤다. 돌아가시기 전에 한국에서 엄마가 전화했을 때 내 전화녹음기에 남겨두었다고 생각했던 엄마 목소리를 재생하여 들으려 했던 적이 있다. "사랑해, 우리 딸." 엄마의 마지막 국제전화 목소리가 내 전화녹음기에서 지워져버렸다는 사실을 알게 되었던 순간에 나는 말로 다할 수 없이 실망했었다. 그 후로도 오랫동안 내 마음은 엄마 목소리를 다시 들으려는 집착에 빠져 있었고 왜 그 전화녹음을 지울 생각을 했을까, 하며 나 자신을 자책했던 기억이 있다. 그래도 어쨌든 나와 엄마와의 대화는 수년간 계속되었다. '엄마 사랑해. 엄마가 힘들고 외로웠을 때 함께 옆에 있어주지 못해서 미안해. 항상 멀리 있어서 딸 노릇도 제대로 못해서 미안해. 엄마 고마워 엄마 미안해…' 이렇게 마음속에서의 엄마와의 대화는 거의 매일 지속되었고 요즘도 가끔씩 엄마에게 고마운 마음을 일부러 크게 목소리 내어 전하는 때가 있다.

지금은 엄마가 가졌을 법한 생각이나 믿음이 어느 정도 내 의식세계에 들어앉게 되었다고 생각한다. 나는 어떤 때 엄마처럼 생각하고 말하는 나 자신을 발견하고 놀라기도 한다. 동생들을 대할 때 엄마가 애처롭게 생각했던 것처럼 엄마가 느꼈을 감정이 내게 그대로 느껴진다거나 엄마라면 어떻게 했을까 하는 생각이 들 때, 나는 내 안에 엄마의 본질이 그대로 남겨져 있다고 느끼게 된다. '아, 내가 마치 엄마라도 된 듯이 말하고 행동하는구나.' 내 안에 살고 있는 엄마의 본질은 단호하다. 아닌 것은 아니라고 말하고 작은 기쁨에도 흥이 나서 기분이 좋을 때는 살아있는 행복감을 주변 사람들에게 신나게 나누기도 했던 엄마였다. 엄마가 느꼈을 희로애락의 느낌들이 내 삶을 통해서 살아있고 내 몸동작으로 표현된다고 생각한다. 꽃을 좋아했고 슬픈 노래를 부르면서 감성에 푹 빠져들기도 했던 엄마는 재미난 사건을 아주 실감나게 이야기하는 특별한 재능이 있는 분이었다. 집안을 아름답게 장식하고 남달리 예술 감각이 뛰어나 삶의 '멋'을 아는 엄마가 타고난 재능을 맘껏 살리지 못하고 평범한 가정주부로 살다 세상을 마감했다는 것은 아쉬운 일일 수밖에 없다. 엄마가 가졌던 숨겨진 재능들이 내게도 어느 정도 남아 있다는 생각은 내게 큰 위로가 된다. 나의 엄마라는 한 생명의 본질이 내 안에 남겨져 있음을 느낄 수 있다는 것은 너무나 평범한 사실이라서 잘 알아차리지 못하고 지나칠 수 있는 기적이다. 나는 엄마를 닮아서 눈물이 많고 냉정한 현실감각도 뛰어나서 책임성 때문에 작은 약속이라도 반드시 지켜야 직성이 풀리는 강박적인 성격을 갖고 있다. 엄마의 본질은 나라는 생명체를 통해 적어도 그 일부분이 이 세상에 계속 존재하고 있다고 생각한다. 그래서 그런지 필자는 죽은 후에 엄마를 다시 만나야겠다는 생각은 별로 하지 않고 산다. 물론 사후에 몸이 없는 영혼끼리 조우하는 상황이 생길 수도 있다고 상상은 해보지만, 지금 바로 여기에서 내가 엄마의 영혼과 연결되어 있다고 느낄 수 있으면 그것으로 충분하지 않을까 생각한다. 엄마가 느꼈을 법한 느낌을 느끼고 엄마가 판단했을 것 같은 생각을 하고 엄마라는 한 영혼의 진면목이 일부라도 내 삶을 통해 이어져 나간다는 관점은 내게 큰 안정감을 선물한다. 천당은 꼭 죽어야만 가는 곳이 아니라고 생각한다. 지금 여기 엄마가 있다면 어떻게 말하고 느낄까를 내 의식 속에 받아들일 수 있다면, 보고 싶은 엄마를 만나기 위해 내 몸이 죽은 후까지 기다릴 필요가 없게 되는 것이다. 지금 엄마의 묘소는 멀리 하와이에 있다. 하와이로 이민 간 동생 덕분에 호흡이 끊어진 엄마의 몸은 아마도 이 지구상에서 가장 아름답다고 할 만한 공원묘지에 묻혀 있다. 앞쪽으로 태평양 바다가 보이고 좌우와 뒷면을 빙 둘러선 신령스러운 산들이 영원한 생명에너지를 새파랗게 뿜어내고 있는 곳, 묘지라고 하기는 너무나 신령스러운 꽃나무 향기에 취해 있는 묘소에 엄마의 뼈가 남아있다. 그러나 필자는 하늘을 어디에서나 올려다 볼 수 있는 것처럼 엄마의 영혼은 어디서든 만날 수 있다고 느끼므로 결코 엄마와 멀리 떨어져 있다고 생각하지 않는다. 엄마로서의 애절한 삶을 한 평생 슬프게 그러나 강하게 살아냈던 한 영혼이 언제 어디서나 나를 지켜보고 있고 내게 필요한 조언을 무의식 속에 속삭여 주고 있다고 생각한다. 이렇게 느끼고 생각하는 이 마음을 누가 비웃을 것인가.

고독, 홀로서기에 성공하다

나를 지킬 신앙 울타리를 찾아서

내가 결혼하지 않고 평생 독신으로 살게 된 것은 십오 년이 넘게 한 가정을 이루었다가 결국에 가서 이혼하게 된 부모님 탓이라고 할 수는 없다. 결혼생활에 대한 긍정적인 면을 보고 배울 수 없었던 가정환경의 영향이 전혀 없었다고 할 수 없겠으나 본래 타고나기를 다른 사람에게 의지하지 않는 성격으로 태어났기 때문에 굳이 결혼하기 위해 절박한 마음으로 충분히 애쓰지 않은 듯하다. 나는 무슨 원칙 같은 것을 고수한 독신주의자 이었던 것도 아니다. 사실 미국에서 마흔 살이 되는 생일을 혼자 맞이했

Maine주 Cape Elizabeth 바닷가에서 대서양 파도를 바라보며

을 때 이러다 영영 결혼 안 한 채로 죽을 때까지 혼자 살아야 하는 것이 아닌가 하고 가슴이 철렁 내려앉았던 적도 있고 오십대를 앞두고 결혼 계획을 시도해 본 적도 있었다. 아무튼 워낙 타고 나기를 독립성이 무척 강하였고, 많은 친구 없이도 나만의 세계에 만족하였던 소녀시절처럼 평생 동안 내 옆에 남자친구나 남편이 없어서 심각할 정도로 힘들어 하지는 않았다. 외로운 줄도 모르면서 고독 그 자체의 삶을 살았다고나 해야 할까. 나는 꼬박 삼십 년을 외국 땅에서 내 할 일만 하면서 혼자 살아냈다. 대학 졸업 후에 사 년 동안 직장생활하면서 벌어서 엄마에게 맡겼던 돈을 다시 돌려받아서 그 돈으로 처음 일 년 동안 영국에서의 학비를 자비로 충당하였다. 자라면서 한 번도 엄마 속을 썩여본 적이 없는 믿음직한 맏딸이었기에 엄마는 묵묵히 내 유학 결정을 받아들이셨던 것 같다. 당시 사회 분위기 속에서 젊은 미혼여자가 혼자서 부모 집을 떠나는 일

은 흔치 않았다. 결혼 의사가 전혀 없는 나로서는 각각 다른 파트너와 새 출발한 부모님 영향권에서 벗어나는 매우 명예로운 방법이 유학길에 오르는 것이었다. 영국에서 일 년 만에 석사학위 자격diploma시험을 통과한 나는 계속 공부할 수 있기 위해 장학금 기회를 찾기 시작했고 다행히 하늘의 도움으로 전액 장학금을 받으며 미국에서 석·박사 과정을 시작할 수 있었다. 그 때 나에게 장학금을 수여한 미국 중부의 명문사립대학에 등록한 한국인들 중에서 나는 유일한 여학생이었고 나머지 한국 유학생들은 전부 남학생들이었다. 남편 뒷바라지를 하려고 따라 온 젊은 부인들이 있을 뿐이었고 나로서는 친구로 가까워질 만한 한국 여성을 찾지 못했다. 자연히 교회도 한국 이민자들과 유학생들로 구성된 한국 교회보다는 미국 교회가 심리적 부담 없이 편했다. 급성장한 내 영어회화 실력은 한국인 친구 없이 지낸 유학생활의 결과이다. 영국식 영어발음에서 미국식 발음으로 재빨리 고쳐 가는 과정에서 미국 여성 룸메이트와의 자취생활이 큰 도움이 되었다. 사 년 뒤부터는 학교에서 지급받는 빠듯한 생활비에 보태기 위해 사회복지대학원 부설 도서관과 아동청소년 연구소 일을 시작했고 나는 나만의 생활공간을 마련해 룸메이트조차 없이 사회적으로 철저하게 고립된 유학 생활을 유지했다.

내가 독립심이 강한 여자라는 것은 혼자 살아왔다는 사실 그 자체보다는 독립적인 사고에 익숙하다는 점과 더 밀접하게 연관된다. 어렸을 때부터 공부하라는 잔소리 듣지 않고 혼자 공부할 줄 알았고, 부모님이 이혼하여 누구와 살 것인가를 정할 때 나는 망설임 없이 엄마와 살기를 선택했고, 결혼하는 대신 혼자서 유학을 떠나기로 결정한 것도 어느 누구의 영향도 받지 않은 나 혼자만의 의지에 의한 것이었다. 부모님의 종교배경 없이 자라난 나는 학교생활을 통해서 그리스도교 가르침에 접했었다. 중·고등학교 시절에는 무릎 꿇고 예수님과 성모마리아께 기도하는 것을 배웠고 대학에 입학한 해에는 감리교 목사이신 교목님으로부터 세례를 받았다. 부모님과 의논하지 않은 채 내 자유결정권을 행사한 결과 나는 집안에서 유일한 기독교 신자가 되었다. 영국과 미국에서도 현지 감리교회에 열심히 다니며 신앙심을 굳혀 갔지만, 결국 전통적인 교회 환경을 떠나기로 결정한 것도 나만의 독립적인 선택이었다. 우아한 스테인드글라스로 장식된 아름다운 미국 교회에서 차분하면서 논리 정연한 미국 목사님 설교를 귀담아 듣고, 성가대가 부르는 완벽하게 조율된 찬송가를 마음에 한껏 담았던 좋은 기억이 있다. 무엇보다도 나의 가슴 깊숙이 느껴진 만족감은 영혼의 주파수를 진동시키면서 내가 성심껏 따라 불렀던 찬송가로부터 흘러나왔다. 그렇게 한국을 떠나 처음 십 년이란 세월을 나는 성실한 감리교 교인으로서 평온하고 단조롭게 보냈다.

그러던 어느 일요일에 교회예배를 마치고 점심식사를 하러 들어 간 작은 식당에서 나는 《기독과학Christian Science》저널을 처음 발견하여 호기심을 갖고 읽기 시작했다. 매주 일요일마다 우아하고 세련된 교회 환경에서 완전무결에 가까운 예배 행사에 참여하는 것만으로 충족되지 않았던 나의 영혼이 예기치 않은 새로운 신앙생활의 출발점과 영적 성장의 돌파구를 찾게 된 것이다. 당시에도 극소수 교인들밖에 없었던 기독과학 교회는 매우 웅장한 대리석 건물과 정교한 실내장식이 낭비로 느껴질 정도로 이십 명 정도의 신도들이 함께 모이는 소수파 교회이었다. 교회 건물 크기에 걸맞지 않는 적은 수의 사람들이었지만 그 신도들의 간증에서 열렬한 신앙의 힘이 분출되는 것을 목격할 수 있었다. 기독과학 교리를 실생활에 적용하는 신도들이 자신의 믿음을 어떻게 실천하여 크고 작은 일상의 문제들을 해결하는가를 간증하는 수요일 저녁 예배시간은 내 영혼에 큰 울림을 주는 감동적인 체험이었다. 19세기 말엽에 사회적, 경제적으로 아무 기반도 없이 신종교 단체를 시작한 기독과학 교회 창시자가 이혼한 여성이었다는 점, 그녀를 따르기 위해 명망 있는 목사들이 안정된 생활을 포기하고 희생적으로 힘을 모아주었다는 점 등 모두가 놀라운 발견이었다. 점점 더 물질주의 수렁에 깊숙이 빠져가는 주류사회 흐름에 역행하면서, 꿋꿋이 기독과학 교회를 소수 신앙인들이 지키고 있었다. 주요 기독과학 교리의 핵심은 초대교회 시절에서처럼 예수님의 말씀대로 신앙심을 일상 생활에서 실천할 수 있다는 것이었다. 물질은 잘못된 것error이고 오직 영spirit만이 진실truth이라고 가르치는 기독과학 교리는 모든 물질현상을 허상으로 보는 불교적 세계관과도 상통하였다. 기독과학 교인들은 병원에 가지 않고 질병을 극복해내는 '이상한' 사람들로 대중에게 알려져 있었는데 건강이나 재정 문제 등 심각한 일상의 어려움을 기도의 힘으로만 해결하려는 용기와 믿음이 충만한 매우 지적인 그룹이었다. 그들이 추구한 실천 위주 신앙생활의 결과인 치유나 각종 문제해결 사례들은 주류 개신교 신앙의 형식적인 종교적 틀에서 벗어나게 하는 심리적 동기를 내게 충분히 부여하였다. 몸이 아픈 사람들은 병원에 가는 대신에 기독과학 실천사Christian Science Practitioner에게 기도해 주기를 부탁하였고 또 스스로 열성적으로 기도함으로써 영성적 치유나 문제해결을 간구하였다. 감리교 신자로서 일요일 예배에 참석한 후 교회 건물을 나서는 순간부터 밀려오는 이름 모를 허전함 때문에 힘들어 했던 나는 이 놀랍도록 생동감 있는 신앙생활 모습에 감동하였다. 필자는 별

사회복지 정책건의를 위해 캘리포니아 주 의회를 방문하여

다른 건강 문제가 없었지만 기독과학 실천사의 사무실을 수시로 방문하여 교리에 관한 질문도 많이 하고 유학생활에서 겪는 어려움을 풀기 위해 개인면담도 하였다.

정확히 십 년 동안 기독과학 교회를 열심히 다닌 후에 나는 바하이 신앙Baha'i Faith2)을 새로이 접하게 되었다. 당시 인디애나 주립대학교 교수로 재직 중이던 나는 시카고 근교까지 장거리 운전을 하며 바하이 신앙을 열심히 공부하였다. 만약 내게 불치병의 치유 같은 극적인 신앙체험이 있었다면 기독과학 신도로서 계속 남을 수도 있었을 것이다. 삶의 전반석인 문제들을 기도를 통해 해결할 수 있다는 것을 배운 나는 더 이상그 교회에서 배울 것이 없다고 느꼈고, 보다 더 큰 스케일의 세계종교라고 판단되었던 바하이 신앙체계로 유감없이 옮겨갈 수 있었다. 기독과학이나 바하이 신앙의 공통점은 담임목사나 성직자 제도가 없이 모든 교회 조직 운영을 전적으로 신자들의 자발적 참여에 의존한다는 것이었다. 기독과학을 통해 스스로 영성적으로 높은 경지에 도달하여 기적적인 치유와 같은 신앙의 열매를 거둔 경우에, 생존을 위한 자신의 직업을 과감하게 버리고 기독과학 실천사로서 오직 기도에만 전념하는 삶을 새로이 시작할 수 있었다. 생계 유지를 위해서 이 기독과학 실천사들은 신자들로부터 직접 또는 정부허가가 주어진 주州, state에 거주하는 경우에는 보험회사로부터 시간당 보수를 지급받도록 되어 있었다. 그 이외에 교회조직 내에서의 모든 활동은 평신도들의 자원봉사에 의해 이루어졌다.

바하이 신앙체제에서는 월급을 받고 일하는 성직자가 없었을 뿐만 아니라 지역 내에 사람들이 모여서 예배드릴 수 있는 교회건물조차도 세우지 않는 것이 특징이었다. 각 대륙마다 예배원House of Worship이 하나씩 건립되었으나 평소에 바하이 신도들은 평신도 집에 모여서 기도하고 민주적 절차에 따라 논의하는 과정을 통해 교회 운영에 직접 참여하였다. 바하이 신앙공동체는 개별 신도의 집을 같은 지역에 사는 신도들뿐만 아니라 생판 모르는 타인에게까지 정기모임을 위해 개방하는 평신도 가정들로 구성되어 있었다. 이 새로운 신앙체계를 자발적으로 알아보고자 하는 사람들seekers도 자유롭게 참여할 수 있는 지역 중심 신앙공동체는 내게 큰 감동으로 다가왔다. 가정이라는 안정적인 보금자리가 없이 '나 홀로' 생활에 익숙하였던 나에게 이렇게 포용적인 신앙생활을 하는 사람들은 매우 친근감 있게 느껴졌다.

필자는 이와 같이 종교 소속을 자유롭게 옮겨 다녔다. 이 과정에서 나의 세계관은 더욱 개방되어 넓혀졌다고 하겠다. 기독과학은 미국에서

19세기에 처음 창시될 때부터 이단으로 몰려 많은 종교 핍박과 어려움을 겪었으나 미국에서 설립된 수많은 신新종교들 중에서 모르몬Mormon교3)와 영국에서 처음 시작된 퀘이커Quaker교4)와 함께 가장 영향력 있는 신종교 중 하나이다. 지금은 기도가 불치병 치유에 미치는 실증적 영향에 관한 과학적 연구결과를 주요 의학 학술지 등에서 쉽게 찾아볼 수 있는 시대이다. 마더 처치Mother Church, 어머니 교회로 정감이 있게 불리는 초대 기독과학 교회는 지금도 세계 각지의 관광객이 방문하는 명소의 하나로서 미국 동부 보스톤Boston시에 건재해 있다. 수십 년 전에 이 '어머니 교회'를 처음 방문하였을 때 필자는 정돈된 도서관에 온 것 같은 느낌을 받았었다. 교회 건물은 지적이면서도 밝고 평안한 공간이었는데 "하나님은 사랑이시니라God is Love"라는 성경 말씀으로 간결하게 장식되어 있던 교회 강단 모습이 지금도 환하게 생각난다.

바하이 신앙은 지금은 이란Iran으로 불리고 있는 페르시아 지역에서 역시 19세기 중반에 발생한 신종교로서 국교인 이슬람교의 핍박 때문에 많은 수의 바하이 신도들이 세계 도처에 이주민으로 재정착하지 않으면 안 되었던 뼈아픈 역사를 갖고 있다. 그러고 보니 나는 소위 주류Mainstream에 속하는 종교 전통을 떠나 비주류에 속하는 종교 체제로 옮겨가는 경험을 두 번이나 함으로써 타고난 독립적인 성향을 유감없이 발휘한 셈이다. 그 후로도 다양한 종교, 특히 불교와 천도교 등 한민족 신앙에 관심을 갖게 된 것은 바하이 신앙이 강조하는 포용적이고 보편적인 신앙 원리를 이해하게 된 덕분이다. 하느님은 한 분이시고 인류는 하나이고 모든 종교가 다 하나라는 바하이 신앙의 기본 가르침은 나로 하여금 다양한 신앙체계에 대한 선입견이나 편견을 없애는데 큰 역할을 하였다. 1997년에 시카고 근교에 있는 4대째 바하이 신도인 이란 출신 할머니 댁에서 신참 바하이 신자로 등록하였다. 그 후에 나는 한국불교를 미국 동부지역에 전파하였던 숭산崇山(1927~2004)5) 스님을 따르는 미국인 불교신자들과도 자유로운 마음 태세로 교류하게 되었다. 한국에 있었을 때에는 개신교와 천주교만 알았고 불교에는 전혀 관심이 없었지만 내가 한국에 재정착하기 전 몇 년 동안은 숭산 스님 제자들이 사재를 털어 미국 동부지역에 설립한 참선센터 여러 곳을 둘러보고 처음으로 한국불교 전통을 따른 발우공양과 그룹 명상에 참여하기도 하였다.

현재 조용한 생활 패턴을 영위하는 은퇴자로서의 나의 삶은 기존 종교의 테두리 안에 머무르지 않고 독립적이면서도 초超종교적 또는 통通종교적 신앙생활을 유지하고 있다. 구태여 특정 종교단체에 공식적으로 소속되지 않고도 나름대로의 신앙체계를 유지할 수 있다고 생각하는 나를 비난하는 사람도 있을 수 있겠다. 필자의 생각으로는 종교생활을 통해 개인적으로 추구하고자 하는 영성적인 삶의 심층 목적은 종교제도 밖에서도 충분히 성취할 수 있다. 즉 개인 차원에서의 영성적인 수행 또는 영성지능spiritual intelligence 계발을 위한 노력은 특정 종교의 틀 밖에서도 가능하다고 본다. 불가지론자agnostic나 무신론자까지도 자발적인 실천을 통해 영적인 성장을 추구할 수 있기 때문이다. 다른 한편으로 개인 삶의 영역을 넘어서는 사회제도로서의 종교의 주요 목적은 사회통합과 질서유지이다. 좀 더 나은 사회로의 진보를 위해서 종교가 갖는 사회적 목적 달성은 제도적 또는 조직적인 도구를 통하여 더욱 용이해질 수 있다. 그러나 한 개인이 만약 사회복지적인 차원에서 사회통합과 질서유지에 조금이나마 도움이 될 수 있는 일을 하고자 한다면 구태여 특정 종교전통 속에 머무르지 않더라도 신앙공동체적인 관습과 상관없이 여러 가지 유익한 활동을 전개할 수 있다고 생각한다. 물론 이를 위해서는 독립적 사고체계와 통합적인 세계관이 필수적이라고 본다. 현 시대를 사는 미국 인들의 많은 수가 '나는 종교적이지는 않지만 영성적인 사람입니다I am not religious, but I am a spiritual person'이라고 자기소개를 하는 경우가 많다. 이런 일은 한국사회에서는 아직까지 흔히 볼 수 없는 현상이다.

아직은 종교 소속에 관한 한 사회통합적인 정체성이 통용되기 어려운 상황이라는 것을 필자는 지난여름에 서울에서 열린 불교박람회에서 느 낄 수 있었다. 입장권을 나누어 주면서 참가자 정보를 기록하는 박람회 직원이 내게 종교가 무엇인지를 물었다. 초종교라는 대답에 멍한 표정을 보인 그 젊은이는 다시 바꾸어서 내가 말한 통종교라는 두 번째 대답도 등록용지에 나열된 종교유형 란에서 찾을 수 없었다. 결국 "종교가 여러 개"라고 얼버무리고 불교박람회에 입장하게 된 나는 나의 종교적 정체성 에 대해 다시 생각해 보게 되었다. 정말로 나는 종교가 여러 개인가? 한 가지 종교에서 나온 영성적 가르침도 제대로 실천하지 못하고 있으면서 내가 과연 통종교인이라거나 초종교인이라고 말할 수 있는 것인가? 사 실 생각해보면 초종교 또는 통종교를 운운하는 것은 오만하기 짝이 없는 일이다. 한 가지 종교에 소속된다는 것은 그 만큼 지속적인 열정을 갖고 특정 신앙공동체에 헌신적으로 봉사하는 것을 의미하기 때문이다. 나는 자유롭게 구속받지 않는 내 나름대로의 신앙생활을 유지한다고 말하지 만 사실 그 어떤 신앙공동체에도 뚜렷하게 공헌하지 못한 것이 사실이 다. 그런 면에서 나는 철저하게 이기적인 삶을 살아왔다고 할 수 있다. 독립적인 삶이 주는 어려움 또는 고통은 어디에도 완전하게 속하지 않는다는 것을 인식하는데 있다. 그래, 나는 아무데에도 속하지 않지. 이런 생각은 아무래도 허전한 바람결을 내 가슴 속에 싸악 불러일으키고 지나간다. 종교의 경계를 뛰어넘는 자유로움을 만끽하는 결과는 철저한 혼자됨이다. 쓸쓸한 자각이 아닐 수 없다.

유동적이었던 종교 배경만 나를 독립적인 개체로 형성시킨 것은 아니다. 사실 이 나이에 미혼 운운하는 것도 우스운 일이라고 생각하는 사람들이 많을 것 같다. 하지만 그래도 나라는 사람의 정체성과 관련해 평생 미혼으로 혼자 살아왔음을 의식하면서 여기까지 왔다. 내가 나름대로의 독립된 삶을 영위하는 일이 가능했던 것은 미혼 상태를 유지해 온 덕분이라고 생각한다. 만약 내가 결혼했더라면 가당치도 않았을 일들은 생각해보면 참 많다. 나는 대학을 여러 번 옮긴 화려한(?) 경력을 갖고 있다. 미국사회에서는 한국과는 달리 직장을 옮기는 일은 개인능력을 과시하는 방법의 하나라는 인식이 있는데 내 경우 남편의 직장이나 아이들 학교에 매여 있지 않았기에 가능한 일이었다. 소속 대학을 여러 번 옮긴 것은 우선적으로 조금이라도 더 많은 월급을 받기 위해서였고 또 한 가지 이유는 내가 속하고 싶은 지역공동체를 찾기 위함이었다. 결국 나는 한국으로 돌아온 후에야 내가 여생에 조금이나마 더 의미 있는 삶을 살 수 있는 곳은 한국사회라는 결론을 내렸다. 죽음에 이르러 누구나 다 내려놓고 떠나가야 하는 이 지상에서 내가 온전하게 소속하고 싶은 지역사회를 외국 땅에서 찾으려 했으니 참으로 아이러니컬한 일이다. 뿌리 없이 떠도는 부초 같은 느낌을 없애는 데 큰 버팀목이 되었던 신앙공동체를 옮겨 다니다가 이제 다시 한국사회에 돌아와 영성공동체적인 '하나됨 Oneness'의 세계관을 지인들과 나누고 산다. 나만의 의식세계 속의 자유로움을 만끽하는 나는 미흡한데로 고독한 홀로서기에 성공했다고 할 수 있겠다.

한바닷속의 투명한 물방울

솔직히 나는 어렸을 때 성장과정에서 엄마를 정말로 좋아해 본적은 없다. 학교에서 돌아왔을 때 엄마가 집에 안 계시면 마음이 텅 빈 것 같이 느껴졌던 것은 엄마를 좋아해서라기보다는 엄마가 있는 집이라는 울타리가 주는 정서적 안정감에 의존하였던 때문인 것 같다. 엄마도 내가 내 동생처럼 당신을 친밀하게 따르지 않는다는 것을 잘 알고 계셨다고 생각한다. 유학을 떠남으로 해서, 엄마가 재혼으로 새로 이룬 집 환경과 자연스럽게 멀어졌고, 나만의 독립된 세계를 이루어낸 나는 오랜 세월이 흐른 후에 결국에는 엄마에게 자랑스러운 딸이 되었다. 그럼에도 나는 엄마가 심리적으로 가까이 다가가기 어려운 존재로 남았다. 엄마임에도 당신이 어렵게 대할 수밖에 없는 딸이라고 내게 여러 번 말씀하신 것을 기억한다. 모녀 간에 느꼈던 거리감의 출발점은 내 본성에 자리 잡은 솔직함 때문이라고 생각한다. 엄마가 나의 생부와 이혼하기 오래전에 나는 엄마가 아버지를 존경하는 마음이 없다는 것을 알게 되었다. 내 어린 판단에 약자의 위치에 있는 아버지를 편드는 것 같은 말을 하기 시작하면서 내가 엄마에게는 '제 애비만 닮은' 밉상일 수밖에 없었으리라. 엄마와 아버지의 부부생활이 조금만 더 화목했더라면 나는 엄마를 진심으로 좋아할 수도 있었을 것이다. 아버지는 남자의 권위로써 엄마를 제압하려 하였고 그런 얼토당토않은 독재스타일에 호락호락 자신의 마음을 내어줄 만큼 엄마는 기개가 약한 여자가 아니었다. 의도하지 않았으나 엄마는 내 동생과 나에게는 냉랭하게 느껴지는 집안 분위기를 만들어내었다. 눈 덮인 화산 같은 집안 분위기 속에서 나는 쥐죽은 듯 공부에만 파고드는 책벌레가 되었고 동생은 집 밖에서 친구와 사귀며 재미있는 시간을 보내는데 열중하였다. 성실하게 가장으로서의 역할을 수행한 아버지가 폭력이나 알코올 중독 같은 문제를 일으킨 적은 없었고 엄마는 집안 살림을 최상의 기술로 운영하는 가정주부 역할을 아주 멋지게 잘 해내었다. 어떤 몹쓸 트라우마를 겪었다기보다는 서로에 대한 일상적 무관심 또는 냉담함에 익숙해지는 가정환경에서 내 동생과 나도 살갑게 느껴지는 자매 간의 정을 나누지 못한 채 한 집에서 살았다. 내 동생과 나는 별로 큰 문제가 될 사건을 겪지는 않았지만 특별히 행복하였다고 기억할 만한 경험도 없이 회색빛 어린 시절을 보내야 했다. 미국에 이민하여 두 딸을 성공적으로 키워 낸 내 동생과 나는 몇 년 전에 같이 어린 시절 이야기를 하면서 우리가 어렸을 때 함께 나눈 행복한 추억이 거의 없었다는 사실을 씁쓸한 마음으로 인정한 적이 있다. 성장과정에서 생겨난 서로에 대한 소원함 내지 무관심은 엄마가 돌아가신 후에 동생과 함께 미국 동부와 캐나다, 멕시코 그리고 동유럽을 함께 여행하는 동안에 크게 해소될 수 있었다.

드라마틱한 불행의 경험이라면 드디어 엄마가 이혼을 요구한 날 아버지가 집안 살림을 다 부셔버리겠다며 폭력을 처음으로 행사한 사건이었다. 나는 우는 소리로 아버지에게 매달리며 "그러지 마시라"고 애원했던 일을 아직도 떨리는 가슴으로 기억한다. 냉전 분위기 집안이 마침내 유리창과 함께 박살나던 순간에 아이만이 느낄 수 있는 무조건적인 내면의 평화는 여지없이 무너져 내렸고, 나는 평소에 불행한 느낌을 견디며 살아가야 하는 애어른이 된 채 사춘기를 맞이하게 되었다. 그때부터 나는 나 자신의 생각이나 느낌에 더욱 매몰되면서 더욱 말이 없어진 채 그냥 생동감 없는 성인기에 접어들었다. 다른 사람과 타협하거나 관계 유지에 필요한 상호이해나 대화기술을 충분히 익힐 겨를도 없이 대학생활을 마감하였고 나는 문자 그대로 나 홀로 존재하는 성인 여자가 되었다. 다른 사람과의 정겨운 대화나 속 깊이 마음을 주고받는 인간관계 기술이 부족한 상태에서 설상가상으로 혼자서 유학을 가서 공부를 계속하겠다고 결정해 버렸다. 그 결정은 내가 일생에 걸쳐 홀로서기 해야 하는 고독한 숙명으로 이어졌다.

돌이켜보건대 평소 인간관계에서 융통성이 없이 너무 솔직한 대화 방식 때문에 사람들을 적당히 만나고 적당히 헤어지면서 적절한 인연을 이어나가지 못한 면이 다분하다. 자발적으로 고립된 생활 속에서 나도 모르게 조금씩 쌓이게 된 우울증 증세를 극복하면서 어렵게 박사학위를 취득한 후, 나는 사회복지(미국에서는 사회사업Social Work이라 함) 교수 자격 기준 중 필수조건인 실무경험을 얻을 수 있게 되었다. 다행히 지도교수님의 추천으로 연합교회United Church재단 소속의 커뮤니티센터에서 사회복지사로 취업할 수 있었다. 미국사회의 가장 열악한 지역사회 환경 속에서 고달픈 삶을 사는 주민들을 만나게 된 귀한 경험이었다. 작은 눈망울 속에 미움을 하나 가득 담고 있던 한 흑인 어린아이의 눈물어린 눈동자와 우울증 증세가 역력했던 한 잘 생긴 중학생의 어두운 얼굴을 지금도 기억한다. 특이한 유형의 관절염으로 만성통증에 시달리는 한 부인을 가정방문 하곤 했었는데 집 밖 출입을 못하는 그녀에게 나의 방문상담 시간이 약간의 위로는 되었던 것 같다. 그러나 내 실무경험이 후에 교수가 되기 위한 필수경력을 쌓는데 도움은 되겠으나 내가 하는 일이 더 나은 미래에 대한 별다른 희망 없이 하루하루 살아가는 지역주민들에게 큰 도움이 되지 못한다는 사실을 깨닫는데 그리 오래 걸리지 않았다. 지금 내가 다시 그 시점으로 돌아간다면 나는 빈곤과 얽힌 크고 작은 사회문제의 함정 속에서 빠져나오지 못하는 그 주민들의 고통을 더 잘 이해할 수 있을 것으로 생각한다. 커뮤니티센터 주변에 살고 있던 클라이언트들의 살아있는 영성적 힘을 더욱 더 생생하게 알아차릴 수 있는 내면의 눈은 교수가 되고 난 한참 후에 생겼다고 말할 수 있다. 그 당시에는 내 사무실에 오거나 내가 방문 나갔던 클라이언트들의 강인한 생명력을 액면 그대로 높이 평가할 수 있는 통찰력이 부족했다. 지금 생각해보면 나는 그저 고정된 월급을 받으며 일할 수 있었던 중산층 직업여성이었고 내가 도와주고자 했던 지역 주민들은 안정된 생활기반이 없이도 하루치씩 던져지는 삶의 무게를 견뎌낼 힘을 가진 험난한 일상 생활 속 영웅들이었다. 그 당시에 나는 사람들이 고통 속에서 정신력이 오히려 더욱 강해질 가능성이 있다는 것을 알고 있었다. 인간이 저지르는 실수에 대한 이해심도 있었지만 오히려 더 강하게 비판하는 마음과 얄팍한 동정심 사이를 오가는 심리상태를 자주 경험했다. 지금처럼 머리로는 통합이론적이고 가슴으로는 영성적인 차원에서 심도 깊이 이해하고 수용하는 역량은 턱없이 부족했다고 본다. 지금 이 순간에 나는 영양분이 결핍된 검은 토양을 뚫고 하늘 향해 힘껏 치고 올라온 그 동네 길가에 피어 있던 노란색 민들레꽃들이 생각난다. 그때 그 사람들은 지금 어떻게 살고 있을까.

사회복지사로서 쌓은 현장에서의 실무경험은 동생이 살고 있던 하와이에서 계속되었다. 하와이 주州정부 공무원직에 특수채용이 되었을 때 나는 하나님의 보살핌에 대한 감사함으로 가슴이 벅찼다. 그 시절에 내가 틈만 나면 큰 목소리로 즐겨 부르던 찬송가는 '주님의 놀라운 은혜 Amazing Grace'이었다. 지금도 나는 항상 감사하면서 사는 습관이 몸에 배어 있지만, 그 때처럼 온 마음과 정성을 쏟아서 감사의 찬송가를 부르며 행복해하였던 적이 없었던 것 같다. 하와이 주정부 아동청소년 정신건강 부서의 정책담당관 일을 통해 나는 미국 영주권도 독자적으로 취득하였다. 그런 나에게 마땅한 결혼 상대자는 없었다. 천생연분을 만나는 일이 어디 노력한다고 되는 일인가? 내 삶은 직장과 교회라는 테두리 안에서 지속되는 매우 한정적이고 무료한 생활패턴의 연속이었다. 일주일 내내 주정부 정규직 일과 시간강사 일로 뛰어다니던 시절에 나는 서류 가방이 세 개였다. 사회복지정책 공무원 일과 관련된 서류 가방과 내가 강의하는 과목별로 따로 챙긴 서류 가방 두 개가 내 인생의 전부였다. 내가 주말에 하는 일은 그 당시에 소속되었던 호놀룰루 기독과학 교회Christian Science Church에서 예배에 참석하고, 남은 시간이 있으면 혼자 음악 듣고 책 읽거나 아파트 단지 내에서 수영을 즐기는 것이 고작이었다. 내가 생각해도 남이 보면 재미도 하나 없어 보이는 삶을 혼자서 참 잘도 살았다.

사 년 동안 사회복지공무원 실무경험과 시간강사 경력을 쌓은 후에 나는 하와이를 떠나 미국 본토에 있는 대학에서 조교수로 새 출발을 하였다. 교수라는 직업은 틀에 박힌 투명한 생활패턴에 나를 가두기에 충분했다. 썰렁한 아파트와 대학교 교수실을 오고 가면서 애써 강의 준비하고 신나게 열정적으로 강의하고, 아무도 없는 집에 돌아와 평안히 잠자리에 드는 생활패턴을 오랜 세월동안 반복했다. 그 만큼 나는 참 융통성 없이 판에 박힌 삶을 꾸준하게 잘 살아냈다. 교수직이라는 일을 재미 때문에 하는 경우는 드물겠지만, 나는 정말 한 인생의 전성기라고 할 수 있는 중년기를 대학이라는 안전한 울타리 안에서 매우 성실하게 그러나 별 생동감 없이 보낸 것이 사실이다. 좀 더 전략적으로 좀 더 풍부한 인생경험을 창출하면서 살 수 있었다면 좋았겠으나 그래도 솔직히 말하자면 나는 지나간 세월에 대해 후회하는 마음은 없다. 방학이라는 혜택을 누리는 교수직이었으므로 가능한 일 년에 한 번쯤은 엄마와 함께 방학 시간을 여행하며 보내는 자유를 누릴 수 있었다. 특별히 '효도여행'이라고 할 만한 것은 아니었지만 그래도 엄마가 살아계실 때 같이 여행했던 기억들이 있어서 지금도 내게 큰 위로가 된다.

정규직 교수가 되고 난 후에도 나는 여가나 사회생활에 그다지 적극적이지 못하고 오직 일에만 열중하는 전문직 직장인의 삶을 살았다. 투명한 삶을 살았고 어항 속에서만 헤엄치는 물고기의 삶과 같은 그 투명함 속에는 혼자 산다는 사실밖에 특출하게 눈에 띄는 것이 없는 단조로운 생활이었다. 내가 내 자신에게 솔직한 성향은 직장생활 위주의 대인관계에서도 거의 불필요한 수준의 솔직함으로 나타났다. 약간의 기만 행동이나 진실성이 결여된 모습을 보였다면 대강 넘어갈 수도 있었을 소소한 인간관계에서 내 이익만 챙기려거나 상대방의 호의를 적당히 즐길 수도 있었겠지만 나는 대책 없이 솔직한 탓에 많은 수의 친구를 만들지 못했다. 미국에서 내가 알게 된 친구들은 대부분 교회생활을 통해 만난 신앙인들이었다. 솔직 담백한 대화를 할 수 있었던 몇 안 되는 친구들은 지금도 전자메시지를 주고받으며 가끔 소식을 전하고 있지만 갈수록 이 장거리 친구 관계를 유지하기가 어렵게 느껴지고 범람하는 SNS상의 연락망 속에서 상호연락 빈도는 오히려 점점 줄어들고 있다. 어쩔 수 없이 슬픈 현실이다.

　필자의 장점이자 약점인 솔직한 성향이 좀 더 사교적으로 바뀌기 시작한 것은 가히 '눈치사회'라고 할 수 있는 한국에 돌아와 몇 년을 지내고 나서부터라고 할 수 있다. 소위 '눈감아 준다'는 표현은 아직도 내 안에 내재화한 말이 아니지만 포용심이라고 할 만한 성향이 조금씩 강해짐에 따라 나는 너무 적나라하게 내 솔직함을 표현하지 않아도 된다는 것을 배우게 되었다. 요즈음은 SNS 메시지들을 통해 내 진실한 심정이나 의견을 표출하기도 하지만 동시에 여러 사람들의 다양성을 존중하는 표현을 자주 하는 편이다. 개인적으로 우수한 사람들이 서로 판이하게 다를 수 있다는 사실을 받아들이기 위해 좀 더 포용적이고 긍정적인 자세로 내 의식세계 패턴을 변화시키려고 노력해 오고 있다. 무의식적인 내면세계를 긍정적으로 바꾸는 한 방법으로 시작한 노력의 결과로 이제는 '사랑합니다'라는 표현을 매우 자연스럽게 글로 쓰는 단계에 이르렀다. 물론 SNS 상에서의 '사랑한다'는 글이나 아이콘은 그냥 상징적인 표현일 뿐이지만 사람들을 비판하기보다는 있는 그대로의 다양성을 이해하려는 순수한 마음을 담는다. 보편적 인류애의 표출이라고 하면 너무 거창하게 들릴지 모르겠으나 내게는 오래된 감성으로서, 인간으로 태어난 모든 사람들에 대한 일종의 연민의 정이 쌓여 있다. 내가 느끼는 이런 감성은 어디까지나 융통성 없는 나의 진심을 담은 솔직한 느낌과 생각의 표현일 뿐이다.

　내 안의 진솔한 감정이나 의견을 분출해내는 새로운 방법이 또 한 가지가 있다. 2018년부터 시작한《논객닷컴www.nongaek.com》칼럼쓰기를 통해 나는 정말로 내가 하고 싶은 말을 한다. 비교적 다른 사람의 눈치를 보지 않고 내가 할 말을 자유롭게 하고 살아 온 나는 자기주장이 강한 편이다. 자유로운 칼럼쓰기도 좋지만 언어로 내 의식을 가장 적나라하게 표현하는 것은 아무래도 시詩를 통해서이다. 미국에 살 때에 한국말을 쓸 일이 거의 없는 사회 환경 속에 살면서 나는 언제부터인가 영어로 시를 쓰곤 했었다. 시를 쓰기 위한 시간을 낼 마음의 여유가 없이 학교 일 중심으로 살았으므로 기껏해야 일 년에 두세 개 정도밖에 못 쓰는 습작들에 불과했고 더구나 어줍지 않게 영어로 썼으니 사실, 아마추어 수준에도 못 미치는 취미생활 정도에 불과했다. 그래도 시를 씀으로 해서 내가 내 안에서 스스로 위안을 얻을 수 있는 가장 효율적인 방법을 활용한 것이다. 2010년부터 한국에 재정착하면서 영어로 시를 쓴다는 사실이 얼마나 우스꽝스러운 일인가를 깨닫고 다시 한글로 습작을 끄적거리기 시작하였고 은퇴하던 해에《문학광장》을 통해서 소위 '등단한' 시인이 되었다. 인터넷 덕택에 초연결 사회 속에 몸담고 살면서 내가 쓰는 시들은 자연스럽게 지인을 통해 인터넷상에 아주 가끔씩 등장하기도 한다. 아무튼 내가 볼 때 나는 아직 진정한 의미의 시인이 아니다. 그 동안 언제 어디서나 시를 쓸 수 있는 열린 마음의 태세를 갖추고 살지 못하였다. 그 때문에 많은 시상을 흘려보냈을 뿐만 아니라 세상살이에 필요한 다른 할 일들을 챙기기 위해 보다 분석적인 사고 중심으로 살아온 것이 사실이다. 물론 시인이라고 해서 분석적 두뇌를 가지고 살지 않아야 한다는 의미는 아니다. 그러나 내 의견으로는 시인은 항상 가슴 속에서 피 흘릴 수 있는 심장을 열어두고 사는, 감성 면에서 일종의 무방비 상태의 사람이어야 한다고 생각한다. 나는 자연스러움 그대로의 마음상태 혹은 저절로 생성되는 감성의 샘물이 흘러내리도록 내버려 두지 않았다. 마치 댐의 수문을 관리하듯이 나는 아주 가끔씩만 내 심장 속 호수의 문을 열어 놓으면서 조심스레 내 삶을 운영해왔다. 평생 대학 강단에서 강의하고 딱딱한 논리체계를 갖춘 논문을 쓰는 일은 학생들을 사랑하는 마음과 미래세대를 걱정하는 뜨거운 심장만으로 할 수 있는 일은 아니다. 나는 기본적으로 분석적인 일에 능하기 때문에 내 안의 모든 느낌들을 통제하는 일에도 내 자신을 스스로 잘 적응시켜왔고, 그 정도까지는 내 감성의 흐름에 솔직하지 못한 삶을 살아왔다고 인정한다. 대학입학을 대비하여 전공 선택을 고민했을 때 생계를 유지하는 목적으로는 나는 시인이나 작가가 되기보다는 사회복지사가 되어야 한다고 생각했었다. 그 어린 나이에 꽤 영악한 판단을 했었고 그 정도로 내 안에는 젊었을 때부터 실용주의적인 면모가 뚜렷하였다. 내게 필요한 물질적인 안정성을 위해 내 스스로 감정의 파도에 떠밀리지 않도록 감성적인 본성을 통제하면서 그 대신 분석적인 두뇌와 합리적인 이성을 내 삶의 파수꾼으로 앞장세운 셈이다. 이렇게 나는 교수로서의 삶에 우선적으로 충실하였지만 그래도 시 쓰기를 완전히 포기하지 않은 것은 내 안에서 소리치는 영혼의 메아리를 아예 못 듣는 척 한없이 묻어둘 수 없었기 때문이다. 필자는 시 습작을 통하여 내면 무의식의 동굴 속에 깊이 잠재운 생각과 느낌 조각들을 이따금씩이라도 일깨움으로써 일상 속에 묻혀버린 나라는 한 인간의 본모습을 드러내도록 하고 있다. 나라는 한 인간의 본질을 감싸고 있는 내 영혼은 돌아가신 엄마의 DNA 색깔을 보여주고 이 세상 누구보다도 더 당신의 자식들을 끔찍이 사랑했던 외할머니의 생명에너지를 품고 있다. 또한 내 영혼은 가난과 독재의 들판에서 송곳 풀잎처럼 뚫고 나오는 인내와 저력으로 자식들의 생계를 책임졌던 내 친부의 뼈아픔을 담고 있다.

현재 필자는 외롭지 않다. 그러나 고독한 삶을 살고 있는 것은 여전한 사실이다. 평생 혼자 살아왔음에도 불구하고 '나는 혼자'라는 막막한 생각에서 자유로울 수 있는 것은 나름대로 주변 사람들을 사랑하는 마음 때문이다. 필자를 이해하기 어려운 독자들도 있겠으나, 나는 한국사회 본연의 정신문화적인 온전함을 전통사회 고유의 문화적인 강인함 속에서 살려낼 수 있다는 희망을 갖고 있다. 이런 생각 또한 허황된 오만함을 나타내는 것이 아닌지 모르겠으나 어쨌든 나는 한국과 인류사회의 미래가 밝다고 보는 사람이다. 나는 모순적인 한국 사람들의 비합리성과 애매모호한 한국문화 속의 위태로운 인간관계의 엉킴을 통합적인 관점에서 잘 이해한다고 생각한다. 한국사회라는 큰 바다가 부패와 과욕으로 오염되어 있는 것이 사실이지만 상처 입은 개인들의 시민의식이 깨어남에 따라 진보하는 집단지성의 물결이 머지않아 청정한 사회변혁을 몰고 올 것으로 기대하고 있다. 한국사회의 못났음과 불안정함을 수용하고 동시에 누가 뭐래도 순수한 당당함을 잃지 않는 한국인의 잘났음과 패기를 사랑한다. 한국 사람들의 파괴적인 집단이기심에 절망하고 동시에 평범한 사람들이 보여주는 놀라운 희생정신과 지혜로움에 감동한다. 나라는 한 개인은 망망한 대해의 파도를 이루는 한 개의 미미하게 작은 물방울일 뿐이다. 그럼에도 불구하고 나는 외롭지 않은 독립된 생명체이다. 이제 인생의 제3막이라고 할 수 있는 남은 여생동안 한국사회에 몸담고 살면서 하나의 투명한 물방울로서 소소한 의미의 순간들로 반짝거리는 영롱한 삶을 즐길 생각이다. 앞으로 더욱 더 감사한 마음으로 살 수 있을 것이다.

짜증내는 마음, 축복의 만트라

다른 사람을 쉽게 판단하는 나쁜 버릇 때문에 이성과의 만남이 결혼까지 이어지지 못한 것도 모두 다 인내심의 부족 때문이었다고 생각한다. 나는 다른 사람을 있는 그대로 받아들이기 보다는 미래에 내가 짜증내게 될 일을 미리 예방하는 차원에서 재빨리 그 인성을 판단을 하고, 복잡해질 수 있는 위험한 인간관계를 아예 일찌감치 차단해 버린 전례들이 있다. 나는 매사에 명확한 것을 좋아하기 때문에 섣부르게 잘못된 판단도 자신 있게 그리고 단호하게 내렸던 것 같다. 인간관계는 실수의 반복과 용서와 이해를 통해 숙성시킬 수 있다고 머리로는 잘 알고 있지만, 실제로 나는 순수하지 않은 인간관계나 비합리적인 상황을 견뎌내는 인내심이 매우 부족한 사람이다.

그럼에도 불구하고 '사랑은 오래 참고…' 이 성경 말씀은 내 무의식에 깊숙하게 박혀 있는 교훈이다. 성숙한 인간으로 발달하기 위해 수행하고자 하는 사람은 혼자서 고요한 수도원이나 사찰에서 하기보다는 뜨거운 삶의 현장 속에서 자신의 인내심을 제대로 연마할 수 있다고 생각한다. 내 경우에는 다른 사람의 불합리하거나 이기적이고 배려하지 않는 행동을 받아들이고 인내해야 하는 어려움을 직접 겪어 볼 기회가 거의 없었다. 혼자 모든 것을 책임지고 결정하면서 살아온 나는 가정생활에서 서로 부딪치는 갈등이나 심리적 마찰이 없이 편안한 삶을 살아왔다. 그 대가로 인내심에 관한 한 사실상 일상적인 삶 속에서의 수행이 덜 되었다고 인정할 수밖에 없다. 가족관계로 얽힌 내가 아닌 다른 사람에 대해 인내심을 발휘할 필요 없이 평탄하게 살았고 그 만큼 대인관계에서 수행이 덜 될 수밖에 없었을 것이라고 생각한다. 내가 저지르는 실수나 불완전함에 대해 자신에게 짜증내지만 않으면 이런저런 이유로 나를 화나게 하는 사람이나 가족 상황에서 해방된 여자! 이런 축복(?)받은 삶을 부러워하는 결혼한 친구들에게 내가 해주고 싶은 말이 있다. '그 대신 너는 잘 참고 사는 수행을 했지 않니. 나는 너무 편하게 살아서 부족한데가 아주 많아….'

평생에 걸쳐 익숙해진 감사하는 습관에도 불구하고 내게는 짜증을 쉽게 내는 성향이 농후하다. 훨씬 더 젊었을 때는 크게 결여되었던 인간의 불완전함에 대한 인내심과 이해심이 나이 들면서 많이 생긴 것도 사실이지만 간혹 다른 사람들의 못마땅한 행동에 짜증을 부리는 버릇은 여전하다. 나는 특히 사소한 일일지라도 약속을 못 지키는 사람을 낮게 평가하는 경향이 있다. 그냥 인간의 불완전함에 대한 이해부족 현상이라고 말할 수도 있겠지만 나는 세상이 더욱 합리적이고 정돈된 체계를 갖추어서 실수하는 일 없이 조화롭게 돌아갈 수 있다고 또한 그래야 한다고 믿고 싶어 하는 것 같다. 위험천만한 운전행동, 기본상식에 벗어나는 무례함, 자기가 한 말을 지키지 못하는 일, 다른 사람에게 피해나 불쾌감을 주는 행동, 환경보호에 허술한 사회시스템 등은 내게 쉽사리 부정적인 감정을 불러일으킨다. 옳지 않다고 생각되는 일에는 단연코 불쾌함을 표현하고야 마는 나는 스스로를 같은 잣대에 대고 평가해보기도 한다. 과연 내 생각과 행동은 일치하는가? 다른 이의 눈에 있는 티끌은 보면서 내 눈 안에 있는 대들보는 보지 못하는 것이 아닌가? 이렇게 스스로 성찰하기도 하지만 아무튼 내게 있어서 인내심은 앞으로 계속 발달시켜야 할 덕목이다.

신앙생활면에서 나는 훨씬 더 솔직한 자세를 취해 왔다고 말할 수 있다. 다른 신앙공동체로 옮겨갈 때가 되었다고 느끼면 나는 주저하지 않고 새로운 신앙체계를 받아들일 수 있었다. 하느님 아버지께 기도하던 감리교 신자에서 아버지-어머니 하느님께 기도하는 크리스천 사이언티스트Christian Scientist, 기독과학교 신도가 되었을 때 나는 예수님의 본질적인 가르침에 충실했던 초대 기독교 신앙원리에 대해 배울 수 있게 되었다. 다시 바하이 신앙을 추종하는 신자로서 소속 종교를 바꾸었을 때 나는 다양한 종교들이 서로 화합할 수 있다는 세계통합적인 관점을 가진 신앙인이 되었다는 순수한 자부심을 갖게 되었다. 모든 종교가 하나님으로부터 나왔다는 바하이 신앙의 핵심원리는 나로 하여금 '진리가 너희를 자유롭게 하리라'는 예수님 말씀을 더욱 실감 있게 느끼게 해주었다. 모든 종교에서 가르치는 진리가 간결하게 집약된 황금률The Golden Rules은 결국 사랑이라는 보편적 원칙 하나로 귀결된다는 깨달음이 나를 자유로운 신앙인으로 만들어주었다. 바하이 신앙원리를 접하지 않았더라면 나는 불교나 천도교, 그 밖의 민족종교에 계속 무관심했을 것이다. 이제 나는 문자 그대로 무지개 색깔 신앙세계의 문턱에 겨우 도달한 느낌이 든다. 갈 길이 멀다.

최근에는 성덕도聖德道6)라는 민족종교에서 가르치는 '무량청정정방심無量淸靜正方心'이라는 기도문을 심호흡을 하면서 명상하기도 한다. '한량없이 맑고 고요하며 올바르고 둥근(모든 것을 포용하는) 마음'이라는 뜻의 이 기도문이 내 가슴에 언제 어디서든지 쉽게 와 닿을 수 있다는 것은 내게 큰 위로가 된다. 단전호흡명상을 할 때 적격인 이 기도문 이외에도 나는 여러 가지 기도문과 만트라를 애용한다. 필자는 예수님이 인류에게 영원한 선물로 남겨주신 주기도문과 바하이 기도문을 특별히 좋아한다.

바하이 기도문 두 개에는 내 나름대로 곡조를 붙여서 소리 내어 기도하기도 하는데 장거리 운전 때 혼자 있는 차 안에서 저절로 가슴에서 샘물처럼 흘러나오는 이 기도문들은 내 마음을 평정하게 다스리는 최상의 축복이다. 달리 보면 내 마음이 평정하기 때문에 이 특별한 기도문들을 최적의 마음 상태에서 노래하게 된다고 할 수도 있겠다. 기도문을 소리 내어 읊고 싶다는 한 줄기의 소망은 바하이 신도들의 전통적인 기도방식인 챈팅chanting소리에 매료되면서부터 갖게 되었다. 아름다운 두 개의 바하이 기도문을 처음으로 접한 것은 내가 캘리포니아 주립대학에 근무할 때이었고 그 당시에 한국어로 번역된 바하이 기도문 책자가 내게 없었으므로 영어로 외운 기도문에 내 마음 가는대로 곡조를 붙여 보았다. 이 세상에서 아무도 모르는 나만의 곡조로 이 특별한 기도문을 노래할 수 있게 된 것이다. 언젠가 한국어로 번역된 바하이 기도문에 새로운 곡조를 붙여보고 싶다.

저의 하느님이시여!
주님의 이름은 저의 치유이오며,
주님을 기억함은 저의 치료이옵나이다.
주님을 가까이함이 저의 소망이오며,
주님께 대한 사랑은 저의 반려이옵나이다.
저에게 베푸시는 주님의 자비는 저의 치유이오며,
현세나 내세에 있어서 저의 구원이옵니다.
진실로 주님은 관대하시고, 전지하시고,
영명하시옵니다.

다양한 종교 전통에서 나온 기도문들을 아무 제한 없이 사용한다는 것은 그야말로 자유롭게 종교의 경계선을 넘나드는, 어찌 보면 오만한 종교적 이단행위로 보일 수도 있겠다. 그러나 여러 가지 색깔의 심리적 정서를 불러일으키면서 내게 깊은 울림을 안겨주는 다양한 기도문들은 모두 한결같이 평화로운 안정감을 촉발시킨다. 내 영혼을 치유하는 상비약이다. 제도권 안에서 틀에 박힌 교수생활에 익숙해져 버렸음에도 불구하고 나는 신앙 측면에서는 진정으로 유연하고 융통성이 있는 사람으로 성장한 것 같다. 내 스스로 어떻게 하면 실생활에서 영성적 힘을 솟아오르게 하는지 알아내었고 내 심성이 흐르는 대로 자유로운 신앙생활에 익숙하게 된 것이다. 필자는 더 이상 일요일 예배를 마치고 교회 문을 나서면서 느끼던 허전함 때문에 외로워하지 않는다. 특정 교회나 사찰이라는 외부환경의 힘에 의지하지 않고도 내 몸이 있는 곳에 내 의식이 자유자재로 작용하는 한, 깊은 마음의 평화를 느낄 수 있다는 것은 얼마나 큰 특권이자 축복인지 모른다. 은퇴 후에 더욱 더 자유분방하게 종교의 경계선을 넘나들게 되었다는 사실에 나는 그저 한없이 감사할 뿐이다. 모태 신앙이나 스스로 선택한 한 가지 종교에 평생 충실해 온 사람들의 입장에서 보면 나는 형편없는 엉터리 신앙인이라고 비난받을지도 모르겠다. 그러나 나는 다만 내면의 소리를 따라서 자유로운 신앙생활을 해온 것뿐이다. '아미타불 아미타불 나무 아미타불…' 이렇게 불교 만트라가 저절로 의식에 떠오르는 순간이면 이 특별한 종교언어가 내가 처한 시공간에 필요한 조건이 되는 것이다. 산책길에서 나도 모르게 예수님의 주기도문을 외우기 시작할 때는 그 순간에 내 영혼이 무의식 세계에 잠재해 있는 신비한 언어의 힘을 기억하는 것이다. 이렇게 나는 다양한 기도문이나 만트라를 거의 무의식적으로 염송하는 습관으로 인해 나의 약점인 이 세상의 불완전함에 짜증내는 마음을 극복해오고 있다. 정말로 감사한 일이다.

드디어 한바다에서 숨 쉬다

기적같은 내면의 평화

놀랍고 기가 차기까지 한 크고 작은 사회문제들로 혼탁해진 세상에 살면서 개인적으로 평안한 내면세계를 유지할 수 있다는 것은 거의 기적 같은 일이 아닐 수 없다. 현실에서 어떤 극한 상황에 실제로 처해 보아야 피부로 깨닫게 되겠지만, 내 안에 숨겨진 이름 모를 평안함은 문자 그대로 땅이 꺼지고 하늘이 무너져도 변함이 없으리라는 그런 느낌이 내 안에 있다. 보이지 않는 사랑 에너지 속에 뿌리박고 사는 느낌이라고 할까, 필자에게 이런 마음이 있다는 것이 신비롭게 느껴질 뿐이다. 하늘에 떠 있는 별이 땅에 떨어져도 그 별과 이 지구상의 생명에너지는 사라지지 않는다는 것을 의식한다. 영원한 삶의 순환 속에서 내 몸이 없어지는 것과 상관없이 내 몸을 이루었던 근원적인 생명에너지는 계속 남을 것이라는 생각을 한다는 것은 참으로 감사한 일이 아닐 수 없다. 매일 저녁뉴스가 전해 주는 이 세상 모든 나쁜 소식들을 접하고도 내가 정서적으로 무너지지 않고 살아갈 수 있는 것은 오직 이 원초적인 평안함이 내 안에 자리 잡고 있기 때문이다.

　남편이든 자식이든 누구를 믿고 사는 것도 아니고 돈이나 권력에 의

지하지도 않고 살면서 사실 따져보자면 언제 무슨 일이 닥칠지 모르는 세상살이에서 모든 것이 다 괜찮다고, 그리고 세상이 조금씩 더 나아지고 있다고 신뢰할 수 있는 것은 내 안에 숨겨진 보석 같은 평안함 때문이다. 내가 언제부터 이 굉장한 선물을 내면에 간직하고 살게 되었는지 모르겠다. 아마도 오랜 습관이 되어버린 걷기운동이 무의식적으로 내 안에 보이지 않는 명상효과를 쌓이게 한 것 같다. 특히 미국 동부의 아름다운 메인Maine 주에 살 때 숲속과 바닷가 산책을 일상적으로 하면서 나도 모르게 생긴 자연이치(또는 우주법칙)에 대한 신뢰감이 내면세계에 쌓이게 되었는지도 모른다. 사실 걷는 습관은 유학생 시절 초기부터 지속되어온 것이고 어디에 살던 집 주변 동네를 꾸준히 산책하곤 했다. 마음이 어지럽고 사막처럼 삭막하게 느껴질 때도 걸었고 혼자이지만 여유로운 주말 시간을 즐기기 위해서도 걸었다. 미국 생활에서는 걷는 그 자체가 목적이었지 걷기명상을 의도적으로 한 것은 아니었다. 이 습관은 나중에 한국에 돌아온 후에도 계속 걸으면서 의도적으로 시작한 만트라 명상을 하는데 큰 도움이 된 것 같다. 발바닥을 의식하기도 하고 다리의 느낌에 집중하기도 하지만 나는 속으로 만트라를 읊조리며 걷는 것을 선호한다. 기도하는 마음으로 실천하는 걷기명상은 내가 나를 사랑하는 가장 좋은 삶의 기술 중 하나가 되었다.

내가 매일 평안함을 느끼는 시간은 또 있다. 혼자서 아무 일에도 방해받지 않고 식사하는 시간이다. 어떻게 혼자서 밥을 먹을 수 있느냐는 질문을 받은 적도 있었다. 요즘 식대로 말하자면 '혼밥'을 먹는 한국인들이 몇 년 사이에 부쩍 많이 늘은 것 같다. 인구 네다섯 명 중 한 사람이 일인가구에 살고 있다는 통계를 보면 예전에 온 식구가 좁은 식탁에 둘러

앉아 함께 먹던 시절과는 너무 판이하게 다른 세상이 되었다. 동남향 아파트에 사는 혜택을 누리는 나는 해가 등 뒤에 비추도록 식탁 의자를 골라 앉아서 밥 먹기를 즐긴다. '맛있게 먹겠습니다. 오늘도 이렇게 좋은 음식을 먹게 해 주셔서 감사합니다.' 소리 내지 않는 감사 말씀을 보이지 않는 하나님(또는 조상님)께 올리면서 따스한 햇살기운을 등 뒤로 받으며 밥을 먹으면 몸도 마음도 포근하게 기분이 좋아질 수밖에 없다. 수십 년 동안 혼자 먹는 습관이 굳어져서 이야기할 사람도 없이 밥을 먹는다는 사실을 의식조차 하지 않게 되었다. 햇빛이 내 식사시간에 동반해주지 않는 흐린 날도 많지만 그렇다고 특별히 불행하게 생각하지는 않는다. 오래전에 미국 동부에 숭산 스님 제자들이 세운 한 참선센터에서 생전 처음으로 발우공양을 경험한 후에 나는 음식 낭비가 전혀 없이 그릇에 있는 음식을 아주 깨끗이 먹어 치우는 습관을 들였다. 그 전에도 음식 낭비가 거의 없이 알뜰하게 음식 관리를 해오고 있었지만 발우공양의 깊은 의미를 알게 된 후로 더욱 철저하게 음식을 남기지 않고 먹게 되었다. 서두르지 않고 식사하는 여유로움에 더하여 감사함을 의식하면서 먹을 수 있다는 것은 큰 행복감을 선사한다. 미국에 있으면서 긴 오래된 TV 디너dinner 습관을 버리고 고요한 햇빛과 함께 하는 '혼밥' 시간을 나는 나만의 '햇빛식사'로 명명했다. 태양에너지를 받고 자라난 모든 식재료들이 내 몸 속에서 소중한 생명에너지로 화하여 내 몸은 우주에너지와 하나가 된다. 식사 중에 '내 살을 먹고 내 피를 마시라'고 하신 예수님 말씀을 생각할 때도 있다. 그럴 때 '햇빛 식사'는 내가 가진 몸과 마음으로 감사함을 생동감 있게 체험하게 되는 나만의 성체의식이 된다.

햇빛 식사

내 등을 따스하게 덥히는
오전 햇살 아지랑이가
살랑살랑 어깨 위에서 춤추는 시간에
나는 한 끼 식사를 즐긴다

어떤 일꾼 아낙네가
염전 밭에서 하루 종일 땀으로
온몸을 푹 적신
그 고단함을 생각해 본다

새빨갛게 물든 김치 맛은
고추밭에서 일하느라 꼬부라진
허리가 아프게 콕콕 쑤시는
그 매운 맛이 아닌지 몰라

내 한 끼 식사가 차려지기까지
일하다가 죽어가는 사람들을 생각하면
나는 정말 이 밥을
먹을 자격이 있는지 의심한다

모든 살아있는 것들이
햇빛 사랑으로 목숨을 부지하는
슬픔 가득한 이 세상에서
내가 행복할 자격이 있는지 모른다.

나는 충분한 시간은 아니지만 그래도 명상이나 산책을 시간에 구애받지 않고 비교적 자유롭게 하는 습관이 있고 그 덕분에 지난 몇 년 사이에 내 의식세계는 더욱 편안해졌다. 그런데 나태함은 편안함의 가장 친한 친구인 것 같다. 평소의 편안함은 불행하게도 나태함을 동반하였고, 집 안청소나 빨래 등 일상적인 일들에 대해 어렵지 않게 눈을 감고 사는 나쁜 버릇이 생기고 말았다. 깔끔한 것을 고집하던 젊은 시절과는 달리 정리되지 않은 먼지 수북한 책상에서 컴퓨터만 있으면 개의치 않고 자판을 두들길 수 있는 나! 정말 게을러진 새로운 내 모습이다. 나이가 들면서 신체에너지가 떨어졌기 때문이라고 생각할 수도 있지만 사실 운동량은 교수생활 할 때보다 훨씬 늘어난 것이 사실이다. 편안한 마음과 느려진 몸이 짝을 이루어, 완벽하게 정돈되지 않은 집안에서 말끔하게 정리된 의식으로 명상과 기도를 할 수 있다니 참으로 희한한 조화가 아닌가! 은 퇴자에게만 가능한 새로운 발견이라고 해야 할지는 모르겠으나 살아갈 수록 삶이 보여주는 모순 또는 역설을 있는 그대로 받아들이는데 더욱 익숙해지는 것 같다. 놀라운 사실은 서로 상반되는 현상들이 별스러운 짝을 이루어 조화롭지 않은 조화를 이루어낸다는 것이다. 내 안에는 이 세상에 존재한다는 생각에서 오는 오래된 슬픔이 있고, 이 세상으로부터 찾아내는 작은 기쁨들이 있고, 삶이 선물하는 고요한 휴식과 세상의 시끄러움이 한 자리에서 엉클어지며 춤추는 기묘한 순간들이 있다. 이것이야말로 보통 사람들이 가장 쉽게 접할 수 있는 일상 속의 신비로운 체험이 아닐까.

복잡다단한 삶이 가져다주는 인생의 우여곡절을 겪으며 살지만 내 가슴 깊은 곳에 숨겨진 영혼의 호수라고 부를 만한 진정한 고요함이 내 안에 현존한다는 사실에 나는 항상 감동하면서 산다. 기적이다! 내면의 흔들림 없는 나를, 나도 어찌할 수 없는 진정한 나를 내 안에 간직하고 있기 때문에 나는 스스로 인정하는 나의 불완전함, 이 세상에 실수로 던져진 것 같은 허망함, 갈길 잃은 아이처럼 이따금씩 밀려오는 어스름한 느낌들을 감내할 수 있다. 지나쳐가는 바람결처럼 흐르는 시간의 법칙을 믿고, 인간이 완전하게 이해할 수 없는 자연조화(또는 우주법칙)의 물리적이고 신비스러운 힘을 받아들인다. 이렇게 미미한 물방울 같은 나라는 존재가 연출하는 삶의 현상들을 보이지 않는 대大 우주적Cosmic 사랑 에너지에 맡기고 살면, 한순간씩 살아가는 삶의 모든 것이 나쁘지 않다. 나라는, 작은 물방울 한 개 같은 존재에게는 거대한 대양 속에서 삶의 파도타기를 힘들게 생각하고 너무 어렵다고 느끼는 순간들이 있다. 그럼에도 그 대양의 본질적 힘과 연계된 존재로서, 큰 우주Cosmic 바다 속에 편만한 사랑 에너지와 하나됨 의식Oneness Consciousness을 이룰 수 있다. 이렇게 하나됨 의식은 먼저 내 스스로 자발적인 의도를 통해 내 안에 내재화될 수 있는 신비로운 보물이다.

결론적으로 필자는 한 인간으로서 하루하루 조금씩 진화하고 있다고 생각하는 사람이다. 적어도 세상 문제를 걱정하기에 앞서 나는 좀 더 평안한 사람으로서 내 의식세계를 균형 있게 발달시킬 책임이 있다고 생각한다. 내가 아주 느리게 조금씩 진화하고 있다는 것은 객관적으로 뒷받침되지 않는 자만일 수 있지만 나에게 도움이 되는 생각임에는 틀림없다. 내가 나를 의식하는 하나의 생명체로서 스스로 계속 진화하고 있다고 생각하는 것은 내 안에 있는 근원적인 평안함에 기인한다. 내 영혼이 갖는 평안함은 내가 의도적으로 나에게 선물했다기보다는 나에게 주어진 은총 내지 우주적 조화의 기적이라고 생각한다. 다른 한편, 사회복지학문적인 관점에서 달리 보자면, 긍정적 사고 습관을 통해서 얻어낼 수 있는 의도적이고 인위적인 평안함이라고 말할 수도 있겠다. 모든 것은 개인의 의식세계에서 출발하고 전체 사회도 집단 인류의식을 통해서 변화되므로 개인의 안녕과 사회적인 진보 모두를 이루기 위해 노력하면 노력하는 그 만큼 인류는 하나됨 의식으로 진화할 수 있다고 본다.

지혜와 자비의 두 날개

2012년에 미국에서 처음 발행된 영성지능에 관한 『SQ21: 온전한 삶을 위한 21 영성지능기술』은 한국에도 꽤 잘 알려진 켄 윌버Ken Wilber (1949~)의 통합이론Integral Theory 틀에 기반한 유용한 책이다. 호기심이 많은 연유로 필자는 이 책을 2014년도에 번역하여 한국사회에서 빛을 보게 한 바 있다. 그 일로 해서 필자는 지혜와 자비라는 개념들의 실효성을 충분히 잘 인식하게 되었다. 내 의식세계에서 날아다니는 지혜와 자비라는 두 날개를 가진, 사랑이라는 이름의 황금빛 새를 내 머리와 가슴으로 더욱 생생하게 보듬게 되었다.

나는 어디까지나 물질로 이루어진 세상 법칙에 묶여 땅에 발붙이고 사는 한 인간에 불과하다. 적어도 죽을 때까지는 지구행성에 속하는 제한적인 존재로서 나는 땅을 박차고 올라가 하늘을 날 수 있는 새를 자유로운 생명체의 상징으로 은연 중에 그리워해 온 것 같다. 평범한 새들까지도 그 우아한 자태는 내게 무척 매혹적이기도 하지만 이 새라는 영물은 시 언어를 통해서 나라는 존재의 불완전한 속성을 나타내기도 한다. 필자가 영어로 오래전에 쓴 시 중에서 〈빨간 새털Red feather〉라는 제목의 시가 있다. 하늘을 날 수 있는 새는 이 시를 비롯하여 얼마 되지 않는 필자의 습작 시들 가운데 자주 등장하는 주인공이다. 천상과 이 지상을 연결해 주는 신비스러운 매체로서의 새를 나도 모르게 동경하면서 살아 왔기 때문이 아닌가 한다. 미국 생활 중에 영어로 쓴 습작 시들을 읽어보 면 연약한 날개를 가진 불완전한 내 모습이 외로운 한 마리 새나 공중에 홀로 떠 있는 연으로 등장하기도 한다.

그런데 영성지능이란 개념을 학구적인 열성을 갖고 진지하게 숙고하 게 되면서 나는 영성지능적인spiritually intelligent 면에서 완전한 새의 모습 을 구체적인 개념으로 이해하게 되었다. 지혜와 자비라는 두 날개로 높 이 날아오르는 한 마리 새! 꿈속에서 그려보는 이상적인 내 모습을 상징 하는 이 새는 지혜와 자비라는 두 가지 미덕을 균형 있게 조화시키는 아 름다운 날개 짓으로 내 무의식 세계를 자유로이 나는 신비한 생명체이 다. 몸과 정신과 영혼이 조화롭게 일체가 되어 지성과 감성과 신체 그리 고 영적 건강 면에서 온전하게 만족스러운 현존을 이룬 상태! 무엇보다 도 이 새가 몸담고 있는 시공간時空間이 아무 의미 없는 허공이 아니라 우주에 편만遍滿한 사랑 에너지가 진선미眞善美 삼합三合의 힘을 온전하 게 이루어 낸 최적의 상태라면! 지혜와 자비의 날개 짓으로 인간으로서 의 자유로운 움직임을 조화롭게 펼친다는 것은 곧 사랑의 힘을 창출하는 온전한 생명체로서 존재함을 의미한다. 필자가 상상하건대 사랑 에너지 로 가득 한 우주공간에 몸담은 이 영혼불멸의 새는 지혜와 자비가 신비 스럽게 융합된 새로운 문명세계의 화신이다. 지혜로운 지성과 자비로운 연민의 감성을 숨 들여 마시고 숨 내쉬는 이 새는 온전한 생명체의 상징 이다. 더 높고 더 넓은 세상으로 퍼져 나가는 사랑 에너지로 가득 한 우주평원을 나르는 자유로운 생명체이다. 나는 지금 이 순간에도 내 의식 속에서 완벽한 자아완성을 이룬 이 신비로운 새의 모습을 환하게 그려본다. 꿈에 그리는 자아실현이 상징적으로 형상화된 모습이다.

인위적이지 않고 보다 더 자연스러운 친근감을 지닌 동양적 신비전통에서는 인간이 현존하는 세계를 불가사의의 사랑 에너지 체계로 이해하는 것이 좀 더 수월하다. 그러나 21세기 인류문명은 물질중심 실증주의 세력을 한층 더 확장시킬 것으로 보인다. 영성지능과 같은 추상적인 개념을 실질적 차원에서 이해하는데 있어서 신비주의적 통찰력보다는 분석적인 접근방법이 더 큰 합리성을 갖는다. 필자가 이미 묘사한 시적인 이미지와는 대조적으로, 사실 영성지능을 합리적으로 측정하려는 노력은 서구문명의 논리적인 사고체계를 통해 시도되었다. 사회과학 방법론적인 측면에서 볼 때 측정도구로서의 타당도와 신뢰도가 높은 영성지능 지수spiritual intelligence quotient, SQ란 개념은 동서양의 영성 분야 연구자들에게 앞으로 점점 더 주목을 받게 될 것으로 보인다. SQ21이라는 측정도구가 함의하는 것은 영성지능이 높은 사람은 지혜롭고 자비로운 인격체이고 그 만큼 균형 있게 인간사회의 문제를 해결하는 능력이 탁월하다는 것이다.

『SQ21』책에서 보다 실증적으로 접근되는 영성지능적인 사랑이라는 개념 속에는 지혜와 자비라는 두 개의 미덕이 중심축을 이룬다. 필자는 이 개념을 좀 더 은유적으로 표현하기도 하는데, 사랑이라는 이름의 새 한 마리는 하나됨 의식을 실현한 인격체 또는 집단지성으로서의 인류의식 그 자체를 상징하기도 한다. 개체 의식적인 차원에서 볼 때, 온전한 자아완성에 필요한 지혜란 단순한 지식축적 단계를 넘어서는 높은 수준의 영성적 삶을 실천하는 능력을 말한다. 지식이 풍부하면서 동시에 현명한 사람을 찾기가 쉽지 않지만 특히 인간관계 면에서 지혜로운 사람을 만나는 것은 더욱 어려운 일이다. 완벽한 자아실현을 상징하는 사랑의 새와 같이 이상적인 모습으로 표출되는 한 사람에게 필요한 다른 한쪽 날개는 자비심compassion이다. 이 자질은 단순히 느껴지는 동정심sympathy이나 공감능력empathy이 아니다. 타인의 감정에 이입할 줄 아는 감성지능에서 출발하여 문제해결에 도움이 되는 합리적인 실천행동으로 이어지는, 즉 진보적 변화를 촉발시키는 실천력을 말한다. 잠깐 지나쳐가는 온정어린 감정이나 문제해결을 원하는 좋은 의도만으로는 변화를 경험하기가 어렵다. 자비심은 실질적으로 유익한 변화를 이끌어내는 내재화된 영향력을 의미한다.

이 기회에 필자는 과연 얼마나 효과적으로 자비심을 실천하는 삶을 살았는지 잠시나마 내 자신을 성찰해 보고자 한다. 나는 어릴 때부터 내가 가진 것을 나누기를 좋아했다고 한다. 초등학교에 들어가기 전부터 동네아이들을 줄 세워놓고 먹을 것을 나누어 주곤 했다고 아버지가 여러 번 말씀하신 것을 기억한다. 대학진학 때 사회사업학과를 선택한 것도 우연이 아니었던 것 같다. 유학시절 이 년째로 접어든 겨울에 방학이 가까운 무렵에 나는 과제로 주어진 보고서를 교수님들께 제출하기 전에 다시 한 번 최종점검을 하기 위해 룸메이트가 제안한 좋은 여행 기회를 놓쳐버린 적이 있다. 학기말 과제들을 마감일에 모두 제출하고 나서 보니 내 룸메이트는 크리스마스 휴가를 지내기 위해 이미 떠난 후였고 나는 커다란 TV 앞에서 나도 모르게 혼자서 울고 있는 처지가 된 적이 있다. 때가 때인 만큼 아프리카에서 굶어 병들고 말라빠진 아이들 모습을 TV

에서 선명하게 보았고 당시에 학생 신분으로서 상당한 거금이었던 기부금 후원을 선뜻 약정한 적이 있다. 지금 생각하면 내 주제를 모르고 저지른 비이성적인 행동이었으나 돕고 싶은 열정을 적나라하게 보여준 일이기도 했다. 그러나 도움을 주고 싶어 하는 나의 타고난 성향은 내가 정말 자비로운 사람이라는 것을 증명하고 있지 않다. 필자는 그저 자비로운 사람이 되고 싶어 하는 마음이 강할 뿐이다.

진정한 자비심은 문제해결을 위한 행동을 수반해야 하는데 돈으로만 문제해결을 하려드는 것은 그 효력이 제한적일 수밖에 없다. 좋은 변화를 가져오기 위해 제대로 도움을 주는 것이 목적이라면 동정심에서 나오는 기부금만으로는 부족하다. 진정한 자비심을 발휘하여 어려움에 빠진 사람을 '영성적'으로 지원함으로써 도움 받는 사람으로 하여금 사랑 에너지를 느낄 수 있도록 해야 한다. 사실 평소에 소액이나마 기부금을 내어 온 필자는 보이지 않는 영성적인 힘을 함께 나누는 면에서는 큰 도움이 못된 경우가 대부분이다. 시간이 없다는 평계로 약간의 정기후원금을 내는 것으로 끝내는 경향이 있고 직접 마음을 써서 도움이 필요한 사람들을 위해 기도를 하는 경우는 흔치 않기 때문이다. 은퇴 후에도 기도할 대상이나 상황을 구체적으로 내 의식에 담고 의도적인 생각의 힘을 나눌 만큼 마음의 여유를 누리지 못하고 산다. 그러므로 정확히 말해서 나는 사실 별로 자비로운 사람이 못 된다. 지혜와 자비의 두 날개를 한껏 펼치고 하늘을 나는 사랑의 새가 되려면 필자는 아직 갈 길이 먼 사람이다. 필자를 비롯하여 많은 사람들이 높은 영성지능을 계발하려는 최상의 인간욕구를 갖는다면, 그리고 자비심을 지혜롭게 발휘한다면 이 세상은 훨씬 더 살맛나는 조화로운 삶터가 될 것이다.

더 높고 광활한 의식세계로

적어도 코로나19 사태 이전의 정상적인 한국사회 모습은 환경이나 노동자 보호운동 등 시민활동을 위시하여 동창회, 향우회, 취미 중심 동우회나 소그룹 공부 모임 등 다양한 유형의 시민활동들로 매우 바쁘게 돌아간다. 필자가 교수직에 있을 때에는 대학이라는 조직 속에서 항상 예측 가능한 분주함 속에서 보냈고 강의 준비와 과제물 평가, 교수 회의, 학회 활동 그리고 학생상담 등 주어진 임무를 다하느라 주말에 산책이나 수영할 시간을 내는 것 말고는 별다른 취미생활이나 모임 등에 신경 쓸 겨를이 거의 없었다. 놀랍게도 은퇴 후에 필자는 더욱 바빠졌는데 읽고 싶은 책, 쓰고 싶은 글, 참여하고 싶은 포럼이나 그룹 모임 등이 더 늘어났기 때문이다. 여행가고 싶은 곳, 보고 싶은 영화, 참여하고 싶은 모임, 듣고 싶은 교양강좌, 읽고 싶은 책, 새로 시작하고자 하는 취미 등 시간 보낼 일들이 항상 산적해 있는 은퇴생활이니 삶이 너무 지루하게 느껴지는 사람들 입장에서 보면 나를 매우 부럽게 생각할 수도 있겠다.

더 이상 젊어질 수는 없고 하루하루 계속 나이 들어가고 있다는 엄연한 사실을 의식하고 있기 때문일까. 항상 시간에 쫓기는 듯이 무언가 할 일을 다 하지 못하고 있다는 개운치 않은 느낌을 떨쳐버릴 수 없다. 그럼에도 불구하고 신기한 일은 내가 이제 내 시간을 아주 자유롭게 쓸 수 있다는 분명한 사실 덕분에 마치 무한한 시간 창고에서 마음 내키는 대로 시간을 꺼내 쓰기라도 하는 듯이 평안한 마음을 유지하고 산다. 아침에 잠자리에서 눈을 뜨기 전에 처음 의식이 깨어날 때부터 제일 먼저 하는 일은 만트라를 마음속으로 외우는 일이다. 어느 기도문이나 주문을 외울까에 대해 고민할 필요가 없이 거의 자동적으로 의식 표면에 떠오르는 만트라를 충분히 되새긴다. 의식이 깨어나면서 내가 주기도문을 외우고 있다는 것을 인식하기도 하고 어떤 아침에는 아미타불 만트라를 되뇌고 있다고 알아차리기도 한다. 마치 잠자는 동안 계속해서 기도문이나 주문을 외우다가 같은 상태에서 잠에서 깨어나는 것 같은 느낌을 경험하기도 한다.

잠을 자는 동안에 나른해진 몸과 함께 의식을 더욱 맑게 깨우기 위해 명상음악을 틀어놓고 간단한 '온살도리'[7) 동작으로 팔다리를 나선형으로 움직이거나 때로는 국선도國仙道[8) 준비운동을 한다. 보다 전통적인 가부좌명상을 바로 하기보다는 몸을 약간 움직이면서 소리명상이나 기공명상을 하는 것이 내게는 훨씬 더 효과적이다. 아침시간을 다른 급한 일로 써버릴 경우에는 몸을 움직이지 않고 가만히 앉아서 하는 호흡명상이나 걷기명상을 위해 오후시간을 따로 내기도 한다. 몸과 마음의 건강을 조화시키려는 건설적인 의도를 갖고 있기는 하지만 다른 일정 때문에 운동 부족을 느끼는 때가 있다. 그래도 전체적으로 볼 때 나는 내 시간을 자유롭게 그리고 약간은 조급하기도 한 마음 상태에서 노년시대의 여유로움을 만끽하고 있다. 이 얼마나 축복받은 삶인가.

나는 항상 할 일이 쌓여있다고 느끼면서도 동시에 한가로이 여유로운 시간을 보내고, 먼저 하고 싶은 일을 선택하는 자유로움을 충분히 행사하면서 살고 있다. 동시에 내가 할 수 있는 일이나 해야 할 일들을 다 하지 못하고 사는 모순적인 상황에 빠져 있다. 마음속 깊은 곳의 평안함이 내 게으름의 주범이라고 볼 수도 있겠다. 여러 가지 할 일들 중에서 가장 높은 우선순위를 차지하는 일은 인간관계에 시간을 쓰는 일이다. 광고성 전화나 상업용 홍보메시지는 미리 차단해 놓고 살지만 지인에게서 오는 전화는 하던 일을 중단하면서 성실히 응한다. 지난해에는 SNS 네트워크를 통해 환경보호, 역사문화교육, 남북통일 관련 등 다양한 시민활동을 하는 훌륭한 분들을 많이 알게 되었다. 언제라도 손쉽게 탈퇴할 수 있는 가상공동체라는 허점도 있지만, 대부분은 성실하게 열심히 사는 사람들이 카카오톡 단체방, 개인 페이스북이나 블로그, 밴드 등 새로운 테크놀로지를 이용한 온라인 연락망을 통해 서로에게 유익한 정보를 공유하면서 인맥을 쌓아갈 수 있는 편리한 세상이다. 처음 한국에 재정착했을 때 삭막하다 싶을 정도로 한국사회에서 공동체 개념이 매우 허약해졌다고 느낀 이유는 사회생활에서 자기중심적 대인관계가 흔히 눈에 띄었기 때문인 것 같다. 옛날처럼 아는 사람들이 편안히 집에 모여 허심탄회하게 대화하고 정보를 나누던 일이 점점 더 어렵게 되었고 이제는 가상공동체 연락망을 사용함으로써 원하는 만큼만 다른 사람들과의 소통 기회를 즐기거나 적절하게 통제할 수 있다. 오프라인 모임일 경우에 옛날처럼 개인 집에서 만나는 일은 아예 생각도 못하고 흔한 커피숍이나 독서카페 등 집 밖에서 만나는 것이 통상적으로 되어 있다. 이런 트렌드에 역행하는 의미에서 필자는 은퇴 후부터 매달 집에서 그룹 모임을 하고 있다. 아무 구속력이 없이 영성적 삶에 관심 있는 분들이 자발적인 통찰과 토론 시간에 참여하고 있다. 알게 모르게 누구나 가고 있는 영성의 여정에서 비교적 깊이 있는 관계망을 형성하게 된다.

집단지성적인 측면에서 나는 한국사회가 앞으로 계속 진화할 것으로 생각한다. 미래세대를 걱정하는 마음으로 좀 더 평등하고 공평한 사회를 만들려고 자기가 선 자리에서 최선을 다하는 소시민들이 많기 때문이다. 그래서 적지 않은 시간 소비가 되는 일이지만 그래도 공동체 정신을 간접적으로나마 살려갈 수 있다는 기대감 때문에 필자는 SNS를 통해 의사소통과 정보교환에 열심히 참여하는 편이다. 함께 노력해서 남남갈등, 남북분단, 환경오염, 집단이기주의, 불평등과 양극화 등 사회문제를 해결하고 싶어 하는 사람들이 많고 그 만큼 한국사회의 미래는 더욱 밝아질 것으로 본다. 결론적으로 힘찬 변화의 물결이 소용돌이치는 한국사회에 몸담고 사는 나는 희망적인 마음 태세로 보다 나은 앞날을 꿈꾸는 행복을 누리고 산다. 아주 작은 일이나마 공익에 도움이 되는 일을 실천하면서 적어도 내가 할 수 있는 만큼은 진보적인 소시민 역할에 충실하고자 한다.

해야 할 일들, 하고 싶은 일들

지금까지 나라는 한 사람의 자아정체성을 좀 더 잘 이해하고 내 삶을 이루어 온 의식의 패턴을 통찰하기 위한 글을 썼다. 현재 내 삶에 의미가 있다고 생각하는 일들을 앞으로도 계속하게 될 것이므로 이제 미래에 내가 관여하게 될 중심 이슈들을 독자들과 간략하게나마 나누고 싶은 마음이다. 필자는 사회복지 교수로서의 공식적인 역할은 아니지만 어떤 의미에서는 좀 더 실질적으로 한국사회에 보이지 않는 영향력을 미칠 수 있는 일들을 노후에도 계속할 수 있다고 본다. 개인의 이익보다는 공익을 중시하는 집단지성을 일반 대중 사이에 확장시키는 일에 작게나마 공헌하고자 한다. 그 한 가지 방법으로 필자는 2018년부터 대중의 안목에 적합하게 영성적 이슈들을 간접적으로 반영시키는 에세이들을 인터넷상으로 《논객닷컴》에 기고하여 왔다. 이러한 글쓰기 이외에도 '한국형 영성코치' 강사 육성을 목표로 하는 '한영성코칭연구소'의 워크숍 프로그램을 한국의 사회문화적 맥락에 맞도록 계속 개발할 계획이다. 앞으로의 글쓰기나 강의 활동을 통해 필자가 집중하게 될 중심 이슈들은 크게 나누어 두 가지이다. 첫째로 자기계발과 영성적 현존감 증진, 둘째로는 하나됨 공동체의식의 진화이다.

자기계발과 영성적 현존감 증진

미래사회를 대비하는데 있어서 영성적 자아의식이 매우 중요하다는 것을 강조하는 글을 2019년 초에 〈변해야 산다〉라는 제목으로《논객닷컴》에 발표한 적이 있다.9) 개인 삶의 발전과 일상적 문제해결을 이루기 위한 실마리는 심층적인 차원에서 찾아진다. 다양한 개인 문제들의 근원은 눈에 보이지 않는 의식의 영역에 뿌리내리고 있기 때문이다. 인류는 바야흐로 종교적 경계선을 넘나드는 영성시대로 접어들었다. 과학과 종교 사이의 간극을 좁혀가는 최첨단 실증적 연구에 힘입어 인류는 이제 과학적으로 증명된 사실들뿐만 아니라 현실에서 체험되는 신비로운 현상들을 좀 더 융합적인 안목에서 이해하게 되었다. 이러한 인류의식의 진보 과정에서 많은 사람들이 의미 있는 자아실현을 위한 자기계발 노력에 훨씬 더 적극적으로 참여하게 될 것으로 보인다. 글로벌적 현상으로서 자신의 의식세계를 향상시키려는 의도를 갖고 보다 더 영성지능적인 삶을 살기 위해 애쓰는 사람들이 증가하는 추세가 있다. 한국에서는 아직까지 '영성산업spiritual entrepreneurship'10) 또는 '영성경영spiritual management'11) 이라는 용어가 매우 생소하게 들리지만 개인의 영적 성장에 도움이 되는 상담과 영성 계발 프로그램이나 조직구성원의 영성적 측면에 초점을 둔 기업경영과 관련된 활동들이 앞으로 점점 더 확산될 가능성이 크다. 필자는 많은 사람들이 다양한 방식으로 온전한 삶으로의 영성적 접근을 시도함으로써 행복감을 증진시키고 좀 더 의미 있는 인생의 목표를 달성할 수 있다고 생각한다. 먼저 개체의식이 안정감 있는 영성적인 현존감을 감지할 때 전체 사회가 더욱 확장된 복지와 안녕을 함께 누릴 수 있다. 이런 관점에서 필자는 영성적 차원에서의 개인정체성 확립과 사회심리적인 안정감 증진에 도움이 되는 일들을 계속하고자 한다.

하나됨 공동체의식의 진화

순수한국어인 '우리'라는 말은 한국 문화적 가치를 표상하는 일상 언어로 사용되어 왔다. 내 아이, 내 남편이라 하지 않고 우리 아이, 우리 남편이라는 표현을 하는 나라는 지구상에서 한국이 유일하지 않나 생각한다. 그런데 한국 사람들에게 지극히 자연스럽게 들리는 우리라는 말이 언제부터인가 개체의 이익을 넘어서는 공동체 중심적인 의미를 담고 있기 보다는 그냥 습관적으로 별 의미 없이 사용되고 있다. 이제 진정한 의미의 진보된 민주복지국가를 발전시키기 위해서는 전통사회를 뒷받침했던 공동체 정신을 되살리고 하나됨 의식을 고양시키는 일이 매우 시급하다.

자연파괴와 환경문제, 폭력과 갈등, 사회경제적 불평등, 빈곤과 관련된 각종 사회악을 포함하는 거시적인 사회문제들도 모두 분리의식에서 기인한다. 앞으로 인류의 의식수준이 보다 높게 영성지능적으로 발달하면 물질현상으로 나타나는 제반 사회문제들도 대부분 해결될 것으로 본다. 필자의 의견으로는 공익 중심 가치관을 되살리기 위해서 가장 효과적인 접근방법은 사회통합적인 관점에서 영성지능개념과 관련된 교육 프로그램을 보편화시키는 것이다. 개체 의식이 상승함에 따라서 전체 사회를 위한 공동체 의식도 진화하게 된다. 필자는 이러한 관점에서 '한국형 영성코칭' 지도자과정을 지속적으로 개발할 계획이다. 역사적으로 지난한 어려움들을 극복해 온 한국인들이 앞장서서 인공지능시대의 위험에 대비하는 '하나됨 의식'으로 무장하고 상생철학에 기반하는 영성적인 영향력을 세계무대에서 발휘할 수 있다고 본다.

끝으로 이 에세이를 마무리하자면, 나라는 개체는 인간의 힘으로 완벽하게 이해할 수 없는 거대한 우주에너지 속에 존재하는 티끌 중의 티끌일 뿐이다. 나라는 존재는 신비스러운 시공간 현상을 이루는 우주 대양속에서 다른 무수한 물방울들과 함께 의미 있는 생명의 파도를 이루어내는 하나의 작은 물방울일 뿐이다. 그럼에도 불구하고 필자는 나만이 체험하는 현존의 시간에 부여된 의식의 창을 맑고 밝게 닦으며 평정한 마음으로 살고자 한다. 어느 날 내 몸이 물질세계에서 사라진 후에도 내 의식은 우주 어디에선가 나만의 자아의식을 초월하는 거대한 우주의식 속에 융합되어 계속 진화해 나가기를 바랄뿐이다.

내 인생의 빅퀘스천

지금까지 나의 지나간 삶을 세 단계로 나누어 자아통찰을 해 본 결과, 필자는 다음 세 가지 질문들에 대한 답을 스스로 찾아내었다.

첫 번째 질문: 하느님이 존재하는가?

어렸을 때 사촌오빠와 우연히 하게 된 대화에서처럼 내가 무엇을 모르는지도 알지 못하는 상태에서 가졌던 막연한 확신을 넘어서, 이제 나는 나의 실제 삶의 체험을 통해서 하나님은 분명히 존재한다고 대답할 수 있다. 하느님이라는 단어가 아니고 사랑 에너지라는 용어나 여러 종교에서 쓰는 다양한 명칭을 쓸 수도 있다. 사람들은 여러 색의 옷을 갈아입을 수 있는 것처럼, 나의 하느님은 종교의 다양성을 펼치면서, 인류를 하나같이 사랑하는 분이다. 나에게 하느님은 추상적인 개념으로만 존재하지 않고 일상 생활 속에서 숨 쉬는 아버지-어머니 하느님이다. 눈에 보이지 않아도 의식으로 만나고 기도나 만트라를 통해 내 가슴으로 느끼는 분이다. 이 세상을 떠나신 엄마의 기억을 떠올릴 때 그리고 아직 의식 줄을 놓지 않으신 아버지 손의 희미한 맥박을 느낄 때 나라는 존재의 현존감을 강화시키는 사랑 에너지이다. 아직은 불완전한 인간 몸의 모습인 내 존재를 평온하게 지켜주는 근원적인 힘으로서 하느님은 내 숨결 속에 생생히 살아 계신다.

두 번째 질문: 내 삶의 의미와 목적은 무엇인가?

사람들은 태어날 때보다 좀 더 진화된 상태로 변모하기 위해 살아간다고 생각한다. 이 세상은 엄마의 몸에서 분리되는 순간부터 공부할 과제들이 풍부하게 주어지는 일종의 영혼 학교이다. 그러므로 내 삶의 목적과 의미는 세상살이를 통해 높은 의식수준의 지혜를 얻는 것이라고 생각한다. 또한 혼자 사는 것이 아니므로 인간과 전체 생명체에 대한 자비로운 행동능력을 연마하는데 삶의 궁극적인 의미가 있다고 본다. 시간과 공간을 넘나들 수 있는 지혜로움을 갖기 위해 사람들은 지금 이 순간을 치열하게 살아가고 있다. 나는 그 중 티끌보다 더 작은 한낱 꿈처럼 이름 없는 영혼일 뿐이다. 나라는 생명체는 진화하고 있는 중이고 그 과정에서 의미를 발견하는 영혼이다. 서로 많이 다른 생각과 신념을 갖고 여러 모습으로 살아가는 사람들과 인류를 둘러싼 모든 생명체를 배려하는 지혜와 자비심을 키우기 위해 나는 지금 여기에서 진화하고 있는 중이다. 내 삶의 의미와 목적은 의식의 진화일 뿐이다.

세 번째 질문: 죽음이라는 현상을 어떻게 이해하는가?

어머니의 장사를 지내고 아버지의 병약한 노년생활을 지켜보면서 필자는 인간의 덧없는 삶과 노화과정 그 자체에 영성적인 의미를 부여할 수 있게 되었다. 인간의 겉모습과 상관없이 중요한 것은 각자 경험하는 영혼의 여정에서 조금씩 깨달아가면서 내면화시키는 지혜의 정도이다. 나는 어렸을 때부터 죽음에 대한 두려움이 없었다. 언제까지일지는 모르지만 사는 동안에는 내게 주어진 몸을 소중하게 관리하여 되도록 몸과 마음이 건강하게 책임 있는 삶을 살 것이다. 그러나 늙은 몸으로 너무 오랫동안 지구의 자원을 써가면서 장수하고 싶은 생각은 없다. 나에게 욕심이 있다면, 이 세상에서 졸업하는 그날까지 무언가 세상에 조금이라도 도움이 되는 작은 일이나마 즐겁게 하며 사는 것이다. 죽음의 순간이 내게로 왔을 때 나의 마음이 밝고 맑은 호수처럼 고요한 기쁨으로 빛나는 상태에 있기를 바랄 뿐이다. 나머지는 우주 원리에 한 치도 어긋남 없이 그대로 진행될 것이라고 생각한다.

02 향상의 길, 화두로 일상을

들어가는 글

나는 조부모님 때부터 천주교를 믿던 집안에서 2대독자로 태어나 어머니의 극진한 사랑아래 형편없는 마마보이로 성장했다. 그러다 중학교 1학년 때와 고등학교 2학년 때 담임선생님들께서 물리학을 전공하셨던 인연 때문인지 또는 순수한 호기심 때문인지, 우주宇宙를 이해하고자 1974년 3월 서강대학교 물리학과에 입학했다. 그런데 대학 입학 직후 물리학도로서 물리학을 배우는 과정에서 학문과 인생에 대해 심한 갈등을 겪었다. 이 무렵 나는 갈등을 해소하는 방편으로 독서를 즐겨했었는데, 1975년 8월 법정 스님께서 번역하신 『숫타니파타』를 접하고 석가세존의 인간적인 체취에 매료되어 세존께서 걸어가신 길을 해결의 실마리로 삼아 1975년 9월에 불교동아리인 '혜명회慧命會'의 문을 두드렸다. 곧이어 1975년 10월 18일 선도회 초대 지도법사이였던 종달宗達 이희익李喜益(1905~1990) 선사禪師1) 문하로 입문해 참선參禪 수행을 병행했다. 그 후 10여 년이 흐른 어느 날 마침내 전문직인 교수라는 생업生業과 나를 찾아가는 수행修行 여정이 둘이 아닌 '생수불이生修不二'의 길임을 온몸으

1부 영성; 삶의 마중물 77

선사추모법회에서 오백 나한의 모습을 드러내고 있는 회원들

로 통찰했다. 그리고 1990년 6월 스승이신 종달 선사 입적 이후 선도회 제2대 지도법사 직을 승계하며 오늘에 이르고 있다.

그런데 그 과정에서 형편없던 마마보이가 선禪 수행을 통해 당당하면서도 겸허하게 삶을 살아가고자 애쓰고 있던 어느 날 문득, 이런 나의 삶을 돌아보았다. 그리고는 종교를 초월해 고뇌하는 이 땅의 젊은이들에게 효과적으로 도움을 줄 수 있겠다는 판단 아래 여러 교수님들의 도움을 받아 서강대학교 교양과정에 1999년 3월부터 자기 성찰을 위한 좌선 실습 중심의 '참선' 강좌를, 2010년부터 강의 중심의 '우주와 인생' 강좌를 개설하였다. 그리고 그 이후 매 학기마다 수강생들을 지도하면서 쌓은 지금까지의 성찰 체험을 바탕으로 비단 젊은이들뿐만 아니라 누구나 종교를 초월해 자기 성찰의 삶을 살아가려는 초심자 분들께 나침반 역할을 효과적으로 해낼 수 있도록 『날마다 온몸으로 성찰하기』란 책을 출간하였다. 이제 나름대로 멋진 인생 여정을 걸어오신 공저자 분들의 글과 어우러진 나의 선적 체험을 바탕으로 다룬,「화두話頭로 일상日常을」이란 성찰 글을 접한 분들 가운데, 만일 단 한 분이라도 크게 마음을 내어 일상 속에서 자기 성찰 수행을 치열하게 이어가며 마침내 통찰과 나눔이 둘이 아닌 '통보불이洞布不二'의 가치 있는 삶을 주체적으로 살아가게 된다면 필자로서는 더 이상 바랄 것이 없다.[2]

20세기에 들어서면서 이웃종교 간의 교류가 점점 활발해져 가고 있다. 특히 그 선봉에 섰던 분들 가운데 한 분인 예수회 앤소니 드 멜로An-thony de Mello(1931~1987)[3] 신부라는 분이 계셨다. 그가 지은『종교박람회』에는, 본 책의 2부 대담에서 언급했듯이, 본래 힌두교식 예배를 방해하는 고양이를 묶어둘 때 쓰였던 말뚝의 '이상한 용도(종교의식)'로 자리매김한, 즉 본질과 형식이 전도된 '구루의 고양이' 일화를 통해 모든 종교에 대해 형식화를 통렬하게 지적하고 있다.

한편 한국인 가운데 종교 간 대화의 중요성을 주장해 온 분으로 열린 그리스도교인으로 널리 알려진 캐나다 리자이나대학교University of Regina 비교종교학과 오강남 교수가 계신다. 세계 종교 둘러보기의 전문가인 그는 각 종교 전통에도 표층表層과 심층深層의 두 가지 층이 있으며 그 공통된 특징을 다음과 같이 제창하고 있다.[4]

표층 종교의 가장 두드러진 특색은 경전을 문자적으로 받아들이고, 종교를 자기중심적 이익을 위한 수단으로 생각하는 것이다. 이와 대조적으로 심층 종교의 가장 큰 특징은 경전의 문자적인 뜻 너머에 있는 더 깊은 뜻을 깨쳐 나가려고 노력하고, 무엇보다 종교를 자기중심적인 나를 비우고 내 속에 있는 참 나를 찾는 길로 받드는 것이다. 내 속에 있는 참 나는 결국 절대자이기에, 그 절대자와 내가 하나라는 깨달음에 이르는 것을 최고의 가치로 삼는다. 특히 예수님의 어록이라 할 수 있는 《도마복음》은 처음부터 끝까지 '깨침'을 강조하고 있고, 거기 나오는 예수님은 스스로 깨친 이로서 제자들에게 '깨침'을 가르치는 분으로 묘사되어 있기 때문이다.

또 다른 한 분으로 서강대 종교학과 길희성 교수가 계신다. 그는 지난 2018년 자신이 일생을 투신하며 종교를 초월해 성찰했던 '종교와 영성'이란 주제에 대해 회향回向하는 명저名著, 『종교에서 영성으로』를 출간했다. 이 책 가운데에서 그가 역설한 역시 깨침과 맞닿아 있는 영성과 관련된 심층종교의 핵심내용을 발췌해 인용하면 다음과 같다.

종교는 인류 역사를 통해 사회, 문화, 도덕, 정치, 경제, 철학, 예술, 건축, 공예 등 삶의 다양한 분야와 밀접하게 연결되어왔기 때문에 종교를 공부하는 사람마다 제각기 다른 관심을 가질 수 있으며 종교가 부차적 관심이 되는 경우도 많다. 사실 '순수한' 종교 현상이란 어디에도 존재하지 않는다. 종교는 언제나 삶의 다양한 활동들과 연계되고 섞이면서 존재해 왔기 때문이다. 하지만 종교의 가장 순수한 면, 종교를 종교이게끔 하며 종교만의 고유한 면이 있다면 그것은 다름 아닌 영성일 것이다.

이어서 길 교수께서는 "종교를 평가하는 기준이 한 가지 있다면 나는 이제 주저 없이 한 종교가 얼마나 많은 영적 인간들을 만들어내는가에 있다고 말할 것이다."라고 일갈一喝하고 있다.

또한 종교와 종파를 초월해 향상向上의 길을 걸으며 영성적 삶을 살아가게 하는데 매우 효과적인 방법의 하나인 간화선看話禪5) 수행도 있다. 특히 필자는 1965년 주로 재가 수행자를 위해 선도회禪道會(2009년 사단법인 선도성찰나눔실천회로 새롭게 출발)를 설립한 종달 이희익 선사 문하에 물리학도였던 20세(1975년) 때 입문해 오늘에 이르고 있다. 이제 필자는 이런 배경 속에서 간화선 수행자의 길을 걸어오면서 체득한 선적禪的 체험을 바탕으로 '화두話頭로 일상日常을'이란 제목에 초점을 맞추어 이야기를 풀어갈까 한다. 그런데 '화두로 일상을' 좀 더 친절하게 풀어쓰면 '일상 속에서 자기 성찰의 효과적인 방법 가운데 하나인 화두 참구로 아침을 열고 하루를 마무리하며 온몸으로 영적 존재 체득하기'라는 의미이다. 덧붙여 사실 국내외적으로 매우 혼란스러운 이때, 우리 모두 일상 속에서 지속적인 '내면성찰(화두참구)'을 이어가며 누구나 다 영적 존재, 즉 '신령스러운 기틀(靈機)'임을 온몸으로 철저히 체득할 때, 각자 있는 그 자리에서 함께 더불어 가장 잘할 수 있는 제 할 일에 사심私心없이 온몸을 던져 몰입할 수 있게 될 것이다.

진리를 온몸으로 자각하기

모두 다 소중한 존재이다

종교 경전뿐만 아니라 과학은 순수학문인 동시에 또한 경전 못지않은 비유의 보고이기도 하다. 물리학에 따르면 오늘날 우리가 살고 있는 우주의 역사는 시공간 기술이 가능한 대폭발 이후 약 138억 년의 세월이 흘렀다. 그런데 만일 지금에 이르기까지 낳아주신 부모님을 포함해 대폭발 시점으로 거슬러 올라가는 과정 속에서 우주의 조건이 조금이라도 달라졌더라면, 우리는 현재 이 순간 존재하지 못했을 것이다. 그러므로 군이 종교의 힘을 빌려 설명할 필요도 없이 사람으로 태어날 확률이 거의 영 zero에 가까운 우리는 지금 숨 쉬고 있는 그 자체만으로도 신비롭고 소중한 존재가 아닐 수 없다. 그러니 이런 존재들에 대해 최근 끊임없이 제기되고 있는 '헬조선'이니 '금수저'니 '흙수저'니 하는 논쟁은 무의미할 것이다. 그런데 비록 머리로는 소중한 존재라는 것을 이해했다고 하더라도 온몸으로 체득해 그런 존재답게 살아가는 것은 별개이기 때문에, 그래서 누구나 자기 성찰이 필요한 것이다. 사실 누구나 지금까지 살아온 삶을 피상적으로 뒤돌아보면 후회스러운 일들도 적지 않을 것이다. 그러나 우리들 자신을 세밀히 되돌아보면 지금까지의 삶이 희유한 인연의 이어짐으로 오늘에 이르게 되었음을 누구나 어렵지 않게 자각할 수 있을 것이다. 그리고 이 자각을 바탕으로 현재 아무리 처한 상황이 어렵다고 할지라도 남은 생애 동안 일상 속에서 바르게 자기 성찰의 삶을 치열하게 이어가며 종교를 초월해 '향상일로向上一路', 즉 남과 비교할 수 없는 나만의 유일무이한 향상의 길을 걷다 보면 언젠가 신비로운 존재에 걸맞는, 통찰과 나눔이 둘이 아닌 '통보불이洞布不二'의 값진 삶을 살아가고 있는 자신을 온몸으로 체득하는 때가 반드시 올 것이다. 또한 만일 제대로 체득했다면 상대방 역시 소중한 존재이기 때문에 역시 끊임없이 제기되고 있는, 탐욕과 분노와 어리석음에 휘둘리고 있는 이들의 갑질도 결코 일어날 일은 없을 것이다. 여기서 '바른 성찰 태도'라는 뜻은 과거를 냉철하게 돌아보며 잘못된 점을 뼛속 깊이 반성하고 다시는 같은 잘못을 반복하지 않겠다는 서원을 하고, 미래를 전망하며 일생을 바칠 만한 가치가 있는 자신만의 꿈과 목표를 세운 다음, 이의 실현을 위해 함께 더불어 있는 그 자리에서 온몸을 던져, 지금 이 순간 하고자 하는 일에 몰입하는 것이다.

인생의 소중함을 삶에서 체득하기

세 분 스승께 귀의하기 필자의 견해로는 누구나 각자 자신의 신념이나 신앙 안에서 가장 가슴에 와 닿는 세 분 정도의 스승님들을 마음속에 모실 경우, 마치 지하철역에 내려 개찰구 근처 벽에 그려진 안내 지도를 보고 현 위치에서 목적지를 어느 출구로 나가는 것이 가장 빠른지를 확인할 수 있듯이, 가치 있는 인생목표를 향해 허송세월하지 않고 곧장 나아갈 수 있을 것이다. 따라서 남녀노소를 불문하고 나름대로 각자 이 분들을 통해 '인생지도人生地圖'를 그릴 수 있고 이 분들의 생애와의 비교를 통해, 살아가는 순간순간 인생의 현 위치를 확인하며 각자의 가치 있는 삶을 지속적으로 살아간다면, 누구나 뜻한 바를 반드시 성취할 수 있을 것이다.

참고로 필자의 경우 세 분 스승은 석가세존, 무문혜개無門慧開(1183~1260)[6] 선사 및 의현종달義賢宗達(1905~1990) 선사이다. 덧붙여 사실 선가禪家에는 '일인일파一人一派'라는 선어禪語가 있다. 즉, 스승과 그 제자 모두 자기만의 독특한 '통보불이洞布不二'의 삶을 살아간다는 것이며, 이것이야말로 스승의 고마움에 대한 제자의 진정한 보은報恩인 것이다.

그런데 이 전통은 동양에만 있는 것은 아니다. 앤소니 드 멜로 신부께서는 그의 저서 『일분 헛소리』에서 한 제자가 스승을 경모한 나머지 신의 화신으로 우러렀다. "말씀해 주소서, 스승님. 어찌하여 이 세상에 오셨사옵니까?" "너 같은 멍텅구리가 스승들을 예배하는데 시간을 허비하는 걸 막으러 왔느니라."라는 비유를 들어 스승을 맹목적으로 추종하는 제자들을 통렬하게 일깨우고 있다. 또한 지난 2014년 8월 프란치스코Papa Francesco(1936~)교황님께서 한국을 방문하셨을 때 일정에 없던 한국예수회 관구 사제관을 방문해 소속 신부님 한 분씩 일일이 함께 기념촬영을 하신 적이 있는데 이때 "훗날 사람들이 이 사진을 보고 신부님 옆에 계신 '이 분(교황)'은 누구십니까?"라고 묻도록 영적으로 더욱 깊게 성장하시기를 당부하셨다고 한다. 즉 교황을 추종하지 말고 넘어서라는 스승의 엄중한 경고인 것이다.

입실해 점검 받기 남녀노소를 불문하고 누구나 할 수 있는, 선도회의 화두 점검 체계는 세 과정으로 구성되어 있다. 초심자를 위한 첫 번째 과정은 '시작하는 사람들을 위한 화두들'이란 입실점검入室點檢 과정이다. 여기에는 '한 손으로 박수치기(척수성隻手聲)', '동쪽 산이 물위로 간다(동산수상행東山水上行)' 등 이원적인 분별심에 의해 갈팡질팡하는 초심자들이 붙들고 씨름하기 쉬운 20여 개 정도의 화두들로 구성되어 있다. 이 과정을 마치면 입실 시 스승을 경외하던 심적 초긴장 상태는 사라지며, 법호法號[7]를 받고 『무문관無門關』에 있는 48개의 화두들을 본격적으로 점검 받는 두 번째 과정으로 들어간다. 대개 이 점검과정을 마치면 스승 없이 혼자서도 지속적인 선 수행이 가능한 경지에 이르게 된다. 끝으로 세 번째 마무리 과정에서는 『벽암록碧巖錄』을 포함해 조사어록祖師語錄 등에 있는 화두들을 가지고 스승과 거의 대등한 관계에서 법전法戰을 벌이게 되는데, 이 과정을 마치면 스승으로부터 인가印可(학문의 경우 독자적인 연구와 교육 능력을 인정하는 박사학위에 비교됨)를 받게 된다. 그런데 이때가 되면 자연스럽게 제자들을 입실 지도할 수 있는 법사로서의 역량을 나름대로 갖추게 된다. 덧붙여 화두 타파는 상속을 위한 과정이기에 스승으로부터 1700 공안을 모두 다 타파했다고 인가를 받았다 하더라도 통찰과 나눔이 둘이 아닌 '통보불이洞布不二'의 삶이 일상 속에서 상속되지 않는다면 단언컨대 그 인가는 아무짝에도 쓸모없는 무용지물無用之物일 것이다!

참고로 현재 광주거점모임 지도법사인 혜정慧頂 거사(조선대 명예교수)님 같은 분은 수행 시절 대개 30초에서 1분 정도밖에 걸리지 않는 입실 점검을 받기 위해 여러 해 동안 매주 토요일 비행기를 타고 상경하는 등 선도회 문하생들의 이런 치열한 구도 전통은 오늘날까지도 지속되어 오고 있다. 덧붙여 오늘날 간화선이 쇠퇴일로를 걷고 있는 것의 중요한 원인 중의 하나도 이런 입실점검 전통이 거의 사라졌기 때문이다.

이른 아침 잠깐 앉은 힘으로 온 하루를 부리기 '좌일주칠坐一走七'이란 선어禪語는 그 뜻을 유추해보면, 우리가 잠자는 시간을 충분히 잡아도 8시간 정도이므로 깨어 있는 시간은 16시간 정도이다. 따라서 이 깨어 있는 시간의 1/8은 2시간이므로 2시간 정도 좌선하고 7/8인 나머지 14시간은 '주어진 하루 일과에 100퍼센트 뛰어든다(走)'라는 뜻이다. 참고로 필자의 경우 '하루 향 한 대 타는 시간 앉지 않으면 한 끼 굶는다'라는 가풍을 한 평생 선양한, 종달 선사 문하에서 매주 주말마다 입실 점검과 더불어 매일 아침에 일어나자마자 '1시간 좌선 및 하루의 계획'(일상의 원동력), 저녁에 잠자리에 들기 직전 '하루의 반성 및 1시간 좌선'(숙면의 원동력)을 통한 간화선 수행을 지속했다. 그 결과, 10년 정도 지나면서부터 가슴에 맺혀 있던 모든 의심이 일시에 사라지고, '이른 아침 잠깐 앉은 힘으로(坐一)' 늘 있는 그 자리에서 필자가 속한 공동체(가정, 직장, 선도회)의 구성원들과 '더불어, 함께' 주어진 일에 차별적인 분별심分別心 없이 온전히 투신(走七)할 수 있게 되었던 것 같다.

간화선 수행

오늘날 세계적으로 널리 행해지고 있는 화두를 참구하는 간화선看話禪 수행법은 간화선 수행체계를 확립한 대혜종고大慧宗杲(1089~1163)[8] 선사의 저서인 『서장書狀』을 통해서도 잘 엿볼 수 있다. 이 저서에는 그가 스님들이 아닌 주로 사대부 제자들을 서신교류를 통해 입실점검을 해주었다는 사실이 잘 드러나 있는 점으로 미루어 오늘날 사대부에 해당되는 전문 지식인들이 입실점검을 해줄 수 있는 스승만 제대로 만난다면 간화선 수행이 매우 효과적일 것이라는 것은 자명하다. 그런데 간화선 수행을 처음 시작하려는 사람들은 반드시 '수식관數息觀'[9] 수행을 먼저 해야 한다. 왜냐하면 바로 화두를 참구하더라도 이미 번뇌, 망상 속에 길들여져 있어 화두를 꾸준히 참구하기가 불가능하기 때문이며, 이 점이 바로 일반인들에게 일상 속에서 간화선 수행을 어렵게 여기게 한다.

자아성찰 동기動機에 대한 필요성 깨닫기 종달 선사 문하에서 1975년 10월부터 수식관을 포함한 입실점검을 받기 시작해 일 년쯤 지나자, 이제는 선 수행을 통해 인간다운 삶을 살아갈 수 있다는 확신이 섰기 때문에 정말 온전히 여기에 몰두할 수 있게 되었다. 날마다 학교에서는 물리학이란 학문에 몰두하는 한편, 아침 새벽에 한 시간, 저녁 잠자리에 들기 전에 한 시간, 하루에 두 시간씩 다리를 틀고 앉았으며, 학교 과제가 밀리지 않은 주말에는 거의 시간에 구애받지 않고 7시간에서 8시간 정도 앉았다. 사실 이런 수행이 꾸준히 계속된 한 주간은 내 마음은 차분히 가라앉아 있어 모든 일이 무심한 가운데 하나하나 차근차근히 잘 진행되었다. 특히 주말마다 오후에 스승을 만나러 가기 몇 시간 전부터는 아랫배에 쌓여진 억제할 수 없는 힘을 느끼곤 하였다. 그리고 입실하여 스승 앞에 당당히 버티고 앉아 마음껏 아랫배에 쌓인 힘을 폭발시키며 한 주일의 수행을 확인받곤 하였다. 아울러 이 힘은 일상 속에서 필자로 하여금 모든 일을 자신 있게 해나가도록 하게 한, 원동력이기도 했다.

그런데 필자의 경우 처음에는 선 수행이 취향에 맞기도 해서 그저 취미 삼아 시작했었으나 본격적으로 수행하게 된 계기가 있다. 평소 매우 건강하셨던, 중·고등학교 시절 절친했던 친구 아버님(당시 50세)의 돌연사 소식을 접했다. 장례식을 치른 다음날부터 일주일 동안 학교 강의를 마치고 저녁 때 친구 집에 들려 어머님과 친구 및 동생들을 위로할 겸 한두 시간씩 함께 지냈다. 그러면서 이때 먼 훗날의 일로만 여겨지던 생사生死 문제가 갑자기 몸서리칠 정도로 필자를 흔들어 놓았다. 또한 이 무렵 석지현 스님이 지은, 당시 좋은 선입문서 역할을 했던『선으로 가는 길』가운데 경허鏡虛(1846~1912)10) 선사에 관해 발췌한, 전율을 느끼게 했던 다음 대목도 접하게 되었다.

동학사의 강백이었던 경허는 서른네 살이 되던 해인 1879년 여름 어느 날, 문득 옛 스승 계허 대사의 생각이 떠올라 곧 계허 대사를 찾아 나섰다. 도중에 어느 마을에 들렀는데 집집마다 대문이 굳게 잠겨 있고 사람이라고는 그림자도 보이지 않았다. 큰 동리에 사람이 없는 사연인즉 지금 이 동리에 염병(콜레라)이 퍼져서 집집마다 송장이 즐비하다는 것이었다. 이 말을 듣는 순간 경허의 마음에는 벼락 치는 소리가 들렸다. 지금 그는 생사의 갈림길에 서 있는 것이었다. 그렇다. 우선 급한 것이 이 '나고 죽음'의 문제를 해결하는 일이다. 그 길로 발길을 돌려 동학사로 돌아온 즉시, 학인들을 떠나보낸 다음, 경허는 평소 그렇게도 아끼던 책들을 모조리 불 질러 버렸다. 아무리 문자를 뒤지고 따져 봐도 이 '나고 죽음'의 문제는 해결할 수 없었기 때문이었다. 그는 문고리를 안으로 굳게 걸고 용맹정진에 들어갔다. 오직 '나고 죽음'의 이 문제만이 칼끝이 되어 그의 전신을 쑤시는 것이었다. '그렇다. 결국 인간은 어디서 왔는가? 이 세상에 태어나기 전의 나는 무엇인가? 그리고 이 목숨이 다하는 날 나는 어디로 가는가? 나는 어찌 되는가? 왜 태어난 자는 죽어야만 하는가?' 등등의 '왜'라는 의문 부호가 끊임없이 그를 압박하는 것이었다. 그리고 그 해 겨울 11월 보름께 그의 방 앞을 지나가던 한 학인이 무심코 내뱉은, '소가 콧구멍이 없다'는 한 마디에 크게 깨쳤다.

돌이켜 보면 친구 아버님의 돌연사 목격과 경허 선사의 일화를 접하고, 필자는 일상의 삶 속에서 더 이상 취미가 아니라 온몸을 던져 본격적으로 선 수행을 이어가게 되었던 것 같다.

기초 수식관數息觀 수행 수를 세면서 숨을 쉬는 수행법인 '수식관' 성찰법은 누구나 손쉽게 일상 속에서 스스로 성찰하고, 이를 통해 영적으로 향상의 길을 걷는데 매우 도움이 된다. 대개 초심자들의 경우 집에서 이른 아침 기상하자마자 좌선 자세를 갖춘다. 그런 다음 약 25분 정도 수식관 수행을 하고, 마칠 무렵 오늘 해야 할 시급한 일을 머릿속으로 정리하고는 하루 일과에 온몸을 던져 뛰어든다. 마지막으로 잠자리에 들기 전, 좌선 자세를 잡고 먼저 하루를 돌아보며 반성하고 수식관을 하다가 잠자리에 드는 것, 이것이 바로 '일상선日常禪', 즉 일상 속에서의 '생활선生活禪' 수행의 전부이다. 얼핏 보면 매우 단조로운 것 같으나 직접 체험해 보면 그 효과를 누구나 크게 느낄 수 있다. 참고로 직장인의 경우 머리가 복잡해질 때마다 잠시 틈을 내어 의자에 앉은 채 허리를 펴고 같은 요령에 의해 단전호흡으로 수식관을 하노라면, 의학적인 연구결과 폐로 호흡할 때보다 신선한 공기가 3배나 많이 공급되기 때문에 뇌에 산소공급이 원활해져 머리가 맑아지며 곧바로 다시 일에 집중할 수 있다. 이제 평소에 누구나 쉽게 실천할 수 있는 수식관 방법을 보다 구체적으로 소개를 드리면 다음과 같다.

먼저 허리띠를 풀어 허리를 느슨하게 한다. 그런 다음 방석 하나를 바닥에 깔고, 다른 방석은 반을 접어 엉덩이만 받치며, 허리를 펴고, 한쪽 다리만 올리는 반가부좌를 한다. 참고로 편한 쪽 다리만 올리지 말고, 늘 교대로 다리를 바꾸어야만 척추의 균형을 유지할 수 있다. 이때 두 무릎은 아래 깐 방석에 안정되게 닿아야 한다. 그리고 두 손은 겹쳐놓되, 엄지손가락을 서로 붙이면서 계란 모양을 만들고, 자연스럽게 다리 위에 놓는다. 그런 다음 혀를 입천장에 넓게 붙이면서, 윗니와 아랫니를 가볍게 붙인다. 그런 다음 앞뒤, 좌우로 오뚝이가 된 기분을 가지고 흔들면서 바른 중심 자세를 잡으며 허리를 곧게 세운다. 끝으로 턱을 아래로 살짝 당기면, 눈은 코끝을 통해 본인의 앉은키에 맞게 1m에서 1.5m 전방을 주시하게 되는데, 초심자들은 눈을 살짝 감는다. 이제 이런 자세를 취한 다음 우선 아랫배(단전丹田)를 자연스럽게 집어넣으면서 숨을 한번 다 토해낸다. 그런 다음 의식을 집중해 마치 코앞에 공기 입자가 있다고 생각하고, 아랫배를 서서히 불리면서, 배가 다 불렀을 때, 공기 입자가 아랫배에 도달했다고 생각한다. 그리고는 다시 서서히 아랫배를 집어넣으면서, 서서히 공기 입자를 밀어낸다고 생각한다. 이어서 아랫배가 다 들어갔을 때, 공기 입자가 코끝으로 다시 나왔다고 생각한다. 아울러 이렇게 한번 숨을 길게 내쉴 때마다, 마음속으로 크게 "하나아! 두우울! 세에엣! 네에엣! 다섯엇! 여섯엇! 일고옵! 여더얼! 아호옵! 여어 얼!" 하면서, 열까지 세고는 또다시 하나로 돌아와 수를 세면 된다. 참고로 초심자의 경우, 처음에는 눈을 뜨면 주위가 산만해 집중이 잘 안 되기 때문에 눈을 감고 하다가, 졸음이 오기 시작할 때 눈을 반쯤 뜨면 된다.

처음에는 끊임없이 일어나는 잡념의 방해로 이것이 쉽지 않으나 꾸준히 노력하다 보면 자연스럽게 익숙해진다. 그런데 만일 숫자 세는 것을 놓쳤을 때는, 다시 하나부터 수를 세면된다.

화두의 유래 이제 화두 참구 수행을 위해 필요한 기초 지식들을 살펴보기로 하자. 먼저 화두의 연원을 거슬러 올라가면 인도에서 그 유래를 쉽게 찾을 수 있어, 그 본보기로 '스리 라마 크리슈나의 비유'를 소개하면 다음과 같다.

> 신에 대해 명상하는 법을 배우고자 제자가 스승에게 왔다. 스승은 제자에게 명상하는 법을 가르쳐 주었다. 그러나 그 제자는 얼마 지나지 않아 돌아와서 명상을 시작하면 자꾸 자기가 사랑하는 황소 생각이 나서 명상을 계속할 수가 없다고 하소연을 했다. 그러자 스승이 말했다. "음, 그러냐. 그럼, 네가 사랑하는 황소에 대해 명상하기로 해라." 제자는 오직 황소만을 생각했다. 며칠이 지난 뒤 스승이 제자의 방문을 두드렸다. 그러자 제자가 대답했다. "스승님! 스승님을 맞이하기 위해 밖으로 나아가야 하는데 그러지 못해서 죄송합니다. 문이 너무 작아서 제 뿔이 걸릴 것 같아요." 이에 스승은 웃으며 말했다. "놀라운 일이다! 너는 이제 네가 집중하는 대상과 하나가 되었구나. 그럼. 이제 신에 대해 집중해 보거라. 쉽게 될 것이다."

그런데 선禪의 입장에서 보면 이 경계는 아직 멀었다. 왜냐하면 인도 명상의 스승은 이 정도에서 인정했을지 몰라도, '뿔'이라는 분별이 아직 남아 있어 실제로는 집중의 대상인 '소'와 철저히 하나가 되지 못했기 때문이다. 참고로 필자가 몸담고 있는 선도회의 경우 초심자 분들 가운데 일 년 이상 참선을 해도 '초심자를 위한 화두'에 잘 집중하지 못하는 분들, 특히 지식적知識的으로 상당히 내공을 쌓은 분들을 위해 구체적인 대상에 관한 '지사문의指事問義' 부류에 속하는 화두로 바꾸어 참구하게 하고 동시에 떠오른 경계들을 점검 받게 하면서 저절로 간화선 수행이 본 궤도에 오를 수 있도록 도움을 드리고 있다. 참고로 덧붙이자면, 사실 어떤 사물이든지 '사물을 가리키며 그 본질을 묻는 것(지사문의指事問義)'은 화두의 일종으로 당唐나라 시대의 선문답禪問答에 많이 등장하는 다양한 생활용품이나 동식물 및 일상 생활에서 전개되고 있는 일 등이 흔히 화두의 핵심을 이루고 있기도 하다.

삼세심불가득화三世心不可得話 우리들 대부분 머리로는 동서양의 영적 스승들의 삶을 잘 이해하고 과거를 냉철하게 돌아보며 잘못된 점을 뼛속 깊이 반성하고 다시는 같은 잘못을 반복하지 않겠다는 서원을 하고, 미래를 전망하며 일생을 바칠 만한 가치가 있는 꿈과 목표를 세우고 이의 실현을 위해 현재에 충실해야겠다고 결심을 한다. 그러나 이해 차원과 실천의 차원, 즉 함께 더불어 있는 그 자리에서 온몸을 던져, 지금 이 순간 하고자 하는 일에 몰입하는 것과는 전혀 별개이다. 사실 종교계를 포함해 각계각층에서 평소 존경받던 지위에 있던 분들 가운데 적지 않은 분들이 삼독三毒, 즉 탐욕과 분노와 어리석음에 중독되어 명예 실추뿐만 아니라 법적으로 처벌받는 일도 종종 일어나고 있는 것이 바로 그 증거이다. 그래서 이원적 분별에 의한 상식적 판단에 익숙해 있는 초심자들 대부분을 또 다른 관점에서 당혹케 하는, 과거와 현재 및 미래를 온몸으로 체득하게 하여 다시는 후퇴하지 않는 삶을 살게 하는데 매우 효과적인 '화두'를 보기로 들면 다음과 같다.

당대 금강경 왕이라고 칭송 받던 (물론 자만에 가득 찼던) 덕산德山 (782~865) 스님이 자기가 쓴 「금강경소초」를 등에 짊어지고 천하를 돌며 자기의 실력을 뽐내고 다니다 하루는 낮이 되어 시장기가 몹시 돌아 주위를 둘러보니 마침 떡집이 있어 요기를 하기 위해 들어갔다. 그런데 떡집 할머니가 떡 줄 생각은 안 하고 등에 지고 있는 것이 무어냐고 물어서 자기자랑을 한참 늘어놓으며 『금강경金剛經』에 관한 모든 것이라고 떠들어댔다. 그러자 할머니께서 "『금강경』 가운데 제 18 「일체동관분─體同觀分」에 '과거심불가득過去心不可得 현재심불가득現在心不可得 미래심불가득未來心不可得'이라고 쓰여 있는데 스님은 어느 심에 점點을 찍어 떡을 먹겠습니까?" 하고 물었다. 덕산 스님이 우쭐대며 돌아다니다 일개 시골 할머니에게 한 대 얻어맞은 것이다. 배고픈 것도 잊고 틀림없이 주위에 눈 밝은 스님이 계실 것이라는 확신에 할머니에게 계신 곳을 물어 쏜살같이 달려갔다. 그리고는 근처에 주석하고 계신 용담龍潭 선사를 만나 크게 깨치고는 중국 천하에 교학을 가르치는 학승學僧이 아니라 격렬하게 몽둥이찜질로 제자들을 일깨우는 선승禪僧으로서 대활약을 하였다.

참고로 용담숭신龍潭崇信(782~865)[11] 선사와 덕산선감德山宣鑑(780~865)[12] 스님과의 만남 일화는 『무문관無門關』 제28칙 '구향용담久嚮龍潭'이라는 화두로 탄생하여 오늘날까지도 투과하기 어려운 화두 가운데 하나로 널리 참구되어 오고 있다. 자! 여러분은 어느 심心에 떡을 먹겠는가? 과거심은 지나가 버렸고 미래심은 오지도 않았으며 현재심은 잡으려 하면 이미 지나가 버리곤 한다. 한동안 앉아 보시라. 그래도 모르겠으면 무심하게 한 끼쯤 굶어 보시라. 그래도 모르겠으면 간절한 마음으로 하루쯤 굶어 보시라. 치열하게 참구하노라면 남녀노소를 불문하고 누구나 스스로 자명해지는 때가 반드시 올 것이다.

박사학위와 선禪 스승의 인가 이번에는 간화선 수행의 세계에서 초심자 분들의 중요한 관심사 가운데 하나인, 너무 신비화되어 있는 화두 투과 후 '스승의 인가印可'에 대해 '박사학위'를 보기로 들어 '인가'의 참뜻을 살펴보고자 한다.

먼저 물리학의 경우 지도교수가 학위과정의 학생들을 지도하다가 학생들의 연구 성과에 따라 석사과정을 포함해 대개 5년에서 7년 사이에 박사학위를 수여하게 되는데, 박사학위의 의미는 이제 혼자서도 충분히 연구를 수행해갈 수 있다는 것이지 그 분야의 최고 전문가가 되어서 더 이상 연구할 필요도 없이 놀고먹으며 그저 제자 양성에만 힘써도 된다는 뜻은 결코 아니다. 그런데 돌이켜보면 한국의 경우 대부분의 유학 1세대 분들은 외국에서 힘들여 박사학위를 취득하고 귀국한 뒤에는 그것으로 소기의 목적을 달성했다고 생각하여 사회로부터 존경받기에만 익숙해 있을 뿐만 아니라 제자 양성도 별로 하지 않아 한국 물리학을 십수 년 정도 정체상태에 있게 하였으나, 1980년대 초부터 새롭게 귀국한 소장학자들의 진지하고도 열성적인 연구열에 힘입어 한국물리학이 본 궤도에 오르게 되었다. 그 결과 1993년부터는 한국물리학회에서 발간하는 영문 학술지인 《Journal of Korean Physical Society》가 SCI 등재 국제학술지로 인정받게 되었다. 아울러 국내 학위과정도 제 틀을 갖추도록 애쓴 결과 오늘날은 국내에서 박사학위를 받은 신진학자들도 국제 수준의 연구를 꾸준히 수행할 수 있게 되었다.

특히 1980년부터 개최된 한국물리학회 정기총회에서는 한국물리학계의 한 획을 긋는 일이 벌어졌다. 그전까지는 연배 높은 선배 교수들께서 대강 발표 준비를 한 채, 학회에서 수필 수준의 연구논문을 발표해도 괜찮았으나 1980년부터는 신진 소장학자들이 선배, 후배에 관계없이 객관적으로 틀린 부분에 대해서는 신랄한 비판을 가하기 시작하면서 다음 학회부터는 노소를 막론하고 엉성하게 준비하여 연구논문을 발표하는 분들이 사라진 것이다. 사실 박사학위를 어느 대학교, 어느 지도교수 밑에서 받았느냐에 따라 대개 그 사람의 연구 역량을 짐작할 수 있다. 그러나 이것은 어디까지나 피상적으로 추론하는 정도에 지나지 않는다. 30여 년 전의 일이지만 필자가 아는 어느 소장 물리학자께서는 별로 학자로서 인정받고 있지 못한 국내 대학교의 모 교수님 밑에서 박사학위를 받았으나 그 후 해외 박사후post-doc 과정 연수를 다녀오는 등 꾸준히 연구에 힘쓴 결과 매년 저명 국제학술지에 여러 편의 논문을 게재하며 그 연구 역량을 인정받았다. 반면에 어떤 교수께서는 국제적인 수준의 대학에서 그것도 세계적으로 저명한 지도교수 밑에서 박사학위를 받고 귀국했으나 그 이후 별다른 연구 활동을 하지 않아 동료 교수들로부터 조차 무능하다는 소리를 듣다가 정년을 맞이했다고 한다.

다른 한편 선가禪家의 경우와 비교해 보자면 이와 마찬가지이다. 스승이 제자의 수행이 무르익어 혼자서도 충분히 수행해갈 수 있을 정도로 제자의 마음이 열렸다고 판단되면 대개 '박사학위증'에 해당하는 '인가장印可狀'을 써주는데 여기에는 스승이 제자에게 법을 전한다는 뜻이 담긴 전법게(傳法偈13)가 들어있기도 하다. 물론 오도송(悟道頌14)이니 열반송(涅槃頌15)이니 전법게이니 하는 것 자체를 불필요한 군더더기라고 생각하여 이런 게송들을 전혀 남기지 않는 선사들도 적지 않다. 그런데 인가를 받은 제자는 박사학위의 경우와 마찬가지로 모든 수행이 끝났다는 것을 뜻하는 것은 결코 아니다. 단지 이제부터는 혼자서도 철저히 선(禪)수행을 계속해 갈 수 있다는 것을 뜻하는 동시에 제자도 지도할 수 있다는 것을 뜻하는 것이다. 따라서 박사학위와 마찬가지로 인가를 어느 스승 밑에서 받았건, 그것이 이제는 혼자서도 철저히 '향상일로(向上一路'를 향해 통찰과 나눔이 둘이 아닌 '통보불이(洞布不二)'의 삶을 이어갈 수 있다는 것이지, 수행자로서의 공부가 다 끝났다는 것은 결코 아니다.

참고로 만일 더 이상 수행에는 힘쓰지 않고 누구의 인가를 받았다며 목에 힘주고 있는 사이 그 사람의 수행력은 어느 사이 고갈되고 말 것이고, 여기에서 그치는 것이 아니라 '일맹인중맹(一盲引衆盲)'이란 엄중한 경고의 선어(禪語)처럼 어리석은 스승이 그를 믿고 따르는 수많은 제자들을 그르치고 말 것이다. 더 나아가 이런 상황이 비단 종교계나 학계에만 해당되겠는가! 정치계의 경우 지난 2019년 특히 국내외적으로 매우 어수선한 시기에 두루 모든 분야에서 온 국민이 힘을 모아도 극복하기 어려운 현실 속에서, 잘 선도해야 할 정치지도자들이 대한민국을 둘로 쪼개어 부차적인 일에 대다수 국민들의 에너지를 고갈시켜온 것 같다. 그러나 이제부터라도 한국을 이끌고 있는 각계각층의 지도자분들이 하루 속히 날마다 자기 성찰로 하루를 열며, 부디 서로 견해는 다를지라도 고통받는 국민들의 삶을 편안케 하는데 초점을 맞추어, 열린 마음으로 함께 머리를 맞대고 허심탄회하게 서로 다른 견해들의 장단점을 정확히 파악한 후, 상대의 견해가 더 좋다고 판단되면 상생相生의 지혜를 발휘해 큰 틀에서 기꺼이 이를 채택하고, 세부적인 문제점들은 드러날 때마다 하나하나 보완해 가면서 실천해 옮기시기를 필자는 간절히 염원해 본다.

입문과정을 마친 천주교인의 소감문 이번에는 간화선 수행이 어렵다는 선입견을 가진 초심자 분들께 도움이 될까 해서, 종교를 초월해 선불교 전통의 장점을 적극적으로 수용하려는 이웃종교인의 사례를 하나 소개한다. 천주교인이며 신학에 조예가 깊은 교육학 전공 학자로서 최근 선도회 입문과정 점검을 마친 희천希天 요한 보스코 거사居士의 '덜어내기 연습'이란 제목의 소감문은 다음과 같다.

태어나자마자 성당에서 유아세례를 받고 지금까지 천주교 신자로 살아왔다. 때로는 교회에서 가르치는 내용과 성경에 기록된 내용에 대해 강한 의문을 품기도 했으나 그래도 전체적으로 보면 교회 안에서 교회의 영양분을 받아먹으며 성장했다. 그 세월이 무려 사십여 년이 되자 뭔가 몸에 맞지 않는 옷을 입어온 것 같은 느낌이 밀려왔다. 그것은 내 신앙에 대한 의구심과 더불어 신앙의 정체성에 대한 자각이었다. 이런 생각을 하게 된 배경에는 여러 가지가 있지만 그 중 큰 요소 하나를 꼽으라면 성경에 대한 부분이었다. 바로 그리스도교의 뿌리를 보여주는 그 경전 말이다. 그런데 인간의 믿음과 구원救援의 여정을 그려준 바로 그 책이 큰 기쁨도 주었지만 다른 한편으로 혼란混亂과 분열分裂을 가져다주기도 했다. 더구나 그 경전을 읽고 깨달음을 얻은 수많은 사람들과 교파들이 서로 싸우며 비난의 손가락질을 멈추지 않았기에, 그 과정을 지켜보면서 가슴속에 깊은 슬픔만 쌓여 갔다. 단순히 의견이 다름에서 오는 실망 정도가 아니라, 그냥 이렇게 다투며 살 수밖에 없는 우리들 존재 자체에 대한 '깊은 슬픔'이었다.

그러던 어느 날, 최고의 경전을 읽는다고 해도 알기 어려운 그 무엇이 있다는 느낌이 밀려왔다. 마치 입문과정에서 투과한 '아뇩다라 삼먁삼보리의 법은 모두 이 경에서 나옴(무상정등정각無上正等正覺 개종차경출皆從此經出)'이라는 화두처럼 말이다. 그야말로 핵심이 되는 내용은 문자로 기록된 경에 다 쓰여 있을 리 만무하기 때문이다. 유사한 이유로 타 종교 경전에 대한 이해를 새롭게 하려고 여러 해에 걸쳐 불교경전 및 교학 공부도 했으나 결과는 마찬가지였다. 그리고 세상에 존재하는 그 모든 경을 읽는다 해도 깨닫기 어려운 '그것'을 찾아서 새로운 여행을 떠나게 되었다.

이런 가운데 선도회와 인연이 닿았다. 바로 선불교의 전통을 간직하면서도 현대 사회의 이러저러한 맥락에 대해 고민하는 선수행 단체다. 더구나 절집에서 진행되는 것이 아닌 나와 같은 재가자들의 수행 공동체였기에 눈길이 갔다. 바로 이곳에서 선수행을 한다면 경전에 매몰되어 버린 현대인들의 어리석음에서 벗어나 지금 이 순간에도 벌어지고 있는 구원의 섭리攝理이자 법계法界의 이치를 조금이나마 깨달을 수 있지 않을까 싶었다.

법경法境 박영재 법사님과의 만남을 통해 시작된 선수행에서 먼저 발견한 것은 내 머릿속에 온갖 쓰레기가 가득하다는 점이었다. 알고 보니 지나간 세월을 통해 내 안에 누적된 내용은 다름 아닌 약간의 지식知識과 알 수 없는 편견偏見들뿐이었다. 마치 뿌연 흙탕물처럼 머릿속에 온갖 잡념과 지식 덩어리 같은 것이 어지럽게 널브러져 있었다. 그 상태로는 무언가를 더 집어넣는다 해도 맑아지기는커녕 더 혼탁해질것만 같았다. 이럴 때 할 수 있는 일은 그저 가만히 앉아서 내 안의 흙탕물이 가라앉고 빠져나가기를 기다리는 것이다. 이렇게 시작된 '덜어내기 연습練習'은 머리로 하는 지식 탐구에서 벗어나 온몸으로 하는 체득體得의 과정이었다. 그 동안 스스로 통찰洞察의 깊이가 깊어지지 못했던 것은 그 어떤 지식이나 정보의 부족이 아니라 나 스스로를 돌아보고 불필요한 것을 덜어내는 작업이 부족했기 때문이었다. 가만히 앉아서 호흡에 집중하는 과정만으로도 내 안의 불필요한 아집我執과 걱정 등을 덜어내는 데 도움이 되었다.

화두참구 과정에서 법경 법사로부터 자주 지적받은 내용은 '머리로 풀어내려 하지마라!'였다. 쉽게 말해서 그 동안 세상 문제를 해결하기 위해 알게 모르게 배워온 지식이나 잔머리 따위로 접근하지 말라는 뜻이다. 그래서 머리를 끄덕여 보지만 이 또한 머리로만 알았다고 한 것일 뿐 제대로 이해하기란 쉽지 않았다. 실제로 화두참구의 과정에서 순간적으로 떠오르는 상념想念이나 어떤 통찰 같은 것도 알고 보면 머리로 짜낸 생각인 경우가 많았다. 결국, 눈을 감고 화두를 들고 명상에 잠겨있는 것 같으나, 계속 머리로 무언가를 생각해내고 있는 나 자신을 발견했다.

매일 매일 다리를 틀고 앉아 내려놓기 연습과 화두 참구를 일 년 이상 한 후, 그 동안 가슴 깊이 쌓여있던 그 '깊은 슬픔'이 상당 부분

사라져갔다. 온갖 논리적인 개념과 분석의 틀을 들이대면서 경전의 내용을 놓고 벌였던, 토론의 과정에서 누적된 앙금 같은 슬픔 말이다. 도저히 서로 공감하기 어려울 것 같고, 더 이상 합의된 진리의 장에 다가설 수 없을 때마다 느꼈던 슬픔 말이다. 바로 그 슬픔이 안개처럼 조금씩 사라져 간 것이다. 그렇다고 일상日常 속에서 엄청난 변화가 찾아왔다든가 무슨 신비스러운 일이 생긴 것은 없었다. 수행을 하면 할수록 그런 것은 없고 또 그런것을 기대해서도 안 된다는 생각만 더 자명해질 뿐이었다. 굳이 언어적으로 표현하자면 기대감은 줄어들고 간절함은 더해가는 과정이었다. 여기에 더해 조바심은 장애물이고 남과의 비교는 피해야 할 일이었다. 그리고 수행을 하나의 성취 대상으로 삼는 것은 더더구나 금물禁物임을 발견하게 되었다.

그러고 나니 성경聖經이 조금씩 다시 읽히기 시작했다. 읽고 또 읽어도 들어오지 않았던 내용들이 드디어 그 모습을 조금씩 드러내기 시작했다. 내가 성경을 읽는다기보다는 성경이 다시 나에게 말을 걸어오는 듯한 느낌이다. 그리고 성경을 놓고 벌였던 수많은 토론의 시간을 떠올리면서 나와 이웃의 삶과 연계된, 새로운 성경 읽기가 필요함을 발견하게 되었다. 바로 경전이 기록되기 이전의 우리네 삶에 대한 새로운 통찰과 발견이었다.

간화선 수행을 시작한 지 일 년 반 정도가 지난 후 법경 법사께 보낸 글의 마지막 부분을 다시금 떠올려 본다.

'오늘도 따스한 햇살이 비치는 창가에서 빨래를 널고 다 마른 빨랫감들을 개었다. 이 시간은 내가 일상의 틀 속에 갇혀 있다는 한계를 발견하는 시간이자, 내 삶의 하루하루가 어떻게 이루어지고 있는지를 새삼 깨닫게 되는 시간이다. 또한 나도 모르게 머리로 짜낸 헛된 망상妄想은 버리고, 선수행을 통해 통찰한 내용을 상식의 체로 걸러내는 시간이기도 하다. 창을 통해 들어오는 바람 냄새를 맡으며 무심히 빨랫감을 만지작거리는, 이 상속相續의 시간에서 알 수 없는 거룩함을 느낀다.'

이제 입문과정을 마무리하면서 발견하는 것은, 일상 생활 속 상속의 시간을 통해 향상일로向上一路의 길을 걸어가 통보불이洞布不二의 삶으로 나아가는 길이다. 이 과정을 통해 성경과도 새롭게 대화하고 내 신앙의 뿌리도 다시 다듬어 보고자 한다. 오랜 기간 동안 내 눈을 덮고 있던 그 깊은 슬픔의 비늘이 조금씩 벗겨져 나가니 새로운 하늘이 보일 것도 같다.

'무엇이 좀 보이느냐?' (마르코복음 8장 23절)

참고로 위에 다소 긴 인용문을 그대로 나열한 이유는 모든 종교나 수행의 길이 궁극적으로는 종교의 다양성을 통해 영성적 깨달음의 길로 이어진다는 것을 매우 실감나게 보여주기 때문이다. 즉, 대도에는 따로 문이 없어서 천 갈래 만 갈래 그 어느 길로도 이를 수 있다는 '대도무문大道無門 천차유로千差有路'[16]란 선어禪語처럼, 비단 참선뿐만 아니라 종교를 초월해 바른 자기 성찰의 길은 헤아릴 수 없이 많다는 점의 구체적인 사례인 것이다. 아울러 이 소감문은 그 동안 먼저 길 떠난 법사로서 후학들을 위해 수행해 온 필자로 하여금 큰 보람을 느끼게 하는 글이기도 하다.

일상 속에서의 상속

상속의 바른 의미 사실 필자가 종달 선사 문하에서 간화선 수행을 십여 년간 이어갈 무렵 온몸으로 체득한 것은 바로 날마다 일상 속에서 '상속相續,' 즉 '있는 그 자리에서 매 순간 하고자 하는 일과 하나 되기'였는데, 보다 구체적으로 선사께서는 일찍이 이 상속에 대해 늘 다음과 같이 제창하신 바 있다.[17]

"불법佛法은 나를 체득하는 것이며 이 체득은 나를 잊는 일을 통해 이루어진다. 나를 잊으면 전 우주가 '나' 아님이 없다. 실제로 우리의 일상 생활이 모두 이러하며 자신도 눈치 못 채는 사이에 이렇게 계속되고 있다. 자판을 칠 때 자판치는 일과 한 몸이 되었다가 그 일이 끝나면 또 다른 사물과 한 몸이 된다. 예를 들어 문서 작성이 끝나면 바로 찍혔는지 교정하고 교열하는 일과 한 몸이 되는 것이다. 선에서는 이를 가리켜 상속相續이라고 한다. 세속에서는 자식에게 재산을 넘겨주는 것을 상속이라고 하는데, 이는 선에서 나온 말이다. 아침에 일어나서 세수하는 일부터 저녁에 잘 때까지 매 순간 일어나는 일과 하나가 되는 이 경지를 선에서는 '수처작주隨處作主 입소개진立所皆眞'

이라고 표현한다. 이 말은 무슨 일을 하든지 그 일과 하나가 되면 가는 곳마다 모두 진리가 드러난다는 뜻이다. 물론 이것은 선의 경지에 이른 사람에게만 가능한 일이고 보통 사람으로서는 불가능하다. 원래는 모두가 이런 경지에 서기 마련인데 무지無知와 무명無明에 가리어져 그것을 벗겨내기 전에는 안 되는 일이다."

사실 어느 분야에 종사하든지 관계없이 '좌일주칠坐─走七', 즉 이른 아침 잠깐 앉은 힘으로 온 하루를 부리며 '상속', 즉 매 순간 일어나는 일과 하나 되며 순간순간이 이어지고 있다면 누구나 일상 생활에서 흐트러질 여지餘地가 결코 없을 것이다. 특히 일반인들이 보기에 대학교수나 대학생들의 경우 학기 중에는 바쁘고, 방학하면 좀 한가롭고 할 것 같지만 사실 구별이 없다. 열심인 분들의 경우에 다만 강의만 없을 뿐 몰입하고자 하는 하루 일과의 대상이 바뀔 뿐이다. 그래서 선수행을 병행하며 하고자 하는 일, 즉 교육과 연구와 하나 되며 삶을 이어온 물리학자의 일면을 소개하면 다음과 같다.

꿈속에서 물리 과제를 풀다 자나 깨나 한결같다는 뜻의 '오매일여寤寐─如'란 선어禪語가 있다. 참선 수행을 3년쯤 지속할 무렵인 석사 1학년 2학기 때 필수 이수과목인 전하를 가진 물체 사이의 상호작용을 다루는 '전자기학電磁氣學'을 수강했을 때이다. 담당인 김영덕 교수님께서 일주일 전 매우 풀기 어려운 문제를 수강생들에게 과제로 내주셨는데, 과제 제출 마감 전날 저녁부터 끙끙대며 씨름하다가 실패하고 지쳐서 잠자리에 들었다. 그런데 다음날 새벽녘에 꿈속에서 그 문제와 씨름하다가 잠에서 깨는 순간 해결의 실마리가 떠올라 즉시 문제를 풀었다. 그리고 그 결과를 수업시간에 제출했더니 교수님께서 매우 고무된 표정을 지으시며 맞게 잘 풀었다며 격려를 해주신 이후, 더욱 자신감을 가지게 되었다.

아무튼 좌선 수행으로 길러진 아랫배에 쌓인 힘으로 화두 참구뿐만 아니라 학문의 세계에서도 궁지에 몰렸을 때 통한다는 뜻의 '궁즉통窮卽通'을 온몸으로 체험하고는 그후 학자의 길을 가면서도 자주 이런 방식으로 난제들을 극복하게 되었다. 참고로 이 교수님께서 결국 석사 2학년부터 박사학위를 받을 때까지 필자의 지도교수가 되어 주셨다.

두 마리의 토끼를 동시에 잡기로 결심하다 기존의 전통적인 입자물리학을 전공하신 김영덕 교수님과 김기용 교수님 외에 석사과정 2년째인 1979년 3월에 과학원에서 입자물리학 분야 가운데 1970년대부터 새롭게 연구되기 시작한, 통일장 이론의 초석인 '게이지 이론' 관련 세부 분야를 전공하신, 서강대 69학번인 고인규 교수님이 부임하시면서 물리학과 대학원이 활기를 띠기 시작했다. 사실 이 무렵 필자는 석사를 마치고 유학을 갈 예정이었으나 마침 한국과학재단에서 석사 및 박사 연구장학생 제도를 만들어 등록금과 연구조원 인건비를 지원하기 시작하는 등 새로운 분위기에 고무되었다.

그리고 또 다른 한편으로는 1979년 여름방학 무렵, 참선 수행과정 도중에 있었는데 만일 유학을 다녀오는 사이 연로하신 종달 선사께서 입적入寂하실 경우, 한 스승 밑에서의 일관된 선수행이 중단될지도 모른다는 생각이 문득 들었다. 마침 김영덕 교수님께서 "자네, 이제 굳이 유학을 갈 필요가 없네. 내 밑에서 박사학위를 하도록 하게."라는 권고도 있기도

하던 차에 국내에서 학문과 수행, 즉 두 마리의 토끼를 동시에 잡기로 결심을 하게 된다.

사실 첨단 장비를 필요로 하는 실험물리학과는 달리, 고인규 교수께서 1979년 과학원에서 이론물리학 분야에서 박사학위를 취득하신 국내파 1세대로, 필자가 전공하고자 하던 입자이론물리학의 경우 종이와 연필 및 관련 중요 국제학술지만 몇 종 구독할 수만 있다면 굳이 유학 갈 필요는 없던 상황이 이미 국내에서 전개되기 시작하고 있었다.

미국 물리학회지에 첫 논문을 게재하다 1980년 3월 박사과정 입학 후 '자기홀극Magnetic Monopole'이란 주제에 관해 수 개월간 연구한 결과를 논문으로 정리해 1981년 1월 국제 저명학술지인 미국 물리학회지에 투고했었는데 이 논문에 대해 심사위원과의 몇 차례 교신을 통해 수정 과정을 거쳐 1982년 1월에 드디어 미국 물리학회지에 처음으로 논문을 게재하며 박사학위를 받을 수 있는 기본조건을 갖추게 되었다. 그후 국제 저명 학술지에 모두 6편의 논문을 게재하고 3년 만에 1983년 2월 서강대 대학원 물리학과에서 박사 1호로 이학박사 학위를 받았다. 참고로 연구를 하는 동안 어려운 문제에 부딪히게 되면 이것이 화두가 되어 깨어 있는 동안뿐만 아니고 잠자는 동안에도 이것과 씨름하게 되었고 어떤 때는 잠자리에서 일어나다가 문제가 풀리기도 하였는데 이런 때의 기쁨은 천만금과도 바꿀 수 없는 그런 기쁨이었고 곧 별 어려움 없이 연구논문을 국제 학술지에 싣곤 하였다.

한편 졸업하자마자 바로 1983년 3월 공채를 통해 춘천에 있는 강원대학교 물리학과에 조교수로 부임하였다. 참고로 이 당시만 해도 이공理工

계통의 경우 박사학위 소지자가 적었기 때문에 국내든 국외든 어디에서 박사학위를 받았느냐에 관계없이, 그리고 연줄이 전혀 없어도 연구 업적만 조금 좋으면 바로 자리를 잡을 수 있었다.

물론 돌이켜 보면 학문적으로 오늘의 필자가 있기까지는 이웃 분들의 고마움, 즉 은사 교수님들의 꾸준한 가르침과 격려, 그리고 지금은 여러 대학에서 연구와 교육에 몰두하고 계신 선배와 후배 교수님 및 대학원 제자 여러분들의 헌신적인 도움이 없었으면 불가능했을 것이다.

아울러 한 가지 밝혀둘 것은 이런 학문적인 성취는 필자가 똑똑해서라기보다는, 물론 이것이 유일한 길은 아니지만 간화선 수행을 통해 길러진 아랫배의 힘을 가지고 연구를 하다 부딪치는 어려운 문제들을 화두를 뚫어내듯이 투과하였던 것 같다. 또한 참선을 통해 길러진 부드러운 심성心性으로 인해 학문하는 사람들의 특성이기도 한, 개성이 강한 여러 분들과 별로 갈등 없이 원만한 인간관계를 꾸준히 유지할 수 있었기에 여러 사람들과 지속적인 공동연구가 가능했던 것이라 확신한다.

뉴욕 주립대 연구원 시절 강원대에 재직하던 중 1987년 4월 부교수(선진국에서는 5년 정도 조교수로 재직하는 동안 좋은 연구 업적을 내어야 부교수로 승진할 수 있으나 한국은 당시 대부분 법적 연한만 차고 최소한의 자격 요건만 갖추면 자동적으로 승진됨)가 됐으며 1987년 9월부터 1988년 8월까지 미국 뉴욕 주립대 부설 이론물리연구소의 방문연구원으로 일년간 연구에 몰두하였다. 이때 국내에서만 공부를 했었기 때문에 국제 경험이 없어서 영어로 소통하는 것이 익숙하지 않았지만 그 동안 참선을 통해 기른 아랫배의 힘으로 잘 버텼다. 특히 미국에 도착해서 한 달 만에 미국의 중진 물리학자들 앞에서 참선 수행을 통해 기른 똥배짱 덕택에 영어로 한 시간짜리 전문 세미나를 무사히 마쳤다. 게다가 1976년에 초중력 이론을 제창하고 세계적인 물리학자로 널리 알려진 피터 반 니우벤호이젠P. van Niuwenhoizen 교수께서 내가 세미나를 했던 '군론群論, Group Theory'에 관한 주제에 대해 더 알고 싶다고 하여 일주일에 두 시간씩 4주일을 강의를 했던 것은 지금 생각해도 신기하게 느껴질 뿐이다.

또한 처음 6개월간을 월요일부터 금요일까지 열심히 연구소에서 연구한 보람이 있어 초중력 이론에 관한 연구 논문을 단독 저자로 완성하여 미국 물리학회지에 투고했는데 한 달 만에 게재승락서를 받았다. 역시 연구는 전문가들이 많이 있는 연구 중심지에서 해야 연구 주제에 대해 두루 넓은 시야를 갖추면서 신속하게 진행할 수 있다는 것을 새삼 알게 되었다.

참고로 사실 선 수행도 마찬가지이다. 역량을 갖춘 스승님을 모시고 좋은 길벗(도반道伴)들과 함께 지속적으로 꾸준히 바르게 수행한다면 누구나 언젠가는 깊은 통찰체험을 바탕으로 함께 더불어 나눔 실천적 삶을 살고 있는 '참나'를 문득 인득認得하게 될 것이다.

모교인 서강대로의 전직 미국에서 1988년 9월 귀국하여 일년간 강원대에 근무하다 고인규 교수님의 과학원으로의 전직轉職으로 공석인 자리에 응모했는데 필자가 선택되어 박사학위 취득 후 6년 반 만에 1989년 9월부터 서강대 물리학과 교수로 근무하게 되었다.

한편 이런 참선 수행과 꾸준한 연구 활동 외에 강원대에서의 좋은 벗(선우善友)들과의 만남은 필자의 값진 체험 중의 하나이다. 그리고 최근 한국학중앙연구원 교수로 재직 하시다가 정년퇴직하셨지만 당시 그 가운데 한 분인 강원대 역사교육과의 신종원 교수님과의 만남은 직접 또는 이메일 등을 통해 지금도 계속되고 있다. 그냥 좋아 만나는 것이 아니라 참선 수행을 통한 만남이다. 강원대에 부임 후 지금은 고인이 되셨지만 당시 강원대 철학과에 계시던, 김지견 교수님 연구실에서 일주일에 한 번씩 불자 교수 몇 분이 모여 공부를 했었다. 그러다 어느 날 신 교수께서 참선에 관심이 있으신 것을 알고 물리학과 연구실로 오시라고 하여 돗자리를 깔고 일주일에 한 번씩 함께 참선을 했었다. 그리고 필자가 서강대로 자리를 옮긴 후에도 서울 오실 때마다 바쁜 가운데에서도 입실점검을 받으러 서강대에 꾸준히 들르시다가 참선 공부가 본 궤도에 접어들어 지등智登이란 거사호居士號도 받으셨다. 그후 2014년 12월말 드디어 삼십여 년 만에 『무문관』에 있는 화두 점검을 모두 마치시고 선도회에서 부법사副法師 직을 수행하시게 되었다. 사실 남송 시대를 살았던 대혜종고 선사의 '서신입실書信入室' 제도의 현대판인 이메일을 이용한 선도회의 '전자입실電子入室' 제도는 지등 거사님으로 인해 도입된 것이다.

참고로 일본의 경우 학문의 정체성을 우려해 그 대학에서 박사학위를 받은 후 십년 정도 다른 연구 기관에서 뛰어난 연구 업적을 쌓아야 모교 교수로 초빙되는 것이 관례로 되어 있는데 필자의 경우는 그다지 뛰어나지도 않았으나 옮길 당시 모교에 동문 교수가 한 분도 없었고 뚜렷한 후보자도 없어서 어부지리로 가게 된 것 같아 지금도 송구스럽게 생각하고 있다. 다만 참선으로 길러진 필자의 심성이 당시 모교 교수님들의 마음을 움직였는지도 모르겠다.

그런데 다른 한편으로는 종달 선사께서 세상을 뜨시게 될 무렵이 되어 서울로 올라와 선사의 후임으로 종교와 종파를 초월해 선도회의 재가 수행자들을 이끌어 가라는 하늘로부터 받은 필연적인 소명召命이라고 느껴질 때도 가끔 있다.

한편 선가禪家에 몸담아온 지난 사십오 년 남짓을 돌이켜 보니 필자가 날마다 일상 속에서 염송했던 일련의 기도祈禱들 역시 화두 참구 못지않 게 크게 기여하였다고 생각된다. 그래서 이제 본 에세이의 남은 부분에 서 기도와 화두 참구로 아침을 여는 필자의 일상에 대한 소개를 함으로 써 선수행의 한 사례를 좀 더 구체적으로 드러내고자 한다.

기도와 화두 참구의 일상사례

눈 뜨자마자 신사홍서원 염송 필자는 1975년 10월에 선가에 입문해 2011년까지 새벽 6시 무렵 눈을 뜨자마자 다리를 틀고 앉아 '사은四恩', 즉 부모와 이웃과 나라와 스승에 대한 네 가지 고마움을 온몸으로 새기 며 하루를 여는 첫 기도문으로 '사홍서원'을 염송하곤 하였다. 그러다가 2011년 12월말 어느 날 문득 이 사홍서원은 보살이나 성인聖人의 경지 에 오른 분들은 실천 가능하나 일반인들은 불가능하며 단지 형식적으로 염송하고 있다는 점을 뼈저리게 느끼고 누구나 실천 가능한 '신사홍서원 新四弘誓願'을 새롭게 제창하며 이 기도문으로 하루를 열며 오늘에 이르 고 있는데 그 전문은 다음과 같다.

신사홍서원新四弘誓願

날마다 한 가지 선행善行을 행하오리다(日日一善誓願行).

날마다 한 가지 집착執着을 버리오리다(日日一着誓願捨).

날마다 한 구절 법문法門을 익히오리다(日日一教誓願學).

날마다 한 차례 화두話頭를 살피오리다(日日一回誓願看).

필자의 견해로는 비록 정도의 차이는 있겠지만 부정부패가 만연해 있는 오늘날, 누구나 일상 속에서 실천 가능한 이 '신사홍서원'을 날마다 행하다 보면 '삼독三毒', 즉 탐욕과 분노와 어리석음에 의해 별 생각 없이 저질렀던 일 등을 포함해 과거의 잘못을 깊이 참회하게 되고 동시에 다시는 같은 실수를 반복하지 않겠다는 결의를 저절로 다질 수 있게 될 것이다. 한편 그리스도교인의 경우 필자가 틈날 때마다 음미해 보는 아시시의 프란체스코 성인聖人께서 지으신 다음의 '평화의 기도'로 바꾸어 염송念誦해도 좋겠다.

평화의 기도

주여! 나를 평화의 도구로 써주소서.

미움이 있는 곳에 사랑을

다툼이 있는 곳에 용서를

분열이 있는 곳에 일치를

의혹이 있는 곳에 믿음을

그릇됨이 있는 곳에 진리를

절망이 있는 곳에 희망을

어둠이 있는 곳에 광명을

슬픔이 있는 곳에 기쁨을 심게 하소서.

위로받기보다는 위로하고

이해받기보다는 이해하며

사랑받기보다는 사랑하여

자기를 온전히 줌으로써 받고

용서함으로써 용서받으며

자기를 버리고 죽음으로써 영생을 얻기 때문이오니

주여! 나를 평화의 도구로 써주소서.

또한 날마다 전개되는 일상의 순간들마다 각자 자신의 신앙에 맞는 기도문들을 염송한다면 일상 속에서 똑같이 '상속'의 효과를 맛보실 수 있을 것이다.

좌일주칠坐一走七 염송에 이어서 '이른 아침 잠깐 앉은 힘으로 온 하루를 부린다(坐一走七)' 가운데 '坐一', 즉 이른 아침 잠깐(약 한 시간 정도) 일상 수행을 위해 앉을 때 처음 몇 분간은 명상의 한 가지 유형인 수식관으로 머리를 맑게 한 다음, 화두(성찰주제)를 참구하고 나서 모든 아침 수행을 마칠 무렵 독화살을 맞은 사람이 즉시 해야 할 가장 시급한 일을 일깨워주는 석가세존의 '독화살의 비유'를 떠올린다. 이 비유를 떠올리며 오늘 해야 할 시급한 일을 새기며 '走七,' 즉 '하루 일과에 온몸을 던져 뛰어들기'를 위한 준비를 마친다.

아침 식사를 할 때 그리고는 아침 식탁에 대개 빵 한 쪽과 우유 또는 과일주스 한 잔 및 약간의 견과류를 차려놓고 자리에 앉아 합장을 하고 다음과 같이 기도문을 염송한 다음 식사를 한다.

식사오관食事五觀

이 음식은 어디에서 왔는고!
내 닦은 바로는 받기가 부끄럽네.
마음에 일어나는 온갖 집착을 떨치고
이 몸을 지탱하는 좋은 약으로 알아
모두 함께 참나를 찾기 위해 이 음식을 받노라!

하루 중에 아무리 바쁘더라도 자기 자신을 성찰하며 '네 가지 고마움(四恩)', 즉 부모, 이웃, 나라 및 스승의 고마움을 일상 생활 속에서 온몸으로 새길 수 있는 기회가 적어도 세 번은 있는데, 바로 식사를 할 때이다. 특히 혼자 식사를 할 때에는 밥 먹기 전에 '식사오관'을 마음속으로 천천히 새겨 보시라. 사실 우리들 대부분은 피상적인 일상 속에서 나 자신을 돌이켜볼 여유도 없이 바삐 쫓기는 삶을 살아가고 있다. 그래서 하루 중 가장 규칙적인 밥 먹는 시간만이라도 식사오관을 되새기며 자기 자신을 돌이켜 보는 삶을 살아간다면 언젠가는 시간을 부리며 살아가는 대장부임을 자각하게 될 것이다.

집을 나서며 출근을 하기 위해 집을 나서며 집 근처 전철역으로 가는 길이나 학교에 도착해 연구실이 있는 과학관 입구 근처에는 필자로 하여금 신사홍서원 가운데 첫 번째인 선행善行을 실천하게 하는 쓰레기들이 자주 필자를 기다리고 있다. 이들 주변에 쓰레기통이 어디 있는지 잘 알고 있기 때문에 눈에 띄는 즉시 집어서 쓰레기통에 넣는다. 특히 겸허하게 동양과 서양의 가교 역할을 하셨던 천주교 예수회 소속의 마테오 리치 Matteo Ricci(1552~1610) 신부님을 기리기 위해 '리치과학관'이라고 명명한 건물 입구에 있는 안내판 근처에는 거의 늘 쓰레기가 버려져 있는데 쓰레기를 집으면서 리치 신부님의 안내문을 접할 때마다 이 분이 저술한 『이십오언二十五言』 가운데 가장 필자의 심금을 울렸던 '아유대죄我有大罪'란 대목을 기도문처럼 염송을 하며 새기고는 연구실로 향한다.

아유대죄我有大罪 "(어떤 사람이) 당신에게 전할 말이 있다고 하면서 당신을 헐뜯고 당신의 어떤 과실을 지적한다면, 당신은 '나는 오히려 (그 사람이) 아직 알지 못하는 더 큰 죄를 가지고 있습니다. 그 사람이 아직 알지 못하고 있는 그것을 알게 된다면, 어찌 나에 대한 비난이 이것에 그치겠습니까?'라고 말해야 합니다. 나의 큰 죄를 인정하면, 진실로 그 지적하는 다른 과실을 말다툼하며 변론하지 않을 것입니다."

참고로 필자의 경우 일상 속에서 깨어 있기만 하면 비단 작은 선행뿐만 아니라 이런 법문 역시 선도회를 포함해 성찰 관련 홈페이지나 틈틈이 하는 경전 읽기를 포함한 독서 및 지하철 성찰 게시물 등을 통해 언제든지 접할 수 있기 때문에 하루 한 가지 법문을 익히기 위해 따로 애쓸 필요도 없다. 덧붙여 선행을 실천하지 못한 날은 잠자리에 들기 전 저금통에 천 원씩 넣었다가 연말에 불우이웃돕기 성금을 포함해 뜻 있는 일에 쓰면 된다.

근무 시간 동안에 오전에는 주로 복잡한 수식을 다루는 물리학 전공 강의 준비와 최근 발표된 연구 논문들을 세밀히 살피는 일들을 한다.

점심 식사 때는 대개 동료 연구원들과 교직원 식당에서 점심식사를 하게 되는데 종교가 다른 여러 사람들이 같이 앉아서 밥 먹기 때문에 아침처럼 합장하고 '식사오관'을 염송할 수는 없다. 그래서 이때는 음식을 알맞게 담은 식판을 들고 식탁으로 가는 도중에 마음속으로 '식사오관' 기도문 염송을 마치고 앉자마자 바로 식사를 하면 된다. 그리고 식사를 마친 다음에는 가볍게 학교 근처를 산책한 다음 연구실에서 차 한 잔을 마시며 오전 일과를 돌아보며 중간평가를 하거나, 성찰에 관한 글들을 새기거나 또는 필자가 성찰한 바를 정리해 현재 연재 중인 칼럼에 기고하거나 선도회 홈페이지에 올리기도 한다.

오후에는 한동안 주로 필자가 담당했던 교양강좌인 '참선' 또는 '우주와 인생'에 관한 강의 준비를 하곤 했다. 이 또한 성찰의 연속이며 강의록을 준비하는 과정 속에서 자연스레 책으로 엮기도 했었는데, 가장 최근 출간한 책이 바로 『날마다 온몸으로 성찰하기』이다. 여기에는 이 교양 강의들을 수강한 학생들이 성찰 과제로 제출했던 또래의 젊은이들이 크게 공감하는 진솔한 성찰 체험들이 담겨있다. 그리고 요즈음은 가칭 『온몸으로 돕는 지구촌 이웃들』을 편집 중에 있다. 강의가 없는 날 오후에는 여유를 가지고 현재 진행 중인 연구 논문에 집중하곤 한다. 그런 다음 필자는 하루를 일찍 시작하기 때문에 오후 다섯 시 무렵 퇴근을 하기 위해 연구실을 나선다. 귀가까지는 버스와 전철로 약 한 시간이 걸리는데 이때는 대개 낮의 피로를 풀 겸 눈을 감고 호흡을 가다듬으며 '수식관'에 몰두하거나 선도회 독립문 모임(2, 4주 월요일 오후 3시, 주로 칼럼 글 제창), 목동거점 모임(2, 4주 토요일 아침 7시, 현재 『선가귀감』 제창)과 인사동 모임(1, 3주 목요일 저녁 7시, 현재 「신무문관」 제창)을 위한 법문 구상을 한다.

귀가 후 하루 일과를 마치고 아내가 차려주는 저녁상 앞에서 역시 합장을 하고 '식사오관'을 염송하고 식사를 한다. 그런 다음 저녁 식사 후에는 편안하게 세상 돌아가는 정보를 알기 위해 뉴스나 EBS 교양 프로를 시청하거나 또는 아내가 선호하는 다른 프로를 시청할 때는 유튜브 동영상 가운데 성찰에 관한 자료들을 다리를 틀고 앉아 눈 감고 듣기도 한다. 그리고 때에 따라서는 가끔 퇴근길에 집 근처에 사는 딸네 집에 들려 손주들과 잠시 놀아주기도 한다.

마지막으로 하루를 마무리 할 무렵 다리를 틀고 앉아 몇 분간 수식관을 수행하며 정신을 가다듬은 다음, 오늘 이른 아침 하루를 열면서 계획했던 일들을 제대로 실행했는지, 그리고 누구와 다투지는 않았는지 등을 잠시 되돌아보고 한 시간 정도 화두(성찰주제)를 참구한 다음, 하루를 회향하는 마지막 기도문인 '참나 찾기'를 다음과 같이 염송하고 숙면熟眠을 위한 잠자리에 든다.

참나 찾기

사람마다 나름대로 나란 멋에 살건마는

이 몸은 언젠가는 한줌 재가 아니리.

묻노니 주인공아 어느 것이 참나이런고?

참고로 학창 시절 송광사 수련회 때 조계총림의 방장이셨던 구산수련 九山秀蓮(1909~1983) 선사님의 법문을 통해 온몸으로 익혔던, 참나를 찾기 위한 이 함축된 '화두같은 기도문'은 매 학기 전공을 불문하고 필자가 담당하는 모든 수업 시간에 수강생들의 자기 성찰을 돕기 위해 한 번은 꼭 들려준다.

마무리 하는 글

의사 집안의 2대 독자로 1955년 11월에 태어나 누가 보기에도 형편없는 마마보이로 성장했던 필자는 대학 입학 후 일년간 방황하다가 스무살인 1975년 7월 종로서적에서 법정 스님께서 번역하신 『숫타니파타』를 접하며 인간 석가에 매료되었다. 직후 불교에 관한 책들을 섭렵하다가 '독화살의 비유'를 접하며 방황을 멈추고, 같은 해 10월에 서강대 불교동아리인 혜명회를 통해 선도회 종달 선사 문하로 입문하며 선 수행자의 길을 걷게 되었다.

그런데 선 수행을 일년쯤 이어가던 어느 날 무심코 천주교를 믿으며 삶을 살아가고 있는 사람들에게 눈을 돌리게 되었다. 선가禪家와 마찬가지로 틀림없이 그 무언가가 있기 때문에 역사상에서 사라지지 않고 꾸준히 이어져 왔을 것이라는 생각이 들어 신학神學에 대해서도 여러 과목을 듣기도 하고 성직자와 신자들과도 대화를 나누는 가운데 선 수행을 하면서 필자가 추구해 가는 방향과 너무나도 똑같은 일치감을 느꼈다. 특히 당시 신학 강의를 담당하셨던 춘천 교구장을 역임하셨던 장익 주교님과 3학년 겨울방학 때 함께 북한산 등산을 하며 대화를 나누는 과정 속에서 불가佛家의 스님들과 마찬가지로 구도자의 입장에서 경건하게 삶을 살아가고 있는 모습을 본 것이다. 여기서 얻은 나의 또 하나의 확신은 누구나 자기가 택한 길을 열심히 살아가려고 노력한다면 궁극적으로는 같아진다는 것이다. 즉, 선 수행은 단지 석가세존이나 선사들, 또는 종교와 종파를 초월해 인류의 존경을 받았던 영적 스승들이 걸어간 길을 흉내 내며 그대로 따라가는 것이 아니고, 그 어느 누구와도 뚜렷이 다른 자기만의 길을 가는 것이다. 그러나 밑바닥에 깔려있는 공통점은 이 길을 자기 혼자만을 위해 가는 것이 아니라 나와 남의 구별이 없는 모두를 위한 길을 간다는 것이다. 바로 천주교의 조건 없는 사랑을 행하는 것과 똑같은 것이며, 이는 들어가는 글에서도 밝혔듯이 종교를 초월해 '영성'의 길로 곧장 나가는 것이다.

이제 이같은 확신을 갖게 된 후 나는 보다 열심히 선 수행에 전념하게 되었다. 그후 본격적으로 『무문관無門關』 48칙 화두를 점검받는 과정에서 입문 후 오 년쯤 지난 어느 날 필자 자신을 돌아다보다가 가슴에 한 달 맺혀 있을 일들이 일주일이면 사라지고 일주일 맺혀 있을 일들은 하루면 사라지는 것을 느꼈다. 즉 일상 속에서 상속의 흐름을 방해하던 일들이 빠르게 사라지는 것을 체험한 것이다. 그러다 『무문관』 점검을 거의 마쳐가던 십 년쯤 세월이 흐른 어느 날 문득 상속의 흐름을 방해하는, 가슴에 맺혀 있는 일이 더 이상 없음을 명료하게 알아차렸다. 그리고는 마침내 1987년 9월 스승께서 설정해 놓으신 간화선 점검 과정을 모두 마칠 무렵 선도회 법사직과 생업生業인 교수직이 둘이 아니라는 것을 온몸으로 체득하면서 하루 이십사 시간이 선정禪定 속 생수불이生修不二의 삶이라는 것을 철저히 자각하게 되었다. 즉, 늘 있는 그 자리에서 필자가 속한 공동체(가정, 직장, 선도회 등)의 구성원들과 '함께 나누며' 주어진 일(교육과 연구, 선도회 활동 및 가장으로서 할 일)에 거의 백 퍼센트 전념할 수 있게 되었다.

참고로 가정과 직장과 선도회에서의 삶에 대해 좀 더 구체적으로 말하면, 좌선을 통해 길러진 아랫배의 힘을 바탕으로, 대체로 무난한 결혼 생활과 학자와 법사로서의 길도 별다른 어려움 없이 걸어왔다. 먼저 결혼 생활에 대해 언급하면, 박사과정 3학기째였던 1981년 5월 집안끼리 아는 분의 소개로 성심여대 불문과를 갓 졸업한 지금의 아내를 만났다. 만난 첫날 투명한 눈빛에 반해 오개 월쯤 사귀다 1981년 10월 결혼식을 올렸다. 그런데 막상 결혼생활을 시작하다 보니 서로 소년, 소녀로서 만날 때와는 여러 가지로 상황이 바뀌었다. 물론 근본 원인은 이십여 년 이상을 서로 다른 가정환경 속에서 성장했기 때문에 처음에는 이해할 수 없는 점이 한두 가지가 아니었다. 이때 그 동안 행했던 참선 수행의 힘이 그 위력을 잘 발휘해 주었다. 아내와 다투거나 다툴 일이 있으면 서재에서 다리를 틀고 앉아 '무無' 자字 화두와 한 몸이 되어 버렸다. 그리고 나면 다시 본래의 무심한 상태로 되돌아와 아내의 입장에서 이해하려고 애를 썼고 아내도 그런 나의 노력에 호응해 무난히 넘어갔기 때문에 결혼 후 일년쯤 지날 무렵부터 오늘에 이르기까지 별로 다툴 일이 없어져 버렸다.

또한 교수직에 재직해오고 있는 지난 삼십육 년 동안, 필자가 학자적인 소양이 뛰어나서가 아니라 동료 및 제자들과의 원만한 공동 연구를 통해 SCI 등재 국외저명학술지에 176편의 논문을 게재해오고 있으며, 아울러 박사학위 수여 제자도 14명 배출해오고 있다. 그리고 삼십오 세인 1990년 종달 선사 입적 이후 선도회의 제2대 지도법사직을 수행하면서 문하생들을 꾸준히 지도해온 결과 간화선 수행을 지도할 수 있는 필자와 똑같은 자격을 갖춘 법사도 14명 배출해 오고 있다. 특히 2009년 8월 종교법인 (사)선도성찰나눔실천회로 새롭게 출범하면서 전국적으로 열 개 정도의 활성화된 지부를 중심으로 통찰수행뿐만 아니라, 선도회 회원들이 따로 또 같이 직접 참여하거나 또는 간접적으로 NGO 단체 등을 후원하면서 나눔 실천의 영역을 점점 넓혀 나가며 오늘에 이르고 있다.

그런데 이제 어느덧 필자도 올해 만으로 예순다섯 살이 되었다. 그래서 앞으로 남은 여생餘生 동안 특히 역점을 두고 있는 것은 21세기 다종교 다문화 시대에 걸맞게 종교와 종파를 초월해 종달 선사께서 일생을 통해 온몸으로 드러내 보이셨던 통찰과 나눔이 둘이 아닌 '통보불이洞布不二' 수행가풍修行家風을 힘닿는 데까지 널리 선양하는 것이다. 한편 지금까지 일상의 삶 속에서 지속해온 필자의 개인적인 학문적 및 선적禪的 체험을 언급했는데 이런 필자의 영적 수행 여정이 비록 선도회와 인연 있는 분들 대부분에게는 매우 효과적이었다고 여겨지나 결코 모두에게 최상最上의 길이라고는 생각하지 않는다. 사실 대도에는 따로 문이 없어서 천 갈래 만 갈래 그 어느 길로도 이를 수 있다는 '대도무문大道無門 천차유로千差有路'란 선어禪語처럼, 비단 참선뿐만 아니라 종교를 초월해 바른 자기 성찰의 길은 헤아릴 수 없이 많다. 그러니 부디 모든 분들이 각

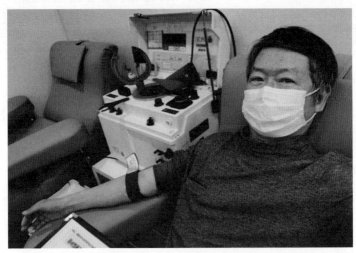

코로나19 여파로 가장 보유혈액량이 떨어진 날 헌혈하다

자 나름대로 자신과 코드가 맞는 최선의 선택을 통해, 또한 열린 마음으로 이웃 종교의 장점들은 적극 수용하면서 함께 더불어 살아가는 확고부동한 인생관을 확립하는데, 때맞추어 종달 선사님의 입적 30주기를 맞이해 출간되는 이 졸고가 조금이나마 도움이 되기를 간절히 바란다.

아울러 비록 필자가 종달 선사 문하에 입문해 참선 수행을 시작한 지 사십오 년이 지났지만, 앞으로도 초심자初心者의 자세로 늘 겸허하게 날마다 하루를 돌아보며 반성하고 한 걸음 한 걸음 향상向上의 길을 걸어가기를 간절히 염원念願드린다.

끝으로 아직도 갈 길이 먼, 필자 자신을 더욱 다그치고자 2015년 만 예순 살 회갑을 맞이해 지난 사십 년을 참회하며 지은 '옛날을 돌이켜 보니(반조석일返照昔日)'란 어설픈 게송으로 이 글을 마치고자 한다.

옛날을 돌이켜 보니

아! 선도禪道에 든 지 어느덧 수십 년	入道數十年
늘 입으로는 통보불이선洞布不二禪을 제창했건만	常唱洞布禪
실제로는 전혀 통찰洞察한 바도 없었고	實無有所洞
누굴 위해 결코 보시布施한 바도 없었네.	亦無所布人

내 인생의 빅퀘스천
– 도솔종열 선사의 세 관문

첫 번째 질문: 지금 그대의 자성은 어디에 있는가?
두 번째 질문: 죽을 때 어떻게 벗어나겠는가?
세 번째 질문: 죽은 후 어느 곳을 향해 갈 것인가?

불교의 경우 석가세존께서 카피라국의 왕자 시절 '생로병사生老病死'에 의문을 갖고 출가해 설산에서 육 년간 치열하게 수행하다 보리수 밑에서 일주일간 목숨을 건 철야 용맹정진 끝에 '태어난 자는 반드시 죽는다.'는 뜻의 '생자필멸生者必滅'이란 화두를 돌파하며 정각을 이루셨다.

선 수행자의 경우 인생의 빅퀘스천은 바로 각자 온몸을 던져 투과해야 할 화두話頭이다. 여기서는 죽음과 직결된 『무문관無門關』 제47칙 '도솔삼관兜率三關'에 들어있는 화두와 저자인 무문혜개 선사의 게송으로 빅퀘스천과 대답을 대신하고자 한다.18)

도솔종열兜率從悅(1044~1091) 선사께서 도를 배우는 이에게 투과해야 할 세 관문을 설정設定해 물었다.

첫째, "번뇌의 풀을 헤치고 깊은 이치를 참구하는 것은 다만 견성見性을 하기 위함이니 지금 그대의 자성自性은 어디에 있는가?"

둘째, "자성을 알았다면 곧 나고 죽음에서 벗어났을 것이니 죽을 때 어떻게 벗어나겠는가?"

셋째, "나고 죽음에서 벗어났다면 가는 곳을 알지니, 사대(물·불·바람·흙), 즉 몸을 구성하고 있는 원소들이 각기 흩어지면 어느 곳을 향해 갈 것인가?"

그런데 만일 이 세 가지 질문 (삼관) 가운데 1관을 온몸으로 체득한다면, 2관과 3관은 자명하기에 무문혜개 선사께서 1관의 핵심인 자성自性에 주목해 붙인 게송은 다음과 같다.

한생각에 넓은 안목으로 한량없는 겁을 꿰뚫어 보니,
한량없는 겁 동안의 일이 곧 지금 이 순간의 일이네.
그러니 지금 이 순간 한 생각을 꿰뚫어 볼 수 있다면,
지금 꿰뚫어 보고 있는 그 놈을 꿰뚫어 볼 수 있으리라!

일념보관무량겁一念普觀無量劫
무량겁사즉여금無量劫事即如今
여금처파개일념如今覷破箇一念
처파여금처저인覷破如今覷底人.

한편 필자의 경우 종달 선사로부터 '도솔삼관'을 점검받은 이후 거의 날마다 잠자리에 들기 전 "과연 나는 지금 이 순간 이 세상을 떠나도 정말로 여한餘恨은 없겠는가?"라는 질문을 스스로에게 던지고는 숙면熟眠에 든다.

03 영성 계발의 여정

송순현

나는 누구인가?

인생은 우연과 필연으로 엮어져 나간다. 자유의지라는 것도 어떻게 보면 그럴 수밖에 없는 운명 속에서 이루어지는 것이 아닐까 싶다. 그 우연과 필연을 운명으로 이해하게 되고 순응하게 되는 것이 인생의 성숙이겠다는 생각이 든다. 이런 관점에서 나는 그 동안의 삶의 여정에서 우연처럼, 또한 필연처럼 다가와 꾸준하게 나의 영성적인 성장에 도움이 되었던 일들을 돌이켜 보고자 한다.

봄늘과 『천부경』

'봄늘'은 봄날에 꾼 꿈에서 얻은 필자의 호號이다. 1998년 내 나이 마흔 여덟이던 해 4월 생일날 즈음에서 꾼 꿈이다. 당시에 생존해 계셨던 선친先親께서 생전 처음 꿈에 나오셔서 들려주신 다른 말씀은 기억나지 않고 단지 봄 '춘春' 자와 날 '일日' 자, 두 글자만 의식에 새겨졌었다. 아침에 눈 뜨자마자 이 두 글자가 다시금 의식에 떠올랐다. 춘일春日이라….

그날 오후에 지인 한 분이 찾아 오셨는데 평소 가끔씩 들러 주로 동양

고전에 관한 얘기를 해주시던 분이었다. 그 때는 정신세계원이 옛 운현궁 터인 덕성여대 평생교육원 경내 건물에 있었다. 날씨가 화창해서 사무실에서 나와 나무 그늘 아래 벤치에 앉아 봄기운 즐기며 대화를 나누던 중에 문득 그 분이 나뭇가지를 하나 집어 들더니 바닥에 '春' 자를 쓰고는 글자 풀이를 해주는 것이었다. 천지인天地人 삼재三才에 태양 광명이 가득한 것이 바로 봄 '春' 자의 의미라고 하였다. 그리고는 이어서 '日' 자도 바닥에 쓰더니, 이 글자는 시간적 의미 말고도 근원(一)을 머금고 있는 공간(口)이라는 의미도 지니고 있다고 설명해주는 것이었다.

참으로 묘한 일이었다. 꿈 얘기는 입 밖에 꺼내지도 않았는데, 그날 꿈 속에서 아버님께 받은 '春'과 '日' 두 글자가 땅바닥에 써지고 그 글자 풀이까지 듣게 되었으니까 말이다. 그래서 '春日'을 호로 삼으면 좋겠다고 생각하고 친근한 우리말로 풀어서 '봄늘'로 사용하게 되었다.

꿈은 소망이기도 하고 예시豫示이기도 하고 하늘의 계시啓示이기도 할 터이다. 그래서 귀중하게 얻은 호인 이 '봄늘'의 의미를 나름대로 더 깊이 풀어서 지금도 삶의 중심축에 심어 놓고 있다. 설명하자면, '늘'은 '나올'로 풀어서 '나는 올이다' 라는 뜻으로 새긴다. '봄'은 '본다'의 명사형으로 풀면 '나는 올임을 본다'는 의미가 된다. 올은 곧 얼(靈, Spirit)이며, 존재의 본질이기에 나는 이렇게 '봄늘'의 의미를 마음속 깊이 새기고, 허망한 껍데기 삶이 아닌 알짜배기 핵심의 삶으로 나아가는 지표로 삼고자 하고 있다. 봄날에 꾼 '봄늘' 꿈을 하늘의 계시로 받아들이고 온전한 올의 존재로 나아감을 삶의 궁극으로 소망함은 또한 하늘의 축복이 아닐 수 없다.

'올'은 인연이 깊은 글자이다. 단기 4322(서기 1989)년에 『천부경의 비밀과 백두산족 문화』를 정신세계사에서 발간하였는데, 실명 선도仙道 소설『丹』의 주인공 봉우 권태훈 선생님께서 전하시는『천부경』의 핵심 사상이 바로 '올' 사상이었기에 이 글자가 본문에 360개 정도 들어갔다. 그런데 당시 컴퓨터로는 아래 'ㆍ'의 점이 찍혀 나오지 않았기에 인화지를 뽑아서 가는 펜으로 이응(ㅇ)과 리을(ㄹ) 사이 한가운데에 일일이 정확하게 점을 찍어야만 하는 상황이 벌어졌다. 편집 실무자가 해야 할 일이었지만, 나는 이 책에 큰 의미를 부여하고 있었고, 이 작은 점을 하나씩 정성껏 찍는 작업이 책에 생명력을 불어넣는 일이라는 생각이 들어 발행인이었던 내가 직접 360여 개의 점을 정신일도精神一到의 자세로 점찍었다. 마치 화룡점정畵龍點睛하는 심정으로 말이다. 봄늘 꿈을 꾼 지 일 년 만의 일이었다. '올'은 이렇게 해서 그때 다시금 내 안에 깊이 각인된 셈이다.

'올'사상이 하늘(한울 - 한얼 - 한알) 사상이고 천지인天地人 삼재三才 사상이고 홍익인간 사상이고 신선 사상인 것이기에 나는 봄늘의 의미를 여기에 닿게 하여 삶의 지향점을 설정하였다. 꿈으로 나타나는 소망, 예시, 계시는 천지인 삼라만상 모든 것이 '하나의 올'One cosmic egg이기 때문에 이루어지는 것이 아닐까 싶다. 올은 곧 우주이고 영성이고 신성神性일 터, 과연 그 본질은 무엇일까? 그리고 영성이 온전히 발현된 삶은 어떤 삶일까? 이 화두를 품고 이야기를 계속해나가기로 한다.

정신세계의 탐구

젊은 시절, "나는 누구인가?" "산다는 것은 무엇인가?"에 대한 생각이 깊었기에 철학과를 다니게 되었으나 인생에 대한 의문은 깊어갈 뿐이었다.

'맑은 정신·밝은 세계'를 모토로 창업한 정신세계사
첫 사무실(1983년)에서

졸업 후에 운명적으로 선택한 일이 명상·영성 분야의 전문 출판사를 차리는 것이었다. 다행히 시운時運이 따라서 1983년에 창업한 정신세계사에서 발간한 책들이 호응이 좋았고 베스트셀러도 여러 권 펴내게 되었다. 번역 출판할 영문 책들을 살펴보는 가운데 히피족이 출현하던 1960년대부터 서양에 풍미하고 있던 뉴에이지New Age 문화에 대한 여러 정보를 얻고 명상과 영성의 시대를 예고하는 여러 사회적 현상들을 알게 되었다.

특히 미국에서 1980년대 초에 뉴에이지 문화운동의 기수 가운데 한 사람인 메릴린 퍼거슨Marilyn Ferguson(1938~2008)의 저서 『보병궁 시대의 음모Aquarian Conspiracy』에 관련 정보들이 종합적으로 담겨 있었다. 어떻게 보면 이 책을 읽은 것이 정신세계사를 차리게 된 직접적인 동기가 되었다고 할 수 있다. 출판사 창업 준비 과정에서 뜻을 같이 하는 친구 몇 명과 이 책을 공부하며 출판의 방향을 설정하는 토대로 삼았고 『뉴에이지 혁명』이란 타이틀로 정신세계사에서 번역 출판된 것이 1994년도였다. 이 책은 당시 신문 서평란에 아래와 같이 소개되기도 했다.

1970년대부터 일기 시작한 일련의 사회변혁 물결인 「뉴에이지 운동」의 이론가인 미국의 매릴런 퍼거슨의 『뉴에이지 혁명』은 이 방면의 바이블이라 불릴 만큼 기념비적인 저작이다. 이 책은 물질문명의 폐해를 자각하고 기계론적인 세계관에서 벗어나 인간 중심적인 관점에서 사회변화를 일으키려는 영적 운동인 뉴에이지 운동의 현황과 전망을 철학, 과학, 정치, 경제, 의학, 교육 등 전 분야에 걸쳐 다루고 있다.(…)

또한 『뉴에이지 혁명』은 그 당시 사회변화 물결에 부응하여 영성 계발의 시대적인 요구를 다양한 각도에서 다루었다.

나는 이 운동의 참가자들이 단순한 협력차원을 넘어 '공모자'로 연결되어 있다는 것을 발견했다. '공모자'들에 의해 녹색운동, 여성운동, 반전·반핵운동 등 다양한 형태로 나타나는 이 운동은 동양의 신비주의 사상과도 닿아 있다. 명상, 호흡수련, 단식 등의 정신훈련을 통해 인간의 영성을 계발하고 우주의 세계를 체험하는 '종교의 새 패러다임'은 기독교인들로부터 '사탄의 선택'이라는 비난을 받았지만 물질주의와 기계론적 사고를 극복하는 대안을 제시한 셈이다. - 책 본문 중에서

《세계일보》이미옥 기자(1994)는 『뉴에이지 혁명』에 대한 서평에서 다음과 같이 썼다.

> 『메가트렌드』의 저자 존 네이스비츠가 "너무 낙관적이긴 하지만 그 외는 대안이 없다"고 말한 데서 알 수 있듯이 이 책은 '공모자'들이 일궈낼 미래에 대해서 보랏빛 청사진을 내보이고 있다. "우리가 더불어 살아가는 새로운 방법을 창조해내려 한다면 정의를 내리거나 답을 제시해서는 안 된다. 대신 개척자가 되어야 한다." 그는 어떻게 '장 밋빛 미래'를 실현시킬 수 있는지 구체적인 방법 대신 공동의 노력을 제안한다. 우리 함께 '공모자'가 되어 새로운 세계로 여행을 떠나자고 손을 끌 뿐이다.

번역판이 출판된 이래 한국사회에서도 많은 파장을 일으켰던 이 책에서 예고하였던 뉴에이지 혁명은 21세기의 현 시점에서 과연 그대로 이루어져나가고 있는 것일까? 영성시대를 예견하는 보랏빛 청사진대로 장밋빛 미래는 다가오고 있는 것일까? 오늘날 명상, 힐링, 영성, 생태문명의 새 시대를 염원하는 목소리가 점점 더 높아져가고 있는 사실을 보면 긍정적인 답을 내놓을 수 있지 않을까 싶다.

20세기 말엽에 더욱 강력하게 영성을 추구하게 된 세기적 흐름 속에서 설립된 정신세계사는 〈영혼의 스승들〉, 〈겨레 밝히는 책들〉, 〈정신과학 총서〉, 〈수행의 시대〉, 〈새로운 세계의 열림〉, 〈믿는다는 것〉 등의 총서를 근간으로 『단』, 『성자가 된 청소부』, 『우주심과 정신물리학』, 『티벳 사자의 서』, 『자유를 위한 변명』, 『초인생활』, 『자연농법』, 『빠빠라기』 등 화제작들을 펴내며 한국의 영성 분야에서 영향력 있는 출판사로서의 기틀이 잡혔다. 또한 창간 준비호로 『새 천년과 수련문화』, 『뉴 에이지』, 『깨어나는 여신』 3권을 발행한 후 2000년 1월에는 월간 《정신세계》를 창간했다. 아래에 옮겨 적은 월간 《정신세계》 창간사에서 보는 바와 같이 나는 바야흐로 열리는 영성시대를 기대하며 한껏 가슴 부풀어 있었다.

21세기, 정신문명의 새천년이 힘차게 열립니다. 태초에서 영원에 이르기까지 끊임없이 생성·변화·소멸하는 우주 만물과 더불어, 그 어느 때부터인가 이 아름다운 녹색별에 살림을 차려온 인류가 이제 물병자리의 새 천년을 맞으려 합니다. 그리하여 새로운 의식의 각성, 영성의 열림을 체험하면서 상생과 조화의 생태문명을 본격적으로 일궈 나가려 하고 있습니다.

지금 우리 눈앞에는 눈부시게 발전하는 첨단과학에 힘입어 고도의 물질문명이 현란하게 전개되고 있는 한편, 새로운 패러다임의 신과학이 물질계의 영역을 넘어 바야흐로 인간의 내면세계, 의식세계로까지 확장되고 있습니다. 그리하여 대우주 자체가 거대한 하나의 홀로그램이며, 물질세계와 정신세계가 근원적인 에너지氣의 바다에서 하나로 어우러져 인간의 삶을 포함한 세상만물의 존재양상을 빚어내고 있음이 밝혀지고 있습니다.

새 시대에는 동양과 서양의 정신이 만나고, 고대의 지혜가 부활하여 첨단과학에게 손짓하며, 지성과 직관이 하나 되고, 명상과 수행이 대중화·생활화되는 새로운 차원의 정신문명이 전개될 것입니다.

새 시대는 '열림'의 시대입니다. 인간과 우주와 생명의 신비에 대한 새로운 깨달음의 눈이 열리고, 진·선·미의 세계를 진실로 희구하는 순결한 마음의 문이 새롭게 열리고, 자신의 탐진치貪瞋痴와 세상의 오염에 의해 병든 인간의 몸과 마음과 영혼이 대자연의 기氣와 도道의 세계로 새롭게 활짝 열려져 나갈 것입니다. 또한 인간의 정신이 자아의 심연과 광활한 우주로 더욱 더 뻗어나가면서 보다 진화한 외계 우주문명과 조우遭遇하게도 될 것입니다.

광대무변한 대우주의 신비와 대자연 속에서 영원히 이어져 흐르는 삼라만상의 오묘함이 미망의 구름이 걷혀진 우리의 순수 의식 속에 그대로 비쳐 들어와, 우리의 삶이 그 자체로 신비로움이 아닐 수 없고 이 세상에 존재하는 모든 것이 그 자체로 경이로움이 아닐 수 없음을 깨닫게 될 때, 선지자들의 모든 고귀한 가르침들이 우리의 삶 속에 꽃피게 될 것입니다.

이렇듯 자아와 세상에 대한 새로운 깨달음과 통찰력을 지니고 세상에 존재하는 모든 것과 보다 큰 조화를 이루며, 훨씬 자유롭고 의미 있는 삶을 살아가는 21세기형 신 인간이 새록새록 탄생하기를 진실로 염원하면서 월간《정신세계》를 창간합니다. 독자 여러분의 많은 성원과 지도편달을 바랍니다. 감사합니다. - 발행인 송순현

위의 창간사를 쓴 지 이십 년이 지난 지금 생각해보면, 다시 창간사를 쓴다고 해도 크게 달라질 것은 없을 것 같다. 영성적 삶과 영성적 사회에 대한 인간의 염원은 과거 어느 시대에나 있었을 것이고 그 때가 실제로 도래하기까지는 앞으로도 여전히 있을 것이다. 그러나 작금에 이르러 전 세계적으로 명상의 열풍이 불고 있는 것은 물질문명과 정신문명이 융합

된 새로운 시대가 바야흐로 열리고 있다는 희망을 갖게 한다.

한편 1990년도에 동숭동 대학로에 문을 연 「책방 정신세계」는 이 분야의 외국서적 1천여 종도 구비했다. 당시로서는 인터넷 서점 아마존이 활성화되어 있지 않는 때라서 전국에서 마니아들이 책방에 몰려들었다. 법정 스님도 가끔 들르시곤 했다. 필자는 이 책방을 열기 위해 준비 과정 중에 미국 뉴에이지 서점들을 몇 군데 둘러보았는데 뉴욕의 한복판에 자리 잡은 'East and West Bookstore'를 비롯해서, LA의 할리우드 부근의 'Bodhitree Bookstore', 워싱톤 D.C의 'Yes!' 서점 등이 성업을 이루고 있었다. 이와 같이 이름 있는 외국 서점들을 답사한 후에 큰 야심을 가지고 새로 시작한 「책방 정신세계」에서는 크리슈나무르티Jiddu Krishnamurti(1895~1986)[1], 오쇼 라즈니쉬Acharya Rajneesh(1931~1990)[2] 등 인도의 여러 구루들과 루돌프 슈타이너Rudolf Steiner(1861~1925)[3], 게오르기 구르지예프George Ivanovich Gurdjieff(1866~1949) 등 세계 여러 영적 사상가들의 책들이 풍성했고 중국과 일본에서 발간된 유불선 관련 도서들의 영문판, 그리고 뉴에이지 사상가들의 저서가 많았다.

영문 원서 공급처로 계약을 맺기 위해 찾아간 뉴에이지 서적 도매상 'De Voss 컴퍼니'의 간판에는 〈세계 정신세계 본부Metaphysical Capital of the World〉라는 팻말이 버젓이 붙어 있었다. 이 회사의 설립자는 정신세계사가 번역 출간한 『초인들의 삶과 가르침을 찾아서(원제: Life and Teaching of the Masters of the Far East)』의 저자 스폴딩Baird T. Spalding(1858~1953)과 도반이었다고 한다. 광산 기사였던 스폴딩은 1800년대 말에 탐사대 일원이 되어 인도, 티베트, 히말라야 고원 일대에서 초월적 능력을 일상적으로 행하는 경이로운 초인들을 만나 3년 6개월을 함께 살면서 목격한 그들의 삶과 가르침을 낱낱이 기록하여 이 책을 내게 된다. 그는 신비주의 현상을 탐구하는 사람들 사이에서 전설적인 인물이 되었으며, 영적 진리의 빛을 탐사한 선구자로 추앙받는다. 스폴딩은 사실 여부에 대한 뜨거운 논쟁 속에서 수많은 강연회를 통해 이 책의 내용이 '믿어지진 않지만 믿을 수밖에 없는 사실'임을 밝혔다. 결국 인간이 이 땅에서 육체를 입고 살면서 할 수 있는 가장 위대한 일에 대한 그의 깨달음을 공증한 이 책은, 지난 한 세기 동안 세계 곳곳의 정신과학이나 진리를 공부하는 모임에서 교재로 사용될 정도로 광범위한 영향력을 가지고 있다.

합리적 이성의 영역을 넘어서 있고 과학으로 아직까지 입증되지 않은 초월의 세계, 신비의 세계, 영적인 세계에 대한 서구 문명권의 호기심과 동경심은 인도, 티벳, 중국 등 동양의 종교와 수행 문화의 탐색에 나서게 했고 세상과 인간에 대한 새로운 인식의 문을 열리게 했다. 20세기는 동양과 서양의 정신문화의 합류가 이루어짐으로써 새로운 세계관, 인간관이 탄생하고 통합 영성이 태동된 시기라고 할 수 있을 것이다.

필자는 1993년도에 설립한 명상·힐링 문화센터인 '정신세계원'을 13년간 운영하면서 총 500명에 달하는 강사들을 만났고 1,000여 과목의 프로그램을 접하게 됨으로써 자연스럽게 명상과 영성에 대한 시야가 넓어지고 안목이 깊어졌다. 그리고 개인적인 관심과 필요성에 의해, 또 한편으론 사업상의 목적으로 세상에 보급되는 여러 프로그램들을 직접 배우게 되었는데. 그 가운데 초월명상TM, 실바마인드컨트롤, 생활참선, 아바타, 연정원 호흡법 등은 나 자신의 심신단련과 영성 계발에 큰 도움이 되었다.

이렇게 세월이 흘러 어언 칠순을 바라보는 나이가 되어 지나온 날들을 되돌아보니 아쉬움과 회한이 없을 수 없으나 그래도 삶의 족적들이 하나의 길로 이어져 있다는 느낌이 점점 더 강렬해지고 있다. 그 하나의 길은 바로 영성 계발의 여정이라고 할 수 있을 것이다. 영성은 '나는 누구인가'를 묻고, '산다는 것은 무엇인가'를 묻는 그 주체이면서 또한 그 답을 이미 간직하고 있는, 그러나 생각으로는 닿을 수 없는, 단지 체험으로만 감지할 수 있는 그 무엇이 아니겠는가 싶다.

자기계발의 여정에서 만난 수행법들

내 나름대로 오랜 기간의 탐색과 모색 끝에 만난 영성 계발, 영성 발현의 수행법이 바로 '저절로 신선춤'이다. 이 춤은 동작은 익힐 것이 하나도 없으며 단지 마음을 비움으로써 자연의 리듬과 생명의 흐름에 몸이 저절로 순응하게 하는 것을 중심으로 삼을 뿐이다. '저절로 신선춤'은 '영성춤'이고 '우주의 춤'이라고 나는 감히 말하고자 한다. 몸을 떠나서 영성이 있겠는가? 영성은 개념도 아니고 관념도 아니고 본래적으로 몸속에 내재하는 생명의 에센스라고 한다면 '저절로 신선춤'은 몸짓으로 발현되는 영성의 모습이라고 할 수 있지 않을까?

'저절로 신선춤' 속에 깃든 영성을 논하기에 앞서 내가 젊은 시절부터 만나고 체험한 영성 계발 프로그램들을 아래에 하나씩 소개하기로 한다. 이 체험들의 바탕 위에서 '저절로 신선춤'이 탄생했기 때문이다.

TM(초월명상) – 순수의식, 창조지성, 만트라

내가 마음, 의식, 정신의 본질에 대한 탐구심과 자기계발에 대한 관심을 갖고 프로그램화된 기법들을 접한 것은 군 복무를 마치고 대학 2학년 복학을 앞둔 스물다섯 살 때이었다. 그때 처음으로 TM(초월명상, Transcendental Meditation)을 만났다. 세계적으로 명상의 선풍을 일으키며 당시 막 한국에 상륙한 TM은 창조지성과 순수의식을 일깨우는 초간편 만트라 명상법이었다. 창시자 마하리시 마헤시 요기Maharish Mahesh Yogi(1918~ 2008)는 물리학도 출신으로 히말라야 산중의 스승을 찾아 입산 수도하며 고대로부터 전승되어 오는 요가의 정수를 체득했고 스승의 뜻에 따라 하산하여 혼탁해진 인간의 의식을 정화하기 위하여 현대인을 위한 간편하고 강력한 TM 테크닉을 창안한 후에 미국으로 건너가 세계에 전파하기 시작했다.

하루에 두 번 20분의 만트라 명상을 통해 깊은 고요함과 평화감에 잠김으로써 의식이 정화되고 본성이 빛나게 된다고 하는데, 이 만트라는 아무런 의미를 담지 않는 소리meaningless sound이면서 개체의 순수의식과 우주의식을 공명하게 하는 신묘한 작용을 일으키는 것으로서 사람마다 제각각에 맞는 특정한 만트라가 있다고 한다. 이 만트라를 입 밖에 발설하면 효력이 소실된다고 해서 비밀로 간직해오고 있다. 훈련받은 TM 교사는 입문자에게 각각 적합한 만트라를 선정해주는 것이 주요한 역할인 것 같았다. 가르침의 변형과 왜곡을 막기 위해서 교사는 매뉴얼에 입각한 강의만 할 수 있다고 했고, 주요한 강의는 마하리시의 강의 동영상으로 전달되었다.

명상의 효과를 세상에 널리 알린 공로자 중의 한 사람인 허버트 벤슨

Herbert Benson(1935~) 하버드 의대 교수는 이 TM 명상가들을 과학적, 의학적으로 측정하여 『이완효과Response Effect』(국내에서는 『이완혁명』으로 출간됨)라는 명저를 펴냈고, 명상이 심신 건강과 의식 계발에 큰 효과가 있음을 입증했다. 이로써 명상이 의학계를 포함하여 일반인의 큰 주목을 받게 되는 주요한 계기가 되고, 한때 비틀즈The Beatles, 영국의 대처 Margaret Hilda Thatcher(1925~2013) 수상 등 사회 저명인사들이 그 실천자로 알려져 TM은 전 세계를 풍미하는 명상법으로 자리 잡게 된다. 필자는 창시자 마하리시 마헤시 요기의 36회 과정의 '창조지성학' 영상강의 코스도 들었는데, 고대인도 베다의 지혜와 지식을 현대인에게 맞게 조율해서 전하는 인도 영성가의 모습은 마음을 설레게 하는 바 있었다. 나는 한동안 TM 센터를 자주 드나들며 규칙적으로 명상을 했고 나름 큰 효과를 보았다. 그러다가 특별한 사연 없이 등한시 하게 되고 실천하지 않게 되었다. 아마도 이것저것 여러 수행법들을 섭렵하는 것이 나의 운명이기 때문이었다고나 변명해야 할지 모르겠다. 아무튼 TM은 고대인도의 영성 계발법을 현대인에게 맞게 대중화하고, 몸-마음-의식, 그리고 우주의 근본 에너지 파동과의 상관관계에 대한 과학적인 설명과 임상실험 데이터들이 제시됨으로써 전 세계를 풍미하며 명상의 시대를 여는 데 크게 기여했다.

TM의 고급기법인 시디sidhi 과정은 명상 중 순수의식 상태에서 공중부양을 체험하는 것으로서 간헐적 점핑인 호핑hopping, 일시적으로 공중에 떠있는 레비테이션levitation, 그리고 실제로 공중을 날아가는 플라잉flying의 세 단계가 있다고 한다. 호핑은 일반에게 공개할 수 있는 것으로서 유튜브에도 동영상들이 여럿 올라가 있다. 공중부양해서 머물러 있는 제2단계 코스에 참가해서 경험을 했다는 한 미국인 여성의 체험발표가 사단법인 한국정신과학학회 학술대회에서 있었다. 당시 총무이사로서 진행을 봤었기에 가까이서 증언을 들을 수 있었는데, 발표 내용이 꾸며낸 것은 아닌 것으로 느껴졌다. 마하리시 요기가 직접 지도한 이 특별 과정에 참가할 수 있는 자격은 초월명상을 10년 이상 규칙적으로 한 사람으로서 독신자여야 한다고 했다. 몇 달 특수교육을 받던 중 어느 날 실제로 공중부양이 일어났는데, 30~40센티미터 공중에 떠서 십여 초 머물렀다고 한다. 그런데 이것은 혼자서는 일어나지 않고 그 공간에 함께 있는 사람들의 의식의 공명이 일어날 때 거의 동시적으로 공중부양이 일어난다고 했다. 이 여성을 인터뷰해서 내가 발행하던《정신세계》잡지에 소개하기도 했는데 마하리시 요기가 실제로 나는 것을 목격한 사람이 있다고도 한다. 공중부양 시에는 두뇌 좌우반구의 뇌파의 동조성이 최대치에 이른다는 과학적 연구결과도 나왔다고 한다.

TM은 의식과학의 장을 열어놓는 계기를 마련한 공로가 있고 의식의 정화와 심화를 통해 물질세계와 현실세계를 정화하여 평화의 새 시대를 열어간다는 설득력 있는 명분으로 지금도 세계적으로 보급이 진행되고 있다. 최근에는 유명한 앵커우먼 오프라 윈프리Oprah Winfrey(1954~)가 TM 명상자 일원으로 합류하였고 역시 TM 명상가인 디팩 초프라Deepak Chopra(1946~)4)와 손을 잡고 명상 프로그램을 만들어 세계적으로 보급하고 있다. 바야흐로 명상의 시대가 본격적으로 열리는 신호들이 아닌가 한다.

TM에서는 영성이란 단어는 사용하지 않고 순수의식, 우주의식, 창조지성을 논한다. 영성과 의식의 관계는 체體와 용用의 관계와 같을 것일까? 우주의 창조지성이 모든 개체의 순수의식 속에 깃들어 있고 순수의식이 빛나면 저절로 지혜가 샘솟아나 우주 진화의 흐름에 기쁨으로 합류한다는 것은 필자가 해 온 '저절로 신선춤'에서도 표방하고 있는 가설이다. 순수의식으로 회귀하고 본성을 발현시키기 위한 길이 만트라 명상만이 유일한 것은 아닐 것이다. 모든 종교 안에 그 길이 있고, 모든 사람의 마음속에 그 길이 있지 않겠는가 싶다. 잡다한 생각에서 벗어나고 헛된 욕심에서 벗어나 고요함 속에 잠길 수 있다면 거기에 영성이 저절로 빛나리라 생각한다.

실바 마인드컨트롤 – 잠재의식, 알파뇌파, ESP

미국의 호세 실바José Silva(1914~1999) 박사가 22년간의 연구 끝에 개발한 실바마인드컨트롤Silva Mind Control을 접한 것은 1981년이었다. 알파alpha파 뇌파의 명상의식 상태에서 바이오 컴퓨터인 두뇌를 적합하게 프로그래밍 함으로써 잠재의식을 의식적으로 컨트롤하는 이 정신력 개발 시스템은 자기개선과 잠재능력 개발의 구체적인 기법들로 이루어져 있고, 특히 직관과 영감을 개발하는 초감각적 지각(ESP:Extrasensory perception) 정신감각 투사 훈련이 특징이었다. 그 체계성과 실용성에 큰 매력을 느끼고 1981년도에 실바 한국센터에 취직하여 사무원 겸 연구원으로 일했고 일년 후부터는 강사로도 활동하게 되었다. 이때에 접한 정신세계 분야의 다양한 해외 정보들이 이년 후 정신세계사를 창업하는 밑거름이 되었다. 이후 출판사를 운영하는 한편 정신세계원 설립 준비 중이던 1992년도에 미국 본부에서 주관하는 강사과정에 참여하였다. "알파 뇌파의 적극적 활용이 인간진화의 다음 단계를 열 것이다"라는 호세 실바 박사의 비전에 공감을 하여 그 후 육 년간 한국지부장을 맡아 강사도 양

"직관력·창의력 발현의 알파 뇌파 활용이 인간진화
의 제2단계를 이룰 것입니다."

성했고 직접 강의도 했다.

　실바마인드컨트롤은 뇌파와 의식수준과의 상관관계를 기본적인 원리
로 삼고 있다. 바이오컴퓨터인 두뇌 활동 상태는 뇌파로서 측정되는 면
이 있고 뇌파는 우주의 리듬에 편승함으로써 인간의 상념이 우주의 창조
에너지를 활용할 수 있다는 것을 주장한다. 생각으로써 몸과 마음을 이
완시키면 뇌파는 베타파에서 알파파의 안정된 뇌파로 바뀌게 되고 고요
한 명상의식이 조성되고, 오감을 통한 외부 자극과 상황 인식에 대하여
내장된 정보들을 동원하고 논리와 추론으로써 대응하는 좌뇌의 활동이
줄어들고 반면에 우뇌가 활성화된다. 실바 방법은 알파 뇌파에서 언어와
이미지와 느낌으로 프로그래밍 하여 원하는 결과를 두뇌가 출력output하
는 공식화된 기법들로 구성되어 있다. '잠재의식을 의식적으로 컨트롤하
기conscious control of the subconsciousness', 이것이 실바 방법의 원리이고

목적이다.

실바 방법 역시 TM과 마찬가지로 의식과학의 한 면을 수놓고 있다고 볼 수 있다. 잠재의식을 의식적으로 통제할 수 있는 의식을 실바마인드 컨트롤 방법에서는 내부의식inner consciousness라고 부른다. 깊은 수면상태에서 나타나는 델타 뇌파(뇌주파수 초당 4사이클 이하)의 의식은 컨트롤 할 수 없는 무의식unconsciousness의 영역, 미지의 영역으로 남겨두었으나 호세 실바 박사는 말년에 이 영역을 TM의 창조지성과 같은 고차원 의식higher consciousness과 소통이 이루어지는 초개아의식transpersonal consciousness 상태로 설정하고 인간의 염원이 이 차원에 닿으면 저절로 창조가 일어나는 것으로 보았고 이를 위한 새로운 기법도 개발했다.

이 새로운 수행 방법은 별도의 과정인 '울트라마인드ESP 시스템'에 소개되어 있는데, 나는 2000년도에 미국에서 열린 이 시스템의 강사 양성 과정에도 참가한 바 있다. 델타파의 심층의식 상태를 활용하는 현실 창조 기법은 '멘탈 비디오 기법'이라고 명명 되었고 베타파, 알파파, 세타파, 델타파 등 두뇌의 전체 뇌파대와 의식의 전 차원을 다 동원하는 기법이라고 할 수 있다. 말하자면 한국사회의 전통적인 정신수행법과 관련된 개념으로 표현하자면, 정성, 공경, 믿음의 성경신誠敬信으로써, 그리고 미리 맛보는 지극한 기쁨의 에너지로써 우주의 창조에너지에 공명을 일으킨다는 원리라고 할 수 있다. 말하자면 '지성至誠이면 감천感天'이라는 말과 같은 것인데, 공경과 믿음의 대상인 하늘을 어떻게 이해할 것인가 하는 것은 영성을 어떻게 이해할 것인가와 같은 문제일 것이다.

실바 방법 특유의 영역은 육체 감각을 초월하고 시공을 초월하는 투시, 텔레파시, 예지, 소급인지 등 두뇌의 특수능력인 ESP 능력을 개발하는 기법에 있다고 할 수 있다. 호세 실바는 ESP를 수동적인 '초감각적 지각Extra Sensory Perception'에 머물지 않고 적극적으로 이 능력을 구사하는 '효과적인 정신 감각 투사Effective Sensory Projection' 능력으로 개념을 발전시키고 기법을 개발했다. 광물계, 식물계, 동물계, 인간계에 대해서 차례로 정신 감각 투사를 실습한 후에, 미지의 인물에 대한 문제점을 원격으로 투시하고 그의 문제를 해결하는 ESP 활용기법Applied ESP까지 나아갔으니 가히 획기적인 정신능력개발 기법이라고 할 수 있다. 말하자면 초능력자나 샤먼이 발휘하는 초능력을 보통사람도 훈련하면 가능하다는 것을 주장하고 그 훈련법을 개발한 것인데, 많은 사람들이 수긍하고 훈련하고 적용해서 효과를 보는 경우도 많으니 과학적으로 입증할 수 없다고 해서 그 실제성을 부정할 수는 없는 일이다. 사실 모든 종교에서 절대자의 존재를 믿고 기도의 힘을 믿음으로써 위안과 힘을 얻고 기적을 체험하는 것을 보면 실바의 ESP 원리와 기법을 무시할 수만은 없지 않을까 한다.

가톨릭 신자인 호세 실바는 보급 초기에 교리에 어긋나는 주장을 한다고 해서 파문을 당하기도 했으나 후에 인정을 받아 오히려 천주교회를 통해서 전 세계에 활발하게 보급되기도 하였다. 1992년 미국 텍사스 라레이도 시에 있는 실바 본부에서 강사과정을 받을 때 호세 실바의 특강을 들은 바 있는데, 다음과 같은 그의 말이 가슴에 와 닿았다.

"이 지구별은 하루에도 어디에선가 수십 만 명의 여행자가 도착하고 어디론가 수십 만 명이 떠나가는 여행지입니다. 여행자를 크게 두 종류로 나눈다면 이 지구에 문제를 남기고 떠나는 사람, 하나라도 문제를 해결하고 떠나는 사람으로 나눌 수 있습니다. 실바 방법은 인류와 지구의 문제를 해결하는 능력과 선한 의지를 습득하게 하는 것을 목적으로 합니다."

　민족 경전 『삼일신고三一神誥』에 보면 하늘님은 큰 지혜(大慧), 큰 사랑(大德), 큰 능력(大力)을 지닌 존재라고 규정하고 있다. 실바 방법도 "너희도 나와 같이 완전한 자 되라"는 성경의 말씀에 따른다고 볼 수 있지 않을까 싶다. 이에 관하여 "어떻게?"에 대한 답을 제시하였고 전 세계 수백만 명에게 보급된 실바마인드컨트롤은 불교에서 가르치는 일체유심조一切唯心造 원리를 뇌파와 의식수준, 프로그래밍 등으로 훨씬 더 구체적으로 체계화 시켜 과학적인 차원에서 이해를 도모했다는 점에서도 의미가 있다고 생각한다.

　특히 흥미로운 것은 깊은 의식 수준에 자기만의 연구실 겸 창조의 방을 만들어놓고 거기에서 내 안의 천재성을 구체적인 모습을 지닌 멘토로 형상화해서 만나는 과정이다. 이 특이한 세션을 통해서 내가 만난 존재는 99세의 지혜로운 방글라데시 노파인 따쉬 할머니와 34세의 냉철한 이성을 지닌 미국 청년 하워즈였다. 자신이 무의식 속에서 스스로 만들어낸 존재이지만 그들에게 의미와 능력을 부여하고 그들을 신뢰하면 그들은 훌륭한 상담자와 조력자의 역할을 하게 된다. 이것은 표층의식의 자아와 심층의식의 자아가 대화하고 에너지를 교류하는 의식 간의 소통 작업인데, 이로써 직관과 영감의 원천과 소통하는 길이 열리게 되는 것이다. 이 무의식적인 소통의 길이 크게 열리게 되면 그들과 내가 혼연일체가 되어 언제나 그들과 함께 하는 의식기능의 통합이 이루어지고 두뇌 좌우반구 기능의 공조가 최적화되어 잠재능력을 최대한 발휘하게 되는 것이다. 이 경지를 호세 실바는 궁극의 목표로 제시하고 있다. 필자는 이러한 원리와 방법은 가히 잘 수긍하면서도 실생활에 별로 써먹지 못했다.

우리는 매 순간 지성과 감성으로써 자기 자신과 세상을 체험하며 영성으로써 삶의 근원적인 원리를 통찰하며 내면 세계를 성숙시켜 나간다. 지금의 생각, 지금의 느낌, 지금의 의도가 지금의 삶일 터이고 그 속에 기쁨이 샘솟아난다면 가히 영성이 빛나는 삶이라고 할 수 있지 않을까 싶다. 그러기 위해서 많은 사람들이 자발적으로 수행하고 기도하고 명상하는 것이 아니겠는가.

『단丹』의 주인공, 봉우 선생과의 만남 – 전통 정신수련법

우리 민족의 전통 정신수련법의 도맥을 잇고 계셨던, 당시 대종교 총전교 봉우 권태훈(1900~1994) 옹翁을 만나 이 분의 일대기를 담은 실명 선도仙道소설, 『丹』을 정신세계사에서 펴낸 것은 1984년 갑자년이었다.

정신세계사 '영혼의 스승들' 총서 첫 번째 책『요가난다(어느 요가수행자의 자서전 Autobiography of a Yogi)』를 출간한 것은 1984년 봄이었다. 성자聖者의 반열에 오른 요가 수행자로서 미국에 건너가 기독교인들에게 요가의 세계를 이해시키며 그곳에 뿌리를 내린 파라마한사 요가난다 Paramahansa Yogananda(1893~1952)의 수행과정을 담고 있는 이 책에는 요가 수행을 통해 초인超人의 경지에 이른 여러 요가 마스터들과의 만남이 소개되어 있고, 마침내 진정한 스승 스리 유크테스와르Sri Yukteswar Giri(1855~1936)를 만나 사마디를 체험하며 궁극적인 깨달음을 얻는 과정이 전개되어 있다. 이 책을 모 대학 철학과 교수로 있던 대학 동기생에게 읽

백두산족 대운맞이 천제를 봉행하고
—丹의 주인공 鳳宇 선생님과 天池(1990)

"인류문명의 황백전환과 정신문명의 새 시대를 한민족이 선도할 때가 되었습니다."

어보라고 준 것이 봉우 선생님과의 만남이 이루어지는 직통 채널이 되었다. 그 친구가 『요가난다』 책을 다 읽고 나서 고모의 시아버지인 봉우 선생님께 직접 들었던, 나중에 소설 『단』에 나오게 된 흥미진진한 얘기를 나에게 전해주었다. 한의원을 운영하시던 봉우 선생님께 큰 절을 올리고 할아버지 말씀을 책으로 펴내고 싶다고 하니 바로 그 자리에서 선선히 수락하시면서 국민들에게 꼭 남기고 싶은 메시지가 있다고 하시는 것이었다. 백발홍안 도인의 풍모를 지닌 85세의 봉우 선생님의 이 우렁찬 한마디에 출판 작업은 일사천리로 진행되었다.

당시 정신세계사 초대 편집장이었던 『단』의 작가 김정빈 씨와 둘이서 매일 퇴근 후 할아버지 댁을 방문하여 세 시간 씩 말씀을 들으며 녹음을 한 것이 불과 5개월 만에 책으로 탄생했으니 실로 놀라운 속도였다. 『단』의 출간은 1984년 갑자년甲子年 11월에 이루어졌다. 갑자년은 한국인

(즉, 백두산족)에게 3천년 만에 천운天運이 들어와 황백黃白전환기와 정신문명의 새 시대를 앞장서서 열어가는 획기적인 때라는 것을, 봉우 선생님께서는 해방되기 전에 천문天文을 읽고 이미 알아내셨다고 한다. 현대과학으로는 도저히 이해할 수 없는 고차원의 천지인天地人 통합의 초과학을 토대로 하는 국운 융성론이었다. 『단』이 나오기 여러 해 전에 모대학 한의과 학생들이 봉우 선생님을 자주 찾아뵈며 전통의학에 대해 공부했다고 하며 그때 책을 내시라고 말씀드렸더니 이 책은 갑자년(1984)에 나온다고 답하셨다고 한다. 이 증언은 단이 출간된 이후 그 공부 모임의 일원이었던 모 한의사에게 직접 들은 얘기이다. 일종의 예언인데, 이런 예언은 어떻게 가능한 것일까? 영성이 밝아지면 시공간을 초월하여 필요한 정보를 저절로 알게 되는 것일까?

『단』의 출판은 백만 독자를 사로잡으며 전통적인 수행방법을 활용한 새 시대적인 수련문화가 대중화되는 기점이 되었다. 이 책에는 『천부경』의 원리가 들어있는 선도仙道호흡법인 조식調息법을 현대인이 생활 속에서 수련할 수 있는 요령이 소개되어 있는데, 들숨과 날숨을 고르게 하는 데 정신을 집중함으로써 깊은 명상에 들어가는 아주 단순한 방법이었다. 봉우 선생님께서는 단학丹學 수련단체인 한국단학회 연정원硏精院을 설립하여 직접 후학들을 가르치셨다. 나도 수련반에 참가하여 봉우 선생님의 지도를 받았고 호흡 수련 하나만으로 정신의 초월적 경지에 이를 수 있다는 것을 신뢰하게 되었다.

호흡 수련을 통하여 정기신精氣神의 차원을 향상시키고 머리 위로 세 갈래 빛이 뻗치는 삼화三火현상의 경지에까지 이르면 비상한 정신력을 발휘하게 되어 큰 지혜(大慧), 큰 덕(大德), 큰 능력(大力)을 얻게 되는데,

이는 민족경전『삼일신고』「신훈神訓」에서 말하는 하느님의 특성과 같은 것이라고 할 수 있다. "하느님은 이미 너희 머릿골(즉 뇌) 속에 내려와 계시느니라"라는『삼일신고』의 말씀과도 부합되는 이 경지는 곧 우리 조상들이 전통수행법을 통해 오랫동안 알고 있었던 영성의 온전한 발현을 뜻한다고 볼 수 있지 않을까 싶다. 이 경지에서는 천안통天眼通, 천이통天耳通과 같은 초능력도 얻게 되는데 이것은 ESP와 같은 것이라고 볼 수 있다. 동서양을 막론하고 수행법이나 용어는 다를지언정 인간의 내적 성숙과 영성의 발현에 따른 현상은 같은 것이라고 할 수 있을 것이다.

봉우 선생님과의 만남을 통해서 얻은 새로운 안목 또는 교훈 가운데 가장 중요한 것은 인간은 하늘의 섭리와 땅의 기운이 결합되어 있는 정기신精氣神의 존재라는 것이다. 이것은 서양에서 인간을 body, mind, spirit의 세 차원으로 이해하는 것과 같다고 볼 수도 있겠으나 기氣의 개념이 서양에서는 눈에 보이지 않는 에테르 또는 영spirit으로 이해되어 온 것이 차이점이라고 할 수 있겠다. 필자가 이해하기로는 하늘에는 법도가 있고 땅에는 이치가 있으며 인간에게는 정기신과 지정의知情意가 있으니 천지와 인간이 만나 진선미를 꽃 피우는 게 인생의 대도大道가 아닌가 싶었다. 이 길이 바로 성경신誠敬信의 길일 터이나 정성을 바치고 공경하는 그 대상은 무엇일 것인가. 그것은 자기 존재의 본원本源인 하늘이고 땅이고 자기 자신이지 않겠는가. 이것이 내가 봉우 선생님을 만나면서, 그리고『천부경天符經』공부를 통해 천지인의 하나됨Oneness을 배우면서 내 나름대로 깨달은 것이다. 영성은 스스로 자기의 본질과 본성을 깨닫고 그에 따라 살아가게 하는 그 어떤 것이라고 본다면 이는 '하늘의 뜻이 담긴 것이 우리의 본성이고 그 본성을 따르는 것이 도(天命之謂性 率性之謂

道'라고 한『중용』의 말씀과 같다고 할 수 있을 것이다.

우리 민족의 전통 선도仙道가 온전히 부활된다면 세계의 정신문명 개화에 큰 기여를 할 것이라는 기대를 갖게 한 것 가운데 원상법原象法이라는 것이 있다. 봉우 선생님께서 상세히 풀이해주신 바도 있었다. 천지인과 정기신의 이치를 담고 있는 이 수련법을 통해 깨달음에 이를 수 있고 초월적인 정신능력 계발이 이루어질 수 있다고 한다. 원상법은 우주, 인간, 사물의 원초적 형상을 꿰뚫어볼 수 있는 고도의 투시법이라고도 할 수 있는데, 겉모습은 공자가 편찬한『주역周易』「계사전繫辭傳」을 바탕으로 한 역경易經의 요지를 담고 있고 여기에 또한 정신수련의 핵심이 들어 있다고 한다. 이 수련을 하려면 조식 호흡이 최소 1분 이상의 경지에 들어가야 하며 투시력을 개발하면서 투철한 대오각성大悟覺醒과 본래 면목의 확인 및 회귀를 지향한다고 한다. 나로서는 겨우 들숨과 날숨의 한 번의 호흡이 20초에 머무는 정도에 그쳤기에 감히 엄두를 낼 수 없었지만 조식 수련과 원상법 수련을 통해 고차원의 정신세계를 열어갈 수 있다는 것에 대한 믿음을 얻게 되었다. 이 전통수련법을 알게 됨으로써 영성 계발은 정신과 의식 차원에서만 이루어지는 것이 아니고 몸 수련을 수반해야만 된다는 것을 깨달은 것도 큰 소득이었다.

'아바타'와의 만남 – 현실창조의 의식과 신념

신념으로 현실을 창조하는 의식계발 프로그램의 일종인 '아바타avatar'를 접한 것은 1993년이었고 이를 한국에 도입한 취산 박영철 선생님과의 각별한 인연으로 이 과정에 참여하였다. '일체유심조'를 체득케 하는 신념 강화 시스템으로서 누구나 이를 통해 깨달음을 얻을 수 있는 '선禪공학'이라고 창안자 해리 팔머Harry Palmer5)는 주장하고 있다. '경험이 신념을 낳는 것이 아니고 신념이 경험을 낳는다'는 것이 대명제였다. 말하자면 신神이 말씀으로 세상을 창조했듯이 인간도 그렇게 할 수 있는 존재라는 것이 골자이고 이에 대한 확신을 갖게 하고 연습하는 것이 열흘간 온종일 교육의 내용이었다. '확고부동하고 선명한 자기 선언에 의한 삶의 창조'에 대한 신념이 구축되면 과거의 모든 것과 현재의 부정적인 인식에서 벗어나 '지금·여기'에서의 현실창조가 얼마든지 가능해진다는 이 창조학은 TM과 같이 세계적으로 선풍을 일으켰다. 기본과정, 마스터과정, 위저드wizard 과정까지 다 밟으려면 일만 달러도 훨씬 넘는 비용이 드는데도 전 과정을 마친 사람이 내 주변에도 적지 않았다. 가히 영성 비즈니스의 정상에 오른 프로그램이라고 할 수 있다. 과연 아바타와 위저드의 의식과 함양된 권능으로 현실창조에 성공적인 사람이 얼마나 되는지는 알 수 없는 일이지만 의식과 마음의 창조력을 한껏 발휘하도록 동력을 부여하는 데에는 탁월한 프로그램이라고 생각한다.

2000년도에는 한국을 방문한 아바타 창안자 해리 팔머를 직접 인터뷰해서 월간《정신세계》에 게재하기도 했었다. "당신은 누구십니까who are you?"라는 내 질문에 "비어 있음. 공空, Emptiness"이라고 즉각 한 마디로 답한 것이 감명 깊었다. 투명하고 푸근한 에너지를 발하는 그에게『천부경』액자를 선물로 주면서『천부경』은 한국의 고대경전으로서 주역의 모체라는 토를 달아주었더니 큰 관심을 보였다.

단지 신념 하나로써 원하는 삶을 창조해 나갈 수 있다는 아바타 프로그램의 원리에 따른다면 확신에 찬 언명으로써 현상을 창조해나가는 그 주체는 무엇일까? 그 답은 영성일 수밖에 없지 않을까 싶다. 그렇다면 영성의 본질적인 속성에 속하는 것으로서 역동적이고 지속적인 창조성을 꼽을 수 있을 것이다.

생활참선의 박희선 박사와의 만남 – 출장식 호흡법

단전이 뜨거워지는 것을 생전 처음 느낀 것은 공학박사인 박희선 박사가 창안한 『생활참선』 책을 출간하고 난 후 1993년도에 박사님이 직접 지도하신 강습회 첫 시간이었다. 단전에 기운이 모이는 피라밋 좌법坐法과 내쉬는 숨을 길게 하는 출장出長식 호흡 요령대로 따라 하면서 첫 실습 삼십 분 만에 그 체험이 일어난 것이다. 기본교육을 받은 후 매주 토요일 새벽 정신세계원 참선수련반에 참여하면서 단전은 뜨겁고 머리는 시원하며 단침이 가득 고이는 수승화강水昇火降의 묘미를 맛보았고 정신통일의 깊은 맛도 보았다.

50대 중반부터 시작한 자신의 생활참선법으로 병약했던 몸을 완전건강체로 만들고 회춘의 기적도 일으킨 박희선 박사는 정신력도 놀랍게 향상되어 88세의 고령에 원주율 소수점 이하 천 자리까지 암송하는 시범을 우리 눈앞에서 보이시기도 했다. 이것은 숫자를 암기한 것이 아니고 정신통일의 입정入定6) 상태에 들어가서 연속된 숫자들의 영상을 의식 속에 떠올려서 마음의 눈으로 읽으시는 것이라고 했다. 이것은 호흡이 깊어지면 원상문原象文 200여 글자가 전부 그대로 의식 속에 떠올려져 읽을 수 있게 된다는 원상법 수련과도 통하는 이치였다.

의식과 잠재능력 개발은 호흡과 상응하는 관계가 있다고 할 수 있겠다. 몸, 마음, 의식의 상태와 직결되어 있는 호흡에는 또한 영성의 속성이 깃들어 있을 것이다. 호흡의 양태와 질質은 영성의 발현 지수와 영성을 측정할 수 있는 도구와 연관되어 있을 것인 바, 이를 측정할 수 있는 영성 과학이 앞으로 출현할지 궁금하다.

데이비드 호킨스 박사와의 만남 – '호모 스피리투스'와 영성지수

국내에서도 많은 독자들의 호평을 받은 『의식혁명』의 저자로서 '깨달음에 이르는 길의 스승'이라고도 불리는 정신과 전문의 출신의 데이비드 호킨스David Ramon Hawkins(1927~2012)[7] 박사를 2006년에 미국 세도나 Sedona자택에서 만났다. 이 분의 저서 『호모 스피리투스』(원제는 『I – Reality and Subjectivity (나–실재와 주관성)』)의 번역자 백영미 씨가 진행한 저자와의 인터뷰를 돕기 위해 발행인 자격으로 동행한 자리였다. 세계의 실상과 참된 나를 찾아 가는 의식 연구의 결과물로 내놓은 이 책은 인간 의식의 진화과정을 짚어가며 깨달음에 이르는 길을 체계적으로 제시하고 있다. 그리고 내재와 초월을 넘어선 깨달음의 나, 무한한 나에 이르는 질의 응답을 통해 영적 신인류에 대한 전망을 보여주고 있으며 생명의 원시적 출현에서 시작해 인간 에고ego로서의 진화를 거쳐, 영적 깨달음의 실상과 에고의 초월에 이르기까지 진화를 거듭해 온 의식의 토대 및 본질을 밝히고 있다.

진리체로서의 자아를 근거로 스스로 영성지수spirituality quotient를 높여나가는 진화의 길은 저마다의 내면에 이미 마련되어 있다는 것을 시사받은 만남이었다. 호킨스 박사는 질문을 던지고 그에 대한 응답을 팔에 주어지는 힘의 강약으로 측정하는 근육역학 테스트로 알아내는 독특한 원리와 방법으로써 영성지수를 측정하였는데, 영성이 완전 개화된 상태를 1000으로 본다면 현재의 인류의 영성지수는 동물성을 갓 벗어난

200의 수준이고 앞으로 급속도로 지수가 상승할 것이라고 주장하였다. 인류의 영성지수가 급상승하고 있는 이 시대에 에고의 해체를 통해 깨달음의 문을 여는 진리의 메시지를 전하는 80세의 서양 영성가는 대화중에 깊이를 알 수 없는 허허로운 웃음을 자주 보였다. 사람뿐만 아니라 공간에 서려 있는 영성지수도 측정 대상이 될 수 있다고 해서 시도해보니 백두산이 500 이상 수준으로 서울보다 훨씬 높았다. 믿을 수도 없고 믿지 않을 근거도 없는 방식이고 수치였다. 내가 이해하기로는 이 방식은 오링 테스트와 마찬가지로 우리 잠재의식은 우주정보와 소통되고 이는 몸에 반영된다는 원리에 의거하고 있는 것이 아닐까 싶었다.

LA에서 차를 빌려 타고 8시간을 달려간 세도나는 예전에 인디언 여러 부족의 성소聖所였다고 하며 지구의 볼텍스Vortex[8] 에너지가 왕성하게 샘솟는 명당이라고 한다. 그런 사전 인식이 있어서인지 도착한 날 밤하늘의 무수한 별들을 바라보고 잠자리에 든 나는 꿈을 하나 생생하게 꾸었다. 마치 생시인 듯 팡파레가 온 천지에 한동안 울려 퍼지는 꿈이었다. 마치 천상의 음악 같았다. 왜 그런 꿈을 꾸었는지, 그 꿈의 의미가 무엇인지는 알 길이 없으나 어떤 우주적인 신성함을 체험한 꿈이었다. 그냥 내 바람일 뿐인지 모르지만 그 체험으로 인해 나의 영성지수가 얼마간 높아졌으리라 싶다.

'저절로 신선춤'으로의 귀결

나는 2007년부터 5년간 서귀포 중산간 시골 마을에서 해, 달, 별, 하늘,

바다, 산, 구름, 나무, 꽃, 새, 벌레 등과 더불어 살면서 자연의 진선미와 신비에 취하는 기쁨을 체험했다. 그야말로 큰 축복이고 행운이 아닐 수 없었다. 그 후 5년간 서울에서 생활하다가 다시 서귀포로 내려온 지 2년이 넘었다. 멀리 바다도 보이고 한라산 영봉도가 보이는 서귀포에서의 생활 속에서 자연과 교감하면서 사노라면 저절로 심신이 정화되고 영성이 밝아지는 것을 체험하게 되고 정말 하늘에 감사하는 마음이 저절로 일어난다.

디팩 초프라는 그의 저서 『우주 리듬을 타라』에서 "우리의 몸과 마음이 우주 공간 별들의 심포니와 호흡을 맞출 때 모든 것이 애쓰지 않아도 절로 이루어지며 우주의 충일함이 우리 안에서 황홀한 기쁨으로 흐른다."라고 썼다. 몸과 마음은 생각의 지배를 받는데 그 생각의 지배에서 벗어나면 '나'는 순수생명체의 파동으로서 자연의 리듬에 동조되며 우주의식의 흐름에 합류한다. 우주와 공명하는 징표는 기쁨이며 이로써 심신이 정화되고 치유되며 본성이 발현되고 예지가 빛난다.

'저절로 신선춤'의 탄생은 명상과 힐링, 행복의 본원本源인 대자연에서 영감을 얻은 결과라고 할 수 있다. 필자는 자연과의 합일, 이것이 궁극의 행복임을 믿는다. 할 때 마다 새로운 동작들이 저절로 나와서 특히 묘미가 있는 '저절로 신선춤'은 원기충전, 심신정화, 의식각성, 그리고 호연지기 함양에 도움이 된다. 20대 청년시절부터 40여 년간 접해온 다양한 명상법과 심신수련법들을 토대로 내가 그야말로 저절로 체득한 '저절로 신선춤'은 마치 하늘의 선물과 같다.

몸에는 몸의 길이 있고 마음에는 마음의 길이 있다.

생각에서 벗어나 생명·자연·우주의 흐름에 나를 맡기는
무위의 몸짓 – 저절로 신선춤

몸의 길은 생명의 길이고 마음의 길은 기쁨의 길이다.

몸의 길은 마음이 열어주고 마음의 길은 몸이 열어준다.

두 길이 하나가 될 때 거기에 하늘길이 열린다.

그 길에서 나는 나를 만난다.

얼씨구 좋다.

우리의 고요한 중심, 순수의식 속에 우주의 창조지성은 나를 통해 꽃
피울 우주의 꿈을 심어 놓았다. 내가 우주의 한 송이 꽃으로 활짝 꽃피어

나는 길, 그것은 생명, 자연, 우주의 완전함에 대한 믿음을 가지고 삶의 모든 것을 그 흐름에 내맡기는 무위자연無爲自然의 삶을 사는 것이다. 자연의 삶은 본성과 직관에 따르는 삶이고 존재의 근원에 귀의하는 삶이니 이것이야말로 '저절로 신선춤'의 궁극적인 목적이고 의미이다. 시간의 흐름 속에서 저절로 진화하는 이 '몸·맘·얼' 수행을 통해 신선의 길을 열어가는 것이 가슴 설레는 필자의 여생의 꿈이 되었다.

저절로 신선춤은 '비움'과 '맡김'의 행복학이며 '나를 꽃피우는 생명의 춤'이라고 할 수 있다. 음양오행의 표상이고 그 오묘한 작용처인 두 손과 열 손가락이 시시각각 정교하게 움직이고 온몸은 조화롭게 율동하는 생명의 리듬이 된다. 몸은 훈훈하고 머릿골은 시원하며 단침은 샘솟아나고 얼굴엔 미소가 피어오른다. '저절로 신선춤'은 어떤 기법이나 기술을 일절 필요로 하지 않는다. 몸과 마음을 생각의 지배에서 벗어나게 하고 내면에 흐르는 생명의 기운을 자연의 리듬에 동조시키는 마음의 작용을 터득하기만 하면 된다. 그것은 몸동작에 온전히 마음을 실어 일심一心으로써 무심無心으로 나아가기만 하면 저절로 이루어지는 길이다.

마음과 의식은 다만 맑게 깨어 있으면서 저절로 펼쳐지는 몸의 동작과 느낌을 온전히 알아차리는 주체로만 존재한다. 그럼으로써 이루어지는 동중정動中靜·정중동靜中動의 심신일여心身一如 상태는 내 안의 자연과 본성을 일깨워 나를 꽃피워 나간다. 할 때마다 매번 동작이 다르고 사람마다 제각기 다른 '저절로 신선춤'은 '무심명상', '알아차림', '자발기공', '마인드컨트롤'의 원리와 효과가 융합되어 있다고 할 수 있다. 저절로 몸이 움직이고 춤으로 나아가기 위해서는 생각을 비우려는 의도에서부터 시작하게 된다. 생각을 비우는 것은 몸의 움직임을 주시함으로써 이루어지는데, 첫 동작을 일으키는 것은 어쩔 수 없이 생각과 의도가 작용해야한다. 이 첫 동작은 정해진 것은 없다. 어떤 동작이라도 무방하다. 팔을 위로 올렸다가 내리는 단순한 동작과 의도에 온전히 마음을 실으면 그 다음 동작들은 의도함이 없이 저절로 몸이 움직이게 된다.

우리는 이것을 흥興이 난다고 하고, 신神이 난다고 한다. 흥은 사람과 천지의 기운이 만나서 일으키는 재미나고 즐거운 감정이다. 우리말에 신 난다는 것은 내재된 신성의 발현을 의미한다. 흥이 나고 신이 나는 것, 이것이 생명의 본질이고 기쁨이고 인생의 궁극적 목적이고 영성의 발현 이리라 생각한다. 생명의 본질은 흥이고 자연의 본질은 멋이다. 흥과 멋 의 본향本鄉은 영성이다. 영성이 빛나는 사람은 저절로 흥과 멋이 발현되 는 사람이다.

영성은 끊임없는 자기초월을 통하여 스스로를 온전한 진선미의 존재 로 꽃피워나가는 그 무엇이고, 이 길을 가는 존재를 일컬어 신선이라고 말할 수 있지 않을까? '저절로 신선춤'이 정기신精氣神, 지정의知情意, 진 선미眞善美, 천지인天地人, 그리고 성경신誠敬信에 대한 통합적인 접근법 이고 생명, 자연, 우주와의 교감交感, 공명共鳴, 합일合一을 도모하는 수행 이라고 감히 언명하는 것으로써 이 글을 마치기로 한다.

내 인생의 빅퀘스천

첫 번째 질문: 나는 무엇인가(What am I)?

생각하고 느끼며 행복과 깨달음을 추구하고 자기존재를 묻는 주체인 나는 무엇인가? 나의 본질은 영성이고 생명이며 자연이고 우주라는 생각을 하고 있고, 이 생각이 생각 너머의 본질로 이어질 수 있도록 영성, 생명, 자연, 우주를 탐구하고 사색하며 나 자신의 마음과 의식을 성숙시켜가고자 하고 있다. 나는 스스로를 꽃피워야 할 그 무엇, 초월해야만 할 그 무엇이라는 것이 또한 현재의 나의 답이다.

두 번째 질문: 운명은 있는 것인가?

이 세상에 태어나서 한 평생을 살다가 이 세상을 떠날 때까지 나의 삶을 이끌어가는 운명이라는 것이 있는 것일까? 우연도 운명이고 필연도 운명이라면 운명은 있는 것이다. 자유의지로 선택하고 행동한다고 하더라도 그럴 수밖에 없었기 때문이라면 이 또한 운명인 것이다. 그러나 이 순간 나는 무한한 가능성을 앞에 두고 지성, 감성, 영성을 총 동원하여 나를 꽃피우기 위해 최선의 노력을 다하고자 하는 존재이고 반성하고 다짐하며 보다 나은 삶을 꿈꾸는 존재이며 자유의지로써 자신의 삶을 창조해나가는 존재가 아니던가. 운명은 미리 정해져 있는 것이 아니고 순간순간 만들어져 나가는 것이리라. 그러나 나의 자유의지로 어찌할 도리가 없는 것은 운명이라고 할 수밖에 없을 것이다.

세 번째 질문: 어떻게 살아가야 하는가?

스스로 원하는 삶을 사는 것, 이것은 모든 사람의 소망일 것이다. 그러나 자신이 진정으로 원하는 삶이 어떤 것인지를 스스로 깨닫기까지 사람마다 그 과정이 다르고 그 때가 다를 것이다. 지나온 세월의 수많은 시행착오와 그릇됨과 거짓됨과 불성실의 삶의 부분을 반성하며 지금 내가 삶의 태도로 설정한 것은 세 가지이며 나는 이것을 여생의 좌우명으로 삼고자 한다. 근면성실勤勉誠實, 순수정직純粹正直, 온화후덕溫化厚德이 그것이다. 이로써 내 자신의 평온과 당당함을 지키고 키우려고 하며 또한 이로써 이웃과 세상에 이로운 존재가 되고자 한다. 궁극적으로는 '고요한 중심·환한 미소'의 존재로서 나를 활짝 꽃피울 수 있기를 소망하며 '저절로 신선춤'으로 이 길을 닦아나가고자 한다.

04 앎의 길, 삶의 의미를 찾아서

이영환

새벽 두 시, 나는 오늘도 친숙한 물건들로 가득 찬 작은 공간에서 책을 읽고 있다. 책상 위에 수북이 쌓인 책들은 최근 나태해진 나를 질책하는 것 같다. 요즈음 이 시각이면 종종 갑자기 머리가 어찔하면서 의식이 약화되는 느낌이 들곤 한다. 그러면 아침에 온전하게 의식이 돌아오기를 고대하면서 서둘러 잠을 청한다. 아직까지는 한 번도 실패하지 않았으니 당분간 또 다른 밤을 맞이할 수 있을 것 같다. 밤늦게까지 잠들지 못하는 오랜 습관을 책을 읽으며 달래 온 세월이 꽤 되었다. 멀리서 자동차 소음이 간간히 들리지만 주변은 늘 적막하다. 모두 잠들었고 나는 지금 깨어 있다. 머지않아 칠순을 바라보는 나이에 이르렀다는 사실에 갑자기 격한 감정이 몰려온다. "도대체 지금까지 무엇을 위해 살았는가?"라고 바닥 모를 심연에서 들리는 저 목소리에 뭐라 답할지 막막하다. 불가지론자 agnostic를 자처하면서 살아온 지 꽤 지났건만 아직도 돌파구를 찾지 못하고 있는 나 자신을 다시 한 번 되돌아본다. 수많은 상념들, 이런저런 기억들, 잡다한 지식, 흔들리는 세계관, 그리고 감각을 통해 흘러들어오는 방대한 정보, 이 모든 것을 주관하고 있는 이른바 '나'라는 존재는 지금, 여기서 무엇을 추구하고 있는지 자신에게 질문을 던진다. 그런데 빅

젊은 시절 세미나 주제 발표를 경청하던 모습

퀘스천Big Question, 즉 답을 얻기 어려운 큰 질문이기에 암중모색할 뿐 별다른 기대는 하지 않는다. 그러면서 인간이 자기 자신을 탐구한다는 것이 과연 가능할까 하는 의구심을 통해 현재의 교착 상태에서 빠져나갈 수도 있다는 생각에 다소 안도한다. 그러다가 다시 문제를 회피하려는 자신의 태도에 실망하면서도 아직 기회가 남아있다는 데 미치자 한 밤중에 깨어 있는 것이 그리 나쁘지 않다는 느낌이 든다. 이런저런 생각에 대해 생각할 수 있는 나를 돌아보면서 마치 자신의 꼬리를 물고 있는 우로보로스ouroboros1)처럼 무한 순환의 고리에서 빠져 나올 수 없을 것 같다는 느낌이 드는 이 시각에 나는 글을 쓰고 있다. 그런데 별로 내세울 것도 없는 자신의 진면목을 드러내는 글을 쓰자니 만감이 교차한다. 생각한 바를 솔직하게 드러내면서도 사람들에게 공감할 수 있는 글을 쓴다는 것이 여간 어렵지 않다. 많은 글을 써왔으니 조금 나아졌지 않았나

하는 근거 없는 자신감이 들곤 했지만 여전히 괜찮은 글을 쓴다는 것이 내게는 고문에 가깝다. 영화 《아마데우스》에서 한 번도 수정한 흔적이 없는 모차르트의 악보를 보는 순간 절망과 경탄이 뒤섞인 안토니오 살리에리의 얼굴이 불현 듯 떠오른다. 그러나 재주가 없음을 한탄하기에는 너무 멀리 왔다. 인정할 것은 솔직히 인정하면서 있는 그대로의 모습을 드러내는 것만이 내가 할 수 있는 일이다. 이 나이에 무엇이 두렵고, 무엇을 감추겠는가. 이런 의미에서 이 글은 일종의 참회록이다. 출생 후 부모님을 위시해 내게 가르침을 주신 여러 스승님들, 주변의 좋은 친구들과 선후배들, 그리고 한국사회로부터 많은 은혜를 입었으나 그 동안 제대로 보답하지 못한 것에 대한 반성과 자책의 기록이다. 그러면서도 사람들이 이 글을 통해 인생에서 가장 소중한 것은 모든 편견과 독선으로부터 자유로운 '참된 앎'을 추구해야 한다는 것임을 공감해 주었으면 하는 작은 바람을 가져본다. 나는 지금 늦은 시간에 깨어 있으면서도 꿈을 꾸고 있다.

인간 존재의 역설 – 빅퀘스천에 대한 호기심

인간의 뇌가 지금보다 5퍼센트 정도 덜 진화했다면 물질적으로는 덜 풍요롭겠지만 정신적으로는 훨씬 더 평온한 삶을 살고 있지 않을까? 인간이 10퍼센트 정도 덜 탐욕스러워지면 세상은 지금보다 훨씬 더 살만한 곳으로 변하지 않을까? 초인공지능Artificial Super Intelligence이 등장하면 인류를 괴롭혀온 모든 난제들이 해결될까, 아니면 전혀 예상치 못했던 문제들이 인류를 파멸로 몰고 갈 것인가? 요즈음 은퇴 후 여유가 생겨서 그런지 종종 이런 엉뚱한 생각을 하곤 한다. 지금까지 지구상에 출현했던 인간이 과연 몇 명이나 될까 하는 것도 그 중 하나다. 《위키피디아》에 의하면 2019년 7월 기준 세계 인구는 약 77억 명이다. 그런데 지금까지 얼마나 많은 사람들이 살았었는지는 별개의 문제다. 이런 의문이 뜬금없다고 생각할 수도 있지만 때로는 엉뚱한 생각을 통해 자신의 삶을 되돌아보는 계기를 마련할 수 있다. 이에 관한 정확한 자료를 얻기는 쉽지 않지만, 미국 인구조사국에서 몇 년 전 발표한 자료에 의하면 지구상에 살다간 인간은 총 1,080억 명 정도에 달한다고 한다. 현재 인구의 15배 정도에 해당하는 셈이다.

그러면 앞으로 얼마나 많은 인간이 지구에 출현할 것인가? 이는 지구에 에너지를 공급하는 태양의 수명과 밀접하게 관련되어 있다. 과학자들의 추정에 의하면 태양이 적색거성으로 변해 지구를 삼킨 후 내부 붕괴에 의해 백색왜성으로 변할 때까지 대략 50억 년 남았다고 한다. 물론 그때까지 인류가 생존해 있을 가능성은 거의 없다. 그 전에 지구가 너무 뜨거워져 어떤 생명체도 살 수 없는 최악의 환경으로 변할 것이기 때문이다. 여기서 내가 말하려는 것은 아무리 낙관적으로 생각해도 언젠가 인류의 멸종은 피할 수 없으며, 어떤 초월적인 존재에 대한 믿음으로도 반박하기 어려운 부동의 진실이라는 것이다. 그런데 더 우울한 것은 인간의 탐욕과 무지로 인해 머지않아 지구는 더 이상 어떤 생명체도 생존이 불가능한 곳으로 변해 버릴 가능성이 매우 높다는 사실이다. 일부 전문가들은 현재 진행 중인 기후변화가 이미 임계점을 넘지 않았나 하고 우려하고 있다. 인류는 이미 돌아올 수 없는 다리를 건넜을 수도 있다. 그럼에도 탐욕에 휩싸여 "기후변화는 없다"고 주장하는 사람들을 보면 말문이 막힌다. 이들이 좇는 것은 돈과 권력이 제공하는 감각적 쾌락, 그 이상도 이하도 아니기 때문이다. 어떤 변명을 하더라도 돈과 권력이 결국 감각적 쾌락의 추구라는 한계를 넘지 못한다는 것은 인류 역사가 입증한다. 이들은 인간 존재의 모든 의미가 오로지 거기에 있다고 믿는 사람들이다. 이들에게 '에고를 넘어선 그 무엇에 대한 동경'을 묻는 것은 그야말로 허튼소리일 뿐이다. 이런 부류에 속하는 극소수의 파워엘리트들이 현재 인류와 지구의 미래에 큰 영향력을 행사하고 있는 현실이 안타까울 뿐이다.

다시 지구에 등장한 인간의 숫자로 돌아가 보자. 나는 현재 진행 중인 기후변화와 생태계 파괴, 그리고 이를 방관하는 인간의 탐욕과 무지가 그대로 지속된다면 앞으로 몇 백 년 이내에 전 지구적 차원의 재앙이 발생할 가능성이 높다고 생각한다. 이 예상이 맞는다면 매년 1억 명이 채 안 되는 새 생명이 태어나므로 앞서 말했던 1,080억 명에다가 앞으로 등장할 인간을 모두 더해도 최대 2,000억 명을 넘기기 어려울 것이라는 생각이 든다. 그렇다면 우리 각자는 유일무이한 존재로 태어났으니 약

2,000억 분의 1의 '확률적 존재'라 할 수 있다. 이는 당첨 확률이 약 814만분의 1인 로또와는 비교하기조차 민망할 정도로 지극히 낮은 확률이다. 확률의 관점에서 보면 우리 모두 시공간적으로 광대무변한 우주에 정말 우연히 등장한 존재인 셈이다. 이것이 인간을 둘러싼 모든 역설의 출발점이기도 하다. 나는 이런 수치를 접한 사람들 모두 똑같은 감정을 느끼지는 않을 것이라고 본다. 어떤 사람은 수많은 사람들 중 하나라는 사실에서 존재의 왜소함과 무력감으로 인해 아무런 원칙 없이 대충 살다가면 된다고 생각할 수도 있다. 이런 경우 오로지 쾌락을 추구하는 데 전념하더라도 이상할 것 없다. 이와 반대로 누군가는 유일무이한 존재로서 자신만의 의미를 추구하면서 살아야겠다고 결심할 수도 있다. 이와 관련해 알베르트 아인슈타인Albert Einstein(1879~1955)이 남긴 다음 명언은 음미할 가치가 있다.

인생을 살아가는 데는 오직 두 가지 방법밖에 없다. 하나는 아무것도 기적이 아닌 것처럼, 다른 하나는 모든 것이 기적인 것처럼 살아가는 것이다.

우리의 임무는 살아있는 모든 생명체들과 자연, 그리고 자연의 아름다움을 모두 끌어안아 연민의 범위를 넓힘으로써 스스로를 자유롭게 만드는 것이어야 한다.

아인슈타인은 자타가 공인하는 인류 역사상 최고의 지성을 소유했던 인물이다. 그런 그가 이성의 한계를 절감하고 우주의 신비에 대한 외경畏

敬을 온몸으로 느끼면서 살았던 영적 인물이었다는 점은 그다지 알려지지 않았다. 나는 아인슈타인이 남긴 명언에 담긴 핵심 메시지는 '의미'를 추구하는 삶을 살아야 한다는 것으로 해석한다. 우리의 삶 자체가 기적인데 어찌 의미를 추구하지 않을 수 있겠는가. 광대무변한 우주에서 그야말로 찰나 같은 삶을 살아야 하는 인간이 어떤 상황에 처해도 끝까지 포기하지 말아야 할 것이 바로 자신만의 고유한 의미를 추구하는 것이다. 이를 극명하게 보여준 대표적인 인물로는 아우슈비츠의 생지옥 같은 상황에서 살아남아 훗날 로고테라피logotheraphy2)를 창안한 신경과학자이자 심리학자 빅토르 프랑클Viktor Frankl(1905~1997)3)을 들 수 있다.『죽음의 수용소에서』는 극한 상황에서도 끝내 인간의 존엄성을 잃지 않고 견디어 냈던 그의 치열한 삶의 기록이다. 프랑클이 감동적으로 보여주었듯이 인간은 의미를 발견할 수 있는 한 어떤 상황에서도 견디어 낼 수 있는 존재다.

그런데 나는 요즈음 인간은 과연 의미 있는 삶과 무의미한 삶 중 배타적으로 하나만을 선택하게 되어있는 존재인가에 대해 의문을 갖게 되었다. 의미란 인간의 내면에서 일어나는 의식 작용의 산물이라고 할 때, 의미와 무의미라는 두 가지 의식 상태가 공존할 수 있다는 생각이 들어서다. 다소 무리지만 양자역학의 용어를 빌리자면 이 두 가지 가능성이 중첩superposition되어 있다고 할 수 있지 않은가 하는 것이다. 무의미한 삶과 의미 있는 삶 중 하나를 선택하는 것이 아니라 이 두 가지 삶의 가능성이 우리 내면에 동시에 존재하고 있다는 말이다. 이는 인간을 성선설과 성악설 중 한 가지 관점에서 파악했던 과거의 견해보다는 인간은 선한 동시에 악한 존재라고 파악하는 것이 더 진실에 가깝다는 말이기도

하다. 나는 인간은 그런 존재라는 생각이 든다. 즉 미리 정해진 것은 아무것도 없으며 우리 모두 잠재성potentiality의 상태에서 '존재'하고 있는 것이다. 이와 관련해 개미 연구로 유명한 사회생물학자 에드워드 윌슨 Edward O. Wilson(1929~)4)이 『인간 존재의 의미-지속가능한 자유와 책임을 위하여』에서 다음과 같이 말한 것도 이런 맥락에서 이해될 수 있다고 본다.

> 우리는 모두 성인이자 죄인인, 진리의 수호자이자 위선자인 유전적 키메라chimera다. 인류가 어떤 예정된 종교적 또는 이념적 이상에 도달하지 못해서 그렇다는 것이 아니라, 우리 종이 수백 만 년에 걸친 생물 진화를 통해 기원한 방식이 그렇기 때문이다.

키메라5)는 생물학에서 하나의 생물체 안에 서로 다른 유전 형질을 가지는 동종의 조직이 함께 존재하는 현상을 뜻하는데 원래 그리스 신화에 등장하는 머리는 사자, 몸통은 염소, 꼬리는 뱀으로 이루어진 괴물 키마이라chimaera에서 유래했다. 윌슨은 이 용어를 이용해 인간의 역설적인 본성이 진화 과정의 산물임을 강조하려 했다. 이처럼 인간은 간단하게 이분법적으로 파악될 수 있는 존재가 아니다. 나는 이것이 '너 자신을 알라'라는 오래된 명제를 이해하는 출발점이라고 생각한다.

이제 관점을 우주의 진화 과정으로 확장해 보자. 우리 모두 밤하늘을 우러러 보면서 광대무변한 우주에서 자신이 얼마나 왜소한 존재인지 느꼈던 경험이 있을 것이다. 이와 같이 우주적 관점에서 인간 존재의 의미를 생각하다보면 자연스럽게 '빅퀘스천'으로 이어진다. 이것은 인류 역

사를 통해 연면히 이어져온 그야말로 '큰 질문'으로서 소위 '작은 질문'
에 반대 개념이라 할 수 있다. 예컨대 "오늘 저녁은 무엇을 먹으면 좋을
까?," "어디 아파트를 구입하는 것이 가장 유리할까?," "오늘 그녀와의 데
이트에서 무슨 대화를 나눌까?," "어떤 주식에 투자하는 것이 좋은가?"
등은 작은 질문에 해당된다. 우리가 일상적으로 제기하는 질문은 대부분
작은 질문이지만 우리는 여기에 모든 것이 달려 있는 것처럼 살고 있는
셈이다. 그렇다고 이런 질문이 무의미하다는 것은 아니다. 단지 여기에
그치지 말고 그 너머에 뭔가 있을 수 있다는 가능성을 배제하지 말자는
것이다. 우리가 감각적으로 이해하는 세상은 환영maya에 불과하니 여기
에 집착하지 말고 보이지 않는 진실의 세계, 즉 실재reality를 추구해야 한
다고 주장하려는 것이 아니다. 보이는 세계가 환영일지라도 이것을 실재
로 받아들이고 살아가게 된 데는 반드시 이유가 있을 것이니, 이것을 주
의 깊게 살펴보자는 것이다. 그러면 자연스럽게 빅퀘스천으로 이어진다
는 것이 내 생각이다.

　여러 사람들이 빅퀘스천에 관해 이야기했는데, 나는 우리에게 익숙한
블랙홀black hole과 웜홀worm hole[6]이라는 용어를 만든 물리학자 존 휠
러John A. Wheeler(1911~2008)[7]와 앞서 언급했던 에드워드 윌슨, 그리고
얼마 전에 작고한 물리학자 스티븐 호킹Stephen Hawking(1942~2018)[8]이
제기한 큰 질문에 초점을 맞추고자 한다. 이들이 제기한 큰 질문은 특별
히 관심을 가질만하다고 생각하기 때문이다. 에드워드 윌슨은 저서 『지
구의 정복자』와 『인간 존재의 의미』에서 진화론과 사회생물학적 관점에
서 본 인간 존재의 문제와 관련해 다음과 같은 큰 질문을 제기했다.

- 우리는 어디에서 왔는가?

- 우리는 누구인가?

- 우리는 어디로 가는가?

- 인간 조건을 이해하면 존재의 의미가 모두 드러나는가?

- 사회적 진화의 원동력은 무엇인가?

- 생물학은 인간 존재의 의미에 대해 무엇을 말해주는가?

한편 20세기 물리학계의 두 거목 알베르트 아인슈타인, 닐스 보어Niels Bohr(1885~1962)**9)**와 공동으로 연구했던 유일한 물리학자이면서 기발한 착상으로 유명했으며, 리처드 파인만Richard Feynman(1918~1988)**10)**을 비롯해 기라성 같은 제자들을 양성했던 존 휠러는 철학적 관점에서 우주와 인간 존재에 대해 다음과 같은 근본적인 질문을 제기했다.

- 존재는 어떻게 생겨났는가?

- 왜 양자quantum인가?

- 참여하는 우주participatory universe란 무엇인가?

- 의미는 무엇인가?

- 비트에서 존재로it from bit?

휠러가 제기한 빅퀘스천 가운데 마지막 질문은 그가 말년에 "모든 것은 정보다"라고 선언했던 입장을 대변하는 가장 근본적인 질문이다. 이 질문이 시사하는 것은 물질적인 세계(존재)가 전적으로 혹은 부분적으로 정보(비트)로부터 구성된다는 것이다. 이와 관련해 휠러는 다음과 같은 신비로운 주장을 펼쳤다.

> 모든 존재, 즉 모든 입자와 역장力場, 심지어 시공연속체까지도 그 기
> 능이나 의미 그리고 존재 그 자체를 '예-아니오' 질문에 대한 답으로
> 부터, 즉 비트로부터 전적으로 얻는다.

이와 같이 휠러는 단순히 '어떻게'의 관점이 아니라 '왜'라는 보다 근본적이고 철학적 관점에서 우주와 우리 자신의 관계에 대한 큰 질문들을 제기했던 것이다. 하나하나 깊이 생각해야 하는 것이기에 빅퀘스천으로 손색이 없다. 이런 의미에서 휠러는 물리학에 형이상학의 관점을 추가했다고 볼 수 있다. 나아가 나는 휠러의 주장은 우주를 구성하는 기본요소는 물질과 에너지뿐이라는 기존의 과학적 물질주의에 반해서 정보와 의식consciousness을 우주의 근본적인 구성 요소로 간주하는 새로운 패러다임을 자극하는 계기를 마련했다고 생각한다. 이와 같이 빅퀘스천에 깊은 관심을 가짐으로써 우리는 우주와 생명의 진실에 다가갈 수 있는 것이다. 휠러가 제기한 빅퀘스천이 윌슨의 그것과 표면적으로는 달라 보이지만 본질적으로는 차이가 없다는 것이 내 생각이다. 지능과 의식을 가진 존재인 인간이 마땅히 가져야할 근본적인 의문과 관련되어 있기 때문이다. 나는 아무리 현실이 열악하고 비통해도 인간이라면 모름지기 이런 질문에 답을 얻고자 하는 열망을 버려서는 안 된다고 본다. 물론 이것이 말처럼 쉬운 일은 아니다. 현실은 끊임없이 우리를 유치하고 비열한 사건들로 가득 찬 상황으로 내몰기 때문이다. 지금 이 순간 국내외에서 벌어지고 있는 끔찍한 사건들을 생각하면 인간 존재에 대한 극심한 회의를

떨치기 어렵다. 그럼에도 불구하고 존재적 의미를 찾고자 하는 사람이라면 빅퀘스천에 대한 관심의 끈을 놓지 말아야 한다고 말하고 싶다.

빅퀘스천과 관련해 스티븐 호킹을 빼놓을 수 없다. 공식 명칭은 '근위축성 측색 경화증'이고 흔히 '루게릭병'으로 알려진 불치병을 앓게 된 20세 이후 작고할 때까지 평생 불편한 몸을 부둥켜 안고서도 인간 지성이 도달할 수 있는 최고의 경지를 보여준 호킹은 우리에게 빅퀘스천에 대한 탐구를 멈추지 말라는 메시지를 남겼다. 그래서 그의 사후 유족과 지인들은 평소 그가 자주 거론했던 빅퀘스천들을 정리해 『빅퀘스천에 대한 간결한 대답』이라는 제목의 책을 출판했다. 이 책에서 호킹은 평생 관심을 가졌던 빅퀘스천들에 대한 자신의 대답을 제시했다. 그렇지만 호킹도 이것이 궁극적인 대답이 아닐 수도 있다고 생각했을 것이다. 호킹은 일찍이 『위대한 설계』에서 다음과 같은 빅퀘스천을 제기했었다.

- 왜 아무것도 없는 것이 아니라 무엇인가 존재하는가?
- 우리는 왜 존재하는가?
- 다른 법칙이 아니라 왜 이와 같이 특별한 일련의 법칙이 성립하는가?

호킹은 그 후 여기에 몇 가지 다른 큰 질문들을 추가했다. 특히 인공지능의 위험이나 조만간 닥칠 수 있는 지구의 종말과 관련된 내용은 주목할 필요가 있다. 그리고 호킹은 무신론자로서 우주의 기원을 설명하는 데 신의 존재를 가정할 필요가 없다는 견해를 피력해 왔는데, 『빅퀘스천에 대한 간결한 대답』에서도 이 문제를 제일 먼저 다루었다. 그는 중력의 법칙과 자기조직화원리 같은 자연법칙으로 우주의 기원을 비롯한 모든 것을 설명할 수 있다면서 굳이 신을 도입하지 않아도 된다고 말했다. 그러면서 이것은 신의 존재를 부정하는 것이 아니라 신의 존재를 상정할 필요가 없다는 것으로서 이 둘은 혼동해서는 안 된다고 했다. 이 이야기를 하는 이유는 신과 관련된 논쟁을 하려는 것이 아니라 이성적 사유를 중시했던 호킹의 일관된 태도를 말하려는 것이다. 비록 끝까지 과학적 물질주의라는 주류 과학계의 세계관을 견지하고 이를 벗어난 신비로운 현상의 가능성을 일축했지만 나는 빅퀘스천에 대한 호킹의 열정은 높이 평가 받을 만하다고 생각한다.

이에 덧붙여 생물학자 루퍼트 셸드레이크Rupert Sheldrake(1942~)가 저서 『과학의 망상』에서 제기한 열 가지 질문 모두 빅퀘스천으로서 손색이 없다. 그는 주류 과학계를 향해 자연은 기계적인가, 물질과 에너지의 총량은 항상 일정한가, 물질은 의식이 없는가, 모든 생물학적 유전은 물질적인가, 마음은 뇌에 갇혀 있는가 등과 같은 열 가지 주된 질문과 더불어 수십 개의 추가 질문을 던졌다. 아직까지 이와 관련된 본격적인 논의가 없는 것으로 미루어 그의 도전은 불발로 그친 것 같다. 하지만 나는 이런 도전은 계속되어야 한다고 생각한다. 우리는 종교든 과학이든 어떤 유형의 도그마로부터도 자유로워야 한다. 셸드레이크는 최근 자신의 영적 체험을 바탕으로 『과학자인 나는 왜 영성을 말하는가』라는 책을 출간했다. 그는 과학자이자 영적 체험의 가치를 존중하는 자세를 견지함으로써 과학과 영성의 조화를 실천해 온 대표적인 인물이다. 이런 점에서 나는 그를 높이 평가하고 있다. 비록 그가 주류 과학계에서는 사이비 과학의 전도사인양 매도당하고 있지만 그의 주장에는 뭔가 심오한 것이 담겨 있다는 인상을 준다. 그의 주장이 폭 넓은 지지를 받게 된다면 이는 과학적 물질주의의 종언을 고하는 분명한 징후일 것이다. 이외에도 작가이자 철학자인 올더스 헉슬리Aldous Huxley(1894~1963)[11]가 저서 『영원의 철학』에서 다루었던 여러 현자들과 신비주의자들도 표면상으로는 휠러나 윌슨 그리고 호킹과 같은 과학자들이 제기했던 것들과 달라 보이지만 본질적으로는 유사한 빅퀘스천을 제기했었다. 헉슬리가 언급했던 동서양의 현자들은 각자의 문화적·종교적 전통을 반영해 조금씩 다른 방식으로 질문을 제기했지만 궁극적인 면에서는 차이가 없다고 본다. 모두 궁극적 실재ultimate reality에 관한 의문과 확신을 다른 방식으로 표출했을 뿐이며 결국 우주의 본질과 인간 본성의 문제로 귀결된다.

나 또한 여러 사람들이 제기한 질문들을 참고해 나름대로 빅퀘스천을 궁구해왔다. 그러면서 벽에 부딪힐 때마다 인간은 기본적으로 이성적인 사유를 바탕으로 문제를 풀어야 하지만 여기에는 분명 한계가 있다는 생각이 들었다. 이른바 이성의 한계다. 따라서 이성을 넘어선 초이성적 사고가 필요한 순간이 있다는 것이 내 생각이다. 그렇다고 이것이 반이성적이어서는 안 될 것이다. 예를 들어 죽음의 문제를 생각해보자. 인간을 비롯해 모든 생명체는 유한한 수명을 갖고 태어난다. 인간은 미래에 일어날 일들에 대한 시뮬레이션을 통해 현재의 행동을 선택하는 존재이므로 죽음이 피할 수 없는 자연 현상임을 알고 이에 대비해 각자의 방식으로 준비한다. 특정 종교를 믿는 것도 이런 대응의 일종이라 할 수 있다. 과학적 물질주의를 신봉하는 사람에게 죽음은 모든 것의 소멸이요, 자연으로의 회귀다. 영혼 불멸이나 환생 및 윤회는 소망사고wishful thinking일 뿐이다. 따라서 살아 있는 동안 마음껏 즐기다가 죽음을 맞이하겠다고 결심해도 조금도 이상하지 않다. 반면 영혼 불멸이나 윤회를 믿는다면 이야기가 달라진다. 사후를 대비해 뭔가 더 조심스러운 삶을 살고자 하는 열망이 생겨날 수 있기 때문이다. 이와 같이 죽음에 대한 관점에 따라 현재의 삶을 대하는 방식이 확연히 달라진다. 나도 이 문제를 가지고 고민하다가 여러 종교에서 말하는 사후세계나 과학에서 말하는 모든 것의 종말이라는 양 극단 외에 다른 가능성에 대한 연구가 일부 과학자들 사이에서 활발하게 진행되고 있다는 것을 알게 되었다. 예컨대 전생기억 Past-Life Memories과 임사체험Near-Death Experiences에 관한 연구가 이에 해당된다. 전생을 기억하는 아이들에 관한 많은 사례들과 죽음 직전에 돌아온 사람들의 다양한 임사체험 사례들은 삶과 죽음의 본질에 관심이 있는 사람이라면 한번쯤 관심을 가질 필요가 있다는 것이 내 생각이다. 그 이유는 과학적으로 훈련받은 여러 전문가들이 이런 문제들을 최대한 객관적으로 분석하려고 꾸준히 노력하고 있기 때문이다. 여기서 다 거론할 수 없지만 내가 검토한 바에 의하면 이들의 주장을 일고의 가치도 없다고 매도하는 것은 과학적인 태도라고 보기 어렵다. 미국 버지니아 대학교 정신과 이언 스티븐슨Ian Stevenson(1918~2007) 교수는 작고할 때까지 40여 년 동안 전 세계 곳곳에서 전생을 기억하는 아이들에 관한 과학적 연구를 수행한 선구자로서 방대한 연구 결과를 남겼다. 그의 뒤를 이은 짐 터커Jim Tucker(1960~) 교수는 저서『어떤 아이들의 전생 기억에 관하여』를 통해 전생을 기억하는 아이들에 관한 여러 사례들을 소개했다. 나는 과학적으로 훈련받는 여러 학자들이 오랜 세월에 걸쳐 모든 것을 걸고 연구한 것을 일고의 가치도 없다고 매도하는 것은 학문적으로뿐만 아니라 인간적으로도 오만한 태도라고 생각한다. 진위를 떠나 이들의 연구에 관심을 가질 필요가 있다.

같은 맥락에서 우리는 임사체험에 관한 방대한 연구와 다양한 사례 분석에 주목할 필요가 있다. 예컨대 미국 하버드 의대를 비롯해 유수한 의과대학에서 신경외과의사로 근무했던 이븐 알렉산더Eben Alexander (1953~)의 임사체험 사례는 이 문제에 대해 깊이 생각해 볼 기회를 제공한다. 또한 평범한 주부로서 살아오다가 악성림프종으로 의식불명 상태에 빠졌다가 임사체험을 한 후 기적적으로 회생한 아니타 무르자니Anita Moorjani(1959~)의 사례도 주목할 만하다. 나는 그녀의 동영상을 보면서 평범한 가정주부였던 한 여성이 임사체험 이후 높은 수준의 영적 메시지를 전할 수 있게 되었다는 사실에 놀라움을 금할 수 없었다. 무르자니는 이런 자신의 이야기를 저서『그리고 모든 것이 변했다』에서 상세히 묘사했다. 그리고 이 두 사례의 두드러진 공통점은 아무런 의학적 조치 없이 임사체험과 함께 병이 완치되었다는 사실이다. 특히 이븐 알렉산더의 사례가 특별한 것은 뇌에 관한 전문가라는 점 때문이다. 그는 급성뇌막염으로 급작스럽게 회복 불능 상태에 빠졌기에 가족들은 그의 임종을 준비해야 하는 상황에 처했다. 그런데 그는 이런 상황에서 기적적으로 살아나면서 임사체험을 했다.『나는 천국을 보았다』에서 자신의 임사체험을 상세하게 묘사했으며, 이후 개인적 체험의 영역을 넘어 인간 의식의 본질을 탐구한 저서『Living in a Mindful Universe』를 출판했다. 특별히 그의 사례를 언급한 이유는 그 스스로 임사체험 이전에는 과학적 물질주의와 환원주의를 신봉하는 철저한 유물론자였는데 임사체험 이후에는 사후세계를 믿을 뿐만 아니라 영적 깨달음을 얻었다고 자신 있게 말하기 때문이다. 그가 전하는 메시지의 진위 여부와 무관하게 영적 깨달음을 얻게 된 과정에 대해 우리 모두 관심을 가져볼 만하다는 것이 내 생각이다. 이븐 알렉산더 외에도 이와 유사한 수많은 사례들이 체계적으로 분석되고 있다. 이런 연구에 관여하는 사람들은 의사, 심리학자, 정신과 의사와 같은 전문가들로서 이들이 정신이상자나 과대망상증 환자가 아니라면 자신의 경력을 망치면서 오랜 세월 동안 이런 문제에 몰두하지 않았을 것이다. 평판이 훼손되고 재정적으로 피해를 볼지도 모르는 위험을 감수하면서까지 이런 문제를 연구하는 사람들에게 동기를 부여하는 것은 오직 인간 존재에 대한 순수한 호기심일 것이다. 나로서는 다른 이유를 생각하기 어렵다.

내가 이런 사례들을 언급한 이유는 빅퀘스천은 기존 패러다임에 대해 의문을 제기하면서 시작되기 때문이다. 누구나 기존 패러다임에 안주하면 편하다는 것을 알고 있다. 과학적 물질주의와 그 방법론인 환원주의가 그토록 강력한 힘을 발휘하는 것도 이 때문이다. 그렇지만 과학철학자 토머스 쿤Thomas Kuhn(1922~1996)[12]이 저서 『과학혁명의 구조』에서 갈파했듯이 기존의 패러다임으로 설명할 수 없는 여러 가지 이상 현상anomalies이 발생한다면 새로운 패러다임이 필요한 시점이 도래했다는 것을 시사한다. 나는 인공지능기술을 중심으로 급속하게 진행되는 4차 산업혁명의 초입에 있는 지금이 바로 그 시점이라고 생각한다. 스스로 생각하는 훈련을 하지 않으면 인간 존재의 의미를 상실하게 될지도 모르는 시대가 도래할 것이기 때문이다. 그래서 우주의 본질, 생명의 기원, 정보의 의미. 죽음의 본질 등과 관련된 빅퀘스천을 궁구해야 하는 것이다. 이런 맥락에서 나는 다음과 같은 빅퀘스천에 대한 대답을 얻고자 분투해 왔다.

- 뇌는 의식의 원천인가, 아니면 필터인가? 만약 의식이 뇌와 독립적이라면 어떤 메커니즘을 통해 작용하는가?

- 기억은 뇌에 저장되는가, 아니면 뇌 밖의 어딘가에 저장되는가? 뇌 밖에 저장된다면 그곳은 어디이며, 어떤 방식으로 저장되고 불러올 수 있는가?

- 죽음은 존재의 완전한 소멸인가, 아니면 아직은 파악되지 않은 세계로의 이동인가? 완전한 소멸이 아니라면 어딘가에 어떤 에너지 상태로 존재할 것인가?

- 초인공지능이 출현하면 인류의 모든 난제들이 해결될 것인가? 그렇다면 인간 존재의 의미는 무엇이며 그 시대에 적합한 정치·경제 시스템은 무엇인가?

- 생명의 기원, 의식의 기원과 정보의 출현은 어떻게 연관되어 있는가? 어느 것이 먼저이며, 미세 조정된 우주의 탄생과 어떻게 연관되어 있는가?

- 정보이론, 물리학, 생물학, 신경과학, 컴퓨터공학, 그리고 경제학에서 다루는 정보를 통합적으로 해석하는 이론은 가능한가? 그렇다면 여기서 의식의 역할은 무엇인가?

나는 지금도 여전히 무지의 바다에서 허우적거리고 있기에 이 가운데 어떤 질문에 대해서도 최종적인 대답을 얻지 못하고 있다. 요즈음은 내가 계속 이런 문제들을 탐구할 능력이 있는지조차 의심스럽다. 이 시점에서 내가 할 수 있는 것은 오직 노력을 다하는 것뿐이다. 이것만이 인간 존재의 의미를 추구하는 행위라고 믿기 때문이다. 이 경우 현실적인 이

득을 기대하는 것이 없으니 다른 사람들과 다툴 일이 없으며 위선적으로 행동할 이유도 없다. 이런 이유로 나는 우리 모두 나름의 빅퀘스천을 가져보자고 제안하는 것이다. 자신의 존재 의미를 확인하는 가장 좋은 방법이 아니겠는가. 거듭 말하지만 빅퀘스천은 철학자나 과학자 그리고 종교인의 전유물이 아니다. 자신의 주변에서 일상적으로 벌어지는 크고 작은 일의 뒤에 숨겨져 있는 의미를 찾으려 노력하는 한 우리는 결국 빅퀘스천을 향해 나아가게 되어 있다. 그러니 "이런 큰 문제는 내 관심사가 아니다"라면서 처음부터 외면할 필요는 없다. 우리가 가끔 자조적自嘲的으로 "죽지 못해서 산다"라던가 "목구멍이 포도청이다"라고 말하는 것을 역으로 생각해볼 필요가 있다. 의미 있게 살고자 하는데 뜻대로 안 되기 때문에 이런 푸념을 하는 것은 아닌지. 나는 인간의 무의식 깊은 곳에는 존재의 의미를 추구하는 삶을 살고 싶다는 염원이 자리하고 있지만 현실의 문턱이 높아서 수면 아래 잠복해 있다고 생각한다. 그러나 물이 높은 곳에서 낮은 곳으로 흐를 수밖에 없는 것처럼 인간은 언젠가는 큰 질문을 만나게 되어 있는 그런 존재다. 단지 시기와 방법이 문제일 뿐이다.

빅퀘스천은 쉽게 답을 구할 수 있는 문제가 아니므로 우선 각자 자신의 역량을 키우는 것이 중요하다. 이를 위해서는 무엇보다 자신의 세계관을 분명히 하는 것이 중요하다. 자신의 세계관을 나침반으로 삼아야 하기 때문이다. 자기 나름의 세계관을 갖추기 위해서는 자신의 정체성에 대한 명확한 이해가 선행되어야 한다. 이것은 중요한 사안이다. 결국 모든 문제 해결의 출발점은 '나는 누구인가?'라는 정체성 문제와 관련되어 있기 때문이다. 예컨대 자기중심주의에 철저한 정체성을 가진 사람의 세계관이 어떨지는 불문가지不問可知다. 나는 여기서 '정체성 확립 → 세계관 확립 → 빅퀘스천에 대한 탐구'라는 일련의 과정 및 그 역逆도 성립한다고 말하고 있는 것이다. 한편 인간은 빅퀘스천에 대한 대답을 구하려는 열망을 갖고 있으면서 동시에 사소한 작은 일에도 흥분하고 화를 내는 역설적인 면을 보유하고 있는 존재다. 나는 이것이 인간 존재의 가장 큰 역설이라고 생각한다. 앞에서 인간의 '잠재성' 상태를 언급한 것도 이런 맥락에서다. 알베르트 아인슈타인은 이 역설을 다음과 같이 간결하게 표현했다.

세상에 관해 가장 이해하기 어려운 것은 세상을 이해할 수 있다는 것이다.

광대무변한 우주에서 측정 불가능할 정도로 미미한 존재인 인간이 이성적 사유를 통해 우주를 이해하려 시도했고, 결국 어느 정도 우주를 이해할 수 있게 되었다는 것은 대단한 역설이다. 138억 년 전 빅뱅에 의해 탄생한 우주가 급팽창 과정을 거쳐 현재의 우주로 진화했다는 것이 과학계의 정설이다. 138억 년은 단지 시간적 관점에서 만이 아니라 우주의 공간적 크기를 가늠하는 지표이기도 하다. 우리가 살고 있는 시공간의 크기는 사실상 무한대에 가까우며 개개인이 차지하는 시공간적인 위상은 그야말로 측정할 수 없을 정도로 작다. 한마디로 인간은 누구를 막론하고 우주적 관점에서는 티끌만도 못한 존재일 뿐이다. 그런 존재가 모든 것을 가진 것처럼, 영원히 살 것처럼 오만의 극치를 보인다는 것은 정말 역설적이다.

그렇다고 이 사실 때문에 개개인의 존재론적인 의미가 모두 상실되는 것은 아니다. 우주 만물은 오로지 물질과 에너지로 설명될 수 있다는 과학적 물질주의에 근거한 세계관을 수용하지 않는 사람들의 경우 특히 그렇다는 말이다. 인간의 의식과 감정은 과학적 물질주의의 관점에서 볼 때 가장 설명하기 어려운 부분이다. 갈릴레오 갈릴레이Galileo Galilei(1564~1642)가 모든 질적, 주관적 요소를 과학의 영역에서 제외한 이후 인간의 의식과 감정에 대한 과학적 견해에는 명백한 한계가 있다. 예컨대 인간은 어떤 계기로 인해 감당하기 어려운 낮은 단계로 떨어진 경우 처음에는 두려움, 절망감, 억울함 등에 사로잡혀 무기력해지지만 곧 이런 부정적인 감정을 극복하고 정상으로 돌아올 수 있는 있는 잠재력을 갖고 있다. 과학적 물리주의의 관점에서는 이런 극적 반전을 설명하기 어렵다. 철학자 프리드리히 니체Friedrich Nietzsche(1844~1900)가 『짜라투스트라는 이렇게 말했다』에서 "인간은 극복되어야 할 그 무엇이다. 그대들은 자신을 극복하기 위해 무엇을 했는가?"라고 물었을 때의 의미도 이와 무관하지 않을 것이다.

그래서 나는 우리 모두 한번쯤은 의도적으로 가장 낮은 단계로 내려가 봐야 한다고 제안하고 싶다. 아니면 적어도 그런 상황을 외면하지 말자고 말하고 싶다. 철저한 부정을 통해서 얻는 긍정, 그것만이 우리에게 진정한 희망과 용기를 준다고 믿기 때문이다. 이런 맥락에서 일단 모든 것을 의심해야 하는데, 이때 자신의 정체성에 대한 의심이 출발점이 되어야 한다고 생각한다. 자기 몸이 곧 자신이라고 단정한다면 감각적 쾌락에 몰두하는 것은 지극히 합리적이므로 비난의 대상이 아니다. 반면 나는 몸을 소유하고 있으며, 내 몸은 나의 일부일 뿐이라고 믿는다면 상황이 달라진다. 철학자 앨런 왓츠Alan Watts(1915~1973)가 "살가죽에 싸인 에고"라고 표현한 내 몸은 나의 일부일 뿐, 나의 정체성은 몸을 넘어 더 큰 무엇과 연결되어 있을 수 있다는 것을 자각할 필요가 있다. 이에 대해서는 아직 객관적인 증거가 있는 것은 아니며, 연결 정도에 대한 인식은 사람에 따라 천차만별이다. 바로 이런 이유로 빅퀘스천을 묻고 존재의 의미를 생각해 볼 필요가 있는 것이다. 외부에서 주어지는 다양한 감각 정보와 내면에서 올라오는 갖가지 기억들을 맹목적으로 수용하는 것은 스스로 '노예의 길'로 들어서는 것이다. 요즈음 같은 정보 홍수의 시대, 가짜 뉴스가 판을 치고 탈진실post-truth을 외치는 시대에는 특히 그러하다. 인간의 뇌는 자기 자신을 속일 정도로 교묘한 기관이라는 점도 유념할 필요가 있다. 이런 맥락에서 볼 때 부정을 통한 긍정의 힘을 믿지 않고 외부의 지시나 명령에 전적으로 의존하는 것은 자신이 상황의 노예임을 인정하는 셈이다. 우리는 노예의 운명을 타고난 존재가 아니다. 이성적 사유가 가능한 한 우리는 스스로 결정할 수 있는 힘이 있기 때문이다. 이것이 인간에게 고유한 자유의지free will다.

나는 여기서 어렵다는 이유로 빅퀘스천을 쉽게 포기해서는 안 되며 도전 정신을 가지고 더욱 열심히 추구해 볼 것을 제안하고 싶다. 이것은 다른 생명체보다 높은 수준의 의식과 지능을 가진 인간의 권리이자 의무이다. 특히 인공지능 기술이 점점 우리 삶의 모든 영역에 침투하고 있는 시점에서 빅퀘스천에 대한 탐구가 더욱 절실하다는 것이 내 생각이다. 스스로 질문하고 탐구하는 자세를 견지하지 않는다면 우리는 머지않아 인공지능 알고리즘이 알려주는 대로 행동하는 노예로 전락할 가능성이 매우 높다. 지금도 길을 찾으려면 자신의 기억이나 판단보다 내비게이션 앱에 의존하고 있지 않은가. 앞으로 인공지능기술이 발달하면 우리 삶의 거의 모든 면을 통제하게 될 것이며, 이는 곧 우리 사유능력의 퇴보로 이어질 가능성이 높다. 과연 이것이 우리가 태어난 목적이겠는가? 우리는 배우기 위해 이곳에 왔다. 그리고 무엇을 배울 것인가는 전적으로 본인의 몫이다. 자신에게 주어진 자유를 함부로 사용하는 것은 존재의 의미를 포기하는 것이다.

우리가 추구해야 할 것 – 지식과 믿음의 상보성

나는 삼십 년 이상 대학에서 경제학을 가르치면서 학생들과 함께 지냈다. 현재 은퇴한 상태에서 회상해 보니 학생들에게 삶의 길잡이가 되는 제대로 된 충고를 해주지 못한 것이 가장 아쉽게 여겨진다. 한 명의 학생이라도 나의 진정어린 충고로 인해 더 나은 삶을 살게 되었는지조차 의문이다. 교수로서 뛰어난 연구를 통해 사회에 기여할 수도 있지만 한 인간의 삶에 긍정적인 영향을 미칠 수 있다면 이 또한 매우 의미 있는 일일 것이다. 이 만큼 살아보니 "한 사람을 구하는 것이 세상을 구하는 것이다"라는 탈무드 잠언箴言의 의미를 어렴풋이 이해할 수 있을 것 같다. 내가 이 글을 써야겠다고 결심하게 된 데는 이것이 가장 큰 이유로 작용했다고 할 수 있다. 특히 참지식을 추구하고자 하는 사람들이 삶의 진정한 의미를 찾는 데 조금이나마 도움이 되었으면 하는 바람에서 말이다. 그런데 여기서 한 가지 분명히 짚고 넘어가야 할 것이 있다. 우리는 왜 자기가 아닌 다른 사람들, 총체적으로는 사회에 뭔가를 기여해야 하는가? 개인주의적 관점에서 보면 이는 위선일 수도 있다. 각자 이기심에 입각해 자신의 쾌락과 행복을 추구하면 그만이지 무슨 이유로 자신과는 별반 관련이 없는 다른 사람을 돕고 실체가 모호한 사회에 기여해야 하는 것인가? 그런데 인간이 사회적 동물이라는 사실을 인정한다면 극단적인 자유지상주의자들처럼 사회를 부정하는 것은 자기모순이다. 비록 상상의 질서이지만 사회는 엄연히 존재한다. 따라서 사회를 구성하는 개개인은 절제된 방식으로 이기심을 충족하면서 동시에 사회에 기여하는 것이 최선의 길이다. 이 두 가지 목표 사이에 갈등이 없어야 한다는 말이다. 인간의 이기심과 이타심이 적절하게 조화를 이룰 때 개인과 사회가 번영했다는 것은 역사가 증명할 뿐만 아니라 진화론의 지지를 받고 있다.

이 글을 쓰는 또 다른 이유는 나 자신 살아오면서 젊은 시절에는 결코 예상하지 못했던 참담한 경험을 했으며 이로부터 얻은 교훈을 여러 사람들과 공유하고 싶은 생각 때문이다. 나는 모든 것이 자신의 노력에 달려 있다는 자신감을 갖고 대학 생활을 했으며, 유학을 마친 후 귀국해 교수로 자리를 잡았다. 그러나 모친이 경영하던 사업체가 부도를 맞으면서 그 많던 재산이 허망하게 물거품처럼 사라지고 형제들 간에는 돌이키기 어려운 갈등만 남는 최악의 상황을 경험했다. 얼마 전까지만 해도 종종 이 비극적인 사건과 관련된 악몽에 시달렸었다. 나에게 일어난 이런 참담한 사건을 오랫동안 내려놓지 못하고 있었던 것이다. 몇 해 전 어머님이 돌아가시고 상속 포기 절차를 밟는 과정에서 다시 과거의 악몽이 되살아나는 경험을 하면서 나 자신에 대한 강한 회의가 들었다. 모든 욕심과 미련을 내려놓았다고 생각했지만 무의식 깊은 곳에서는 여전히 억울하고 안타까운 생각과 수치심이 남아 있었던 것이다. 의식에 비해 비교할 수 없이 깊고 넓은 무의식의 세계를 마음대로 통제할 수 있는 방법을 아직도 찾지 못하고 있는 자신이 부끄러웠다.

무의식 깊은 곳에 남아 있는 작은 불씨가 뜻밖의 사건을 계기로 불쑥 수면 위로 떠 올라와 자신을 괴롭힐 수 있다. 과거의 기억을 불러오는 것은 현재의 나 자신이다. 스스로 과거라는 감옥에 자신을 가두고 싶지 않다면 현재의 존재에 충실해야 한다. 우리는 과거의 고통스러운 기억과 미래에 대한 불안에 사로잡혀 현재에 충실하지 못한 삶을 살아가는 경우가 비일비재하다. 어떤 면에서는 장구한 진화 과정을 통해 생존과 번식에 도움이 되기에 우리 본성의 일부로 고정되었을지도 모른다. 그 만큼 강력하다는 의미다. 그래서 우리는 시공간적으로는 현재에 있으나 실제로는 현재를 제대로 의식하지 못한 채 살아가고 있는 셈이다. 나 역시 이런 굴레에 갇혀 오랜 세월 고통을 받았다. 거의 트라우마 수준의 고통이었다. 그렇기에 참담한 과거 때문에 고통 받고 있다면 지금 당장 기억의 감옥에서 나오라고 말해주고 싶다. 거기 머물고 있는 것은 누군가 자신을 끄집어내주기 바라기 때문이지만, 자신이 해결하지 않으면 안 된다는 점을 알아야 한다. 그리고 미래가 불안하더라도 두려워하는 대신 준비하라고 말하고 싶다. 어떤 이유에서든 자학自虐을 통해 존재를 인정받고자 하는 사람이 아니라면 그리해야 한다. 그러면서 오로지 현재의 자신에게 집중해야 한다. 우리가 존재하는 것은 오직 현재일 뿐, 과거도 미래도 아니다. 이렇게 현재에 충실하다보면 동서고금의 현자賢者들이 말했듯이 "영원이란 무한히 긴 시간이 아니라 시간을 뛰어넘는 것"이라는 오묘한 진리를 조금이나마 이해할 수 있을 것이라는 생각이 든다.

그런데 이런 맥락에서 보더라도 지금의 현실과 앞으로 닥칠 미래가 우리 모두에게 우호적이지 않다는 사실이 무척 안타깝다. 현재를 온전하게 그대로 수용할 수 없게 만들기 때문이다. 특히 사람들 간 갈등과 시기심을 부추기는 부와 소득 불평등의 악화 추세는 쉽게 완화되기 어려울 뿐만 아니라 인공지능기술을 중심으로 하는 4차 산업혁명의 파괴적 특성으로 인해 향후 상황은 특히 젊은 세대에게 더욱 불리하게 전개될 가능성이 농후하다. 즉 이들은 극단적으로 양분된 계층 중 하나에 속해 살아갈 가능성이 높다고 본다. 극소수는 과거 봉건 영주가 누렸던 것과는 비교가 안 될 정도의 부와 권력을 누리는 삶을 사는 반면, 대다수는 상대적인 박탈감 속에 시달리면서 열악한 삶을 살아가게 될지도 모른다. 최근 주목받고 있는 역사학자 유발 하라리Yuval N. Harari(1976~)13)가 저서 『호모 데우스』에서 묘사했듯이 대다수가 '쓸모없는 계층useless class'으로 전락할 가능성을 배제할 수 없다는 데 문제의 심각성이 있다. 이들이 정치, 경제, 군사 등 모든 면에서 아무런 역할을 할 수 없게 된다는 의미에서 쓸모없다는 것이다. 이와 같이 다수가 소외된 삶을 살아가는 사회가 예상되는 상황에서 우리는 무엇을 준비해야 하는가? 이것이 내가 이 글을 통해 전하려는 메시지다.

현재 어느 누구도 미래에 일어날지 모르는 어려운 상황을 근본적으로 해결해 줄 수 있는 묘책을 제시하기 어렵다는 사실은 우리를 불안하게 만든다. 정부, 정치인, 대기업 및 전문가를 막론하고 관련된 모든 사람들이 힘을 합쳐 노력하더라도 쉽게 해결하기 어려운 문제이기 때문이다. 그럼에도 이런 미래를 대비해 나는 무엇보다도 타자他者에게 의존하려는 생각은 버려야 한다는 점을 강조하고 싶다. 어려운 상황일수록 자신의 정체성을 제대로 인식하고 이를 바탕으로 자신의 세계관을 공고히 해야 하기 때문이다. 특히 자신을 자기 몸으로 한정하는 한 삶은 더욱 고될 수밖에 없다. 이 말은 곧 맹목적으로 감각적 쾌락을 추구하는 데 전념해서는 안 된다는 것이다. 오늘날 인공지능 기술을 주축으로 하는 기술혁신은 '가상현실'과 '증강현실'을 통해 우리의 감각적 쾌락의 강도를 높여주고 있으며 앞으로 이런 추세는 더욱 강화될 것이다. 이런 현실에 현명하게 대처하는 방법을 강구하지 않으면 우리는 정보기술의 노예로 전락할지 모른다. 현재도 대부분의 사람들이 스마트폰에 중독되어 생각 없이 행동하고 있는 상황은 무엇을 시사하는가? 이들이 정말 실시간으로 정보를 활용하면서 현명하게 살아가고 있는 것으로 보이는가? 앞으로 인공지능 기술이 더욱 발달하면 지금과는 비교할 수 없을 정도로 우리의 삶에 영향을 줄 것인데, 과연 어떻게 대처하는 것이 현명한가? 나는 이런 상황에 제대로 대처하기 위해서는 정확한 지식을 바탕으로 이성적으로 사고하는 동시에 건전한 믿음을 바탕으로 현명하게 판단할 수 있는 역량을 갖추어야 한다고 생각한다.

여기서 말하는 정확한 지식은 수많은 사람들의 치열한 탐구를 통해 확립된 과학적·객관적 지식을 말하며, 건전한 믿음은 아직 밝혀지지 않은 미지의 영역에 대한 주관적이면서도 열려 있는 믿음을 말한다. 믿음에 관해 말하자면, 예컨대 신의 존재 또는 부재는 누구도 입증하거나 반증할 수 없는 믿음의 영역에 속하는 문제다. 사후세계 또한 믿음의 영역에 속하는 문제다. 죽으면 모든 것이 소멸하는지, 천국과 지옥이 있는지, 아니면 몸은 소멸하지만 어떤 형태로든 의식은 존속하는지 아직은 명확하게 밝혀진 것이 없기 때문이다. 이런 맥락에서 뉴에이지에 속하는 영적 각성에 관한 다양한 메시지들 또한 믿음의 영역에 속한다. 따라서 여기서 내가 말하는 믿음은 종교적 믿음, 즉 신앙faith과 검증된 사실에 대한 믿음belief을 모두 포괄하는 개념으로 이해하면 된다. 모두 주관적 판단의 범주에 속한다는 점에서 공통적이다. 정확한 지식은 사이비 지식에, 건전한 믿음은 독선적 믿음에 대응하는데, 이 둘은 상보적이라는 것이 내 생각이다. 사이비 지식은 우리를 편견과 독선에 집착하게 만들며, 독선적인 믿음은 타인의 믿음을 매도하는 가운데 극단적인 이기주의로 흐르게 하는 경향이 있다. 그래서 우리는 나의 지식은 정확한지, 나의 믿음은 건전한지 스스로에게 끊임없이 물어야 한다.

이런 의미에서 나에게는 특별히 기억나는 만남이 있다. 몇 년 전 우연한 기회에 기계공학자 목영일 교수님이 쓴 『예수의 마지막 오딧세이』라는 소설 형식의 책을 읽게 되었다. 우리가 성서를 통해 알고 있는 예수의 생애와는 전혀 다른 내용을 다룬 그야말로 파격적인 책이었다. 그렇다고 목 교수님이 기독교인이 아니기 때문에 기독교를 폄훼하려는 의도를 가지고 쓴 책이 아님은 저자의 서문과 목사의 추천사를 통해 확인할 수 있었다. 독실한 기독교인인 목 교수님은 예수의 인간적인 모습을 알리고 싶어 그 책을 썼으며, 이를 통해 예수에 대한 인간적인 신뢰가 더욱 강해질 것으로 기대한다고 말했다. 나는 목 교수님의 열린 태도에 상당한 호감을 느껴 만나서 애기를 나누고 싶었기에 전화를 드렸더니 무척이나 경계하는 눈치셨다. 아마도 이 책으로 인해 기독교인들의 비난에 시달렸기 때문인 것 같았다. 내 의도를 이해하신 후에야 비로소 만날 수 있었고, 상당히 유익한 시간을 가졌던 것으로 기억한다. 이 이야기를 하는 이유는 자신에게 이득은커녕 비난이 쏟아질 것을 각오하고 이런 책을 출판한 목 교수님의 믿음이야말로 건전한 믿음이라고 생각하기 때문이다. 내가 볼 때 건전한 믿음 여부를 판단하는 기준은 간단하다. 자신에게 해가 될 수도 있다는 것을 알면서도 기존의 주장을 반박하는 용기를 보일 정도의 믿음은, 종교적인 것이든 아니든, 건전한 것이다. 자신에게 유리한 경우에만 드러내는 믿음은 위선적일 가능성이 높다. 모든 것을 의심하면서 '부정을 통한 긍정'만이 진실에 이르게 한다는 믿음이 건전한 믿음이라는 것이 내 생각이다.

이런 맥락에서 나는 정확한 지식과 건전한 믿음이 상보적으로 작용해야만 개인과 사회 모두에게 유익하다고 생각한다. 엄격한 검증 과정을 거쳐 많은 사람들에 의해 진리로 확인된 발견이나 관찰 및 실험 결과는 정확한 지식으로서 확고한 위치를 점해왔다. 물론 이것은 자연과학 지식에 국한된 것은 아니다. 인간은 유사 이래 다양한 지식을 생산하고 공유해왔는데 여기에는 철학적, 자기 성찰적인 지식을 비롯해 경험을 통해 확립된 지식도 포함된다. 즉, 형이상학적이든 형이하학적이든 많은 전문가들에 의한 검증과정을 거친 후 나중에 반증反證을 통해 허위임이 드러나지 않은 지식, 그리고 수많은 경험을 통해 통계적으로 보편성이 확인된 지식이 이 범주에 포함된다. 그런데 이런 지식이라고 해서 맹목적으로 추종해서는 안 된다. 이와 관련해 알베르트 아인슈타인이 "종교 없는 과학은 불구이고, 과학 없는 종교는 맹목적이다"라고 말한 것을 상기할 필요가 있다. 이것은 지식과 믿음의 상보성相補性을 상징하는 명언이다. 여기서 종교는 우리가 알고 있는 제도권 종교가 아니라 아인슈타인이 가졌던 우주의 신비에 대한 외경심을 가리키는 우주적 종교cosmic religion다. 이런 외경심은 이성의 한계를 벗어난 것이기에 믿음의 영역에 속한다. 이 경우 믿음은 자신의 에고를 넘어서는 무엇을 향한 영성靈性과 연결된다. 지식을 추구하는 이성에는 한계가 있고 그 너머에 존재하는 신비와 외경의 세계에 대한 믿음은 자칫 도그마로 전락할 수 있으므로 이 둘의 상보적인 관계를 이해해야 한다는 것, 이것이 바로 아인슈타인이 강조하려 했던 것이라고 나는 생각한다.

티베트 불교의 지도자 달라이 라마Dalai Lama(1935~) 성하聖下가 저서 『과학과 불교-한 원자 속의 우주』에서 다음과 같이 말한 것은 의미심장하다. "비록 그것(과학적 사실)이 문자 그대로 몇 세기 동안 심오한 견해나 관점을 가지고 지배해 온 경전의 설명과 어긋나더라도, 불교와 과학이 함께 나누는 근본적인 태도는 경험적 방법에 의해서 실제성을 찾는 일을 계속하는 것이다. 그리고 우리가 새롭게 찾은 진리가 오랫동안 유지되어 온 견해와 다르다면 이 견해를 기꺼이 버려야 한다." 이 얼마나 멋진 선언인가! 지식과 믿음의 상보적인 관계를 이보다 더 잘 설명한 말은 찾기 어려울 것이다. 그리고 알베르트 아인슈타인이 『우주적 종교』라는 에세이에서 다음과 같이 말한 것에도 주목해야 한다. "단지 예외적으로 재능이 있는 사람들이나 특별히 고결한 공동체들만이 본질적으로 이 수준(도덕적 종교의 수준)을 뛰어넘는다. 비록 순수한 형태로 발견되는 경우는 거의 없지만, 이들에게서 세 번째 수준의 종교적 경험을 발견하게 된다. 나는 이것을 우주적 종교심이라 부를 것이다." 그러면서 그는 "이런 경험을 한 사람은 인간의 욕망과 목적의 헛됨을 느끼며 또한 자연과 사색의 세계를 통해 드러나는 고결함과 놀라운 질서를 느낀다. 그런 사람은 인간의 운명을 하나의 구속으로 느끼며, 또한 의미로 충만한 통합으로서 존재의 전체성을 경험하고자 한다"고 말했다. 이 얼마나 놀라운 통찰인가! 나는 달라이 라마와 아인슈타인의 말에 공통된 요소는 이성의 한계에 대한 인식과 더불어 이를 초월하는 어떤 것에 대한 믿음이라고 생각한다. 이런 믿음이 바로 내가 말하는 건전한 믿음으로서 자연스럽게 영성으로 이어진다. 건전한 믿음의 종착역은 자신의 에고를 뛰어넘는 그 무엇에 대한 외경인 것이다. 따라서 우리에게 주어진 과제는 이런 영성을 주관적 체험의 영역을 넘어서 보편적인 차원에서 공유할 수 있도록 힘쓰는 것이라고 생각한다.

이와 관련된 개인적인 일화를 하나 소개하려 한다. 내가 집안 문제와 형제 간 갈등으로 고민하던 시절 우연히 『보이는 것만이 진실은 아니다』

라는 책을 읽게 되었다. 이 책의 저자는 경영학을 전공한 장휘용 교수였는데, 기氣의 세계에 대한 개인적 체험을 담은 책이기에 나로서는 별다른 거부감이나 신비감 없이 받아들일 수 있었다. 그 후 장 교수가 쓴 『가이아 프로젝트』라는 책을 읽게 되었는데 그야말로 기상천외한 내용을 담고 있었다. 은하계에서 지구의 소명이 다했기에 인간은 지구를 떠나야 할 상황에 처해 있다고 주장하면서 현재 벌어지고 있는 다양한 현상들을 설명한 책인데 상식적으로는 물론 상상력을 최대한 동원해도 받아들이기 어려운 내용을 담고 있었다. 이 책으로 인해 나는 장 교수가 어떤 믿음을 가지고 있는지 호기심이 발동해 직접 만나서 얘기를 나누고 싶었다. 마침 장 교수가 대학 후배인 것을 알았기에 이를 계기로 만나서 대화를 나누었다. 그와 나눈 대화를 통해서 나는 장 교수가 자신의 믿음에 완전히 함몰되어 있으면서 다른 사람들은 우주의 깊은 이치를 잘 못 이해하고 있다고 생각한다는 것을 알게 되었다. 그는 내게 자신의 몸이 열리고 있어서 현실에서 뿜어져 나오는 나쁜 에너지가 점점 더 많이 침투해 견디기 어렵다고 말했다. 그가 쓴 책들과 그와 나눈 이야기가 그와 공유했던 전부다. 돌이켜 생각하니 장 교수가 시대를 너무 앞서 나가는 바람에 다른 사람들과 공유하기 어려운 독특한 믿음 체계를 갖게 되었던 것으로 보인다. 장 교수 또한 미국에서 경영학 박사학위를 받고 귀국해 대학에 재직 중이었던 뛰어난 지식인이었다. 나는 장 교수와의 대화, 그리고 그의 저서를 통해 믿음의 세계가 얼마나 다양할 수 있는지 실감했다.

이런 관점에서 믿음의 개인적·사회적 의미에 대해 생각해보자. 인간은 유사 이래 끊임없이 주변 환경에 적응하고 다른 사람들의 적대적인 행동에 대처하면서 생존해왔다. 환경적인 요인을 잘못 파악하거나 다른 사람들의 의도를 잘못 해석하는 경우에는 생존이 위태로울 수도 있었다. 그렇기에 인간은 끊임없이 주변 환경을 관찰하면서 본능적으로 무엇을 믿어야 하는지 판단해왔다. 이와 같이 자연환경에 적극적으로 적응해왔기에 인간은 과거 빙하기의 혹독한 시련도 극복할 수 있었으며 수많은 전쟁을 겪으면서도 번성할 수 있었다. 여기서 잠깐 진화론이나 뇌과학 등 주류 과학에서는 인간이 믿음을 형성하는 과정을 어떻게 해석하는지 생각해보자. 이것은 지식과 믿음의 상보성을 확인하기 위해서 필요하다. 믿음이란 상대적인 개념이고 인간의 주관적인 판단에 근거한 정신 활동이다. 진화론에서는 인간의 뇌 자체가 자연선택의 법칙에 따라 진화한 것으로 본다. 나아가 뇌과학자들은 인간의 뇌는 주변의 대상들의 실제 모습, 즉 실재를 인식하는 것이 아니라 뇌의 작용을 통해 해석된 정보를 바탕으로 이미지를 형성하고 이것을 인식하는 것으로 본다. 이런 의미에서 사람이든 사물이든 모두 뇌에서 상영되는 영화에 등장하는 이미지일 뿐이다. 우리는 결코 궁극적인 실재에 접근할 수 없으며 단지 우리의 뇌를 이용해 실재에 대한 이미지를 구축할 뿐이다. 이것이 바로 '모델 의존적인 실재'의 핵심인 바, 우리는 이 한계를 극복할 수 없다. 이것은 뇌과학적인 관점에서 볼 때, 인간이 갖는 모든 지식과 믿음의 근거가 매우 제한적이라는 것을 시사한다.

일반적으로 믿음은 어떤 측면에서든 자신에게 도움이 되는 방향으로 형성되도록 조건화되어 있다. 자신에게 불리한 상황에 대해 지속적으로 긍정적인 믿음을 유지한다는 것은 진화론의 입장이나 뇌과학의 관점에서는 수용되기 어렵다. 이것은 완전히 비합리적이거나 정신적으로 비정상적인 사람의 경우에만 적용될 수 있는 비정상적인 믿음이다. 그렇다면 개인이나 사회의 관점에서 무엇이 건전한 믿음인지 생각해보자. 개인이든 사회든 하나의 유기체로서 자신의 존재를 유지하고 발전시키는 데 관심을 갖는다고 보는 것은 지극히 타당하다. 예를 들어 인본주의 심리학자 아브라함 매슬로우Abraham Maslow(1908~1970)가 욕구단계설14)에서 '자아실현 욕구'를 최상의 욕구로 설정한 것은 우리의 일반적인 경험에 비추어 충분히 납득할 수 있다. 이것은 개인과 사회의 발전에 필요한 건전한 믿음에 해당되기 때문이다. 이와 같이 우리가 건전한 믿음으로 간주할 수 있는 것은 개인과 사회의 발전에 모두 기여할 수 있는 믿음이다. 이런 믿음을 강화하고 확대해 나갈 수 있다면 개인적으로는 평화로운 삶을 영위하고, 사회적으로는 성숙하고 안정된 사회를 구현하는 데 도움이 될 것이다. 그러면 이런 믿음을 형성하는데 무엇이 결정적으로 중요한 역할을 하는가? 우선 믿음과 지식 간의 관계를 생각해 볼 필요가 있다. 객관적으로 검증된 지식은 우리가 건전한 믿음을 형성하는 데 결정적으로 기여한다. 과학적 지식은 지금까지 여러 가지 미신과 편견을 극복하는 데 크게 기여했다. 예를 들어 우리는 더 이상 태양신을 숭배하지 않는다. 태양이 어떤 물리적 실체인지 과학을 통해 명백하게 밝혀졌기 때문이다. 우리는 더 이상 지구가 우주의 중심이 아닌 것을 알고 있다. 비록 우리의 일상적인 경험에 의하면 태양은 동쪽에서 떠 서쪽으로 지므로 태양이 움직이는 것으로 착각할 수 있고 그래서 과거에는 천동설을 믿었다. 그렇지만 코페르니쿠스의 지동설 이래 지구가 태양을 둘레를 돈다는 것은 이제는 상식이다. 이런 사례는 일일이 열거할 수 없을 만큼 많다. 우리가 점점 미신과 편견으로부터 자유로워짐으로써 보다 이성적인 사고를 하게 된 것은 오로지 과학적 지식 덕분이다. 그 결과 우리는 비이성적인 판단에 근거한 사이비 믿음을 상당 부분 건전한 믿음으로 대체하게 되었다.

이런 이유로 우리 모두, 특히 젊은 세대는 가급적 여러 분야에 걸쳐 두루 정확한 지식을 습득하려고 적극적으로 노력했으면 하는 것이 나의 바람이다. 더군다나 4차 산업혁명이 진행되고 있는 현 시점에서는 더욱 그러하다. 고도로 복잡하고 전문화된 사회에서 이는 다소 뜬금없는 이야기처럼 들릴 수도 있다. 그러나 내가 주장하려는 것은 전공 분야를 무시하라는 것이 아니라 전공 분야에 깊이를 더하려면 다른 분야까지 폭 넓게 공부해야 한다는 것이다. 학문 간 칸막이를 친 상태를 그대로 수용하기보다는 통합적 관점에서 공부하는 것이 시대적 요청에 부응하기 때문이다. 예컨대 자연과학을 전공한 사람은 사회과학과 인문학도 알아야 하며 그 반대도 마찬가지라는 그런 의미다. 그러고 나서 이런 지식을 기반으로 자신의 현재 위치와 앞으로의 목표를 점검하고 무엇이 부족한지 알아차리는 과정을 거쳐야 한다. 가능하면 늘 명료한 의식 상태에서 주의 집중을 할 수 있어야 한다. 이를 위해서는 지식에 기반을 둔 사고 훈련과 건전한 믿음을 바탕으로 자신과 세계에 대한 통찰을 얻도록 노력해야 한다. 이런 방식으로 노력함으로써 자신만의 세계관을 확립할 수 있다고 본다.

그런 다음 각자는 이런 과정을 통해 자연스럽게 삶에 어떤 의미를 부여하고 있는지 생각해보는 기회를 갖게 될 것이다. 나는 은퇴한 사람으로서 경험을 통해 얻은 교훈을 많은 사람들과 공유함으로써 각자의 세계관을 확립하는 데 조금이나마 도움을 주고 싶은 심정이다. 무엇보다도 나는 인간이 저지르는 잘못이나 실수, 그리고 부닥치는 어려움의 이면에서는 어떤 형태로든 무지無知가 도사리고 있다고 생각한다. 무지는 모든 인간적 갈등과 고통, 그리고 오만과 독선의 원천이라는 것이 내 생각이다. 예컨대 불가佛家에서는 탐貪·진瞋·치痴를 삼독三毒으로 경계해왔다. 그런데 나는 이 중에서 어리석음을 의미하는 '치'가 모든 독의 근원이라고 생각한다. 어리석음, 즉 무지 때문에 탐욕을 주체하지 못하며, 원망에 해당되는 '진'에서도 벗어나지 못한다고 본다. 어리석지 않은 사람은 욕망을 절제할 수 있을 것이며 상대방에 대한 원망으로 자신을 망치지도 않을 것이기 때문이다. 가톨릭에서는 칠죄종七罪宗[15]으로 탐욕, 교만, 사치, 질투, 탐식, 분노, 나태를 지적해왔는데 이 모두 무지에서 비롯된다고 해도 과언이 아니다. 무지한 사람은 탐욕을 부리고 교만하며 사치를 일삼는 등 결국에는 자신을 망치는 행동을 서슴지 않고 저지를 것이기 때문이다. 반면 무지에서 벗어난 사람은 더 이상 이런 행동을 지속하지 않을 것이다. 자신이 현재 무엇을 하고 있는지 성찰할 수 있는 능력이 생기기 때문이다. 따라서 내가 말하는 무지는 과학적 지식만이 아니라 경험을 통해 얻는 통찰을 망라한 총체적인 지식의 결핍을 의미한다. 한마디로 지혜롭지 못한 상태를 말한다.

그런데 사람들 대부분은 무지한 상태에 있음에도 불구하고 자신이 무지하다는 것을 알아차리는 사람이 거의 없다는 것이 문제다. 나는 이제 내 나름의 노력을 통해 내 자신이 어느 정도 무지한지 알게 되었다. 나아가 자신의 무지를 알아차리는 것이 문제 해결의 출발점이라고 확신하게 되었다. 『도덕경』에서 "아는 자는 말하지 않고, 말하는 자는 모른다"(56장)고 지적한 것은 옳다. 소크라테스가 "자신은 아는 것이 거의 없다는 것을 안다"고 말한 것도 옳다. 공자가 『논어』 「위정爲政」 편에서 "아는 것

을 안다고 하고, 모르는 것을 모른다고 하는 것이 진정한 앎이다"라고 한
것도 옳다. 모두 같은 메시지를 담고 있다. 대체로 제대로 아는 사람은
말을 삼가고 모르는 사람은 뭔가 안다고 우쭐대면서 말을 마구 하는 경
향이 있다. 이것이 인간의 어쩔 수 없는 본성이다. 이런 점에서 우리 모
두 앞서 언급했던 존 휠러의 다음 말을 유념할 필요가 있다.

우리는 무지의 바다에 둘러싸여 있는 섬에 살고 있다. 우리 지식의
섬이 커지면 우리 무지의 해변도 커진다.

나는 이 말을 금과옥조로 삼으면서 살고 있다. 조금만 생각해보면 우
리는 제대로 아는 것이 별로 없으면서 편견과 독선에 사로잡혀 남을 판
단하고, 주변 상황을 진단하며, 스스로를 구속하면서 살아가고 있음을
알 수 있다. 유일무이하게 주어진 삶을 이런 식으로 낭비한다면 부와 권
력을 얻더라도 이는 부질없는 일이다. 이 말에 대부분의 사람들은 겉으
로는 동의하겠으나 과연 마음 깊은 곳에서도 그럴지는 미지수다. 따라서
무의식에 깊이 뿌리내리고 있는 부와 권력에 대한 맹목적인 추구를 끄집
어내 밝은 햇빛 아래 드러내야만 실상을 제대로 파악할 수 있다. 개인적
으로 수행이나 명상이 이를 위한 효과적인 방법이라는데 공감하고 있다.
수행이나 명상 관련 체험이 빈약한 나에게 가장 큰 인상을 남긴 분으
로는 중문학을 전공했으며 대단한 명상가인 박석 교수를 꼽을 수 있다.
평소 이 분야의 책을 제법 읽었지만 그 효과에 대한 확신이 없었기에 반
신반의 상태에 있던 차에 우연히 박 교수가 쓴 『명상체험 여행』이라는
책을 읽게 되었다. 이 책은 박 교수가 장장 49일간 초인적인 단식을 통

해 깨달은 바를 기술한 책이다. 그가 기술한 내용이 솔직하고 진실하다는 인상을 받았기에 직접 만나 초인적인 단식을 통해 깨달은 바를 듣고 싶었다. 그래서 박 교수와 만나서 이런저런 얘기를 나눌 기회를 만들었다. 박 교수에게 깨달은 뒤 달라진 것이 무엇인지 물었을 때, 박 교수는 다시 사람들 사이로 돌아오게 되었다면서 자신이 깨달은 바를 한 마디로 "화광동진和光同塵"이라고 표현했던 기억이 난다. 이것은 『도덕경』에 나오는 구절(4장)로 빛을 부드럽게 하여 속세의 티끌과 하나가 된다는 말로서 자신의 덕과 재능을 감추고 세상 속으로 들어간다는 의미를 담고 있다. 명상 수행을 한 사람으로서 자신의 심경을 간명하게 드러낸 표현이라 지금도 기억이 생생하다. 나는 이와 같은 믿음을 가지고 있으면서 지식을 탐구하는 것이 중요하다고 생각한다. 이런 의미에서 박 교수는 아마 내가 생각하는 지식과 믿음의 상보성을 가장 잘 실천한 분이 아닌가 하는 생각이 든다.

지식과 믿음 가운데 어디에 더 비중을 둘 것인지는 전적으로 개인의 몫이다. 누구는 지식에 초점을 맞추는 것이 자연스러운 반면, 누구는 믿음에 더 비중을 두는 것이 효과적일 수 있다. 이것이 고대 지혜와 첨단과학이 같은 방향을 가리키고 있다고 믿는 사람들이 제시하는 방향이다. 나는 앞서 말했듯이 이 둘 간의 상보성을 인정한다면 그다지 문제될 것 없다고 생각한다. 나는 치열하게 지식을 추구하는 쪽에 더 비중을 두는 입장으로서 일종의 격물치지格物致知라 할 수 있다. 그렇다고 건전한 믿음의 중요성을 부정하는 것은 아니다. 단지 자신이 상대적으로 잘할 수 있는 방법을 택했을 뿐이다. 이 나이에 이르러 보니 인간은 평생 공부해야 한다고 분명하게 말할 수 있게 되었다. 우리는 배우고자 여기에 왔다고 해도 과언이 아니다. 당신은 오늘 무엇을 배웠는가? 이것이 우리의 일상적인 질문이 되어야 한다는 것이 내 생각이다.

의미란 무엇인가? – 의미의 '의미'

　삶의 다양한 모습들을 고려한다면 삶의 의미를 논할 때 우선 분명히 해야 하는 것은 여기서 말하는 '의미'란 무엇인가 하는 것이다. 어떤 삶을 막론하고 한 가지 의미를 적용하는 데는 문제가 있기 때문이다. 나는 이것을 의미의 '의미', 즉 메타 의미에 관한 문제라고 생각한다. 예컨대 누군가가 "수단과 방법을 가리지 않고 돈을 많이 버는 것이 나에게는 가장 의미 있는 일이다"라고 주장할 때 이를 반박할 근거를 대지 못한다거나 그런 사람을 설득할 수 없다면 어떤 기분이 들겠는가? 아니면 누군가 법을 위반하지 않는 가운데 감각적 쾌락을 추구하는 것에 가장 큰 의미를 부여한다면 과연 그를 비난할 수 있겠는가? 적어도 그의 말에 일부 타당한 부분이 있다면 어떻게 그를 비난하겠는가? 이처럼 삶의 의미는 주관적이기에 다른 사람의 삶의 의미를 함부로 재단할 수는 없다. 그렇지만 인간으로서 보편적으로 지켜야 하는 도덕적 기준이 있듯이 보편적으로 추구해야 하는 의미도 있다고 본다. 이것이 바로 내가 메타 의미라고 지칭한 것이다.

　이런 관점에서 볼 때 내가 말하는 삶의 의미는 궁극적으로 빅퀘스천과 연결된다. "나는 누구인가?", "우리는 어디서 왔으며 어디로 가는가?", "왜 우주에는 아무것도 없는 것이 아니라 뭔가가 존재하는가?", "우주는 오직 물질과 에너지로만 구성되어 있는가?" 등과 같은 빅퀘스천은 당장 삶을 윤택하게 하는 데 그다지 도움이 되지 않는다. 그렇지만 자신을 동물 수준으로 격하시키지 않으려면 결코 외면해서는 안 되는 질문이다. 일상 생활 속에서 더 자극적이고 더 물질적인 현실이 우리의 의식을 지배하고 있기 때문에 우리 관심에서 멀어져 있을 뿐이다. 각자 어떤 삶을 살더라도 죽음에 직면해서는 이런 질문을 외면할 수 없다는 것이 내 생각이다. 인간은 자신을 어떻게 생각하든 물질적 영역에 한정될 수 없는 그런 존재이기 때문이다. 나는 자신의 에고를 넘어선 더 큰 무엇에 대한 동경은 인간 수준으로 진화한 영장류에게는 피할 수 없는 운명이라고 생각한다. 그래서 진정한 과학은 인간의 이런 측면을 끝까지 외면하지 않을 것으로 본다. 이것이 과학에 대한 나의 소신이다. 몇 년 전 일단의 과학자들이 과학적 물질주의에 반발해 〈탈물질주의 과학 선언Manifesto for a Post-Materialist Science〉을 공표한 것은 패러다임 전환의 전조前兆에 해당된다고 본다. 이들 주장의 핵심은 과학적 물질주의가 인간의 본성에 대해 지나치게 편협한 해석을 고집하는 바람에 많은 문제를 만들어내고 있다는 것이다. 예컨대 마음이란 곧 뇌의 작용일 뿐이라는 견해로 인해 인간의 정신세계에 대한 연구가 제대로 이루어지지 않고 있다는 것이다. 나는 이런 관점에서 우리 의식수준의 향상을 위해 무엇을 공부해야 하는지 다 같이 고민해야 한다고 생각한다. 기존의 패러다임에 안주하는 것으로는 부족하다. 사람은 누구든 자기 나름 삶에 의미를 부여하면서 살아간다. 우리에게 '의식'이 있다는 것이 바로 이를 뒷받침한다. 그렇지 않으면 좀비zombie에 불과하다. 여기서 좀비란 자극에 본능적으로 반응하고 행동하지만 거기에 무슨 의미가 있는지 전혀 의식하지 않는 존재를 말한다. 한마디로 주관적 체험이 결여된 존재다. 영화에 자주 등장하는 좀비와 구별하기 위해 철학자들은 이런 좀비에게 '철학적 좀비philosophical zombie'라는 명칭을 붙였다. 그런데 잠깐 생각해보면 우리 주변에 이런 의미에서 좀비처럼 살아가는 사람들이 적지 않다. 특히 스마트폰에 중독된 사람들 가운데 이런 유형의 좀비가 많은 것 같아 심히 우려된다.

인간이 다른 동물과 다른 점은 '생각하는 것에 대해 생각하는 능력'에서 찾을 수 있다. 즉 자아의식이다. 17세기 철학자·과학자였던 르네 데카르트René Descartes(1596~1650)가 "나는 생각한다. 고로 나는 존재한다"고 말했을 때 인간은 자아의식을 가지고 있는 존재임을 선언한 것이다. 주변의 모든 것을 부정한다고 해도 이런 생각을 하고 있는 자신은 도저히 부정할 수 없는 것을 깨달았기 때문이다. 데카르트의 이런 선언이 지금도 중요한 의미가 있다. 오늘날 우리 모두 무엇을 생각하고 있는지 생각해보는 훈련이 필요하기 때문이다. 우리가 생각을 하는 이유는 자신이 하고 있는 일에 무슨 의미가 있는지 알고 싶기 때문이다. 의미를 부여할 필요가 없는 일은 그냥 무의식적으로 진행하면 된다. 숨을 쉰다든가 눈을 깜박거리는 데 특별히 생각이 필요 없다. 왜 숨을 쉬는지, 왜 눈을 깜박거려야 하는지 생각해 본 후에 그리 행동하는 사람은 없다. 물론 호흡 훈련을 위해서는 의식적으로 호흡에 집중해야 한다. 이 경우에는 호흡의 의미에 대해 생각해 본 후에 그리하는 것이다.

인간은 누구나 고통을 피하고 쾌락을 추구하려는 성향을 갖고 있다. 이것은 오랜 진화 과정을 통해 인간의 뇌에 각인된 본능이다. 그런데 고통과 쾌락을 해석하고 받아들이는 태도 면에서 인간은 다른 동물들과 현저한 차이를 보인다. 인간은 단순히 감각적인 고통과 감각적인 쾌락에 반응하는 차원에 머물지 않는다. 그래서 고통과 쾌락에 자기 나름대로 주관적인 가치 또는 의미를 부여하는 능력의 차이라는 관점에서 인간을 이해하는 것이 때로는 적절한 기준이 될 수 있다. 어떤 사람은 고통의 늪에 빠져 삶을 파멸로 이끄는가 하면, 반대로 고통을 통해 자신의 잠재력을 분출하는 사람도 있다. 어떤 사람들은 쾌락만이 삶의 유일한 가치라고 우기는 반면, 쾌락을 부정하지는 않지만 그 너머에 더 큰 가치가 있다고 믿는 사람도 있다.

그런데 인생을 살면서 겪게 되는 고통과 쾌락이라는 두 반대되는 측면을 어떻게 받아들이는가는 전적으로 삶의 의미와 연관되어 있다. 그리고 삶에 어떤 의미를 부여하는가는 자신의 세계관에 달려 있다. 모든 것을 물질과 에너지의 상호작용으로 이해하는 과학적 물질주의, 그리고 어떤 복잡한 대상도 그것을 구성하는 부분들로 분해해서 완벽하게 이해할 수 있다는 환원주의라는 두 가지 원리에 입각해 세상만물을 이해하려 한다면 이는 곧 유물론적·기계적 세계관에 해당된다. 반면 물질과 에너지의 상호작용만으로는 인간의 정신세계를 포함해 유기체의 본질을 이해할 수 없으며 전체는 부분의 합 이상이라는 입장을 지지한다면 이는 유기체적·전일적全一的 세계관이라 할 수 있다. 이 두 가지 세계관 가운데 어떤 것을 선택하는가는 전적으로 개인의 몫이다. 그런데 이런 선택을 제대로 하려면 무엇보다도 정확하고 객관적인 지식이 요구된다. 그래서 우리는 끊임없이 공부해야 하는 것이다. 나 자신을 평가하자면 현재 유물론적·기계적 세계관에서 유기체적·전일적 세계관으로 전환하고 있는 중이라 할 수 있다. 달리 말하자면 아직 불가지론자의 입장을 유지하고 있다. 그 동안 나름대로의 공부를 통해 현재 인류 문명에 패러다임 전환이 일어나고 있다는 생각에 이르렀지만 공부가 부족한 탓에 선뜻 새로운 세계관을 온몸으로 받아들이지 못하고 있는 형편이다. 그렇지만 한 방향으로 편향되지 않는 가운데 더 공부하다 보면 어떤 확신에 도달할 것이라는 믿음은 여전히 유지하고 있다.

이런 관점에서 '돈의 의미'에 대해 생각해보자. 돈은 유물론적·기계적 세계관을 상징하는 대표적인 것이기 때문이다. 돈과 관련된 가장 심각한 문제는 돈이 수단이 아니라 목적이 되었다는 데 있다. 사람은 누구나 생존을 위해서는 물질적 자원이 필요하고 자본주의 시스템에서 돈은 필요한 자원을 획득하는 데 없어서는 안 되는 보편적인 수단이다. 돈이 없으면 누구든 기본적인 욕구를 충족시키기 어려울 것이며, 결국 정신적으로도 자유로울 수 없다. 경제 발전을 통해 물질적 번영을 이루려는 것은 모든 사람이 이런 자유를 향유할 수 있도록 하기 위해서다. 만약 누군가 다른 이유를 든다면 이는 잘못된 것이다. 물질적 가치는 정신적 가치를 함양하는 데 도움이 되는 한에서 중요한 것이지 그 역은 진실이 아니다. 그런데 물질만능주의가 판을 치는 현재의 상황은 이런 가치들 간에 역전 현상이 일어났다는 것을 의미하며, 이는 돈이 수단이 아니라 목적이 되었음을 보여준다.

이 대목에서 앞서 언급했던 개인적인 경험에 대해 조금 더 부연 설명하고자 한다. 1986년 미국에서 박사학위를 받고 귀국해 대학 교수로 자리를 잡았을 때, 나는 내심 돈 걱정 없이 마음껏 하고 싶은 연구를 하면서 경제적으로 여유로운 생활을 할 수 있다는 기대감에 부풀었었다. 그런데 곧 이는 주변 상황을 고려하지 않은 허튼 생각이었음이 드러났다. 당시 가치로 수백 억 원에 달하던 모친 소유의 부동산을 무능한 형제들이 무모한 계획을 세워 섣불리 개발하려다가 일이 틀어져 급기야 사채를 써야 할 정도로 재무 상태가 악화되었다. 더욱이 턱없이 높은 사채 이자를 감당하지 못해 원금은 고사하고 이자를 지급하기 위해 사채를 더 얻어야 하는 지경에 이르게 되었다. 어쩔 수 없이 나도 이런 상황을 타개하기 위해 동분서주하면서 자신의 일에 집중하지 못한 채 많은 시간을 낭비했다. 이렇게 8년을 버텼지만 결국 모친이 대표로 있던 회사는 부도가 났고 전 재산이 물거품처럼 사라지는 과정을 지켜볼 수밖에 없었다. 당시에는 억장이 무너지는 심경이었다. 이런 참담한 과정을 통해서 한 가지 분명히 깨달은 바가 있었다. 돈을 관리할 수 없는 사람에게 너무 많은 돈이 주어지면 결국 돈을 잃는 것으로 그치지 않고 사람 자체가 망가진다는 것이다. 나는 내 형제들이 이 덫에 걸려 폐인처럼 변하는 과정을 지켜보았다. 그나마 내가 살아남은 것은 빨리 미련을 버렸기 때문일 것이다. 돈이 목적인 삶은 의미 없는 삶이다.

사람들은 보통 돈이 없어 자신이 원하는 것을 얻지 못하거나 하고 싶은 것을 못하는 상황이 지속되면 정서적으로 불안정해지고 피해의식에 사로잡혀 자신도 모르게 공격적으로 변하게 된다. 가난에 찌든 사람들에게서 관용이나 사랑을 기대하기 어려운 반면, 부자들이 상대적으로 여유가 있는 것도 이들이 특별히 정신적으로 성숙해서가 아니라 돈이 제공하는 여유 때문이다. 그런데 우리는 조선시대 이래 오랫동안 물질적 가치를 폄하하는 문화 속에서 살아왔기에 돈에 대한 극단적으로 이중적 잣대가 형성되었으며 이로 인해 심각한 모순이 생겨났다. 분석심리학의 대가인 정신의학자 이부영 교수는 『분석심리학 이야기』에서 돈과 관련된 한국인의 이중적인 심리 상태를 다음과 같이 적절하게 묘사했다. "과거부터 우리는 돈을 멸시하는 문화에서 살아왔다. 사농공상의 직능별 계층에서 돈을 다루는 장사꾼은 가장 낮은 계층이고 돈에는 초연하고 글을 쓰는 사람, 선비가 가장 높은 평가를 받았다. 그런데 자본주의가 들어오자 사농공상의 가치계열이 곤두박질을 하기 시작했다.(…) 그러나 전통적인 돈 경시사상이 아주 없어진 것도 아니어서 돈에 대한 사람들의 마음은 멸시하면서도 가지고 싶은 두 갈래 감정이 돈을 중심으로 얽히게 되었다. 그래서 돈 콤플렉스가 되었다." 이런 돈 콤플렉스가 우리의 무의식에 자리하고 있기 때문에 자신이 진정 원하는 것이 무엇인지조차 헷갈리고 있는 것이다. 이런 모순이 일부에 한정된 현상이 아니라 한국인 모두에게 적용된다는 데 문제의 심각성이 있다. 내 경우로 말하자면 어쨌든 돈과 관련된 지독하게 쓰라린 경험을 한 탓인지 돈에 관한 한 나는 이제 확고한 원칙을 갖게 되었다. 자신의 노력을 통해 얻는 보상이 아니면 한 푼도 탐하지 않을 것이며, 이로 인해 타인의 눈에 내 삶이 초라하게 보일지라도 결코 의기소침하지 않을 것이다. 이것이 돈과 관련된 참담한 체험을 통해 내가 얻은 교훈이다.

　여기서 누구나 알고 있는 이솝 우화 〈여우와 신포도〉를 생각해보자. 여우는 포도나무에 열린 포도를 먹고 싶어 갖은 방법을 동원해 포도를 따서 먹으려다 실패하고 돌아서면서 저 포도는 분명 신포도일 테니 안 먹는 편이 낫다고 중얼거린다. 그렇지만 여우의 마음속 깊은 곳에는 포도에 대한 미련이 강하게 남아있다. 여기서 포도를 돈으로, 여우를 우리 자신으로 치환하면 이 우화가 전하는 메시지는 분명하다. 마음속으로는 돈을 벌고자 무진 애를 쓰면서 막상 돈을 벌 수 없으면 돈은 더러운 것이라고 매도하지만 이는 겉으로만 그럴 뿐이다. 돈 자체는 더러운 것도 깨끗한 것도 아니다. 돈을 대하는 우리 마음이 더럽거나 깨끗할 뿐이다. 내가 더러운 마음을 갖고 있으면 오직 탐욕을 채우기 위해 돈을 쓸 것이고 깨끗한 마음을 갖고 있으면 어려운 사람들을 위해, 또는 사회적으로 의미 있는 일에 쓸 것이다.

이 우화와는 대조되면서 내가 좋아하는 다른 이야기로 〈꽃을 좋아하는 소 페르디난드〉라는 스페인 우화가 있다. 이 우화의 요지는 다음과 같다. 천성적으로 꽃을 좋아하는 페르디난드라는 유난히 덩치가 큰 소는 다른 소들의 로망이 마드리드의 투우장에서 화려하게 생을 마감하는 것인 데 반해 시골 목장에서 좋아하는 꽃을 감상하면서 여생을 보내고 싶어 한다. 그런데 어느 날 마드리드에서 투우용 소를 구하러 온 상인이 페르디난드가 벌에 쐬어 날뛰는 모습을 보고 감탄한 나머지 그를 구입해 투우장으로 데려 간다. 그러나 천성이 꽃을 좋아하는 페르디난드는 투우사와의 대결에는 무관심한 채 관객들이 던진 꽃을 즐기는 데 정신이 없었다. 결국 페르디난드는 투우장에서 퇴출돼 다시 시골 목장으로 돌아와 자신이 좋아하는 꽃향기를 맡으며 여생을 보냈다는 것이 이 우화의 줄거리다.

이 우화에서 투우장은 돈을 중심으로 작동하는 시장으로, 페르디난드는 정신적 가치를 존중하는 인간으로 치환하면 내가 여기서 말하려는 관점에서 이 우화의 메시지를 해석할 수 있다. 그런데 나는 이 우화를 약간 비틀어 과연 페르디난드가 정말 꽃을 좋아했는지 묻고자 한다. 돈으로 상징되는 치열한 현실에 참여하고 싶지만 이를 두려워 한 나머지 가식적으로 고상한 척 하는 것은 아니냐고 묻는 것이다. 우리 주변에는 학문을 좋아하는 척, 신앙심이 깊은 척 하면서 실상은 돈과 권력을 추종했던 많은 사례들이 있다. 이들이 그럴 수 있었던 것은 우리의 세계관이 제대로 형성되어 있지 않아 이들의 위선을 판별한 능력이 부족했기 때문이다. 이들은 이런 상황을 교묘하게 이용해온 셈이다.

나는 돈에 대한 태도를 보면 그 사람의 진면목을 알 수 있다고 본다.

그 만큼 돈의 유혹은 강렬하기에 감추기 어렵기 때문이다. 내가 가장 경멸하는 유형의 인간은 영적인 가치를 추구한다면서 은밀하게 돈을 추구하는 유형이다. 대체로 사이비 종교의 교주가 여기에 해당된다. 그 밖에 공직에 있으면서 공익을 앞세우는 사람들 가운데 상당수도 이런 유형에 속한다. 차라리 드러내놓고 돈을 추구하는 사업가나 장사꾼은 솔직한 사람들이다. 반면 엄청난 돈을 벌었지만 돈의 의미에 대한 깊은 사고를 통해 분리의 상징이라는 돈의 한계를 극복한 사람들도 있다. 예컨대 미국의 워렌 버핏Warren Edward Buffet(1930~)이나 빌 게이츠William Henry Gates III(1955~)가 이런 유형에 속하며, 최근 수천 억 원에 달하는 전 재산을 사회에 환원한다고 선언한 중국 배우 주윤발(1955~)도 여기 포함된다. 그의 검소한 생활이 위장이 아니라 진짜인 것으로 보이기 때문이다. 비유하자면 이들은 회심한 여우에 해당된다. 반면 세상에는 여전히 교활한 페르디난드가 득실거린다. 이들은 표면적으로는 돈에 초연한 척 영적 가치를 찬양하지만 내심으로는 돈을 숭배하는 양두구육羊頭狗肉의 전형이다. 우리는 누가 이런 유형의 사람인지 감지할 수 있어야 한다. 그리고 자신은 어떤 유형인지 생각해 보아야 한다. 이는 세계관과 직접 연관되어 있기 때문이다.

감각 기관을 통해서 얻는 정보에 의하면 우리는 철저하게 분리된 존재로서 공간적으로 완전히 분리된 몸을 가지고 살아간다. 그렇기에 돈은 이런 분리된 나를 보호해주는 수단에 그치지 않고 삶의 목적으로 격상되었다. 돈이 목적으로 추앙받는 사회에서는 탐욕이 미덕이 된다. 이런 사회에서는 정신적 가치 내지 영적 가치는 자신의 무능함을 위장하는 방편으로 매도되기도 한다. 반면 탐욕은 더 큰 탐욕을 자극하는 마약처럼 작용해 우리 모두를 파국으로 내몰 수 있다. 문호 톨스토이가 단편 〈사람에게는 얼마만큼의 땅이 필요한가〉에서 전하려고 했던 인간의 탐욕에 관한 메시지는 지금도 유효하다. 이 단편은 더 많은 땅을 소유하고자 하는 농부 바흠에 관한 이야기다. 그는 넓고 좋은 땅을 갖기 위해 어떤 부족이 살고 있는 지역으로 찾아가 토지를 사고 싶다고 제안한다. 그 부족의 우두머리는 일정 금액을 지불한 후 동이 틀 때부터 걷기 시작해 해가 지기 전에 출발점으로 돌아오면 농부가 표시한 모든 땅을 주겠다고 약속한다. 단, 해가 지기 전에 돌아오지 못하면 땅을 소유할 수 없을 뿐만 아니라 돈도 돌려받지 못한다는 단서가 붙는다. 농부는 이를 수락하고 길을 떠난 후 중간에 비옥한 땅을 보자 더 소유하고픈 욕심에 계속 걷다가 결국 돌아올 때를 놓쳐 허겁지겁 출발점으로 돌아오지만 결국 과로로 숨지고 만다. 이 이야기는 우리에게 탐욕의 종말이 무엇인지 잘 보여준다.

그런데 지금도 탐욕이 미덕이라고 생각하는 사람이 적지 않다는 사실을 감안할 때 과연 탐욕은 인간의 어쩔 수 없는 본성인지 묻지 않을 수 없다. 나는 탐욕은 오랜 진화 과정을 거쳐 인간의 뇌에 각인된 본성의 일부라고 생각한다. 그렇기에 아무리 발버둥 쳐도 이 함정에서 벗어나기 어려운 것이다. 이런 딜레마를 극복할 수 있는 유일한 방법은 새로운 세계관에서 찾을 수밖에 없다는 것이 내 생각이다. 과학적 물질주의에 입각해 우주 만물은 오직 에너지와 물질로 형성되어 있으며 모든 대상은 사실상 분리되어 있다는 세계관을 유지하는 한 탐욕의 딜레마에서 벗어나기 어렵다. 따라서 우주 만물은 서로 연결되어 있으며 전체는 부분의 합 이상이라는 유기체적 세계관을 수용하는 것만이 탐욕의 딜레마를 극복할 수 있는 근원적인 대안이라고 본다. 너와 나는 분리된 존재라는 인식이 지배하는 한 "원수를 사랑하라"든가 "네 이웃을 네 몸처럼 사랑하라"라는 금언은 실천 불가능하다. 이런 도덕률은 너와 내가 사실상 연결되어 있다는 것을 깊은 차원에서 의식해야만 가능하기 때문이다. 그러나 이것은 지극히 어려운 과제다. 일상적인 의식 상태에 함몰되어 있는 한 이런 세계관을 수용하기 어렵다.

한 가지 다행스러운 것은 인터넷 시대를 맞이해 소셜 미디어가 활성화되고 많은 사람들이 연결되어 있다는 경험을 공유하게 되면서 상황이 조금씩 변하고 있다는 점이다. 나아가 아직은 일부 과학자들의 주장이지만 깊은 차원에서는 우주 만물이 서로 연결되어 있는 전체의 일부라는 이론이 점점 지지 기반을 넓혀가고 있다. 깊은 영적 체험을 했던 현자들은 오래전부터 이런 주장을 해왔는데, 최근 첨단 과학이 이런 주장을 지지하는 근거를 제공하고 있기 때문이다. 그렇지만 이런 패러다임 전환이 일어나서 일반인들이 이런 세계관을 수용하기까지는 적지 않은 시간이 걸릴 것이다. 과거 천동설이 지동설로 전환되는 데는 100년 이상의 시간이 소요되었다는 사실을 유념할 필요가 있다. 그런데 최근 이런 전환이 이미 시작되었다는 생각이 들기 시작했다. 내가 읽어 본 여러 문헌과 자료들이 이런 전환을 진지하게 다루고 있다는 것이 그 증거라할 수 있다. 어쩌면 여기서 인류의 마지막 희망을 발견할 수 있을지도 모른다.

읽고, 생각하고, 행동하라 - 독서의 미덕

인간에게 가장 희소하고 따라서 가장 소중한 자원은 부와 권력이 아니라 시간이다. 이것은 과거에도 그랬고 현재도 그러하며 미래에도 그럴 것이다. 시간의 한계를 극복한 인간은 상상하기 어렵다. 시간의 상대성, 그리고 시간의 의식 의존성 등 철학적으로나 과학적으로 복잡한 시간의 본질에 대한 논의는 생략하고 단도직입적으로 말해 그렇다. 우리는 시간의 울타리를 벗어날 수 없는 시간 여행자일 뿐이다. 시간이 지나면 엔트로피entropy 법칙에 의해 모든 것이 쇠락해 간다. 그런데 젊은 시절에는 시간의 소중함을 느끼기 어렵다. 이 시절에는 시간이 무한히 남아 있다는 착각 속에 살게 되어 있기 때문이다. 이는 수많은 세대가 지구상에서 등장했다가 사라지면서 경험한 것이지만 후대에 효과적으로 전달되지 않았다. 아마도 인간의 무의식에는 시간이 지나면 소멸할 운명에 대한 거부감이 각인되어 있기 때문인 것 같다. 그래서 젊은 시절에는 죽지 않고 영원히 사는 것처럼 행동하게 된다.

내가 본격적으로 책을 읽고 정리하기 시작한 것은 대략 십여 년 전부터다. 그 전에도 나름대로 책을 많이 읽는 편이었으나 읽은 내용을 별도로 정리하지는 않았다, 그런데 십여 년 전부터는 여러 사람들과 공유할 가치가 있다고 여겨지는 책을 선정해 주요 내용을 정리하는 것이 습관이 되었으며, 이제는 빼놓을 수 없는 중요한 일과가 되었다. 이런 작업과 관련해 첫 번째로 말하고 싶은 것은 책 내용을 요약한 후 비판적인 리뷰를 해두면 훗날 여러모로 도움이 된다는 것이다. 아주 뛰어난 학자나 작가가 쓴 책이라도 완벽할 수 없다. 이 말은 저자의 권위에 압도되어 책의 내용을 맹목적으로 추종하지는 말라는 것이다. 이 원칙은 경전經典이나 고전古典의 경우에도 적용된다고 생각한다. 그리고 무엇보다도 자신의 세계관을 완성하기 위해서는 이런 과정을 거칠 필요가 있다고 본다. 책을 통해서 얻은 새로운 지식을 접목해 자신의 생각을 정리하다보면 자신이 어떤 선입견이나 편견을 가지고 있었는지 확인할 수 있게 된다. 따라서 책을 읽었다는 사실에 초점을 맞춰서는 안 되고 책을 통해 무엇을 배웠는지 스스로 물어보는 데 역점을 두어야 한다. 이것이 심층독서의 핵심이다. 이런 독서는 인터넷과 스마트폰 시대에 오히려 더 요구된다는 것이 내 소신이다.

독서와 관련해 두 번째로 말하고 싶은 것은 자신의 전공 분야에 한정하지 말고 폭넓게 읽으라는 것이다. 그렇다고 어떤 기준도 없이 그때그때 기분에 따라 읽으라는 것은 아니다. 최근 세상 만물이 깊은 차원에서는 모두 연결되어 있다는 주장이 점점 많은 사람들의 지지를 받고 있다. 그리고 인터넷과 모바일 혁명을 바탕으로 소셜 미디어가 활성화되면서 이런 연결이 점점 강화되고 있다. 앞으로 정보기술이 어디까지 발달할지 현재로서는 가늠하기 어렵지만 이런 기술혁신이 우연히 일어난 것이 아니라는 생각이 든다. 인간을 포함해 모든 생명체는 하나의 거대한 생명의 나무의 일부이고 우리의 무의식에는 이런 사실이 깊숙이 각인되어 있는 것 같다. 요즘에는 분석심리학의 창시자 칼 융Carl G. Jung(1875~1961)16)이 말한 집단무의식이 바로 이것을 뒷받침하는 개념이라는 생각이 든다. 우리의 집단무의식에 깊이 각인되어 있는 이런 측면이 인터넷과 모바일 기기를 이용한 초연결성hyper-connectivity을 통해 드러나고 있는 것이다. 그렇기 때문에 이런 연결성의 본질을 제대로 이해하려고 노

은퇴 후 추진 중인 시민아카데미 세미나

력할 필요가 있는데, 이는 여러 분야에 걸친 독서를 통해 가능하다고 본
다. 나는 이것을 기획독서 및 심층독서라 부르고 싶다. 이를테면 나는 빅
퀘스천의 관점에서 우주론, 물리학, 진화론, 정보이론, 신경과학, 철학, 경
제학 및 영성 관련 책들을 선정해 읽어왔다. 최근에는 4차 산업혁명의
핵심 분야인 인공지능과 블록체인 기술에 관한 책을 많이 읽고 있다. 기
술혁신은 우리의 물질적인 삶뿐만 아니라 영적인 삶에도 지대한 영향을
미치기 때문이다.

그리고 나는 2016년 2월《지식공유광장www.iksa.kr》이라는 웹사이트
를 개설해 지금까지 운영하고 있다. 이 사이트를 운영하는 목적은 우선
내가 읽은 책의 내용을 비교적 상세하게 요약해 여러 사람들과 공유하는
것이다. 또한 유튜브Youtube나 테드TED에서 감상할 수 있는 수많은 동영
상 가운데 유익하다고 생각되는 것들을 선별해 간단한 해설과 함께 업로

드 함으로써 새로운 정보를 제공하려 노력하고 있다. 그 외에 한국사회나 글로벌 경제와 관련된 글을 올려 사이트를 방문하는 사람들 간에 진지한 토론을 유도하려 했다. 그리고 이런 취지에 동의하는 사람은 누구나 참여할 수 있도록 시스템을 구축했다. 아직까지 별다른 성과를 올리지 못했지만 언젠가는 디지털 문화에 지친 사람들이 아날로그 문화에 대한 향수 때문에 자주 방문하는 날이 올 것으로 기대한다. 책은 아날로그 문화의 영원한 상징이기 때문이다. 그래서 나는 이 작업을 계속할 것이다. 지식은 널리 공유할수록 더욱 가치가 커지기 때문이다.

이에 덧붙여 최근 내가 추진하고 있는 또 다른 프로젝트는 사람들의 의식 변화를 촉구함으로써 한국사회의 문화 수준을 한 단계 업그레이드하고자 하는 일종의 시민운동이다. 현재는 '시민 아카데미'라는 명칭을 사용하는 비공식 모임을 만들어 주변의 지인들과 함께 공동선 경제common good economy의 가능성에 대해 공부하고 토론하고 있다. 이런 시민운동을 추진하는 이유는 현재 한국사회는 소득 불평등의 악화와 사회 양극화의 확대로 인해 심각한 위기에 처해 있다고 생각하기 때문이다. 더욱이 향후 인공지능 기술이 사회 전반에 보급됨에 따라 정치·경제·사회 모든 분야에서 예상되는 엄청난 변화에 대한 우려 때문이기도 하다. 기존의 정치·경제 시스템으로는 현재 악화되고 있는 문제들, 그리고 앞으로 드러날 문제들에 효과적으로 대처하기 어렵다. 이런 이유로 인간의 존엄성을 유지하면서 앞으로 인공지능 기술로 인한 생산성 향상의 이득을 많은 사람들이 공유할 수 있는 경제 시스템이 필요하다. 즉 번영의 공유를 위해서는 한국사회 전반에 새로운 패러다임을 수용할 수 있는 시스템이 갖춰져야 한다. 이 새로운 패러다임을 반영하는 것이 바로 공동선에 기반을 둔 시장경제 시스템이라는 것이 내 생각이다. 이런 변화의 필요성을 깊이 인식하고 이를 자신의 세계관에 통합하기 위해서는 폭넓은 독서가 필요한 것이다. 이런 이유로 나는 심층독서와 기획독서를 추천하는 것이다. 이런 독서는 우선 자신의 전공 분야로부터 시작하는 것이 무난하다. 나는 경제학을 전공했기에 오늘날 자본주의 시장경제의 주요 문제점, 4차 산업혁명의 진행에 따른 글로벌 경제의 향후 전망, 인공지능이 경제 전반에 미치는 영향 그리고 블록체인 기술과 암호화폐의 미래 전망과 같은 문제를 중심으로 책을 읽고 생각을 가다듬고 있다. 그런데 이런 문제들에 대해 깊이 생각하다보면 자연스럽게 경제 문제들이 다른 문제들과도 밀접하게 연관되어 있다는 것을 알게 된다. 예컨대 경제 문제는 기후변화와도 밀접하게 관련되어 있으며, 이는 또한 인류의 미래와도 직결된다. 불평등 문제는 인간의 본성과도 연관되어 있으므로 진화론과 심리학, 나아가 인간의 의식·무의식 세계를 이해하지 않고서는 불평등 문제에 대한 근본적인 해법을 찾기 어렵다.

내 경험에 의하면 한 가지 문제를 깊이 탐구하다보면 자연스럽게 다른 분야로 관심을 확장시키게 되면서 결국 빅퀘스천으로 이어진다. 이에 대해 일부에서는 관심의 범위를 넓히면 독서의 질이 피상적인 수준으로 전락할지 모른다고 우려할 수 있다. 나 또한 그럴 가능성을 배제하지 않는다. 그럼에도 이 방법을 추천하는 이유는 시간이 걸리더라도 폭넓은 독서를 통해 결국 모든 것이 연결되어 있다는 사실을 체감하게 되며, 이런 경험을 통해 통합적 사고를 지향해야 한다는 것을 인식할 수 있게 되기 때문이다. 나는 이런 지식탐구 과정을 통해 누구나 자신의 세계관을 새롭게 정립하는 계기를 만들 수 있다고 믿는다. 보수나 진보, 좌파나 우파 운운하는 것은 모두 낡은 세계관에 뿌리를 두고 있다. 거듭 말하지만 나는 인간에게 가장 부족한 자원인 시간을 의미 있게 사용하는 방법 중 가장 효과적인 것이 독서라고 생각한다. 그런데 시간적인 제약을 생각한다면 '선택과 집중'이 더 나은 독서방법이라고 볼 수도 있다. 그렇지만 특정 분야를 선택해 거기에 집중한다면 전문가 수준에 근접할 수는 있지만 통합적인 사고로 발전하기는 어렵다는 것이 내 생각이다. 나는 책을 읽고 이를 바탕으로 생각을 정리하는 가장 큰 이유는 통합적인 사고를 지향하는 것이라고 생각한다. 오늘날 우리를 압박하고 있는 어려운 문제들을 해결하지 못하는 이유는 사람들이 통합적인 사고 능력을 배양하지 않았기 때문이다. 예컨대 과학과 영성은 서로 상반되는 분야가 아니다. 점점 더 많은 사람들이 과학과 영성의 조화를 추구하는 대열에 동참하고 있는데, 이는 통합적인 사고를 추구하는 대표적인 움직임이라 할 수 있다. 나는 젊은 세대에게 이런 사고를 지향하라고 권하고 싶다. 그럼으로써 삶의 의미에 대해 깊이 생각해보는 계기를 만들 수 있기 때문이다.

나는 온전한 정신을 유지하는 한 앞으로도 계속 이런 방법으로 책을 읽을 것이다. 이는 내가 능력이 뛰어나거나 시간이 많아서가 아니다. 내가 초인적인 노력을 기울인다고 해도 살아생전에 빅퀘스천에 대한 답을 얻으리라고 기대하지 않는다. 단지 이에 대한 답을 모색하는 과정 자체가 의미 있다고 생각하기에 그리하는 것이다. 이런 이유로 나는 특정 분야로 관심을 압축할 의사가 없다. 주목할 만한 업적을 이룩하기 위해 공부하는 것이 아니기 때문이다. 그저 이 땅에 살았던 한 사람의 지식인으로서 부족하지만 폭 넓은 독서를 바탕으로 빅퀘스천에 대한 탐구를 시도했으며 이를 통해 깨달은 바를 실천하고 싶을 뿐이다. 이런 이유로 독서는 단순한 취미가 되어서는 안 된다는 것이 내 지론이다. 또한 독서가 반드시 책을 읽는 것에만 국한될 필요도 없다고 본다. 요즈음같이 인터넷이 발달하고 스마트폰을 이용해 각종 데이터를 검색하고 정보를 얻을 수 있는 시대에 독서의 범위 또한 확대 해석할 필요가 있다. 예컨대 테드나 유튜브에서 감상할 수 있는 동영상 대부분에는 영어 자막이 제공되므로 영어에 익숙하지 않은 사람이라도 조금만 집중하면 내용을 이해할 수 있다. 게다가 좋은 책이 출판되면 이와 함께 관련된 동영상들이 즉시 업로드 되고 있는 추세다. 인터넷 시대의 최대 장점은 세계적으로 명성이 높은 학자나 전문가들의 강연이나 강의를 무료로 감상할 수 있다는 점이다. 더욱이 책과 함께 동영상을 감상한다면 영어와 지식이라는 두 마리 토끼를 잡을 수 있다. 그리고 책과 동영상은 상보적이라는 사실을 유념하기 바란다. 인터넷 시대에 독서란 책을 포함해 다양한 매체를 이용해 지식과 정보를 습득하고 이를 자신의 세계관에 반영하려는 지적 행위라고 정의할 수 있다.

인터넷과 모바일 혁명 덕분에 실시간으로 방대한 정보를 얻을 수 있는 시대에 독서는 구시대적 유물이라는 생각이 들 수도 있다. 그렇지만 나는 그 반대라고 생각한다. 누구나 컴퓨터와 스마트폰을 이용해 쉽게 정보와 지식을 얻을 수 있지만 이렇게 얻은 것들은 오랫동안 뇌리에 남아있기 어렵다. 끊임없이 밀려드는 새로운 정보에 자리를 내줘야 하므로 자신은 이런 정보가 지나가는 통로에 그치거나 심하게는 오히려 정보의 노예로 전락할 수 있다. 앞으로 인공지능의 성능은 더욱 개선될 것이 분명한 반면, 인간의 지적 능력은 오히려 퇴보할 가능성이 크다. 요즈음 전화번호를 외우는 사람이 거의 없으며 내비게이터 앱이 없으면 목적지까지 찾아가기 어려운 것이 현실이다. 이처럼 우리는 정보기술에 의존하면 할수록 점점 더 무력한 존재로 전락할 가능성이 크다. 마치 서서히 뜨거워지는 물속에 있는 개구리처럼 자신에게 벌어지고 있는 위기를 인지하지 못한 채 최악의 상황을 맞이할지도 모른다.

나는 이런 상황을 피할 수 있는 가장 좋은 방법이 심층독서와 기획독서라고 생각한다. 이 시점에서 굳이 세계적인 명사들이 열렬한 독서광이었다는 사실을 거론하지 않더라도 독서의 중요성을 부정하는 사람은 없을 것이다. 인간은 자기도 모르는 사이에 습관의 노예가 되기 십상이다. 시작이 반이다. 시작을 하지 못한 채 미루고 있는 사람이라면 바로 지금 당장 시작해보라고 권하고 싶다. 주어진 시간을 더 효과적으로 활용하는 다른 방법이 있다면 독서를 포기해도 좋다. 과연 그러한 대안이 존재하는가? 내가 알기에 그런 대안은 없다. 지금은 실감이 나지 않겠지만 누구에게나 "나는 과연 의미 있는 삶을 살았는가?" 하고 지나온 삶을 회상하는 날이 분명 올 것이다. 그때 최선을 다해 책을 읽고, 생각을 정리했으며, 이를 바탕으로 빅퀘스천을 궁구하면서 소신껏 살았노라고 말할 수 있다면, 적어도 무의미한 삶을 살았다고 자책하지는 않을 것이다. 이것이 내가 이 글을 읽는 독자들에게 전하고 싶은 메시지다. 눈앞의 이익에 모든 것을 걸지 마라. 우리의 무의식 깊은 곳에는 빅퀘스천에 대한 호기심이 자리하고 있다. 이것을 수면 위로 끌어올려 자신의 삶에 진정한 의미를 부여하는 것은 온전히 자신의 몫이다. 누구나 가능하다. 이제부터 빅퀘스천을 향한 여정을 시작해보자.

내 인생의 빅퀘스천

앞에서 밝힌 바와 같이 은퇴하기 오래전부터 나의 궁극적인 관심사는 빅퀘스천에 대한 답을 모색하는 것이었다. 그리고 지금까지 나름대로의 노력을 통해 내린 잠정적인 결론은 빅퀘스천에 대한 답을 구하는 것 자체가 아니라 그 과정이 소중하다는 것이다. 빅퀘스천은 문자 그대로 답을 구하기 어려운 큰 질문이다. 그 가운데 내가 가장 심혈을 기울여 궁구하고 있는 빅퀘스천 세 가지는 다음과 같다. 내게는 정말 큰 질문Really Big Question인 셈이다.

첫 번째 질문 – 의식은 뇌의 산물인가 아니면 뇌와 독립적인가?

17세기 철학자 르네 데카르트가 몸과 마음의 이원론을 제시한 이래 심신문제mind-body problem는 철학과 과학의 끊임없는 관심사였다. 이 문제의 핵심에는 의식의 본질에 관한 의문이 자리하고 있다. 그렇지만 의식의 주관적 속성으로 인해 오랫동안 과학적 탐구의 대상에서 배제되어오다가 1990년대 들어서 DNA의 공동 발견자인 프랜시스 크릭Francis Crick(1916~2004)과 철학자 데이비드 차머스David Chalmers(1966~)[17]의 문제 제기로 인해 신경과학, 철학, 심리학, 컴퓨터공학 등 여러 분야 학자들의 관심사가 되었다. 그 동안 이들은 방대한 연구 결과를 제시했음에도 불구하고 여전히 의식의 어려운 문제hard problem of consciousness는 논란의 대상이 되고 있다. 현재 주류 신경과학계의 견해처럼 뇌가 의심의 여지없는 의식의 생산자라면 이 문제를 비롯해 의식과 관련된 모든 문제는 해결될 것이다. 그렇지만 이에 대한 반론 또한 충분한 과학적 근거가 있기에 이 문제는 여전히 뜨거운 과학적 논쟁의 중심에 있다. 나 또한 이들의 연구를 예의 주시하고 있을 뿐 아직 궁극적인 대답을 얻지 못하고 있다. 그러면서 의식을 이용해 의식을 탐구한다는 근원적인 제약으로 인해 이른바 '자기언급 역설self-reference paradox'을 극복하기 어려울지 모른다는 생각을 떨치지 못하고 있다.

두 번째 질문 – 사후생 문제를 어떻게 받아들일 것인가?

사후생life after death은 상식적으로 보면 모순된 표현이다. 사후에 존재하는 삶을 생각한다는 것 자체가 죽음을 부정하는 것이기 때문이다. 여기서부터 삶과 죽음의 의미가 갈라진다. 현재의 지배적인 패러다임인 과학적 물질주의에 의하면 죽음은 모든 것의 소멸이다. 우리 몸과 마음은 머지않아 원자로 분해되어 자연으로 돌아가는 순환 과정에 들어가기 때문이다. 별의 먼지에서 비롯된 모든 생명체의 종말은 거대한 순환의 작은 일부일 뿐이다. 이와 반대되는 관점을 제시하는 것이 여러 제도권 종교들이다. 인간이 불멸의 존재였다면 종교는 생겨나지 않았을 것이다. 개인적으로는 사후 천국과 지옥을 상정한다거나, 해탈을 하지 못하면 영원한 환생의 순환에서 헤어날 수 없다는 종교적 가르침에 회의적이다. 이런 이유로 나 자신 불가지론자로 자처하고 있는 것이다. 그렇지만 임사체험에 관한 많은 연구와 전생을 기억하는 아이들에 관한 연구를 접하면서 사후생의 가능성에 대해 깊이 생각하고 있다. 이들의 진지하고도 객관적인 연구는 간단히 무시할 수 없는 내용을 담고 있다고 생각하기 때문이다. 아직은 어떤 방식으로든 사후생이 존재한다는 확신에 이르지는 못했다. 그렇지만 사후생을 지지하는 객관적인 원리를 밝힐 수 있다면 이는 인류사에서 가장 큰 사건이 될 것이다. 그래서 지금도 이 문제에 대한 답을 찾아보려 노력하는 중이다.

세 번째 질문 – 인공지능 기술은 인류를 극단적인 상황으로 내몰 것인가?

4차 산업혁명의 핵심 기술이 인공지능 기술이라는 것은 이미 널리 알려져 있다. 이 기술을 둘러싼 논쟁의 핵심에는 인공지능이 인간의 최대 강점인 지능을 다루는 기술이라는 데 있다. 나아가 지능폭발이 일어나면 단순히 지능을 가진 기계에 그치지 않고 인간 수준의 감정과 의식을 가진 초인공지능으로 발전할 가능성을 배제할 수 없다는 이유로 이 기술의 발전을 우려하는 사람들이 적지 않다. 초인공지능이 인간에 우호적으로 작용할 것이라고 보장할 수 없기 때문이다. 이들의 우려에 공감하면서 동시에 나는 인공지능 기술로 인해 초래될 정치적, 사회적, 경제적 문제에 깊은 관심을 가지고 있다. 지금 우리는 소득분배의 불평등과 사회 양극화로 인해 자본주의와 민주주의의 존립 자체가 위태로운 지경에 처해 있다. 인공지능 기술이 가져올 미래에 대해 많은 전문가들이 의견을 달리하고 있지만 한 가지 일치하고 있는 것은 바로 자본주의와 민주주의의 근간을 파괴할지도 모른다는 것이다. 나 또한 이 문제는 앞으로 인류가 해결해야 할 가장 심각한 문제라는 데 동의하면서 우리 실정에 적합한 대안을 찾아야한다고 생각하고 있다. 이 문제의 해결책을 찾지 못한다면 우리 후손들 대부분은 인간이 만들어낸 최악의 상황을 경험하게 될 가능성을 배제할 수 없기 때문이다.

2부

담화

영성은 무엇이고
영성적 성장이 왜
중요한가?

참여자

도영인(한영성코칭연구소장, 전 국제사회복지학회장)

박영재(서강대학교 물리학과 교수, 선도성찰나눔실천회 지도법사)

송순현(저절로아카데미 원장, 전 정신세계원장)

이영환(동국대학교 경제학과 명예교수, 정진기언론문화재단 이사)

영성은 무엇이고
영성적 성장이 왜 중요한가?

도영인 교수(이하 도) = 제가 보기에 한국사회에서 영성spirituality이라는 용어가 일반인들 사이에서 잘 사용되지 않고 오히려 곧잘 오해를 불러일으키기도 하는데요. 저희가 각자 쓴 에세이에이어서 함께 담화를 하는데 있어서 우선 영성이란 말을 어떻게 이해하고 계신지 함께 말씀을 나누면 좋겠다고 생각합니다.

이영환 교수(이하 이) = 제 주변 지인들의 반응을 보더라도 영성이라는 용어에 일정 부분 거부감을 갖고 있다는 인상을 받게 됩니다. 영성이라는 용어가 특정 종교에 바탕을 두고 있기 때문이 아닌가 하는 생각이 듭니다. 한편으로는 지성과 겸양지덕을 갖추면 되지 굳이 영성을 거론할 필요가 있는지 반문하는 사람도 있는데, 솔직히 이런 주장에 반박하기 어렵다고 봅니다. 그렇기에 영성이라는 용어를 사용하려면 일상 생활에 접목시킬 수 있는 개념으로서 모두 공감할 수 있도록 하는 것이 급선무라는 생각이 듭니다. 이런 관점에서 볼 때 분석심리학의 창시자 칼 융이 인

간의 정신은 대극對極으로 이루어져 있다고 주장한 것에 주목할 필요가 있다고 봅니다. 그는 인간 의식과 무의식 간 대극의 반전enantiodromia을 극복한 후 대극의 조화를 달성해야만 자신의 진정한 자아Self에 이르는 개성화individuation를 달성할 수 있다고 역설했습니다. 이와 같이 세상 만물이 대극으로 이루어져 있다는 것은 영적 각성이 자연스럽게 이루어지지는 않을 것임을 암시합니다. 이런 맥락에서 통합이론의 대가 켄 윌버가 저서 『무경계』에서 왜 영적 각성을 위해서는 대극의 조화가 필요한지 명쾌하게 서술한 다음 표현은 음미할 가치가 있습니다. "우리가 겪고 있는 '삶의 문제들' 대부분은 대극은 서로 분리될 수 있고 또 분리되어야만 하며, 고립시킬 수 있고 또 고립시켜야 한다는 환상에 기초해 있다. 그러나 사실 모든 대극은 그 기저에서는 단일한 실재의 두 측면이기 때문에, 양극을 분리시키고자 하는 시도는 고무줄의 양끝을 서로 완전히 분리시키고자 애쓰는 것과 같은 짓이다.(…) 해방이란 부정적인 것으로부터의 해방이 아니라 '긍정과 부정이라는 양극'으로부터의 해방이라는 점에 유념하도록 하자." 이런 경지를 맛본 사람은 자연스럽게 이성과 감성의 한계를 넘어 영성적 세계를 지향하게 된다고 봅니다. 그런데 이런 경지는 단박에 도달할 수 있는 것이 아니기에 하나의 방편으로 일상 생활에서 조금만 노력하면 실천 가능한 차원에서 영성을 정의하고 널리 보급할 필요가 있다고 생각합니다. 그래야 저 같은 사람도 실천할 용기가 생기지요. 예컨대 '에고의 욕구 10퍼센트 줄이기'와 같은 메시지를 통해 영성을 알리는 것도 생각해 볼 필요가 있다는 생각이 듭니다. 에고의 한계를 조금이라도 극복한 사람이 보여주는 진정한 이타적인 행동은 누구든 감지할 수 있지 않겠습니까. 그것이 사랑이나 자비, 또는 연민이나 공감에 근거한 것이든 말입니다. 따라서 이 시점에서 중요한 것은 영성의 대중적 기반을 확립하기 위한 실천 가능한 방법을 모색하는 것이라고 봅니다.

 **송순현 원장(이하 송) =** 제게 있어서 영성은 모든 인간에게 내재하는 본성本性, 신성神性, 불성佛性과 다름 아니라고 생각합니다. 영성은 사람으로 하여금 지성知性과 감성感性으로써 스스로를 발현發顯하여 진선미眞善美를 꽃피우게 만드는 모든 미덕美德과 창조와 기쁨의 본원本源이지요.

도 = 영성은 인간의 본성이라는 말씀에 동의합니다. 이 영성이야말로 사람을 사람답게 하는 근원적인 요소인데, 다소 모호하고 막연한 느낌을 주는 영spirit과 구분하여서 영성spirituality이란 단어를 실질적인 개념으로 이해하자면 결국 개인이나 사회전체의 목표 달성에 영향력을 미치는 진실하고 선하고 아름다운 에너지라고 봅니다. 영성은 학자들이 연구할 수 있는 추상적인 개념이기도 하지만 실생활에서 어떤 영향력을 행사하는 선의의 힘force 내지 언행일치의 삶의 모습을 통해 파악할 수 있는 실체라고 생각합니다. 제가 이해하는 바로는 크고 작은 모든 현상 뒤에서 움직이는 창조적 에너지의 근원으로서 대우주적인 힘Cosmic Force이 표출된다고 봅니다.

로날드 레이건Ronald Reagan(1911~2004) 대통령이 재직 중에 성공적인 우주선 발사를 축원하면서 우주비행사들에게 "God be with you!"라고 말하는 대신에 "Force be with you!"라고 했을 때 국민 대다수가 그리스도교 신자인 국가임에도 불구하고 일부러 종교 중립적인 용어 사용을 한 것이라고 생각한 적이 있지요. 제 개인의 해석에 불과하지만 종교를

초월해 강력하고 신비로우면서 인간의 기술적인 힘force이나 권력power
을 능가하는 막강한 우주근원적인 힘Force으로 인해 우주탐험이 성공적
결과가 되기를 기원한 것이 아닌가 짐작해 봅니다. 한국이나 미국과 같
은 다종교사회에서 사람들이 누릴 수 있는 정치적, 경제적, 사회적 차원
의 모든 힘power, force이나 단순히 물리적이고 기술적인 능력을 능가하
는 절대자를 상징하는 명칭이 각기 다양하게 쓰이고 있지요. 그 점을 고
려한다면 레이건 대통령이 신앙의 다양성을 서로 포용하면서 함께 공존
해야 하는 미국인들 정서에 적절한 표현을 한 것이었지요.

이 = 도 교수님 말씀 가운데 조심스러운 부분이 있네요. 예컨대 조지
루카스George Walton Lucas(1944~)1)의 영화《스타워즈》에서 악의 상징인
다스 베이더Darth Vadar를 어둠의 힘Force of Darkness라고 부르지 않습니
까. 우리나라에도 널리 소개되었던 미국의 정신과 의사이자 영성지도자
였던 데이비드 호킨스 박사는 저서 『의식 혁명』을 비롯한 여러 저서에서
낮은 의식 수준에서 작용하는 낮은 에너지를 위력force으로, 높은 의식
수준에서 작용하는 높은 에너지를 힘power으로 표현하면서 위력에서 힘
으로 상승하도록 의식 혁명이 일어나야 한다고 강조했습니다. 대문자든
소문자든 도 교수님과는 상반된 의미로 force와 power를 해석한 것 같
은데 혼란의 소지는 없는지 궁금하군요. 어쨌든 어떤 용어를 사용하든
정신적 에너지의 수준이 낮으면 개인적 차원의 이해관계를 넘어서지 못
할 것으로 보입니다.

도 = 제가 보기에 그것은 용어 선택의 차이일 뿐으로 보입니다. 호킨
스 박사는 세계적으로 유명한 불가지론자로서 긍정적인 의미의 영성적
인 힘과 대조되는 개념으로서 물질세계에 뿌리내린 힘을 위력force라고

했지요. 그런데 만약 '의식혁명'이 최대다수 인류의 공익을 불러일으키기 위한 것이라면 제가 선호하는 '영성지능적인 집단의식의 향상'이라는 말로 대체될 수 있다고 봅니다. 그렇지 않고 의식혁명이 인지지능이 높은 소수 엘리트 중심으로 이루어진다면 호킨스 박사가 말하는 의식의 힘force은 반反인류사회적으로 추락할 가능성이 있다고 봅니다. 제 의견으로는 호킨스 박사가 분류한대로 비교적 높은 의식수준에 해당하는 용기, 자발성, 이성理性이 인류 전체의 최대공익을 위해 쓰이도록 이끄는 일종의 보이지 않는 우주적인 힘Force을 인간적인 힘(force, power)과 구분해서 이해할 필요가 있다고 봅니다.

지극히 인간적인 관점에서 제한적인 경계선을 갖는 시공간時空間이라는 테두리 안에서 보면 현실적인 모든 것은 혼돈 상태에 있습니다. 그러나 좀 더 큰 대우주적인Cosmic 관점에서 보면 모든 것은 신비로운 사랑 에너지 또는 진화하는 선의의 힘Force이 작용하고 있다고 생각합니다. 저는 물질세계를 넘어서는 우주원리에 따르는 절대적 힘Force을 차별화하여 이해합니다. 인간적인 한계가 있는 일시적인 권력power이나 자부심이나 욕망과 같이 낮은 의식 수준에서 발현되는 지극히 인간적인 또는 단순히 물질적인 힘force을 능가하는 대우주적인 원리가 작용한다고 보고 그것을 제가 선호하는 언어로서 영성에너지라고 표현하기도 합니다.

송 = 서로를 살려내는 영성에너지의 발현은 인간을 인간답게 하고, 나를 나답게 하고, 나아가 작은 나self를 초월하여 큰 나self와 합일하는 경지에 이르게 한다고 생각합니다. 그러한 의식수준 내지 영성발달 단계에서 모든 인간을 평등한 존재로서 보고 또한 서로를 사랑으로 대하며 세상만물과 더불어 조화롭고 평화로운 세상을 이루어 살 수 있게 되는 것이겠지요.

도 = 인간 의식이나 영성이라는 개념이 중요한 이유는 개인의 안녕 well-being뿐만 아니라 사회전체 분위기 내지 문화적인 맥락을 이루는 중심요소가 되기 때문이라고 생각합니다. 현재 한국사회에 사는 대다수 사람들이 행복을 느끼기 어려운 경쟁 위주의 문화적이고 제도적인 조건 속에 노출되어 있는데요. 현재 한국인들이 비교적 풍요로운 나라에 살면서도 행복을 느끼지 못하고 불만족한 삶을 살아가는 상황을 바꾸는 것은 결국 개인의 영성 내지 사회적 차원의 영성 자산이 아닌가 합니다.

송 = 제 삶 속에서 실제적인 효력을 발휘하는 영성이 저 이외의 주위 분들에게 다소라도 긍정적인 영향력을 갖는다면 저로서는 큰 영광일 것입니다. 적어도 제가 이해하는 영성은 작지 않고 큰 것이고, 좁지 않고 넓은 것이고, 얕지 않고 깊은 것이고, 낮지 않고 높은 것이고, 차갑지 않고 따뜻한 것이고, 무겁지 않고 가벼운 것이고, 어둡지 않고 밝은 것이고, 탁하지 않고 맑은 것이고, 답답하지 않고 시원한 것이고, 찡그리지 않고 미소 짓는 것입니다. 때로는 호탕하게 웃는 것이고, 신명나게 잘 노는 것이고, 미워하지 않고 사랑하는 것이고, 나태하지 않고 근면 성실한 것이고, 거짓됨 없이 순수 정직한 것이고, 화평 온화한 것입니다.

도 = 송 원장님은 일상에서 영성에너지를 온몸으로 발산시키며 문자 그대로 넓고도 깊은 삶을 영위하고 계신 것 같아서 신선 옆에 있는 것처럼 평안함을 느끼게 하시는 것 같습니다. 송 원장님 삶에서처럼 영성은 개인 삶의 영역에서 아주 평화롭고 신명나는 영향력을 행사하는 것이 틀림없는데요. 그런데 왜 지금 현대인들이 영성을 더 확장된 사회적인 차원에서 이해하고 그 영향력에 대해 심각하고 절박한 심정으로 영성에 대해 논의해야 하는 것일까요?

송 = 개인들이 소아小我의 이기심과 탐진치貪瞋痴에서 벗어나지 못하고, 집단 이기주의에서 벗어나지 못함으로써 서로 간의 투쟁과 대립과 갈등과 부조화 속에서 이전투구泥田鬪狗하기 때문이지요. 탁월한 이성과 합리성을 가진 사람들이 지구 전체 생태계를 보지 못하고 뭇 생명의 원천인 지구의 자연환경마저 오염시키고 훼손시킨 인류가 결과적으로 오늘날 공멸共滅의 위기 앞에서 전전긍긍하고 있으니 이제 우리의 의식수준을 영성적으로 한 단계 높이지 않으면 안 된다고 봅니다.

도 = 매우 거시적인 생각이지만 저는 인류 의식이 계속 진화하기 위해서는 글로벌한 영성 운동이 필요하다고 생각합니다. 집단의식의 진화는 곧 인류문명의 정신적인 질을 높이고 대다수 생명체를 살리는 상생의 식win-win consciousness이 증강하는 것을 의미합니다. 만약 인류가 어떤 우주적 스케일의 진화과정에 놓여 있다고 가정한다면 그런 상생적인 방향으로 변혁을 가능하게 하는 우주적 에너지는 물질적인 한계성을 초월하는 영향력이고 저는 바로 그런 초월적인 힘을 영성의 본질로 이해하고 있습니다. 그런 의미에서 의식진화를 추진시키는 거대하고 신비로운 힘Force으로서의 영성은 사회적 진보와 발전에 필수적인 핵심요소라고 생각합니다.

송 = 제 의견으로는 스스로 고요해지고 맑아지고 평화로워지는 명상을 통해 각자 내재하고 있는 영성의 빛을 만남으로써 자신과 세상의 문제를 해결할 수 있는 지혜와 덕과 능력을 저마다 발휘하게 된다고 봅니다. 그래서 긍정적인 영향력으로서의 영성이야말로 인류의 가장 근본적인 희망이리라 생각합니다. 저는 한 개인에 불과하지만 그럼에도 불구하고 모든 이들의 영성 발현으로 세상이 날로 환해지기를 염원하며 나 자신부터 그 길에 충실하고자 다짐해봅니다.

박영재 교수(이하 박) = 말씀하신 영성 발현의  힘을 생각해 볼 때 21세기 탈post 포스트모던사회에서 개인적으로 하는 영성적인 수련방법은 불교적 전통이 아니더라도 모두 사회적 변혁을 촉발시킬 수 있다고 생각합니다. 영성의 힘은 제도권 종교를 통해서 혹은 종교 영역을 떠나서도 궁극적으로 사회전체에 긍정적인 효과를 주기 때문에 현대인들은 일상적으로 영성을 말하고 영성적인 잠재능력을 의식해야 한다고 생각합니다.

그리스도교를 믿는 서강대 길희성 명예교수께서 저서『종교에서 영성으로』를 통해 이제 종교도 단체 중심에서 벗어나 '영성靈性적 인간 배출의 필요성'이 있다고 강조했습니다. 저는 그래서 리더십을 발휘하기 위해 갖추어야 할 영성적 지혜와 관련되는 용어에 대해 말씀드리고 싶은데요. 선종禪宗에는 그리스도교에서 주로 쓰고 있는 '영성'과 동등하면서도 종교를 초월해 써도 무방한 '신령스러운 기틀', 즉 우리들 모두 갖추고 있는 참 본성의 신령神靈스러우면서도 오묘奧妙한 작용을 뜻하는 '영기靈機'란 선어禪語가 있는데 그 출전은 다음과 같습니다.[2]

북송의 곽암 선사께서 적지 않은 수행자들이 공안투과公案透過에 집착하다 수행의 본래 목적을 놓치고 허송세월하고 있는 것에 대한 경각심을 일깨워주기 위해 열 개의 그림으로 이루어진 『십우도十牛圖』

를 저술했다고 생각되며, 수행자가 이를 수행지도로 삼을 경우 마지막 열 번째 단계인 '입전수수入廛垂手', 즉 돕는다는 분별조차 없이 어려운 이웃과 함께 하는 지혜의 활작용活作用을 목표로 바른 수행을 지속할 수 있으리라 판단됩니다. 그러나 이를 위해서는 특히 아홉 번째 단계인 '본원으로 돌아감'을 뜻하는 '반본환원返本還源'의 영적 체험이 전제되어야 가능합니다. 그래서 석고희이石鼓希夷 화상이 이 점에 주목해 '영기'란 선어를 드러내며 다음과 같은 화답송을 붙인 것으로 사료됩니다.

신령한 기틀은 유무의 공에 떨어지지 않기에	靈機不墮有無功
보지 않으면서도 보고 듣지 않으면서도 듣네.	見色聞聲豈用聾
어젯밤 태양이 날아서 바다로 들어가더니	昨夜金烏飛入海
오늘 새벽 하늘에 여전히 둥근 해가 붉게 떠오르네.	曉天依舊一輪紅

도 = 박 교수님은 특정한 종교의 틀을 벗어나서 높은 수준의 영적 깨달음을 얻는 경험이 가능하다고 보시는데 저도 그렇게 생각합니다. 돕는다는 분별조차도 없이 자연스럽게 타인에게 도움이 되는 행동을 하는 사람은 깨어난 경험을 했다는 의식조차도 없이 하나됨 의식oneness consciousness을 자발적으로 실천하는 영적 수준에 도달한 것으로 볼 수 있지 않을까요? 실천적인 행동으로 이어지는 영성적 깨달음이야말로 사회 전체에 진보적인 영향력을 발휘할 수 있다고 생각합니다.

박 = 실천적인 차원의 깨달음과 관련하여 제자들의 이해를 돕기 위해 필자의 스승인 종달宗達 선사께서는 그의 저서 『깨달음에 이르는 열 가

지 단계: 십우도』에서 다음과 같이 말씀하셨습니다.

이는(본원으로 돌아가는 영적 체험은) 유무有無라든지 미오迷悟 등을 초월한 때다. '무無'에도 치우치지 않고 '유有'에도 치우치지 않으므로 유무의 '공空'에 떨어지지 않는다고 했다. 이것이 바로 보지 않으면서도 사물을 보고 듣지 않으면서도 소리를 듣는 경지를 말한 것이다. 이는 '선禪'은 닦는 사람들이 잘못하면 공에 떨어지기 쉬우므로 그것을 경계한 말이다. 요는 유무를 초월하여 '무'라느니 '유'라느니 하는 이원적 분별도 일어나지 않는 경지에 이르러야 비로소 영묘靈妙한 활동이 가능하다.

그리고 '어제 저녁 태양이 바다에 들어갔다'는 것은 '무'를 가리킨 말이고 '오늘 새벽 해가 여전히 한 폭의 붉은 꽃처럼 피어났다'는 것은 '유'를 말한 것이다. 그런데 지구가 태양 둘레를 공전하면서 자전하기 때문에 태양이 없어졌다가 다시 비추는 것이고 태양 자체에는 아무런 변동이 없다. 밤이 캄캄하니 가정해서 '무'라고 했고 해가 솟아 밝으면 '유'라고 했을 뿐이다. 다시 말하면 태양은 유와 무를 모두 절絶한 본래의 자기를 뜻하는 말이다.

다시 말하자면 '영기 단련(선수행)을 하는 목적은 '위로는 진리를 구하고 아래로는 어려운 이웃을 돕는다(상구보리上求菩堤 하화중생下化衆生).'로 요약할 수 있습니다.

송 = 동서고금 성현의 가르침, 모든 종교의 가르침 속에 인류 구제의 길이 있을 터이나 이를 올바로 이해하고 제대로 실천하기 위해서는 명상과 같은 자기 성찰과 영성 계발의 길을 먼저 열어야 할 것입니다. 아침저녁으로 거르지 않고 명상을 하실 뿐만 아니라 물리학자로서 수행자의 길을 올곧게 걸어오신 박 교수님께서는 영성의 힘을 생생하게 느끼면서 살아오신 것 같습니다.

도 = 저는 여러분의 의식수준에 도달하려면 아직 먼 길을 가야할 것으로 짐작합니다. 수행자로서의 삶은 아니지만 그래도 평범한 일반인으로서 영성에 대한 호기심을 놓지 않고 살았는데 결국 영적 깨달음은 나와 남이 모두 하나라는 것을 각성하는 것이라고 봅니다. 박 교수님이 지적하신대로 선수행이나 영적 수련을 통해서 아주 자연스럽게 자타불이를 내면화하여 이웃을 돕게 된다면 사회문제 해결이 그 만큼 앞당겨 질수 있을 것으로 생각합니다. 우리사회가 좀 더 살기 좋은 복지사회로 변화하려면 영성 계발을 통한 집단지성 차원의 자각이 필요하다고 보는데요. 일반인들에게 큰 영향을 미치는 소위 지도자층에 속하는 정치가, 교육자, 글로벌 기업인들이 먼저 깨어나야 하지 않을까요?

이 = 영성적 영향력은 개인 삶의 차원을 넘어 사회와 지구를 위해서도 절실하다고 봅니다. 그런 면에서 영성적 역할을 가장 효과적으로 수행할 수 있다고 기대되는 영성가들도 다른 지도층 계급과 더불어 그 동안 행적에 대해 자성自省할 필요가 있다고 생각합니다. 이것은 비난이 아니라 영성적 도약을 위해 필요하기 때문입니다. 인류 역사에서 동서양을 막론하고 많은 현자들이 출현했으나 현재 인류의 의식수준은 여전히 그다지 높다고 보기 어렵습니다. 제도권 종교를 비롯해 다양한 전승傳承들은 스스로 그 동안의 성과를 되돌아 볼 필요가 있다는 생각이 듭니다.

박 = 해방 이후 지난 수십 년 동안 우리 모두 함께 겪었던 한국의 현실을 놓고 볼 때 영성적인 자각이 매우 중요합니다. 공무원들의 부정부패 및 직업화된 종교인들의 타락 등 이 나라를 이끌어 가는 적지 않은 사람들이 저지르는 원칙과 일관성이 결여된 무분별한 행동으로 인해 세상은 N포 세대3)들을 양산하며 점점 더 혼탁해져 가고 있는 것 같습니다.

　이 = 심지어 일부 종교지도자들은 신앙공동체나 조직을 대중 위에 군림하기 위한 수단으로 여기는 것은 아닌가 하는 의문이 들 때가 적지 않습니다. 이는 우리나라에 국한된 것은 아니지만 우리나라의 경우 유독 더욱 심하다는 인상을 줍니다. 일부 교회의 경우 세습이 이루어지고 있는 것이 대표적인 사례입니다. 다른 나라에서는 유례를 찾아보기 어렵습니다. 따라서 중요한 것은 사람들이 영적 지도자나 경전의 권위에 의존하기보다는 자기발전을 위해 스스로 영적으로 각성할 수 있는 방법을 찾는 데 더 많은 노력을 기울일 필요가 있다고 봅니다. 예컨대 종교지도자나 영적으로 깨어난 분들이 일반 대중 위에 군림하려 한다면 이는 진정한 영적인 깨달음을 얻지 못했다는 증거라고 생각합니다. 이런 분들이야말로 철저하게 자신의 에고를 내려놓은 모습을 보여주어야 합니다. 그래야만 세속에 있는 사람들에게 뭔가 변화를 유발할 수 있기 때문입니다. 예컨대 우리나라의 경우 재벌 총수들에게 이런 영향을 미칠 수 있다면 이는 개인적으로나 사회적으로 정말 가치 있는 일입니다. 그러면 재벌 총수들이 자신이 통제하는 기업집단을 개인의 욕심을 채우는 수단으로 여기기보다는 고용 창출과 투자 확대를 통해 기업가치를 높이는 데 그치지 않고 사회와 국가의 발전에 기여하고자 하는 의식 수준에 도달하도록 영향을 미칠 수 있기 때문입니다. 재벌 개혁이라는 명분으로 그들을 죄인 시 하는 것은 효과적인 방법이 아니라는 말입니다. 아무리 좋은 이야기도 도덕적 훈계의 차원에 머문다면 요즘 분위기에서는 효과를 기대하기 어렵다고 봅니다.

도 = 동감입니다. 영성이란 단어에 익숙하지 않은 사람들이 의식수준 운운하는 영적 메시지를 듣기 싫어하는 것은 아마도 가장 인간적인 에고의 발현이기에 나름 이해는 됩니다. 자기 자신도 모르는 가운데 무의식적으로 저항하기 쉬운 영적 메시지를 효과적으로 전달하려면 그 좋은 용어가 의미하는 바를 일상에서 실천하는 능력을 먼저 쌓아야 한다고 생각합니다. 또 중요한 것은 삶을 통해 내재화된 영적 메시지를 전달하는 것은 특정 직업군에 있는 소위 '지도층' 사람들뿐만 아니라 일반인 모두가 할 수 있는 일이라고 생각합니다. 그래서 저는 제 워크숍을 통해 영적인 지도자라는 말이 영적으로 깨어있는 모든 사람들을 지칭하는 것이라고 말해 오고 있습니다. 누구나 다 영성이 내재해 있으므로 타인이나 사회 전체에 도움이 되는 영적인 영향력을 행사하는 것이 잠재적으로 모든 사람에게 가능하다는 것이 제 생각입니다.

박 = 그렇지만 특정 직업군, 특히 소위 지도층에 속한 사람들의 책임이 더욱 큰 것은 사실입니다. 더군다나 장차 이 나라를 짊어질 젊은이들을 키워야 할 교수들의 경우에 학생들의 영적인 안녕에 대해 큰 관심을 가져야 한다는 것이 제 생각입니다. 사실 많은 경우에 교수들이 현실과는 괴리된 이론에 치우쳐 어설픈 사회 참여를 하고 있고, 입시 부정 및 연구비 유용 등 부정한 행위에까지 가담하고 있습니다. 지식층의 반성과 더불어 중립적인 입장에서 공정하게 법을 다루어야 할 법조계 인사들의 뉘우침도 절실하게 필요하겠지요. 더군다나 나라의 건전한 경제 성장에 기여해야 할 재벌들의 불공정성 타파와, 민주복지사회 건설에 앞장서야 할 정치인들의 정권 다툼의 종식이 이루어지려면 심층차원의 의식변화가 필수적입니다.

이 = 박 교수님 지적에 전적으로 공감합니다. 그러면서도 이를 실현하려면 전략적으로 접근할 필요가 있다고 봅니다. 칸트식의 정언명령定言命令만으로는 사람들을 변화시키는 데 한계가 있기 때문입니다. 그러기 위한 전 단계로 영성의 여러 측면을 분석해 볼 필요가 있다는 것이 제 생각입니다. 개인과 사회 전체를 동시에 아우르는, 즉 미시적인 동시에 거시적인 관점에서 영성을 이해하려면 다양한 접근을 시도할 필요가 있다고 생각합니다. 첫째는 인간 본성의 관점이고, 둘째는 사회적 관계의 관점이고, 셋째는 자연과의 관계라는 관점입니다. 경제학에서는 인간이란 도구적 합리성에 입각해 이기심을 추구하는 존재로 여겨지며, 이는 진화생물학자 리처드 도킨스Richard Dawkins(1941~)가 『이기적 유전자』에서 주장한 것과 대동소이합니다. 즉 표면상 이타적으로 보이는 행동도 결국은 이기심 충족을 위한 것으로 보는 것이지요. 이런 관점에서 볼 때 영성은 '이기심에 의해 추동되는 에고의 한계를 넘어선 그 무엇'에 대한 경외심이라고 볼 수 있습니다. 둘째, 사회적 관계에서 영성은 동서고금의 황금률Golden Rule, 즉 "네가 대접받고 싶은 대로 남을 대접하라"라는 명제로 요약된다고 봅니다. 지위고하, 남녀노소를 막론하고 누구에게나 이런 일관된 태도를 보이는 사람은 영적으로 각성되었다는 것이 제 생각입니다. 셋째, 인간은 지구에 출현했던 수많은 종種 가운데 자연환경을 파괴하고 있는 유일한 종이라는 사실을 깊이 인식하는 것입니다. 생태계가 파괴됨으로써 인간에게 유익한 벌을 비롯한 많은 종들이 멸종의 위기에 직면해 있습니다. 자연을 보호해 생태계의 다양성을 유지하는 데 기여하고 있는 사람은 영적으로 일정 수준에 도달했다고 봅니다. 따라서 이런 세 가지 관점에서 영성에 대해 친밀하고도 호의적으로 생각하도록 유도하는 새로운 이야기가 필요하다는 것이 제 생각입니다. 그것도 일반의식 수준을 넘은 성인이나 도인에 관한 이야기가 아니라 누구나 공감하고 일상 속에서 날마다 실천할 수 있는 차원에서 말입니다. 이런 의미에서 특히 기업인들이 이 문제에 관심을 갖도록 적극적으로 알릴 필요가 있다고 생각합니다. 소비자, 종업원, 채권자, 공동체 및 환경과 같은 이해관계자들의 가치를 존중하는 기업 경영을 지속하기 위해서는 전문경영자가 영적으로 성숙하지 않으면 안 되기 때문입니다. 정치인이나 교육자도 중요합니다만 현재로서는 정치인들이 가장 변하기 어려운 수준에 머물고 있고, 대다수 교육자들은 지나치게 편협한 사고에 함몰되어 있어 변화를 유도하기 어려운 실정입니다.

박 = 우리 사회가 혼탁한 데에 대한 책임을 대개는 특정 계층의 탓으로 돌리고 있으나, 따지고 보면 우리 모두의 탓인 것이며, 아무리 좋은 법을 만든다 하여도 그것을 실행하는 사람들의 마음이 삐뚤어져 있으면 소용없는 일이기에 이 무질서한 세상을 바로 잡아가는 가장 **빠른** 길은 각자 나름대로 지속적인 영기 단련을 통해 스스로의 마음을 바르게 닦는 일이며, 이외에는 따로 묘책이 없는 것 같습니다.

사실 깊이 통찰해 보면 우리 모두 닦아져 가고 있는 마음, 즉 영기 단련을 바탕으로 자기가 맡은 그 자리에서 함께 더불어 전문적 기질을 100퍼센트 유감없이 발휘할 때, 즉 무분별無分別 지혜가 대활약할 때, 있는 그 자리가 헬조선이 아닌 바로 극락極樂이고 천당天堂이 되겠지요.

이 = 맞는 말씀입니다만, 지금과 같이 이해관계가 복잡하게 얽혀 있고 거대한 조직에서 위계질서가 중요한 역할을 하는 현실에서 과연 얼마나 효과가 있을지 의문입니다. 그래서 개인적으로는 우리 모두 자신이 얼마나 무지한지를 먼저 인식하는 것이 영성을 지향하는 변화의 출발점이라고 생각합니다.

지금은 진정한 의미에서 공익을 위해 봉사하려는 사람들이 절실한 시기입니다. 이런 면에서 장자가 쓴 『장자』의 「인간세」 편에 나오는 공자孔子와 안회顏回의 일화가 생각납니다. 물론 이것은 장자가 꾸민 이야기라고 합니다만, 위나라에 출사해 도탄에 빠진 백성을 구하려는 안회의 충정에 대해 공자가 심재心齋, 즉 '마음 굶김'이라는 단어를 사용하면서 만류했다는 이야기는 진정 공익을 위해 봉사하는 데는 영적인 각성이 필요하다는 것을 시사합니다. 박 교수님 지적대로 누구나 영기 단련을 한 후 이를 바탕으로 전문 지식을 활용해야 하지만 지위가 높을수록 그 책임은 더욱 막중할 수밖에 없다고 봅니다. 우리 사회에서 가장 심각한 문제 중 하나가 바로 사회지도층에 속한 사람들이 공익을 앞세우면서도 실질적으로는 사익을 추구하는 행태에서 벗어나지 못하는 것이라고 봅니다. 조선시대 이래 오랫동안 이런 행태가 이들의 무의식에 각인되어 있기에 여기서 벗어나지 못하고 있다는 생각이 듭니다.

도 = 그럼에도 불구하고 저는 한국인들의 기본적 영성은 매우 높을 뿐더러 인류의식은 계속 진화할 수밖에 없다고 생각합니다. 지금까지 저희가 논의한 영성이라는 개념이 인간의 언어체계에 포함되어 있다는 그 자체가 그리고 각자 이해하는대로 영성을 삶속에서 불꽃처럼 타오르게 하려고 노력하는 사람들이 많다는 사실이 인류에게 큰 희망을 준다고 봅니다. 코로나19 사태로 인해 전 인류가 매우 어려운 시점을 통과하는 이 와중에서 사람들이 오히려 전에는 미처 경험하지 못했던 '인류가 하나라는 의식'으로 깨어나고 있다고 생각합니다. 어려움을 겪는 과정에서 인간은 더욱 영성지능적으로 발달할 기회를 풍부하게 갖게 되기 때문이지요.

이 = 그렇지만 한 가지 반드시 짚고 넘어가야 할 것이 있습니다. 이번 코로나19 사태를 통해서도 확인되었지만 실직을 하거나 사업이 망하는 등 경제적 관점에서 기본적인 욕구가 충족되지 않는다면 대부분의 사람들은 원시적인 욕망으로 회귀할 가능성이 큽니다. 즉 영적인 열망이 후퇴하게 됩니다. 저는 이것을 디폴트 모드default mode로 간주하는 가운데 대안을 찾아야 한다고 생각합니다. 누구나 신성godhead이나 불성Buddha nature의 씨앗을 간직하고 있다는 말로 격려하는 것은 적절한 방법이 아니라고 봅니다. 인간으로서의 존엄성을 유지할 수 있는 최소한의 삶이 보장된 후에야 비로소 우리는 영적으로 더 나은 사람이 되고자 노력하게 된다고 봅니다. 예외적으로 극소수의 사람들은 그렇지 않겠지만 이들은 이미 영적으로 성숙한 단계에 있을 테니 이런 메시지를 전할 필요가 없겠죠.

도 = 물론입니다. 적어도 인간으로서 기본생활이 보장되어야 정신적 품성이나 영적 성장과 관련한 더 높은 수준의 자아실현 욕구를 유지할 수 있으니까요. 코로나19로 인해 직접적으로 고통을 겪은 분들이 너무 많은 상황이 벌어졌지만 저는 끝까지 희망적인 자세를 고수하는 사람들이 그렇지 않은 사람들보다 훨씬 더 많다고 봅니다. 이런 담화를 하는 이유도 우리가 좀 더 긍정적인 마음자세로 행복한 삶을 더불어 살기 위해 전반적인 사회변혁을 추구하는 과정에 있기 때문이라고 생각합니다. 영성은 결국 개인이 이룰 수 있는 가장 높은 수준의 자아실현을 가능하게 할 뿐만 아니라 인류 전체의 정신문명적인 진화를 위해 절대적으로 필요한 초월적인 힘이라고 이해합니다.

영성적 삶이란 어떤 것인가?

송 = 제 경우에는 '저절로 신선춤'을 연마하는 것으로 제 나름의 영성적 삶의 토대를 구축해가고 있다고 말씀드릴 수 있습니다. 저절로 신선춤을 고안한 동기는 원래 마인드 컨트롤mind control의 한 방편으로 구상한 것이었습니다.

마인드 컨트롤은 알파 뇌파의 명상 상태에 들어가는 것을 기본으로 하고 있는데 바쁘게 살아가는 현대인들에게는 어느 정도의 지속적인 연습을 요하는 기존의 마인드컨트롤 방법으로 뇌파를 안정시키는 것이 쉬운 일이 아니라고 보았습니다. 그래서 그 보완책으로 몸의 동작에 의식을 집중하여 생각에서 벗어나 저절로 명상의식에 들어가는 방법을 시도하게 되었습니다.

애초에는 이를 통해 알파뇌파 의식 상태를 마련하는 것만을 목표로 삼았고 그 바탕에서 마인드컨트롤 기법들을 적용하려고 한 것이었습니다만 하다 보니 근본적인 관점의 변화가 생겼습니다. 즉 명상 상태에서의 의도와 상상으로써 잠재의식을 움직여 원하는 삶을 창조해나가려는 마인드컨트롤보다는 저절로 몸짓과 더불어 조성되는 무심의 상태에서의 내적 생명의 흐름에 나를 온전히 맡기는 것이 삶의 발전을 이루는 더 근원적인 길이라는 것을 깨닫게 된 것이지요.

사람은 정精·기氣·신神의 존재인데, 뿌리는 하나의 생명인 것이지요. 즉 무심의 몸짓은 자연스러운 생명의 흐름이고 자연의 리듬인 것이며 또한 끊임없이 진화하는 우주의 섭리에 순응하는 길이라고 보았고 이를 통해서 정기신의 통합적 진화가 일어날 수 있다고 생각한 것입니다. 장자莊子가 말했듯이 아무런 작위가 없는 무심의 경지야말로 천지만물의 기준이고 도덕의 본질인 것으로서 무위자연의 삶을 영위하는 최상의 영성적 삶의 길이라고 생각하고 있습니다.

이 = 무심無心과 무위無爲를 강조하신 송 원장님 말씀에 크게 공감이 갑니다. 그런데 말씀하신 정·기·신은 인도의 요가나 베단타Vedānta[4) 전통에서 말하는 내용과 같은 것인지, 아니면 우리나라 고유의 선도仙道나 동양의학에서 유래한 것인지 궁금합니다. 동양 전통에 입각해 영적 훈련을 담당하는 사람들이 공통적으로 사용하는 모델이 정·기·신인데 개인적으로는 이 개념의 원천과 관련해 혼란스러울 때가 많습니다. 여러 분야의 사람들이 이 개념을 사용하면서 서로 일치하지 않는 부분이 있지 않나 하는 생각이 듭니다. 심지어 일부러 모호한 상태를 방치함으로써 객관적인 자료에 근거한 잠재적인 비판을 모면하려는 것은 아닌가 하는 극단적인 생각이 들기도 합니다.

송 = 우리나라 선도나 동양의학을 포함해 인도의 요가 및 베단타 전통 모두 연결되어 있다고 봅니다. 동서양 모두 몸과 마음은 상호작용을 하면서 서로 영향을 주고받는 것으로 간주한다는 점에서는 본질적으로 차이가 없다고 봅니다. 영적 각성은 어떤 경우든 마음과 몸의 상호작용을 바탕으로 일어나는 것 같습니다. 그래서 저는 자연스럽게 '저절로 신선춤'을 통해 이를 실천하게 된 것입니다.

이 = 송 원장님의 설명을 들으니 이 춤은 무위의 춤, 즉 꾸밈없이 이루어지는 춤이 아닌가 하는 생각이 듭니다. 무위라는 말이 아무것도 하지

저절로 신선춤은 아무런 틈이 없으며 그때그때 다르다.

않는 것이 아니라 꾸밈이 없음에 해당되지 않습니까. 유튜브에서 원장님
이 보여주신 신선춤 동영상을 여럿 감상해보니 주로 손과 발을 특정한
패턴 없이 자유롭게 사용하고 있다는 인상을 받았습니다. 꾸밈이 없는
것이지요. 그러면서 저 같이 몸치인 사람도 몰입하려고 노력하면 쉽게
적응할 수 있다는 생각이 들더군요. 과연 그럴까요?

송 = 이 춤에는 몸치가 없습니다. 누구나 따라할 수 있으며 이 교수님
의 경우 누구도 흉내 낼 수 없는 자신만의 독특한 춤을 추실 수 있습니
다. 마음을 비우는 것만이 요점이지요.

도 = 사실 저는 미국에서 살 때에도 누가 가르쳐 주거나 제가 따라 할

만한 사람이 있었던 것도 아닌데 제 나름대로 혼자서 '제멋대로 춤'을 부엌이나 거실에서 흥이 나는 대로 팔다리 동작을 하곤 했습니다. 음악의 파동이 제 몸 속의 영적인 기운을 돋우는 촉매제가 되어서 제 안에서 저절로 흘러나오는 생명의 기운을 아주 자유롭게 표현할 수 있는 안정적인 환경에 산 덕분이지요. 그리고 보니 한국에 돌아온 후 그런 표현을 하지 못하고 살다가 은퇴 후에 조금씩 다시 그 패턴으로 돌아갈 수 있었지요. 정말 자기 몸동작을 통해 내 영혼이 느끼는 작은 기쁨, 살아있는 생명체로서의 순수에너지를 누구나 나름대로 표현할 수 있다고 생각합니다. 송 원장님의 '저절로 신선춤'운동으로 인해 앞으로 한국사회가 전통적인 풍류정신을 회복하는데 큰 도움이 되지 않을까 기대합니다.

송 = 의식의 관점에서는 이해되지 않는 것도 무의식으로 소급해보면 거기서 이유를 발견할 수 있다고 봅니다. 무의식이야말로 정신적 보고라는 분석심리학자 칼 융의 말에 공감합니다.

제 생각에는 누군가 "나는 무엇을 할 거야" 또는 "나는 무엇을 하고 싶다"는 말을 공공연하게 할 때는 이면에 그런 생각을 하게 만드는 무엇이 있지 않나 하는 생각이 듭니다. 예컨대 시대정신이라든지 영성의 시대라는 분위기가 그런 생각을 유도할 수 있다고 봅니다. 예전에 제가 정신세계사라는 출판사를 운영할 때 출판한 『의식혁명』5)이라는 책이 있었습니다. 뉴 에이지New Age 운동을 소개한 책으로 제가 보기에 아주 잘 쓴 책이었습니다. 이 책의 저자는 당시 미국의 교육계, 의료계에서 물질문명에서 벗어나기 위한 자각 운동이 일어나고 자기 본질을 찾으려는 흐름이 여러 분야에서 동시에 일어나던 현상을 다루었습니다. 마치 우리가 새로운 삶의 방식을 공모共謀한 듯이 내면의 세계를 조명하고 영성을 찾는 시대정신이 곳곳에서 출현했다는 것입니다.

제가 보기에 이 교수님이 '공동선common good의 회복'이라는 주제로 시민운동을 추진하고, 저 또한 '저절로 신선춤'을 통해 영적 각성으로 안내하고자 시도하는 등 다양한 운동이 동시다발적으로 일어나고 있는 것은 보이지 않는 시대적인 또는 집단지성적인 힘이 요구해서라는 생각이 듭니다. 나아가 이와 같이 개인이 갖고 있는 개별 의식의 이면에는 더 큰 어떤 바탕이 있지 않나 생각합니다.

박 = 동시다발적으로 일어나고 있는 이런 세계적인 추세는 어쩌면 오늘날 현대인들이 무한경쟁시대를 살아가면서 아무리 열심히 노력해도 겪게 되는 좌절과 어쩔 수 없는 불확실한 미래 등이 개개인으로 하여금 영적 각성의 길로 나아가게 한 것 같다는 생각도 드네요. 집단의식적인 수준의 영적인 욕구라고나 할까요.

이 = 현재 글로벌 차원에서 자본주의 체제는 부와 소득의 극단적인 불평등, 금융자본의 과도한 지배, 산업의 독과점화, 기후변화와 생태계 파괴 등 많은 문제를 야기하고 있습니다. 그래서 아시다시피 자본주의의 위기를 극복하기 위한 여러 대안들이 제시되고 있는 상황입니다. 공동선 경제는 2010년부터 유럽에서 시작된 윤리적인 자본주의 시장경제를 지향하는 운동입니다. 저는 이 분야의 문헌과 동영상을 보면서 이 운동에 참여한 사람들은 영적으로 어느 정도 높은 수준에 도달했다고 봅니다. 그렇지 않고서는 이기심의 한계를 넘어 공동선을 추구하는 경제를 실천하는 데 매진하기 어렵기 때문입니다. 이 말은 곧 영적 각성이라는 것이 일시적인 현상에 그치지 않고 개인의 삶 속에 체화되려면 경제적인 면에서도 공감할 수 있어야 한다는 것입니다.

도 = 물론입니다. 제 생각에도 공동선과 관련한 의식이 경제체제의 변혁에 영향력을 줄 수 있다고 봅니다. 자본주의 말기에 다다른 세계경제 체제를 개혁하는데 있어서 보다 영성적으로 깨인 인물들로 보이는 빌 게이츠 같은 기업가나 버니 샌더스Bernie Sanders(1941~)**6)** 같은 정치가들이 대거 등장하기를 기대하고 있습니다.

우리나라의 경우에는 먼저 교육자 계층과 종교 영역의 지도자들이 각성해야 한다고 봅니다. 특히 요즘 한국사회에서 사회적 해악의 주범이 되는 기독교 부류나 불교를 비롯한 신앙공동체나 종교지도자들에 대한 혐오의 수위가 매우 높지요. 그런 비판적인 시각에서 볼 때, 그 동안 여러 종교에서 가르쳐 온 영성적인 교훈이나 초월적인 원리에 초점을 둔 초종교적이고 실천 중심적인 지침서나 자기계발 모임이 큰 도움이 될 것이라는 생각입니다. 특정 신앙공동체 또는 종교체제적인 울타리 안에서 보다 깊은 의미의 주체성을 갖고 신앙인으로서의 정체성을 가꾸어 가던 일반인들의 경우에 이미 실천 위주의 노력을 나름대로 시작한 것으로 보입니다.

미국과 유럽의 경우에 현상적인 신앙의 상징물인 아름다운 가톨릭성당 내의 스테인드글라스를 떼어내고 성당 건물을 부수는 등 많은 교회 건물들과 함께 신앙인들의 숫자가 계속 줄어들고 있는 반면에 신앙생활의 본질이 되는 영성적 실천의 삶을 위한 노력은 개인 집에서 모이는 작은 모임들을 통해 지속되고 있는 추세입니다. 예배를 위한 건물을 짓기보다는 개인 가정집을 개방하여 신앙공동체를 이끌어 가는 바하이 신앙과 같은 신앙공농체뿐만 아니라 요즘에는 교회나 절이나 성당을 나가는 대신 그냥 집에서 함께 모여 예배를 보거나 명상을 하는 소그룹들이 많아지고 있습니다. 이게 전 세계적인 추세라고 보이는데요. 제 생각으로는 한국에서도 앞으로 명상이든 기도 모임이든 아니면 봉사활동을 조직적으로 지속하기 위해서든 실천과 영성적 대화 위주의 작은 모임들이 계속 늘어날 것으로 보입니다. 이것은 매우 바람직한 변화라고 생각합니다.

송 = 『중용』에 "천명지위성天命之謂性 솔성지위도率性之謂道 수도지위교修道之謂敎(수장首章)"라고 했듯이 종교는 결국 본성을 찾아가는 길을 가르치는 것인데, 기존 교단들이 그 역할을 충실히 하지 못하기 때문에 전통 종교에서 이탈하는 사람들이 많아지고 '나는 누구인가', '어떻게 살아야 하는가'의 인생의 근본적인 물음에 대한 답을 찾고자 여러 형태로 시도하고 있는 것이겠지요.

박 = 송 원장님 말씀에 관련해 떠오른 선도회 사례가 있어 소개를 드리면 좋을 것 같네요. 이 사례의 주인공은 현재 선도회 법사로 멋진 삶의 여정을 걷고 계신 혜연慧淵 대자님으로 종달 선사 입적 10주기 때 『이른 아침 잠깐 앉은 힘으로 온 하루를 부리네』에 쓴 '생활 속의 화두'란 제목의 글입니다.7)

목동에 있는 재가 선수행자의 모임인 선도회禪道會를 처음 찾아간 것은 '89년 10월 종달宗達 이희익 선사께서 생존해 계실 때였다. 선도회에 대해서는 오래 전부터 알고 있었으나 참선을 해보겠다는 마음을 내어 찾아가기까지는 많은 시간이 흐른 후였다. 오랜 세월 동안 불교신자로 살아오며 큰스님 설법도 듣고 교리공부도 하며 나름대로 노력하면서도 참선은 나하고는 먼 다른 세상의 일로만 생각하고 있었다. 많은 불자들이 그러하듯이 나 역시 참선은 나이 들어 할 일이 없어질 때 한가로이 조용한 산사의 선방禪房에 가서 앉아 있는 불교의 마지막 단계로만 생각해왔었다. 그렇게 50의 나이가 넘은 어느 날 문득 참선을 해야겠다는 생각이 들어 선도회에 입문하게 되었다. 그러나 선사께서는 이미 80이 넘으신 고령에 건강도 나빠지신 후라 입실한 지 1년도 채 안 된 1990년 6월 7일 새벽 입적入寂하셨다. 나는 너무도 허무하고 아쉬운 마음에 왜 일찍 찾아오지 못 했던가 후회스러웠다.

그러나 감사하게도 선사께서는 오랫동안 많은 제자를 지도하시어 법을 인가 받으신 분이 몇 분 계셨다. 서강대학교 물리학과 교수로 계시는 법경法境 법사께서 목동 선도회의 지도법사로 법法을 이어받으시게 되었다. 법을 이어받는다는 뜻은 물그릇의 물을 한 방울도 흘리지 않고 다른 그릇에 부어 담는 것과 같아서 비록 노사께서는 가셨지만 그 법은 그대로 맥을 이어 법경 법사의 지도로 회원들은 흐트러짐 없이 수행을 계속할 수 있었다.

법사께서는 30대 중반의 젊은 나이셨으나 날카롭게 빛나는 눈빛과 환한 미소의 맑은 모습은 노사께서 앉아 계신 듯 머리가 저절로 숙여지며 마음이 든든했다. 1년, 2년 꾸준히 입실하여 화두를 공부하면서 찰칙察則, 처음 시작하는 사람들을 위한 화두들을 마치고 본칙本則인 『무문관無門關』 48칙을 투과해가면서 선이 무엇인지 조금씩 알게 되었으며 답답하고 힘든 과정을 지나 화두를 투과했을 때의 그 시원함과 기쁨이란 직접 느껴본 사람이 아니면 말로는 표현할 수 없는 간화선의 묘미를 알게 되었다.

또한 화두를 투과하는 것도 중요하지만 노력하는 자세로 모든 일에 임하게 된다. 참선이란 나와 멀리 있는 것이 아닌 바로 나의 하루하루의 삶 자체가 선 수행이며 그 속에서 부딪치는 모든 일들이 화두라는 것을 깨닫게 되었다. 살아가다가 힘든 일을 만날 때 그 일을 화두로 생각하고 앉아 있으면 나도 모르게 아랫배에서 힘이 솟아올라 불안하고 초조하던 마음이 편안해지며 그 일에 의연하게 대처해 나갈 수 있는 지혜와 용기가 생긴다. 가족으로 인해 주위 사람의 일로 인해 괴로움을 당할 때 단전에 힘을 모으고 앉아 있으면 미망迷妄은 사라지고 참고 이해하려는 마음으로 바뀌어간다. 내 뜻에 어긋나는 일이 생기고 마음 상하는 말을 들어도 그 일들이 마음에 오래 머물지 않고 나도 모르는 사이에 평상심平常心으로 돌아간다. 모든 일에 조급하지 않고 여유 있는 마음으로 자신감을 가지고 살아가게 된다. 나는 가정의 주인인 여성 불자들에게 특히 자녀를 키우는 어머니들에게 그리고 여러 가지 이끌어 가야 할 젊은이들에게 참선을 권하고 싶다. 풍요로운 생활 속에서 핵가족 시대에 자녀 중심으로 부모의 과보호 속에서 온실의 화초처럼 나약하게만 자라 가는 아이들을 힘이 있고 자신감 있는 아이로 바르게 키우기 위해서는 어머니의 모습부터 바뀌어야 한다고 생각한다. 공부하라는 말보다는 아이들과 짧은 시간이라도 차분한 마음으로 함께 앉아 집중력을 길러 주고, 오늘 하루의 일을 되돌아보고 생각할 줄 아는 마음의 여유를 가질 수 있고, 자신의 일을 스스로 계획하고 실천할 수 있는 힘을 가질 수 있게 이끌어 주는 것이 참으로 귀한 사람으로 키우는 지혜로운 어머니의 모습이라고 생각한다. 고통스러운 입시지옥에서 불안하고 초조한 마음과 경쟁에서 이기기 위한 강박관념으로 메마른 가슴을 태우며 살아온 젊은이들이 현란하고 소란스럽고 거칠어져만 가는 정서문화의 소용돌이 속에서 나를 잃지 않고 깨어있는 사람으로 살아가기 위해서, 황금만능의 현실 속에서 잘못된 유혹에 흔들리지 않고 바로 살아가기 위해서는 아랫배에 힘을 모으고 큰바위 같은 무게로 앉아 정진하다 보면 앞으로의 자신의 삶을 진지하게 바라보고, 확고한 인생관을 세우고, 바른 가치관을 가지고 자신만만한 값진 삶을 살아갈 수 있는 힘을 얻을 수 있다고 생각한다. 참선 수행을 위해 가장 중요한 것은 바른 스승을 만나는 일이다. 잘못 옆길로 빠지지 않고 곧은길로 공부해 가기 위해서는 입실하여 스승의 점검을 받아야 한다. 말과 행이 일치하는, 말보다는 바른 행으로 가르침을 주는 스승을 만나는 것이 무엇보다 중요하다. 그 동안 참선수행을 하며 많은 것을 배우고 느낄 때마다 좀 더 일찍 공부할 마음을 내지 못한 것이 후회스러웠다. 그러나 늦었다고 생각할 때가 바로 시작할 때라는 말을 실감하며 늦은 나이지만 존경하는 스승을 만날 수 있던 인연에 감사하면서 기쁘고 행복한 마음으로 수행하고 있다.

도 = 영성적인 삶을 위해서 참선 수행이 실질적인 도움이 된다는 아주 좋은 사례입니다. 종교생활 목적으로 교회나 사찰을 찾는 사람들이 계속 줄어드는 반면에 각자 자신에게 가장 효과적인 수행법과 영적인 멘토 혹은 명상법을 찾아가는 추세가 외국뿐만 아니라 한국에서도 점점 커가는 것 같습니다.

이 = 현재 미국에서 가장 대중적인 인지도가 높은 영성 멘토인 디팩 초프라는 물리학자 레너드 믈로드노프Leonard Mlodinow(1954~)와 공저한『세계관의 전쟁』에서 제도권 종교의 시대는 끝났고 영성의 시대가 도래했다고 주장했습니다. 사실 그 동안 제도권 종교는 지나치게 기복적인 메시지를 강조한 나머지 종교에서 영성을 배제했다는 비판에서 자유로울 수 없다고 봅니다. 종교학자 길희성 교수님의 저서『종교에서 영성으로』에서 강조한 것이 바로 이 문제입니다. 이제는 각자 타고난 천성과 성장 과정을 통해 익숙해진 방법으로 자신만의 영성을 추구해야 하는 시대가 도래했다는 생각이 듭니다. 이 말은 영성을 추구하는 유일한 방법은 존재하지 않는다는 것입니다. 개인적으로는 자기 성찰을 통해 자신에게 가장 적합한 방법을 찾을 수 있다고 생각합니다. 제 경우에는 책을 읽고 생각하는 과정을 통해 나름대로 에고의 한계를 극복하려 노력하고 있습니다. 밖으로는 광대무변한 우주에서 자신이 차지하고 있는 지극히 미미한 위치를 생각하고, 안으로는 수십 조 개의 세포들이 절묘하게 조화를 이루면서 생명을 유지하고 있는 오묘한 질서를 생각하다보면 에고에 집착하는 자신이 부끄러워집니다. 이런 과정을 심화시켜 나아가면 어느 정도 영적 성숙을 기대할 수 있다는 생각이 듭니다. 물론 제 경우 길을 인도하는 특별한 스승이 없고, 길을 밝혀주는 특별한 경전이 없다는 한계는 있지만 거창한 깨달음을 내려놓은 채 조그만 영적 각성이라도 성취하고자 하는 초심初心을 유지할 수 있다면 그것으로 족하다고 생각하고 있습니다.

도 = 저도 아주 가까이에서 모시고 따르는 특정한 스승은 없지만 국내외의 훌륭한 선각자들이 보여준 깨어난 존재로서의 삶을 추구함으로써 영성적인 현존감을 더욱 증폭시키려고 노력하며 사는 편입니다. 박 교수님이 나누신 사례에서 보는 바와 같이 영적인 가르침이나 자아초월적인 메시지를 효과적으로 실천하기 위해서는 존경하는 스승을 찾는 것이 큰 도움이 되고 그 스승들의 가르침을 잘 따르면서 영적 성장을 배가할 수 있다고 봅니다.

만약 적당한 멘토를 찾지 못할 경우에는 스스로 영적인 삶의 패턴을 개발해야 하겠지요. 송순현 원장님께서는 일반인들도 쉽게 배울 수 있는 '저절로 신선춤'을 통해 선구자적인 역할을 하시면서 앞으로 더욱 집단지성 수준의 영적 에너지를 지역사회에 크게 일으키게 되실 것으로 생각합니다. 송 원장님이야말로 자연스럽지 못한 물질문명의 억압적인 족쇄를 급속히 벗어나야 하는 한국사회에 신선한 바람을 일으키고 계신 것이지요.

어떤 방식으로든 박영재 교수님께서 지적하신대로 각 개인이 온몸으로 체득한 영적 깨달음을 실천적인 삶 속으로 이끌어내기 위한 노력은 더욱 강화되어야 한다고 봅니다. 특히 부모나 교사 역할을 하는 분들의 경우에 먼저 모범적인 실천력을 행사함으로써 사회 전체에 영향력 있는 변화가 창출될 것으로 보입니다. 종교지도자나 교수층 혹은 깨어난 현자와 같은 사회적 지위와는 상관없이 자신의 영성적인 정체성이 뚜렷한 사람들이 보다 가치 있는 삶을 추구하게 됨으로써 평범한 일상을 통해 만족스러운 영성적인 삶을 영위할 수 있다는 것이 제 의견입니다.

박 = 영적 성장을 위한 자기 성찰은 사회적 지위와 별로 관계가 없다는 극명한 사례 한 가지를 좀 더 구체적으로 소개해 드리면 좋을 것 같네요. 예를 들면 제가 관여하고 있는 선도회 회원들은 세속적 잣대로 서로를 저울질하는 분들이 한 분도 없습니다. 다만 지도하시는 법사 문하에서 묵묵히 각자 참구하고 있는 화두를 점검받으며 한 걸음 한 걸음 향상의 길을 길벗(도반道件)과 함께 걸으며 앞으로 나아갈 뿐입니다. 그래서 그런지 선도회에는 다양한 이력을 가진 분들이 적지 않은데, 그 가운데 폐지 수집이 주요 생계수단인 분이 계십니다. 제가 수년간 지켜본 바에 따르면 지난해 선도회 점검과정을 마치고 현재 선도회 부법사副法師인 무상無相 거사로 날마다 자족하며 평온한 삶을 이어가고 있는 분입니다. 임제종臨濟宗을 창종한 임제의현臨濟義玄(?~867) 선사께서 역설하신 결코 세속적 잣대로 판별할 수 없는 '무위진인無位眞人', 즉 '높낮이가 없는 참사람'을 온몸으로 드러내고 있는 사례임에 틀림이 없다고 사료됩니다.

송 = 결국은 모두 각자 자기 안에서 자신의 답을 찾아야 하는 것이겠지요. 어떤 경우이든 진지한 자기 성찰이 기본이겠고요. 종교에 귀의하거나 영적 스승의 가르침을 따름에 있어서도 자기 성찰이 없으면 맹목적인 추종이 될 여지가 크다고 봅니다. 그런 면에서 요즘 전 세계적으로 명상 인구가 점점 늘어가고 있는 것은 대단히 바람직한 현상이라고 봅니다.

도 = 저도 그렇게 생각합니다. 영적인 삶을 위해서는 자기 성찰의 시간을 갖는 것이 긴요하고 가장 좋은 방법 중 하나가 명상수련이라고 생각합니다. 이 기회를 통해서 몸과 마음과 영혼을 통합하는 방식으로 이제 제게 남은 인생을 보다 영성적인 의미가 풍부한 삶이 되도록 해야 하겠다고 재차 다짐해 봅니다.

영성적 삶에서 무엇을 기대할 수 있는가?

이 = 지금 우리는 극도의 불확실성과 혼돈이 지배하는 시대에 살고 있습니다. 우리는 4차 산업혁명의 초기에 해당하는 시점에 있는데, 과거 세 차례의 산업혁명과 비교해 가장 큰 차이는 인간 존재의 문제와 관련된 데서 찾을 수 있다고 생각합니다. 과거에는 기계가 인간의 육체적·지능적 한계를 보완하는데 주력했으나 지금은 기계가 인간 자체를 대체하는 방향으로 나아가고 있습니다. 자동화라는 파괴적 기술disruptive technology의 특성으로 인한 일자리 소멸, 빅데이터를 활용한 인공지능 알고리즘의 발전에 따른 데이터주의Dataism8)의 부상과 인간 소외 현상 등 인류의 미래에 엄청난 영향을 미칠 기술혁신이 진행되고 있는데, 앞으로 어떤 일이 벌어질지 누구도 정확하게 예측하기 어려운 실정입니다. 이런

블랙홀처럼 모든 데이터를 빨아들이는 데이터주의

혼돈의 시대에 자신의 본성을 잃지 않고 살아가는 영적인 지혜가 절실하다고 보는데, 선도회를 오랫동안 이끌어 오신 박 교수님의 생각은 어떠한지 궁금합니다.

박 = 이런 시대의 도래는 인공지능 로봇이 인간이 해오던 대부분의 일들을 대체하게 될 것이며 사회학자들에 따르면 어느 때인가 인간들의 90퍼센트는 일 없는 사람이 된다고 합니다. 물론 이렇게 될 경우 무직자들은 국가가 로봇을 소유하여 부를 축적한 극소수의 부자들로부터 거두어들인 로봇세稅를 통해 받은 소위 기초생활연금으로 생계유지에는 지장이 없으나 일의 즐거움이나 삶의 소중함을 모른 채 우울증, 조현병 등의 심각한 사회 문제들을 야기시키리라 여겨집니다. 제 견해로는 이런 시대일수록 세속적 잣대와 무관한 영성적 삶의 중요성을 더욱 일깨워주고 함께 더불어 그런 삶을 살아가게 하는 프로그램이 준비되어야 한다고 생각합니다. 사실 저의 남은 여생도 선도회를 이런 방향으로 활성화하는 데 조금이나마 보탬이 되고자 방향을 잡아 나아가고 있습니다.

이 = 좋은 생각이십니다. 그런데 나라마다 사정이 다르다는 점을 감안해서 개별 국가 차원에서 이런 불확실성과 혼돈이 지배하는 시대를 감내하는 데 도움을 줄 수 있는 구체적인 방안이 마련되어야 한다고 생각합니다. 예컨대 한국의 경우 공통적 가치관 내지 공동선의 부재가 현재 사회 전반에 만연한 갈등의 원천이라고 생각합니다. 보수니 진보니 하는 진영논리를 극복할 필요가 있다는 점에서 최근 서구에서 공동선에 대한 논의가 활발하다는 사실을 주목할 필요가 있습니다. 부와 소득의 불평등, 성장지상주의의 한계, 기후변화 등 자본주의 시장경제의 심각한 문제점들이 드러나고 있지만 이에 대한 해결 방안은 쉽지 않은 실정입니다. 따라서 우리에게 주어진 과제는 사회적 담론을 통해 한국 사회의 실정에 맞는 공동선을 확립한 후 이를 바탕으로 인간의 존엄성을 지켜낼 수 있는 사회 시스템을 구축하는 것이라고 봅니다. 이것이 불가능한 사회라면 영성에 관한 어떤 논의도 대중적인 지지를 받을 수 없다는 것이 제 생각입니다.

도 = 이 교수님이 지적하신 모든 문제들은 영성적 차원에서 보편적인 원리를 실천함으로써 해결될 수 있지 않을까요? 그러기 위해서는 일반인들이 피부로 느끼는 삶의 현장 혹은 공동체적인 변화와 관련되는 사회 현상적인 과제들을 공동선 개념과 정치경제적인 관점에서 짚고 넘어가면 좋지 않을까 합니다.

이 = 그것이 바로 제가 주장하고자 하는 바입니다. 그런데 우리나라에서는 공동선 회복을 통해 문제 해결의 실마리를 풀어보려는 노력이나 공동선과 관련해 사회적 차원에서의 논의가 거의 없는 실정입니다. 이것이 무엇을 의미하겠습니까? 대부분의 사람들이 각자 다른 기준에 근거해 살아가고 있기에 대화조차 어려운 상황입니다. 미국의 임상심리학자 마셜 로젠버그Marshall Rosenberg(1934~2015)가 제안했고 전 세계적으로 큰 영향을 미치고 있는 '비폭력 대화' 또는 '공감 대화'와 비교해 보면 너무나 격차가 큽니다. 이런 상황을 목도하면서 개인적으로 수행이 부족한 탓인지 영적 수행을 통해 이런 실질적인 딜레마를 해결할 수 있다는 확신이 서질 않습니다. 그리고 우리사회에 그럴 가능성을 보여준 영적 지도자가 있었는지 궁금합니다.

도 = 저 또한 동일한 문제 의식을 갖고 있으면서 우리 사회가 현재 직면한 과제들을 이해하고 더 나은 미래를 조망해 봅니다. 특히 2019년도에 3.1운동 백주년 기념을 맞이해서 각계각층에서 민족혼을 되살리려는 노력이 계속 이루어지고 있습니다. 저는 이것을 좁은 의미의 민족주의적인 관점이 아니라 한민족으로서의 역사의식 내지 영성의 회복이라는 관점에서 해석하고 싶습니다. 그런 관점에서 우리나라 근대사에서 영적 에너지를 힘차게 발휘하신 분들이라면 주로 어떤 분들을 거론할 수 있는지요? 나아가 현재 우리 주변에서 그러한 사회 통합적인 영적 에너지를 확산시키려 분투하고 있는 분들이 얼마나 있는지도 궁금합니다.

송 = 동학·천도교, 원불교, 증산도, 대종교 등 일제 강점기에 활발하게 전개되었던 민족종교들은 다 민족혼을 불러일으키며 민중이 주인이 되는 대동의 세상, 즉 영성적 사회를 주창했다고 생각합니다. 그 흐름이 오늘에까지 이어져오고 있고 '물질이 개벽하니 정신을 개벽하자'는 원불교의 슬로건과 같이 오늘날 진정한 개벽을 논하며 그 구현을 위해 노력하는 사람들이 많은 것으로 알고 있습니다.

또한 영적인 자각이 요즘에 들어 한국사회에 보다 널리 퍼지고 있다는 생각이 듭니다. 그런 면에서 희망이 있다고 봅니다. 또한 삶의 현상을 초월하는 본질 자체로 인도하는 가르침에는 못 미치더라도 명상이나 힐링 등 영적 수련을 통해 이런 자각으로 이끄는 모임에 참여하는 분들이 많아지고 있는 것은 사회적으로 바람직한 현상이라고 봅니다. 물론 이런 서비스를 제공하는 사람들 가운데 지나치게 상업적으로 편향되어 있는 사람도 있기에 옥석을 구별해야 하는 어려움은 있지만 영성시대로의 전환은 전 세계적인 현상인 것 같습니다. 영적 멘토와 관련해서는 국내외 곳곳에서 목소리를 내는 분들이 많이 있다고 생각합니다.

이 = 제가 궁금한 것은 우리나라에는 과거부터 이른바 신선이나 도인이라 칭송을 받았던 분들이 적지 않게 있었으며 이 전통이 지금까지 계승되어온 것으로 알고 있는데, 왜 우리 사회에는 물질적 가치를 최고로 숭상하고 정신적 가치는 폄하하는 천박한 풍토가 만연하게 되었는가 하는 점입니다. 그분들이 너무 고매한 나머지 소수의 제자나 도반道伴들 하고만 정신적으로 교류하면서 현실 세계와는 유리된 삶을 살아서 그런 것이 아닌가 하는 생각이 듭니다. 예컨대 우리나라를 대표하는 영적 지도자로 추앙받고 있는 류영모柳永模(1890~1981)[9] 선생님은 제자를 두지 않았던 것으로 유명합니다. 그래서 세계적인 영적 지도자로서도 손색이 없는 류영모 선생님의 사상을 일반인들이 제대로 알 수 있는 기회가 매우 제한되어 있는 실정입니다. 이런 상황에서는 "악화가 양화를 구축한다"는 그레셤의 법칙Gresham's law이 적용되어 사이비들이 득세하게 됩니다. 현실 세계와의 상호작용을 소홀히 간주해 온 지금까지의 폐쇄적인 전통을 지양할 필요가 있는 것은 아닌지요? 그리고 이것이 가능하겠습니까?

박 = 전통적인 수행법을 따르는 영성 계발 방법이 모두 특정 종교 중심이라거나 외부의 사회적 변화의 흐름에 대해 폐쇄적인 것은 아닙니다. 개인적인 사례를 말씀드리자면 규모는 작지만 제가 관여하고 있는 선도회禪道會의 경우 통찰 체험을 바탕으로 나눔을 실천하는 삶을 살자는 설립 목적은 변함이 없습니다. 물론 초대 지도법사였던 종달 선사께서 주관하던 시절에는 당장 법사 양성이 급선무였기 때문에, 주로 제자와의 입실점검을 통한 통찰체험에 초점이 맞추어졌습니다. 그러나 선사 입적 후 제가 뒤를 이은 다음 법사 양성이 본 궤도에 오르면서 입실점검을 통한 통찰뿐만 아니라 선도회 회원이 아닌 분들까지 대상을 확대하여 강연과 언론 기고 등을 통해 각자 자신과 코드가 맞는 종교 신앙이나 신념 안에서 영적 수행할 수 있는 개인적 자유와 포용성을 실천해 오고 있습니다.

도 = 선도회에서처럼 전통적인 수행법을 현 시대의 요구에 맞추어 좀 더 포용적인 방식으로 발달시키는 노력은 앞으로 다른 종교단체에서도 실행하게 되지 않을까 생각합니다. 앞에서 송 원장님께서 일제 식민시대에 극도에 달했던 정신적인 박탈감을 극복하고 민족혼을 다시 일깨우는 데 공헌한 민족종교들을 말씀하셨는데요. 현대 한국종교사에서 독재정권과 맞서 투쟁하면서 민족혼을 지킨 함석헌咸錫憲(1901~1989)**10)** 선생님의 영적인 영향력을 반드시 기억해야 한다고 봅니다. 얼마 전에 《씨올의 소리》 창간 50주년 기념호를 받아 보았는데 제 개인 의견에 불과하지만 앞으로는 함석헌기념사업회와 같은 시민단체에서도 다양한 종교를 포용하면서 특히 한국인의 영성적 특성을 살려내는 민족종교 전통을 아우르는 방식으로 함석헌 선생님의 영성적인 지도력을 대중 사이에서 보다 더 활발하게 알리면 좋지 않나 생각합니다.

사실 이 담화에 참여하고 계신 박 교수님은 종교 배경이 다른 분들이 서로 대화가 통하는 매우 진보적인 플랫폼을 발전시킴으로써 한국사회에 절실하게 필요한 종교 간의 대화를 실천하시는 선구자적인 역할을 하고 계신다고 생각합니다. 종교적 다양성을 포용하면서 사회 전체 공익에 도움이 되는 공통적 이슈에 대해 관심을 확장시키는 선도회와 같은 모임과 단체 활동이 앞으로 더 많아지면 좋겠습니다.

송 = 저도 박 교수님 말씀처럼 영적 수련에 관련해서 특정 종교의 전통만을 고집하지 않고 열린 자세를 가짐으로써 개인적 차원에서의 영성 수련이 갖는 제한성을 극복하는 것이 가능하다고 봅니다.

도 = 영성적인 삶이 사회 전체에 주는 영향력에 관해 말씀드리자면, 사실 서양에서는 영성적 메시지를 다루는 영화나 유튜브 등 미디어 영상 제작을 포함하는 '영성 산업spiritual entrepreneurship'이란 용어가 이미 일반화되어 있는 상태입니다. 출판 부문에서도 영성 훈련을 위한 자기계발서와 그와 관련한 명상음악 등이 앞으로도 점점 더 많이 보급될 것으로 전망되고 있습니다. 한국의 경우에는 영성이라는 단어 자체가 일반적으로 제대로 이해되고 있지 못한 현실에 처해 있습니다. 그렇지만 다른 한편으로는 사회적 지위나 명성과는 무관하게 개인적으로 영적인 삶을 추구해 온 분들을 제 주변에서도 많이 접할 수 있습니다.

그런데 이 교수님이 지적하신대로 한국은 영적 성장을 추구하는 도인道人들이 많은 나라임에도 불구하고 영적인 멘토 역할에 대한 전통적인 접근 때문인지 기존 종교의 틀을 벗어나는 영성 활동을 성공적으로 이끌기 위한 경영마인드를 찾아보기 어려운 것 같습니다. 제가 관찰한 바로는 도인 내지 일종의 깨달음을 경험한 영성인이나 명상가들이 가진 공통점이랄까 거의 비슷한 생활패턴이 있는데, 대부분이 물질적인 빈곤을 감내하면서 살아가는 분들이라는 겁니다. 영성과 물질적인 안락함은 서로 어울리지 않는다는 한국사회 고유의 선입견이 지배하고 있는 것 같습니다.

한국사회에서 영성적인 주제를 다루는 영화나 국내 저자가 쓴 서적이 많지 않은 이유도 영성과 일상 생활 사이에 이런 보이지 않는 벽이 있기 때문이라고 생각합니다. 이제 스마트폰 같은 기술적인 편리함은 산중에서 혼자 수련하면서 영성적 각성을 추구하는 분들에게도 떼어낼 수 없는 문명의 이기가 되었습니다. 나 홀로 가난 속에서 영성 수련하는 전통은 현 시대적 사회문제를 해결하는데 별로 도움이 되지 않는 세상입니다. 물론 지나친 상업화는 멀리해야 하겠으나 합리적인 수준에서 효과적인 영성산업이 한국사회에서도 번창하기를 바라는 마음입니다. 동양의 정신문화권에 속하는 한국에는 몸과 마음을 함께 수련하는 오랜 전통이 살아있지요. 지나친 물질적인 결핍은 오히려 지속적인 영적 성장이나 평등한 관계 형성에 도움이 되지 않는다는 것을 말씀드리고 싶습니다. 진보적인 의식의 변화를 이끄는 목적으로 영성적인 영향력을 행사하는 분들이 적어도 건강한 몸과 마음을 유지하는데 필요한 최소한의 물질적인 자립 능력을 갖추어야 한다고 생각합니다. 달리 말하자면 정신문명의 지속적인 발달을 위해 영성산업은 건강한 경영마인드를 갖추어야 하고 이점은 한국사회가 서양의 많은 성공적인 영성코치나 멘토들로부터 배워야 할 점이라고 생각합니다.

박 = 도 교수님께서 언급하셨기에 덧붙이자면 '영성산업'에 대해 지나친 영성의 상업화를 경계하는 목소리가 세계 도처에서 높아지고 있습니다. 그런데 사실 영성 프로그램을 지속적으로 운영하기 위해서는 기본적인 유지 비용이 듭니다. 제가 알기로 이를 위해 매달 회비를 받으면서 선도회와 운영방식이 비슷한, 1920년 무렵 설립된 일본의 참선수행 단체인 '석가모니회'의 경우 자발적인 기부 외에 운영유지비 명목으로 입실점검을 받을 때마다 1회에 약 2만 원(2천 엔)을 받는다고 합니다.

도 = 영성 단체도 모임 장소 등 물질적인 형태를 갖추고 운영해야 하므로 사기업처럼 이익추구 자체가 목적이 아니더라도 공익을 효과적으로 극대화하기 위해 균형 있는 경영마인드를 효과적으로 접목시켜야 한다고 생각합니다. 영성 단체에서 제공하는 교육 내지 수련활동 내용을 소프트웨어라고 본다면 그 프로그램을 작동시키는데 필요한 하드웨어도 필요한데 개인의 건강 상태와 비유하자면 마음과 몸의 건강이 모두 균형 있게 유지되어야 합니다.

사회복지기관들이 비영리 목적으로 운영될 때 일반적으로 한 기관이 운영하는 총 예산의 10~12퍼센트 정도에서 인건비와 건물 등 프로그램을 유지하는데 드는 모든 비용을 해결하는 것이 통례이지요. 의식 향상을 주요 목적으로 하는 영성 단체도 그와 유사한 수준에서 공익 위주로 경영하면 무난할 것으로 생각합니다.

이 = 서구 전통에서 '심신문제Mind-Body Problem'는 정신철학의 핵심 과제로 지금도 여전히 논란의 대상이 되고 있습니다. 이 둘 중 무엇이 주체인가 하는 문제는 르네 데카르트의 이원론, 즉 몸은 '연장延長하는 것'이고 마음은 '사유思惟하는 것'이라는 철저한 이원론dualism이 천명된 이래 이에 반대하는 일원론, 또는 이 둘 간의 상호작용을 강조하는 다양한 이론들이 난무하고 있습니다. 워낙 복잡한 문제라 여기서 제가 이 문제를 길게 논하는 것은 주제넘다고 생각합니다. 단지 기본적으로 몸과 마음의 조화, 물질과 정신의 균형이 동시에 이루어져야 한다는 면에서 도 교수님이 지적하신대로 영성산업의 성공적인 안착은 사회 전체의 관점에서도 중요한 의미가 있다고 봅니다. 그리고 여기서 제가 몸의 측면을 특별히 강조하는 것은 몸과 마음은 결코 분리할 수 없으며 긴밀하게 연결되어 있으면서 쌍방향으로 영향을 미친다고 생각하기 때문입니다. 이런 면에서 부처님이 강조했던 위빠사나11) 명상을 서구적인 방법으로 체계화한 마음 챙김 기반 스트레스 감소Mindfulness-Based Stress Reduction가 커다란 반향을 일으킨 사실을 주목할 가치가 있습니다. 저널리스트이자 진화심리학자인 로버트 라이트Robert Wright(1957~)가 저서 『불교는 왜 진실인가』에서 마음 챙김 기반 스트레스 감소가 자신의 본성을 이해하고 각종 스트레스로부터 해방되는데 무척 효과적이라는 점을 진화심리학적인 관점에서 소상하게 설명한 것을 유념할 필요가 있다고 봅니다. 자신의 몸에서 일어나는 고통스러운 현상에 주의를 집중함으로써 오히려 고통에서 벗어날 수 있다는 역설은 우리에게 시사하는 바가 큽니다. 문제를 정면 돌파해야 한다는 것입니다. 이런 맥락에서 우리 정서에 적합한 영성 프로그램을 개발해 적절한 비용을 부담하면 참여할 수 있도록 하는 것은 매우 바람직한 일이라고 생각합니다. 예컨대 송 원장님이 고안한 '저절로 신선춤'도 이런 맥락에서 접근할 수 있는 것으로 여겨집니다.

송 = 제가 고안한 '저절로 신선춤'은 공연용이나 보여주기 위한 것이 아니기 때문에 다른 관점에서 접근해야 할 것 같습니다. 이를테면 저는 영적 각성을 'tuning with nature' 즉 본성과 조화를 이룬다는 관점에서 이해하고 있습니다. 즉 비움과 맡김을 통해 생각에서 벗어나 무심無心의 경지에 들어가자는 것이지요. 따라서 시각적인 측면과는 사실상 무관합니다. 내 안에 있는 본질에 다가가기 위해서는 잡다한 생각에서 벗어나는 것이 중요하기 때문입니다. 무심의 경지에 들어가 생명의 흐름에 자연스럽게 맡기면 저절로 알아지는 것이 있다고 봅니다. 'Tuning with nature'는 내 몸의 생명의 리듬이 자연의 리듬과 일치되면서 마음의 본성이 진선미로서 꽃피어나는 것이라고도 말할 수 있겠습니다.

박 = 사실 남송 시대에 확립된 정적인 좌선坐禪을 통한 간화선 수행도 동적인 '저절로 신선춤'과 내 안에 있는 본질에 다가가는 효과는 동등하다고 사료됩니다. 왜냐하면 화두참구 역시 잡다한 생각을 효과적으로 제어하는 수행법으로 화두 일념이 되면 저절로 '순세順世', 즉 세월의 흐름에 무심히 몰입하게 됩니다. 이럴 경우 동적인 춤이나 정적인 묵좌默坐는 둘이 아닌 '무선일여舞禪一如'라고 할 수 있겠지요.

도 = 저는 영성적인 삶을 추구하는 것과 자연스러움 내지 자유로움을 원하는 인간 욕구는 긴밀한 관련이 있다고 생각합니다. 결국 누구나 궁극적인 자유를 성취하기 위해 영성적인 삶에 접근하려는 것이 아닐까요? 종교에 대한 다소 회의적인 태도가 몸과 마음에 배어 있는 첨단과학자들까지도 요즘 신비로운 체험을 하는 경우가 심심치 않게 알려지고 있습니다. 궁극적인 자유를 얻기 위해 예전에는 수행을 업으로 하는 성직자들만 하는 것으로 생각했는데, 요즘은 누구나 반복적인 노력과 실천을 통해 높은 수준의 깨달음에 도달하는 사람들을 볼 수 있습니다. 삶과 수행이 둘이 아니고 현상과 본질이 둘이 아니라는 것을 영화나 유튜브와 같은 대중적인 매체를 통해서 접할 수 있는 기회가 누구에게나 주어진 세상에 살고 있습니다.

송 = 수행을 통해서 얻게 되는 깨달음의 체험이 궁극적인 자유를 가져온다는 것을 경험하신 대표적인 사례로 부처님이 계시지요. 그런데 인류에게 고집멸도苦集滅道와 사성제四聖諦의 교훈을 남겨주심으로써 궁극적인 자유에 대한 깨달음의 선구자로 칭송받으시는 부처님의 일대기를 다룬 영화가 있는지 모르겠습니다.

박 = 국내에서 제작된 영화가 있는지 모르겠지만, 영국 BBC에서 제작한《The Life Of Buddha》**12)**를 유튜브에서 볼 수 있습니다.

송 = 제 지인 가운데 영화《화엄경》을 감독한 장선우 감독이 있습니다. 장 감독이 불교에 심취해 부처님과 조카 아난다에 관한 시나리오를 쓰고 작업을 하려는데 적당한 배우를 찾기 어려워 애니메이션을 활용하려 한다고 합니다. 부처님 역할을 소화할 수 있는 자비로운 이미지를 가진 배우를 구하기 어렵다는 말입니다.

도 = 최근에 제가 본 애니메이션 영화로 《알라딘》이 있는데 보통 종교 영화가 줄 수 있는 심리적인 부담감을 시청자에게 주지 않으면서 매우 교훈적인 내용을 효과적으로 잘 표출했다고 봅니다. 앞으로 영성적인 메시지를 담은 미디어 상품들이 다양한 장르의 글이나 영화들과 함께 연극이나 애니메이션 형태로도 널리 보급되었으면 합니다. 모두 긍정적인 의미의 영성산업이라고 보아야 하겠지요. 아무튼 앞으로 이 분야에서 할 일이 무궁무진하다고 생각됩니다. 현 사회가 직면하고 있는 개인의 소외감, 가족 해체, 사회 계층적인 분열, 비리와 부정부패, 환경 오염, 생명 경시 현상 등 여러 가지 크고 작은 문제들을 조금씩 해결해 나가는데 있어서 영성적 자산, 또는 눈에 보이지 않는 영성의 힘을 이끌어내는 창의적인 활동이 시급히 필요한 상황입니다. 가능하다면 앞으로 비용 면에서 좀 더 효율적이면서도 사회적으로 통합적인 효과를 일으키는 영성산업이 한국에서도 번창할 수 있기를 기대해 봅니다.

송 = 일반 대중이 향유할 수 있는 영성적인 내용이 담긴 출판물, 연극, 영화, 음악 등 대중문화의 진흥이 실제로 우리 사회를 영성적 사회로 발전시켜나가는 큰 역할을 할 것입니다. 저는 앞으로 그 흐름이 도래할 것으로 전망하고 있습니다.

도 = 거듭 강조하자면 환경과 지구 온난화 문제, 경제사회적인 양극화 현상 등 글로벌 차원의 문제들은 결국 영성적인 세계관이 결여된 때문에 발생한 인류의식 수준의 문제라고 봅니다. 현재 힐링을 위한 명상이나 요가, 여러 전통수행법 등이 세계적으로 관심을 끌고 있는 것은 급격한 사회변화로 인한 사회심리적인 혼돈과 미래에 대한 불안감에 대응하려는 집단 무의식적인 반응이라고 생각합니다. 인간이 선택하는 크고 작은 결정 그리고 습관적인 행동패턴이 인공지능 내지 기계지능에 의해 점점 더 인위적으로 조종당하고 있는 이 시대에 인류가 그 동안 쌓아온 영성적인 지혜를 총동원하지 않으면 안 된다는 긴박감이 느껴지기도 합니다. 영성적인 본질을 관찰하고 그 힘을 내재화함으로써 물질주의 세력의 도전을 받고 있는 복잡한 사회현상을 극복할 수 있는 능력을 강화시켜야 한다고 봅니다. 그런 목적의식을 가진 사람들이 인류 전체가 다 함께 번성하기 위한 하나됨Oneness의 인류 의식을 창출하기 위해 현대사회는 여러 유형의 창조성을 필요로 한다고 봅니다. 이런 면에서 우주적인 세계관을 참신하게 새로운 방식으로 대중과 공유하시는 지도자분들이 더 많이 출현하여 보다 큰 힐링에너지와 창조적인 영향력이 확대되기를 바라는 마음입니다.

영성적 삶은 어떤 의식을 요구하는가?

도 = 인류가 모두 하나라는 인류의식의 계발이 인간사회가 갖는 모든 갈등과 고통을 풀어내는 해결점이 된다고 생각합니다. 현대에 이르러 양자물리학의 등장은 인간의 의식을 높이는데 도움이 된다고 생각합니다. 양자물리학에서 입자와 파동이 하나이고 관찰자의 관찰 행위로 인해 파동이 붕괴되고 물질로 드러난다는 것을 밝혔는데, 우리의 의식은 아직 일상 생활 수준에서 이런 첨단과학적인 발견을 잘 활용하고 있지 못한 것이 현실입니다. 다소 비약이 있습니다만 예수님께서 원수를 사랑하라고 가르친 것도 예수님의 눈에 원수가 나와 분리된 별개의 존재가 아니라 파동의 관점에서는 구분할 수 없는 하나이기에 사랑의 대상으로 인지할 수 있었던 것 때문이라는 생각이 드는군요. 그래서 심층 종교적 또는 영성적인 차원에서는 인류가 하나라는 진리를 사람들이 알아듣고 실천하도록 그렇게 말씀하신 것이 아닌가 합니다. 즉 2천 년 전 이미 예수님은 다른 사람을 칭찬하면 나를 칭찬하는 일이 되고, 남을 해하면 곧 나를 해치는 것이라는 통찰을 바탕으로 인류의식이 계속 진화하기를 바라셨다는 생각이 듭니다.

박 = '양자물리학에서 입자와 파동이 하나이고 관찰자의 관찰 행위로 인해 파동이 붕괴되고 물질로 드러난다'는 것에 대해 좀 더 부연 설명을 드리겠습니다. 정확히 말하면 파동성을 갖는 빛이 입자성도 가지고 있다는 것이 실험적으로 관측되자 물리학자들은 자연의 대칭성對稱性 전제

새롭게 제창한 화두, '어떻게 두 문을 동시에 투과할 것인가?'
'완묵翫墨 서광일 대자 作'

아래 입자성을 갖는 물질도 파동성을 가질 수 있다고 예측하며 실험을
통해 역시 이를 입증했습니다. 보다 구체적으로 물질인 전자 한 개를 이
중 슬릿(두 문)에 쪼인 결과 파동성이 아니면 불가능한 두 슬릿을 동시
에 지나야만 생기는 간섭현상13)을 관측했지요. 이를 일컬어 빛 또는 물
질의 이중성二重性이라고도 하는데 중요한 관측 사실은 두 가지 성질을
동시에 관측할 수 없다는 점입니다.

참고로 필자가 이런 이중성을 선 수행의 세계에 적용해 '내 연구실에
는 복도에서 들어오는 문과 옆방인 조교실에서 들어오는 문이 있다. 그
대(물질)는 어떻게 동시에 두 문門을 지나 내 연구실로 들어오겠는가?'라

는 화두를 새롭게 제창했었습니다.14) 덧붙이면 사실 수행인에게 있어 여기서 말하는 두 문 가운데 한 문은 단박에 깨치고 단박에 닦는다는 돈오돈수頓悟頓修의 문이고, 다른 한 문은 단박에 깨친 다음 점차 닦아 가면서 깨달음의 경계를 더욱 확고히 한다는 돈오점수頓悟漸修의 문이라 할 수 있어요. 따라서 두 문을 동시에 투과할 줄 아는 수행자는 더 이상 한 가로이 돈오돈수니 돈오점수니 하고 시비에 말려들지 않으리라 생각합니다. 왜냐하면 경계가 뚜렷한 수행자에게 있어서 정말 시급한 일은 어려운 이웃과 함께 더불어 살아가는 일이기 때문이지요. 그리고 이런 경지에 바로 섰을 때 비로소 불교가 우월하다느니 그리스도교가 우월하다느니 하는 시비도 끊어져 버릴 것이라고 봅니다.

도 = 영성적인 삶이 일상 생활 속에서 서로 다른 사람들에 대한 깊은 차원의 포용성을 모두에게 선사할 수 있다는 말씀이시네요. 죄를 저지른 죄인도 다 똑같은 사람이고 비슷한 여건에서 자기도 같은 죄를 저지를 수 있다는 것을 깨닫고 심지어 원수까지도 사랑할 수 있다는 것을 알게 되는 이치라고 생각합니다. 그런데 사회진화적인 관점에서 보면 무조건적인 용서는 도움이 되지 않기에 문제의 본질이 무엇인지를 스스로 깨닫게 하는 것이 필수적이라고 봅니다. 그런 면에서 세상 사람들이 현상과 본질의 관계를 어떻게 이해하면 더 좋은 세상이 되겠습니까? 그리고 이것이 가능하다고 보시는지요?

이 = 본질과 현상의 문제는 워낙 중요한 주제로서 과학과 철학, 그리고 종교와 영성을 망라하는 모든 분야를 관통하고 있는 빅퀘스천에 해당된다고 봅니다. 그렇기에 본질과 현상의 관계를 논하는 경우 어떤 맥락에서 다루는지 명확하게 밝히는 것이 매우 중요하다고 생각합니다. 이에 관한 논의는 사실상 우주 만물에 적용될 수 있기 때문에 자칫하면 모호하고 추상적인 논의에 그칠 수 있기 때문입니다. 예컨대 서구 철학에서 플라톤이 말한 이데아idea는 본질이고 현실에 존재하는 것은 현상에 해당한다고 볼 수 있지요. 반면 아리스토텔레스가 말한 질료matter와 형상form에서 질료는 가능태로서 본질에 가깝고 형상은 현실태로서 눈으로 볼 수 있는 구체적인 것들을 말하므로 현상에 가깝다고 할 수 있으나, 엄격하게 본질과 현상에 대비되는 개념이라고 할 수는 없습니다. 유일신을 신봉하는 종교에서는 신이 본질이고, 모든 생명체는 현상이겠지요. 영성의 관점에서는 궁극적 실재가 본질이고 우리의 감각세계는 현상에 해당된다고 봅니다. 관념론에서는 오직 의식만이 존재한다고 하므로 이것이 본질이고 다른 것들은 모두 현상으로 간주하지요. 반면 실재론에서는 외부 세계에 뭔가 분명히 존재한다고 하는데, 이것을 본질로 간주한다고 할 수 있지요. 또한 물리학의 끈이론string theory에서는 다섯 가지 끈들이 모든 물질의 원천, 즉 본질에 해당된다고 주장합니다. 이 다섯 가지 끈들의 상호작용을 통해 삼라만상이라는 현상이 등장했다는 것이지요. 이와 같이 어떤 맥락에서 본질과 현상을 논하는지 명확하게 밝히지 않은 가운데 이에 대해 논의하는 것은 자칫하면 공허한 담론으로 그치고 말 가능성이 있습니다. 이런 점에서 현상으로서의 '나'와 본질로서의 '나'를 구분하고 이들 간의 관계를 밝히는 것이 추상적인 논의의 한계를 벗어나게 해 줄 것으로 기대합니다.

이 문제는 특히 뉴에이지에 속하는 다양한 영성 운동이 등장하면서 더욱 부각된 것이 아닌가 하는 생각이 듭니다. 이런 관점에서 송 원장님의 개인적인 영적 여정을 살펴보았더니 1975년 초월명상을 접하시면서 많은 변화가 있었던 것으로 여겨집니다. 미국 마하리시 경영대학Maharish University of Management은 초월명상TM을 체계적으로 보급하기 위해 설립된 대학으로 알고 있습니다. 그리고 제가 유튜브에서 종종 감상하는 동영상의 연사 가운데 존 헤이글린John Hagelin(1954~)이라는 물리학자가 있는데 이 대학의 총장으로서 초월명상을 바탕으로 의식 세계를 연구하는 것으로 알려져 있습니다. 본질과 현상의 관계라는 측면에서 볼 때 초월명상은 어느 정도까지 과학적 기반을 갖추고 있다고 보시는지요?

송 = 초월명상은 1960년대에 미국에서 시작되어 전 세계를 풍미함으로써 명상의 시대를 선도했다고도 봅니다만 명상의 대부라고도 불리는 디팩 초프라와 유명한 방송인 오프라 윈프리가 참여하면서 더욱 더 널리 알려졌지요. 마하리시 요기는 원래 물리학도였는데, 히말라야 산중의 구루를 만났더니 학업을 마치고 오라고 해서 계속 공부했다고 합니다. 그 후 스승 밑에서 공부를 하고, 인가를 받은 후 미국으로 건너가 여러 분야의 과학자들과의 협력을 통해 서양의 사고방식에 맞는 의식 정화 방법으로 소개한 것이 초월명상이라 할 수 있습니다. 아무튼 특히 뇌과학 분야에서 뇌파 측정을 포함해 초월명상의 효과에 관한 과학적 분석을 시도한 연구들이 많이 있습니다. 이런 면에서 초월명상이 과학적 기반을 갖고 있다고 볼 수 있겠지요.

이 = 저는 체계적으로 명상 수행을 한 사람은 아닙니다만 과학과 명상 관련 이러저런 책들을 읽고 생각하다보니까 명상 수행을 통한 의식의 변화라는 지극히 주관적인 체험을 일반인들과 공유하려면 수행의 효과에 대한 객관적인 분석이 필요하지 않을까 하는 생각이 들었습니다. 그러면 보다 많은 사람들이 이런 세계에 관심을 가질 것이고 결과적으로 그 만큼 사회가 정화될 수 있는 것 아니겠습니까? 간단히 말씀드리자면 과학과 영성의 조화를 추구하는 운동이 필요하다는 것입니다.

이런 관점에서 두 가지 사건이 두드러집니다. 하나는 티베트 불교지도 자 달라이 라마 성하가 오래전부터 신경과학자 및 인지생물학자들과 진지한 논의를 통해 인간 의식 문제에 대한 과학적 접근과 영적 접근의 통합 가능성을 모색하려 한 것입니다. 그 결과는 샤론 베글리Sharon Begley(1956~)15)의 저서 『달라이 라마, 마음이 뇌에게 묻다』를 비롯해 몇 권의 책으로 출판되었습니다. 그리고 같은 맥락에서 2013년에는 저명한 신경과학자 크리스토프 코흐Christof Koch(1956~)를 비롯해 여러 과학자들을 인도 문고드Mundgod에 소재한 드레풍Drepung 수도원으로 초대해 〈마음과 생명Mind and Life〉라는 주제로 나흘간 세미나를 개최하기도 했습니다. 이런 일은 진정 영성을 추구하는 구도자만이 시도할 수 있는 일이라고 봅니다.

다른 하나는 2014년 일단의 과학자들이 〈탈물질주의 과학 선언〉을 공표한 사건입니다. 주류 과학계를 향해 과학적 물질주의와 환원주의만 가지고는 인간의 의식 문제를 포함해 정신세계를 이해하는 데 한계가 있다는 점을 선언한 것이죠. 이들은 이 선언에서 모두 열여덟 개 사항을 통해 20세기를 지배해 온 과학적 물질주의의 한계를 조목조목 반박했는데, 핵심은 과학적 물질주의는 인간의 마음과 영성에 대한 과학적 연구를 방해해 왔으며 인간의 의식은 뇌에서 생성되는 것이 아니라는 점을 강조한 것입니다. 이 문제는 앞으로도 주류 과학계와 치열한 공방이 예상되는 분야로서, 인류의 미래에 심대한 영향을 미칠 수 있다고 봅니다. 우리나라에서는 이런 움직임과 관련해 어떤 눈에 띄는 변화가 있었는지 궁금합니다.

송 = 우리나라에서도 얼마 전에 카이스트KAIST 부설기관으로 미산 스님을 소장으로 초빙해 '명상과학 연구소'가 설립된 것으로 알고 있습니다. 설립 취지를 보니까 명상을 통해 창조적인 인재를 육성하는 데 기여한다는 점을 명시한 것으로 보아 우리나라에서도 명상의 실용적인 효과성을 높이기 위해 어느 정도 움직임이 있는 것으로 보입니다.

이 = 저는 명상 수행을 통해 얻는 효과는 창조적 인재를 양성하는 데 국한된 것이 아니라 일반인들의 보편적인 의식 수준을 향상시키는 데서 찾을 수 있어야 한다고 봅니다. 우리나라가 중진국 수준에서 벗어나 선진국 수준으로 도약하지 못하는 이유로는 보편적인 시민의식이 여전히 낮은 수준에 머물러 있다는 점을 지적하고 싶습니다. 물질만능주의가 우리의 의식을 지배하는 한, 이는 극복되기 어렵다고 봅니다. 이런 난관을 돌파하는데 명상 수행이 일정한 역할을 할 수 있을 것으로 기대합니다. 의식이 변해야 문화가 달라지고 그래야 중진국 수준에서 탈피할 수 있는데 이런 선순환을 기대하기 어려운 것이 현재 실정입니다.

드러난 현상만 변할 뿐 본질에 대한 인식의 변화가 없으니 아무것도 바뀔 수 없는 것이지요. 저는 스마트폰으로 인해 달라진 세태가 상당히 많은 것을 말해준다고 봅니다. 사람들이 점점 스마트폰 좀비smartphone zombie16)처럼 행동하는 현상은 정말 많은 것을 생각하게 만드는 것 같습니다. 인간이 스스로 기계의 노예로 전락하는 이런 현상은 앞으로 인공지능이 발달할수록 더욱 심해질 것입니다. 이 문제를 어떻게 보십니까?

도 = 제 생각에도 기술혁신이 앞서가는 반면에 새로운 기술을 보다 효과적으로 사용하기 위한 의식수준은 일반적으로 많이 뒤떨어지고 있다고 봅니다. 인간이 스마트폰을 만들어 놓고 오히려 그 창조물에 의해 지배당하고 있다는 것을 제대로 인식하게 된다면 스마트폰이나 게임중독에 걸리지 않도록 조심하게 될 텐데요. 최근에 조주빈의 '박사방' 사건에서 알려진 바와 같이 스마트폰과 인터넷 사용에 능숙한 젊은이들이 성범죄 바이러스를 퍼뜨린 것만 보더라도 의식수준이 최첨단기술로 인해 더욱 추락한 것을 알 수 있습니다.

인공지능이 아닌 인간만이 행사할 수 있는 영성적 능력을 중시하고 명상이 가져오는 여러 가지 혜택에 대한 교육이나 캠페인이 대대적으로 이루어져야 한다고 생각합니다. 어쨌든 실제로 명상을 통해 건강에 도움이 될 뿐만 아니라 인지지능까지 높아진다는 연구결과가 있으므로 명상수련은 앞으로 좀 더 대중화 될 것으로 보입니다. 수동적인 교육이 아니고 자발적으로 공부하고 창의적 사고력을 높이는 교육적인 효과라는 측면에서도 한국사회 전체가 전통적인 수행문화를 좀 더 현대적으로 발달시키고 영성교육에 좀 더 노력을 기울이면 좋겠다는 생각입니다.

송 = 『우주 이야기』를 쓴 생태신학자 토마스 베리 신부는 "앞으로 우주의 진화는 인간의 의식 속에서 일어난다"고 언명한 바 있습니다. 우주진화의 산물인 인간의 의식은 우주의 본질을 물질로서만이 아니고 하나의 의식체로서 사고하는 차원에까지 이르렀다고 봅니다. 인류의 의식 속에서 사랑과 지혜를 근간으로 하는 영성의 발현이 당위성으로서가 아니고 진화의 흐름 속에서 저절로 이루어지기 시작하는 때가 지금이 아닌가 싶습니다. 서양에서는 보병궁 시대Aquarian Age[17]라고 부르고 동양에서는 후천개벽後天開闢[18]이라고 부르는 것이 바로 지금 이 시대를 예고한 것이 아닐까요?

영성적 삶을 위한 교육이 가능한가?

이 = 도 교수님은 영성지능에 많은 관심을 갖고 활동하는 것으로 알고 있는데 인성교육이나 리더십 함양과 관련해서 어떤 효과를 기대할 수 있을까요?

도 = 우리나라에서 2015년부터 실행되고 있는 인성교육진흥법을 세계 최초로 제정했다고 자랑하는 것처럼 말하는 국회의원들이 있는데 참으로 한심한 일입니다. 교육 전반에 걸쳐서 내면을 통찰하고 공익 정신을 함양하는 내용이 일반교육 과정에 녹아 있어야 하는데 한국의 기본적인 교육시스템이 잘못 되었다는 것을 공표한 것과 같지요. 부모님이나 선생님의 인성이 하루아침에 바뀌지 않는 것처럼 영성적으로 진보된 사회로 급속하게 변화되기를 기대하기는 어렵습니다. 인간 존엄성과 자연 생태계를 사랑하는 정신과 양심적인 행동을 증강시키려면 보다 깊고 넓은 세계관과 통합영성적인 의식 수준으로 끌어올리는 교육이 절실하다고 생각합니다.

영국의 경우에 1944년에 제정된 공교육법에 명시되어 있듯이 교육체제 전반에 걸친 교육과정은 '지역사회의 영적, 도덕적, 정신적, 신체적 발달에 공헌'하는 것을 목적으로 하고 있습니다. 미국에서도 '영성교육'에 대한 관심이 매우 높고 적지 않은 연구논문이 사회복지학, 교육학, 심리학, 의학, 경영학 등 다양한 분야에서 새로이 등장하고 있습니다. 우리나라에서는 2017년도에 영성과 보건복지학회와 한국인격교육학회가 공동학술대회를 개최한 바 있으나 '영성교육'이란 언어가 교육계층이나 학부모들 사이에서 매우 생소한 상태입니다.

　온전한 삶을 위한 통합적 영성지능은 신체지능, 인지지능, 감성지능과 더불어 삶에서 추구하는 궁극적인 목표 달성에 최상의 성과를 내는데 매우 중요한 촉매제 역할을 하는 것으로 알려져 있습니다. 넬슨 만델라Nelson Rolihlahla Mandela(1918~2013)**19)**나 마하트마 간디Mohandas Karamchand Gandhi(1869~1948) 같은 지도자들이 전 세계적인 지도자가 될 수 있었던 것은 단순히 훌륭한 인격이나 정치적 지도력이 뛰어나서가 아니라 일반 의식 수준을 넘어서는 영성적 지혜가 풍부했기 때문이라고 생각합니다.

　박 = 미래사회를 염려하고 의식이 있는 지도자인 경우에 정신적인 혁신에 관심을 갖는 사람도 간혹 있는 것 같습니다. 2012년 6월 12일자 《헤럴드 선Herald Sun》지紙에 보도된 바와 같이 미국에서는 놀랍게도 선불교 수행에 기원을 둔, 존 카밧진John Kabat-Zinn 박사가 1979년에 개발한 마음 챙김Mindfulness 명상법을 정규 교과목으로 채택하자고 제안한 정치가까지 등장했습니다.

　호흡과 몸을 관찰하며 과거나 미래보다 현재에 집중하는 마음 수련에 참여하며, 일상의 스트레스에서 벗어나길 희망하는 미국인들이 늘어나고 있다. 마음 챙김에서 새로운 삶의 패러다임을 찾고 있는 것이다. 또한 민주당의 팀 라이언Tim Ryan 하원의원은 2012년 3월 말 출간한 『마음 챙김에 기반 한 국가론A Mindful Nation』에서 국가의 미래 비전을 제시하고 이를 실현할 원동력으로 '마음 챙김'에 초점을 맞춰, 워싱턴 정가 안팎의 이목을 끌고 있다. 그는 '분열과 대립이 난립하는 워싱턴 정치계에서 마음 챙김은 그것을 누그러뜨릴 수 있는 최선의 방법'이라고 강조하는 한편 '마음 챙김을 초등학교 정규 과목으로 삼는다면, 미국은 더욱 풍요로운 나라로 거듭날 수 있을 것'이라고 제언했다.

이 = 저도 교육제도 전반에 걸쳐 영성교육에 관한 인식이 확장되어야 한다는 생각을 하게 됩니다. 보다 효과적인 리더십 함양에 도움이 되려면 교육과정에 영성관련 내용을 어떤 방식으로 접목시키는 것이 효과적일까요?

도 = 우선적으로 철학과나 역사학과 등을 없애고 인문학 공부와 정신교육 기반을 전반적으로 약화시킨 과오를 뒤집고 교육정책이 혁신적으로 바뀌어야 한다고 봅니다. 인성교육의 깊이를 심화시키어 누구나 어릴 때부터 영성적인 정체성을 갖고 전인적인 성인으로 성장할 수 있도록 사회문화적으로 총체적 변화가 이루어지려면 영성교육이 특정 교육 영역을 차지하기보다 일반적으로 보편화된 교육문화 환경 속에 자리 잡아야 한다고 생각합니다. '영성민감형' 사회복지사 교육을 위한 특수과목이 필요한 것처럼 영성교육 능력을 갖춘 교사양성을 위한 과목이 추가로 필요하겠지만, 영성 계발 개념은 특정과목에 접목시키기보다는 가능한 여러 교과내용에 녹아들어야 한다고 생각합니다. 영성적인 자아정체성이 성인층에 널리 내재화되어야 하고 집단지성 차원의 인류의식 상승을 위해서 그런 포괄적인 접근방법이 필요하다고 생각합니다.

박 = 몇 해 전 제가 담당했던 서강대 교양과목인 '참선' 수업을 통해 수강생들에게 일상 속에서 날마다 이른 아침 눈 뜨자마자 20분 정도 좌

'나는 누구인가'를 참구하고 있는 수강생들

선 수행을 시작할 때마다 매일 실천 가능한 '신사홍서원'을 염송하도록 강권하면서 중간고사 직전에는 이에 관한 성찰 글을 과제로 부여하기까지 하였습니다. 그 가운데 그리스도교를 믿는 2010학번 학생이 제출한 글, '쉽지만은 않은 신사홍서원 실천'을 통해 이 학생이 성경의 구절도 불경의 구절과 같은 법문의 일종이며 단지 지식적 함양이 아니라 지혜 증장을 통한 실천적 측면에 눈뜨게 되었다는 고백을 엿볼 수 있는 등 두루 성찰하는 바가 적지 않은 것 같아 그 학생의 글을 소개드립니다.

사람들은 누구나 인생을 살아가면서 중요한 순간이 있을 것이다. 그 것이 과거일 수도 있고, 미래에 올 수도 있다. 하지만 우리는 모두 지 나간 것에 대해 후회하고 올 것에 대한 기대감으로 자신들의 인생에 있어서 현재가 얼마나 소중한 것인지를 알지 못하고 지나치는 것 같 다. 바쁜 일상을 살아가는 현대인들은 더욱 그렇게 느껴진다. 그 중에서도 우리 대학생들은 한 번 가면 다시 오지 않을 귀중한 청춘을 아무 생각 없이 보내는 것 같다는 생각이 든다. 나도 그렇게 살아가고 있는 건 마찬가지다.

추석 전 신사홍서원에 대한 과제를 받고 나서 나는 조금 당황했다. 그 이유는 신사홍서원을 이번 수업을 들으면서 처음 알았기 때문이다. 그렇다 보니 이것은 나에게 생소한 부분이었다.

날마다 한 가지 선행을 행하오리다(日日一善誓願行) 지난 금요일(9월 25일) 학교에 가기 위해 집을 나섰다. 급한 걸음을 옮기고 학교를 향해 가던 그때 앞에 한 할머니가 핸드폰을 들고 안절부절 못하고 계셨다. 그 모습을 보고 나는 그냥 평소같이 지나치려 했으나 신사홍서원이 이 생각나 그 자리에 멈춰 할머니에게 "할머니 뭐 도와드릴까요?"라고 먼저 말을 걸었다. 그러자 그분께서는 조금 놀란 표정을 지우시더니 나에게 핸드폰을 내미는 것이었다. 그러면서 "학생 이거 좀 봐줄 수 있나?"라고 했다. 사정인 즉 어딘가에 급히 전화를 하셔야 하는데 무엇인가 잘못 눌러 다른 페이지에 들어가 있었다. 나는 금방 그 분이 원하는 대로 해드렸고, 할머니는 '고맙다'는 말을 남기고 어딘가로 급히 전화를 하셨다. 시간이 조금 지체되어 수업에 늦었기에 학교까지 뛰어서 갔다. 비록 수업에 조금 늦고 힘들게 뛰어갔지만 나의 마음에는 행복감이 가득 차 있었다.

평소 일상을 살아가면서 조금만 멈춰 주위를 돌아볼 수 있는 여유가 있다면 우리는 날마다 한 가지 선행을 할 수 있다는 것을 느꼈다.

또한 선행이란 타인을 위해 큰 것을 도와주는 것만이 선행이 아니라 상대가 필요로 하는 것을 주었을 때 그것이 크던 작던 선행이 될 수 있다는 것을 느끼게 되었다.

날마다 한 가지 집착을 버리오리다(日日一着誓願捨) 집착을 버리고 산다는 것은 생각보다 쉬운 일은 아니라고 생각한다. 우리는 모든 것에 대한 집착을 가지고 있다. 사람에 대한 집착, 물건에 대한 집착, 내가 하고 싶은 것에 대한 집착 등 다양한 것들이 있다. 하지만 우리는 이것에 대한 집착은 무의식 중에서 많이 나타난다. 물론 그렇지 않은 경우도 있지만 대부분이 자신이 아무런 생각 없이 어떤 것에 대해 집착을 하게 된다. 그러나 우리는 이런 집착에 대해 한 번도 생각해 본 적이 없다.

이런 관점에서 볼 때 나 자신도 이것에 대해 무관심 하고 있다는 사실을 발견하게 된다. 나에게 있어서 가장 큰 집착은 흡연이다. 어느 순간인가 나도 모르게 흡연을 무의식 속에서 해야 되는 것으로 생각하고 아무렇지도 않게 하고 있는 나를 발견했다. 담배에 집착하는 이유는 많지만 북에서 살면서 어린 시절에 흡연을 시작했다. 가부장적 사회인 북한에서는 남자라면 담배와 술을 마셔야 한다는 무언의 강요가 있었다. 물론 청소년들은 집에서 부모님들이 단속을 하지만 그것은 무용지물이다. 청소년 시절부터 담배와 술을 마시면 어른이 됐다는 생각을 하게 된다. 하지만 그것은 그들의 착각이다. 나 자신도 이러한 이유에서 흡연을 시작했다. 그것이 오늘에 나에게 흡연에 대한 집착을 하게 한 가장 큰 장본인일 것이다.

그러나 나는 조금씩 변하고 있다는 것을 느낀다. 참선 수업을 들으면서 평소에 내가 생각하지 못했던 것들에 대해 조금씩 관심을 가지게 되고 그것에 대해 생각을 하게 된다. 그 중에 흡연이라는 의제가 들어가 있다. 나는 조금씩 흡연에 대한 집착을 버리는 연습을 하면서 금연까지 성공할 것이다.

날마다 한 가지 법문을 익히오리다(日日一教誓願學) 나는 매일 성경책을 읽고 있다. 그러나 거의 성경 구절을 읽고 그것을 나의 일상에 적용하지 못하고 있다. 성경을 읽는 데만 의미를 두고 읽고 있다. 이러한 습관이 잘못된 것을 알고 있지만 지금까지 바꾸지 않고 있었다. 지금부터라도 성경을 읽고 끝내는 것이 아닌 나의 삶에서 조금씩 실천할 것이다.

날마다 한 차례 화두를 살피오리다(日日一回誓願看) 최근 들어 나는 생각(성찰주제=화두)이 많아졌다. 그 이유는 올해로 대학교 생활을 마치고 사회에 나가 일을 해야 되기 때문이다. 하지만 일자리를 얻는 것부터가 쉬운 일은 아니다. 그렇기에 취업에 대한 생각도 많아지고 그에 따른 부담감도 더 커지는 것 같다. 졸업을 앞둔 다른 학우들과 마찬가지로 요즘 나에게 있어서 제일 큰 화두는 취업이다. 청년 실업이 사회에 이슈이기도 한 이때 취업을 하기란 하늘에 있는 별을 따기보다 더 어려운 일이다. 나는 매일 길을 걸으면서 버스나 지하철에 앉으면 계속해서 취업에 대한 생각을 한다. 이런 일이 매일 반복되다 보니 그냥 막연하게 생각했던 취업에 대해 조금씩 생각의 정리가 되어 가고 있는 느낌이 든다.

졸업을 앞두고 참선 수업을 들은 것은 다른 과목보다 상대적으로 쉬울 것이라고 생각하고 듣게 되었다. 하지만 중간고사를 앞둔 현재 나의 생각은 180도 바뀌었다. 참선 수업이 종강되더라도 참선 수행을 지속하게 되면 내 인생이 새롭게 바뀔 것이라고 감히 예측해 본다.

도 = '참선' 과목을 운 좋게 수강할 수 있었던 이 학생은 교수님의 교양과목을 통해 삶의 큰 변화를 경험하게 되었군요. 어릴 때부터 어른들이 마련한 교육을 받는 모든 학생들이 박 교수님이 개발하신 것과 같은 창의적인 교육과정을 통해서 자발적인 통찰 기회에 좀 더 많은 관심을 기울일 수 있다면 전인적으로 성숙한 미래의 지도자 양성에 큰 도움이 될 것으로 생각됩니다.

제가 한국에 온 후로 한국 실정을 잘 모르는 상황에서 '영성과 사회복지'라는 새로운 교양과목을 계획한 적이 있는데 기존 교과과정에 새로 추가시킬 틈이 없어서 포기한 적이 있지요. 대학 졸업생들이 졸업 후에도 취업을 목적으로 하는 비전공분야 자격증을 가능한 여러 개 비교적 쉽게 취득할 수 있도록 양적 팽창을 부추기는 교육시스템 자체가 변화하지 않으면 새 시대가 필요로 하는 창의적이고 혁신적인 교육체제로 진보해 나가기 어렵습니다.

영성교육 내지 교육제도 혁신을 통해서 무엇보다도 자아통찰을 크게 장려하다보면 교육 분야에서 뿐만 아니라 종교 영역에서도 사회적으로 의미 있는 변화를 기대할 수 있지 않을까요? 심층적인 차원에서 종교로서의 기능을 제대로 발휘하려면 먼저 종교 특유의 제도적인 도그마에서 벗어나야 하는데 종교가 가지는 가장 큰 취약점은 바로 그 현상적인 제한성이 아닌가 합니다. 보통 관습에 근거한 신앙생활에 충실한 사람들은 눈에 보이지 않는 신비현상 내지 영성적인 힘에 의지하기보다는 교회지도자나 종교문화적인 전통에 의지하는 경우가 많다 보니 독립적인 통찰력과 전인적인 사고능력이 더욱 무력화되는 것이 아닌가 합니다. 제가 직접 경험해 본 기독과학Christian Science이나 바하이 신앙 공동체 사람들은 비교적 전통적인 종교의 틀에서 자유로운 독자적인 신앙세계를 추구한 대가로 이단으로 몰리는 수난을 겪지 않으면 안 되었지만 시대를 앞서가는 집단지성의 출현에 공헌했다고 봅니다.

박 = 1부에서 제가 오강남 교수님의 글을 인용하며 언급했듯이 그리스도교계에서도 지난 1945년 12월 이집트 카이로에서 남쪽으로 500킬로미터 떨어진 나그함마디Nag Hammadi라는 곳에서 발견된, 깨달음을 역설한 〈도마복음〉에 새롭게 주목하며 초대교회시대 이후로 잊혔던 깨달음의 전통을 다시 세우려 하고 있다고 합니다. 한편 이와 무관하게 가톨릭수도회의 하나인 예수회를 창립한 이냐시오 로욜라 성인은 20대에 성지순례 도중 만레사라는 작은 마을의 마을 어귀에 있는 동굴에서 일년 정도 묵상기도를 하며 지냈는데 그러던 어느 날 마을 강변을 거닐다 하느님과의 일치 체험을 했습니다. 그리고 이 체험을 바탕으로 오늘날의 예수회가 있게 되었는데 62세 때 회고록에서 그는 이를 다음과 같이 술회하며 지식이 아닌 지혜로운 삶의 중요성을 역설하셨습니다.

"나의 지금까지의 모든 지식을 다 합친다 하더라도 만레사에서의 일 순간의 체험(돈오頓悟)에는 발끝에도 미치지 못한다."

도 = 어릴 때부터 영성적으로 민감한 교육을 받게 된다면 어느 종교에서든지 심층적인 신앙생활이 좀 더 보편화되지 않을까 생각합니다. 서양 신앙인들 사이에서 〈도마복음〉이 주목을 받는 이유는 개인의 깨달음 경험이 일반인들에게 점점 더 중시되고 있는 가운데 현 세대 사람들이 추구하는 영성시대적인 추세에 영향을 입고 있기 때문이 아닌가 합니다.

이 = 이 대목에서 제가 즐겨 읽었던 기독교 관련 책을 여럿 출간한 미국 노스캐롤라이나 대학교의 종교학자 바트 어만Bart D. Ehrman(1955~) 교수가 한 말이 생각나는군요. 그에 의하면 자신이 쓴 『성경 왜곡의 역사』, 『예수 왜곡의 역사』, 그리고 『예수는 어떻게 신이 되었나』와 같은 일련의 책에서 언급했던 그리스도교와 예수의 사상 및 생애에 관한 파격적인 주장은 대부분 신학대학에서 가르치는 것이기에 급진적인 내용도 아닌데 학생들이 졸업 후 목회 활동을 하면서 이런 내용을 거의 언급하지 않는다는 것입니다. 표층 종교적인 차원에 머무르지 않으면 신도들을 유지할 수 없다는 이유 때문이지요. 우리나라에서는 이런 현상이 한층 더 극심한 것으로 보입니다. 그러니 사이비나 이단이라는 말이 사라지지 않는 것 같습니다.

박 = 열린 마음을 가진 개신교 목사님들의 경우 신도들이 원하는 방향에 맞추어 목회 활동을 할 수밖에 없다는 이야기를 저도 들은 적이 있는데, 이런 점은 불교도 유사한 것 같습니다. 실제로 저와 교류하며 입실점검 시스템을 확립한 지인 스님께서 그 이후 오직 참선 수행만을 강조하시자 지금까지 기복 신앙에 익숙한 신도분들의 참여도가 급감하는 것을 저도 생생하게 목격한 적이 있습니다. 물론 기복 신앙도 그 자체로 좋은 효과가 있다고 믿습니다. 그래서 불교의 경우 이를 병행하며 사찰을 운영해도 좋을 것 같습니다.

도 = 조금이라도 더 높은 의식 수준의 영적 생활을 추구하려면 인간의 하위욕구가 먼저 충족되어야 가능한 일이지요. 그런 관점에서 보면 직장, 건강, 자녀교육 등 대부분의 사람들이 피부로 느끼는 문제해결을 위해 기도하는 것에 대해 기복 신앙을 한다고 무조건 비난할 수 없는 일입니다. 교회나 사찰을 통해 열심히 신앙하시는 분들이 물질적인 면과 정신적인 면에서 모든 어려움을 균형 있게 해결할 수 있어야 하니까요.

물론 영성적인 삶에서 사람들이 얻는 것은 심오한 깨달음도 있지만, 우선적으로 현실적인 문제해결에 도움이 되어야 하는데 인간적인 욕구해결에 관한 영성적인 가르침은 불교든 기독교든 비유가 많이 쓰였다고 생각합니다.

이 = 불교에서는 방편으로 비유를 사용해왔다는 점은 충분히 수긍이 갑니다. 사람들의 근기根機(부처의 가르침을 받아들일 수 있는 중생의 소질이나 근성)가 다르기 때문에 거기에 맞는 비유를 사용하는 것이 효과적인 가르침이겠지요. 저도 오랫동안 학생들을 가르쳐온 사람으로서 공감합니다. 그렇지만 적절한 비유인가, 또는 비유가 너무 비중이 큰 것은 아닌가 하는 의문을 제기할 수 있다고 봅니다. 이런 관점에서 볼 때 서구 전통의 유일신교에서는 비유와 은유를 사용하는데 따른 부작용이 사라지기 어려울 것 같습니다. 너무도 임의적인 해석 또는 정반대 해석이 가능한 구절들이 많기 때문이라는 생각이 들기 때문입니다.

박 = 제 견해를 말씀드리자면 비유와 은유를 문자적으로 정확하게 해석하려 노력하기보다는 그 너머를 체득하는 일이 더욱 중요하겠지요. 앤소니 드 멜로 신부의 많은 저서 가운데 한 가지 가르침을 골라 뽑으라고 하면 저는 당연히 그의 저서인 『종교박람회』에 들어 있는 '구루의 고양이'를 들겠습니다.

힌두교의 영적 스승인 구루가 저녁예배를 드리고 앉을라치면 번번이 힌두교 사원인 아슈람 근처를 배회하는, 한 고양이가 끼어들어 예배자들의 마음을 산란케 하곤 했다. 그래서 이 구루는 저녁예배 동안 그 고양이를 매어 두도록 지시했다. 그런데 이 구루가 죽고 나서도 오랫동안 저녁예배 때면 그 고양이는 묶여 있었다. 그런데 그 고양이가 죽자, (뒤를 이은 제자 구루의 지시에 의해 방해도 하지 않는 죄 없는) 또 다른 고양이가 아슈람 사원으로 붙잡혀 오게 되었다. 저녁예배 동안 격식에 맞게 매어 있게끔 한 것이다. 몇 세기 뒤, 구루의 제자들이 유식한 논문을 썼다. 「본격적으로 수행되는 모든 저녁예배에 있어서의 고양이의 필수적인 구실에 관하여」.

도 = 종교가 어떻게 본질과는 거리가 먼 현상으로서의 전통적인 관습에 스스로 얽매이게 되는지를 잘 보여주는 사례네요. 집단문화적인 현상이라고 할 수 있는 종교적 전통 이외에도 개인들 스스로 자기에게 익숙한 기도문이나 수행방법, 또는 신앙공동체가 발달시켜온 오래된 관례에서 자유롭지 못한 것이 대부분의 경우이지요.

좀 더 깊이 있는 진실과 인간의 본질적인 영성을 중시하는 교육체제가 부재함으로 해서 전통적 관습이나 사회현상으로서의 권력층에 속하는 소수지도자를 맹목적으로 따르는 '덜 깨어난' 집단의식이 초래될 수밖에 없다고 봅니다.

많은 사람들이 스포츠나 예능, 학습이나 분석력 등에서 탁월할지라도 감성지능과 더불어 영성지능이 충분히 활용되지 못하면 개인생활에서 만족감이 낮고 조직 내의 성공률도 높을 수가 없습니다. 기업주나 종교 지도자 또는 교수 등 특권층에서 보여주는 권위적인 행위나 유교문화적인 영향력에 익숙한 현재 사회분위기는 독립적인 사고력과 창의성을 키우는 교육체제와 거리가 먼 상황입니다. 전인적인 차원에서 새로운 문명을 개척하기 위한 자발적인 의지력을 발달시키기 위해서는 우선적으로 부모들의 용기와 결단이 필요하다고 생각합니다. 현재의 공교육과 사교육의 제도적 체계와 질을 향상시키는 혁신을 위해 공익정신과 인간의 존엄성을 강조하는 교육시스템이 새로이 설립되어야 한다고 봅니다. 달리 말하면 인류의식을 향상시키는 교육체제를 시급히 마련해야 하는데 인지지능, 신체지능, 감성지능, 그리고 영성지능이 균형 있게 발달한 청소년세대를 육성하기 위해서는 학부모들이 먼저 종교적 배경과 경쟁적인 이해관계를 초월하는 대아大我의식을 가져야 하겠지요.

이 = 부모들의 종교 배경과 관계없이 이기적인 성향을 극복하게 하는 보다 영성적인 사회분위기로 진보하는 것이 충분히 가능하다고 생각합니다. 예컨대 미국 캘리포니아 주 클레어몬트 피처 칼리지 사회학과 필 주커만Phil Zuckerman(1969~) 교수가 쓴 『종교 없는 삶』이란 책의 요지는 종교가 없어도 도덕적으로 훌륭한 삶, 그리고 인간적으로 행복한 삶을 영위할 수 있다는 것입니다. 그러면서 주커만 교수는 덴마크와 같이 종교 인구가 현저히 줄어든 선진국과 종교 인구가 대다수를 차지하는 중남미의 아이티를 비교하면서 덴마크가 생활수준이 훨씬 더 높고, 범죄율은 훨씬 더 낫다는 점을 강조합니다. 그 외에도 다양한 자료를 인용하면서 종교가 없더라도 좋은 삶을 살 수 있다는 점을 역설합니다.

　개인적으로 주커만 교수의 주장에 동의합니다. 흔히 종교가 없는 사람들을 세속주의자secularist라고 하는 데 여기에는 다분히 오해의 소지가 있습니다. 그래서 주커만 교수는 무종교인이라는 말을 권장하기도 했습니다. 이런 면에서 그는 유일신교에 대한 강한 반감을 바탕으로 세속주의 운동Secular Movement을 펼치고 있는 진화생물학자 리처드 도킨스와는 다른 견해를 갖고 있지요. 개인적으로 도킨스는 종교에 대해 다소 편견을 가지고 있는 반면, 주커만은 객관적으로 접근하고 있다고 생각합니다. 깨달음을 지향하는 영적 노력은 개인의 종교 배경과 상관없이 가능하다는 보다 균형 있는 입장에 공감하고 있습니다.

　박 = 저도 종교의 경계를 넘어서는 포용적인 관점이 사회문화적인 맥락에서 특히 교육정책 면에서 매우 긴요하다고 봅니다. 사실 집단보다는 개인의 영적 체험을 중시하는 선종禪宗은 실질적으로 일인일파一人一派이기 때문에 주커만 교수의 초종교적인 주장과도 일맥상통합니다. 심지어 선종의 스승들은 한결같이 스승을 맹신하며 추종하지 말고 넘어서라고 제자들을 다그쳐 왔습니다.

　도 = 19세기 중엽에 새로이 출현한 세계 종교로서 매우 효과적으로 글로벌한 영향력을 발휘하고 있는 바하이 신앙의 주요 가르침 가운데 하나가 다른 사람의 가르침을 무조건 따르지 말고 자신이 스스로 진리를 탐구하라는 것입니다. 한국에서는 통通종교 또는 초超종교라는 개념이 일반화 되어 있지 있지만, 앞으로는 한 가지 종교전통만 따른다거나 다른 종교와의 이념적인 갈등 때문에 신앙공동체 간의 경계선이나 배타성을 유지하는 일이 점점 더 어렵게 될 것으로 생각합니다. 아예 특정 종교적 전통을 따르지 않는 사람의 경우에도 자기만의 신앙적 자세나 과학적인 차원에서의 영성적인 경외감을 지니고 사는 일이 충분히 가능한 시대입니다. 개인 성향에 따라, 모범이 되는 종교적 지도자 한 분만을 흠모하며 신앙생활을 할 수도 있겠고, 그렇지 않은 경우에 조상신을 섬겨 온 민족신앙적인 시각에서 전통수행법을 연마하여 영성적인 깨달음을 추구할 수도 있겠습니다. 제 개인의 체험에 비추어 보면 종교적인 접근과 비종교적인 신앙생활이 공존할 수 있다고 봅니다. 앞서 제 개인 에세이에서도 보셨듯이, 저는 매우 자유롭게 종교적인 경계선을 넘나드는 편입니다. 일상 생활에서 여러 종교의 기도문이나 특정 만트라를 상황에 따라 유동적으로 활용하는 습관이 몸에 배어 있지요. 저는 독립적으로 제 나름의 통종교적 내지 초종교적인 신앙생활을 실천하고 있다고 말씀드릴 수 있습니다.

송 = 제가 보기에 지금은 말법末法 시대에 해당된다고 봅니다. 정법正法은 있지만 말법이 기승을 부리고 있는 격이지요. 역사란 순환하는 것인지, 부처님 시대에도 같은 문제가 있어 정법 시대를 지향했는데 지금 바로 그런 운동이 필요하다고 봅니다. 이 과정에서 우리가 무엇을 해야하며, 무엇을 할 수 있는지 고민할 필요가 있는 것 같습니다. 결국 중요한 것은 진리의 세계를 지향하는 것이지요. 물론 진리의 세계가 무엇인지 명확하게 밝혀지는 것이 선행되어야 할 것입니다. 저는 인간의 본성은 누구나 동일하다고 봅니다. 『화엄경』이나 《산상수훈》에도 나타나 있듯이 종교 유무를 떠나서 인간은 진정한 행복과 자유를 얻고 진정한 자신을 알고 싶은 것 아니겠습니까? 영성적인 삶이 가져오는 결과는 결국 자신의 본 모습을 찾는 행복이라고 봅니다.

도 = 종교적인 형식보다는 실생활 속에서 적용할 수 있는 본질을 추구하는 영성중심적인 신앙생활의 열매는 자유로운 삶이라고 생각합니다. 이미 미국과 유럽에서는 깨달음 경험을 보편화하기 위한 명상법이나 자기계발 훈련과정이 다양하게 대중화되는 추세입니다. 동양에서 배워 간 정신문화적 수행법을 보다 쉽게 이해할 수 있는 개념으로 체계화하여서 전 세계 어디서든 컴퓨터 앞에 앉혀놓고 한꺼번에 훈련시키는 명상가 혹은 코치들이 새로이 출현하고 있습니다. 세계적으로 유명한 명상훈련가로서 한국에도 잘 알려져 있는 에크하르트 톨레Eckhart Tolle(1948~), 성공적인 삶을 살도록 리더십을 육성하는 잭 캔필드Jack Canfield(1944~), 인간잠재성을 극대화하는 소그룹 훈련프로그램을 끊임없이 개발해 온 진 휴스턴Jean Houston[20] 박사 등 종교영역 밖에서 활동하는 많은 영성 멘토들이 인류의식 향상에 앞장서고 있습니다.

요즘은 특히 유튜브 동영상을 통해 과학과 영성의 경계선을 넘나드는 강의 내용들이 급속하게 확산되고 있는데 과학자로서의 튼튼한 배경이 있는 분들이 나오는 것을 볼 수 있습니다. 우리나라에도 번역이 된『자발적 진화』의 공저자인 브루스 립튼Bruce Lipton(1944~)은 후생유전학적인 관점에서 믿음의 생물학을 소개하고 있으며,『디바인 매트릭스-마음이 작동하는 숨겨진 원리』로 명성을 얻은 과학자인 그렉 브래든Gregg Braden(1954~)은 아메리칸 인디언 전통을 따라 의식을 변화시키는 기도법에 대해 설명하기도 하지요.

이 = 저는 영성이나 자기계발 영역에서 활동하는 사람들일수록 더욱 진실하고 성실하게 자기 삶을 준비해야 한다고 생각해 왔습니다. 문외한으로서 이런 말을 하는 것이 조금은 부담스럽습니다만, 한 인간의 정신세계에 영향을 미친다는 것은 그 만큼 책임이 크다는 의미입니다. 정신적으로 황폐해지면 아무 것도 할 수 없기 때문입니다. 이런 면에서 인간은 영적 존재임은 부인하기 어렵다고 생각합니다. 이에 비하면 남의 돈을 갈취하는 사기행위나 공금을 횡령하는 행위 따위는 물질의 영역에서 벌어지는 가벼운 범죄라는 생각이 들 정도입니다. 그런데 제도권에서 최선의 노력을 다해본 적이 없거나 그랬음에도 성과가 부실했던 경험을 한 사람이 물불 가리지 않고 사적 이익을 최우선으로 추구하다보면 영적인 거짓말을 하려는 유혹에 빠지기 쉽다고 봅니다. 다른 사기 행위보다는 그럴 듯 해 보이는 것도 한 가지 이유가 되겠지요. 이 덫을 벗어나지 못하는 사람들이 적지 않은 것 같습니다.

도 = 최근에 코로나19 전염 사태에서 드러난 바와 같이, 사이비 교주에 걸려드는 사회현상은 기본적으로 진정한 의미의 진실을 추구하는데 관심이 있다기보다는 자신의 인간적인 욕구를 쉽사리 해결하고자 하는 얄팍한 동기 때문에 발생되는 사회심리적 현상이라고 할 수 있습니다. 자기를 따르라고 교주나 영적 지도자 행세를 하는 사람도 문제이지만 개인적인 깨달음에 도달했다고 주장하는 사람들을 맹신하는 사람들이 더욱 큰 문제라고 생각합니다. 집중적으로 영적 수행을 한 결과로 뇌파의 변화를 경험하는 사람들이 있는데 과거에는 신비현상으로 보고 그 개인을 신성시했다면 요즘은 신비로운 현상을 과학적 개념으로 설명하는 것을 영상매체나 책을 통해 접할 수 있게 되었습니다. 이런 와중에 개인의 의식체계가 논리적이고 분석적인 판단을 할 수 있는 독립성을 갖지 못한 채 특정 개인에 대한 의존성이 강할 경우에 인류의식의 진화에 큰 도움이 되기는 어렵겠지요. 그럼에도 불구하고 여러 대중매체를 통해 영성적인 메시지들이 확산되고 있는 것은 상당히 고무적인 현상이라고 생각합니다. 어떤 특정한 종교지도자나 영성인을 맹목적으로 추종하기보다는 영성적인 삶을 나름대로 실천함으로써 전체적으로 인류의식이 상승하는 결과가 있을 것으로 기대해 볼 수 있겠습니다.

3부 | 담화

영성적 메시지, 어떻게 전할 것인가?

참여자

도영인(한영성코칭연구소장, 전 국제사회복지학회장)

박영재(서강대학교 물리학과 교수, 선도성찰나눔실천회 지도법사)

송순현(저절로아카데미 원장, 전 정신세계원장)

이영환(동국대학교 경제학과 명예교수, 정진기언론문화재단 이사)

영성적 메시지, 어떻게 전할 것인가?

깨달음과 과학적 사고
– 과학과 영성의 조화는 가능한가?

이 = 사람들은 일반적으로 자기 나름의 편견과 고정관념을 가지고 살아갑니다. 극소수의 열린 마음을 가진 사람이 아니면 그렇다는 것입니다. 이런 상황에서 어떻게 하면 좀 더 많은 사람들이 열린 마음을 가지고 행동함으로써 스스로 변할 수 있는가가 중요하다고 봅니다. 저는 경제학을 전공한 입장에서 각자 자신에게 유익하다고 판단해 실천할 수 있도록 현실의 제도와 사회규범을 이용해 동기부여를 해야 한다고 생각합니다. 종교든 영성이든 또는 도덕이나 윤리든 사람들에게 무조건 이렇게 좋은 것을 거부하면 어리석다는 식으로 메시지를 전하는 것보다는 그들이 자발적으로 따르도록 적절한 인센티브를 설계하고 실행할 필요가 있다고 봅니다. 이른바 내재적·외재적 동기부여를 모두 활용하자는 것입니다.

도 = 저도 그렇게 일반인들이 자발적으로 자기계발을 위한 훈련을 지속할 수 있도록 동기부여 하는 것이 매우 중요하다고 생각합니다. 예를 들면 명상이 몸과 마음의 건강에 도움이 된다는 과학적인 실증연구 결과를 널리 알리는 것이 일반인들이 스스로 생활습관을 바꾸는데 도움이 될 수 있습니다. 또한 명상이나 전통수련법 등을 통한 영성 계발이 가져오는 사회통합적 효과성을 높이기 위해 좀 더 체계적으로 교육제도에 변화를 주는 노력도 병행하면 좋겠습니다.

이 = 앞에서 언급했던 로버트 라이트의 『불교는 왜 진실인가』가 그런 책입니다. 진화심리학적 관점에서 마음 챙김 명상의 효과를 상세하게 분석했기 때문입니다. 라이트는 자신과 같이 명상에 대해 문외한이었던 사람이 짧은 명상 수련회에 참가해 놀라운 체험을 한 것을 감동적으로 묘사하고 있습니다. 이와 같이 과학적 방법론을 통해 명상과 같이 주관적·내면적 변화를 추구하는 행위의 효과를 객관적으로 검증할 수 있으면 사회적으로도 좋은 영향을 미칠 수 있다고 봅니다.

이런 관점을 조금 더 확장하자면 가급적 객관적인 이론 모형에 입각해 자신과 세상 만물에 대한 이해를 추구하는 자세가 필요하다고 봅니다. 적당한 비유일지 모르겠으나 발명왕 토머스 에디슨Thomas Alva Edison(1847~1931)과 같은 시대를 살았던 천재 전기공학자 니콜라 테슬라 Nikola Tesla(1856~1943)[1]와 관련된 일화를 생각해 볼 필요가 있습니다. 에디슨은 전구 필라멘트에 적합한 소재를 발견하기 위해 이론 모형 없이 될 때까지 수만 번 실험을 한 것으로 널리 알려져 있습니다. "천재는 1퍼센트의 영감과 99퍼센트의 땀으로 이뤄진다"는 유명한 말은 이런 배경에서 탄생한 것입니다. 그런데 이 과정을 지켜본 테슬라는 자기 같으면 이론 모형을 수립해 불가능한 경우들을 사전에 모두 배제할 수 있으므로 몇 번의 시행착오만으로도 문제를 해결할 수 있다고 지적했습니다. 그럼으로써 시간과 비용을 크게 절감할 수 있다는 것입니다. 이런 의미에서 저는 영성을 통해 변화를 가져오려는 어떤 시도도 적절한 인센티브를 제공하는 방향으로 추진되어야 한다고 봅니다.

도 = 전인적인 차원에서 영성적 원리를 이해하거나 양자물리학적인 최첨단 지식을 터득하는 것도 필요하지만, 계속 온몸과 마음을 다하여 수련하고 자신이 몸담은 전문 분야에서 끊임없이 노력하는 일이 얼마나 중요한지를 말해주는 일화라고 생각합니다. 저는 진리를 추구하는 일은 과학이든 영성이든 혼신의 노력을 기울이는 과정이 필수적이라는 교훈을 얻게 됩니다. 에디슨과 테슬라의 일화를 통해서 저는 아이러니컬하게도 예수님께서 온몸과 온 마음을 다하여 정성으로 하느님을 사랑하고 잘못한 사람을 용서하라고 가르치신 점도 떠올리게 됩니다.

송 = 하와이 원주민들의 용서와 화해를 위한 문제 해결과 힐링을 다룬 『호오포노포노Ho'oponopono』라는 책이 있습니다. 하와이 출신의 휴렌Hew Len이라는 심리학박사가 좀 더 과학적인 개입방법으로 받아들여지는 심리분석법을 사용하지 않고 이 전통기법을 개발해 정신병동의 환자들에게 적용했더니 놀라운 치유효과를 보였다는 것입니다. 다른 사람의 고통이 내 고통이라고 의식하면서 "미안합니다, 용서하세요, 고맙습니다, 사랑합니다"라는 생각을 갖고 행동하니 모든 것이 달라졌다는 것입니다. 너와 내가 다르지 않다는 점에서 불이不二 사상을 아주 깊이 있게 실천한 셈이죠.

도 = 그렇습니다. 유튜브에도 올라와 있는 '미안합니다, 용서하세요, 고맙습니다, 사랑합니다'라는 노래곡조가 너무 아름다워서 제가 가끔 즐겨 부르기도 하는데요. 이 세상에서 일어나는 모든 현상들이 다 나의 책임이라고 가르친 고대 하와이 사람들의 전통적인 가족치료법은 너와 내가 둘이 아니고 결국 인류가 모두 하나라는 인식과 함께 문제 해결에 대한 책임의식을 갖게 한다는 면에서 매우 높은 의식수준의 가족치료법이라고 생각합니다. 심리분석 공부를 한 이하레아카라 휴렌Ihaleakala Hew Len2) 박사가 서구과학 체계에서 나온 심리분석 방법을 과감하게 버리고 호오포노포노3)라는 전통사회의 문제해결법을 현대인들이 활용할 수 있도록 정신질환자들에게 응용한 것이지요. 하와이 원주민들은 과학적 용어를 사용하지 않았지만 지역사회 일원들을 전통적인 치유법을 활용하여 사랑 에너지로 치유하는데 있어서 영성적인 직관력이 탁월하였음을 알 수 있습니다.

　이 = 저 또한 합리적으로 보이지 않지만 다분히 초월성을 띤 영성적 차원의 문제해결 방법이 유용하다는 것에 공감합니다. 이성으로는 도무지 이해할 수 없는 많은 사례들이 있었고, 지금도 있으며, 앞으로도 일어날 것이라는 점은 이미 많은 사람들이 책과 실험을 통해 증명했기에 의심의 여지가 없다고 봅니다. 그렇지만 깨달음 또는 의식 전환의 생물학적 기반을 무시해서는 안 된다고 생각합니다. 초이성적인 현상이 존재한다는 것이 이성적 사유를 부정하는 것은 아니기 때문입니다. 신경과학자들이 밝혔듯이 인간의 사고는 뇌 신경망의 발달 정도와 밀접하게 연관되어 있다고 봐야 할 것입니다. 그러니 신경망에 근본적인 변화가 일어나지 않는 한 깨달음이나 영적 각성이 자칫하면 일시적인 현상으로 그치지 않을까 하는 생각을 떨치기 어렵습니다. 우리나라 제1세대 사회학자로서 은퇴 후 인간의 의식 연구에 매진했던 이만갑李萬甲(1921~2010) 교수님이 말년에 출판한『의식에 대한 사회학자의 도전』이라는 책에 다음과 같은 구절이 있습니다.

　좋은 말, 좋은 글에 접하면 적어도 잠시 동안은 정신을 맑고 풍부하게 하는데 약간의 도움을 줄지 모른다. 그러나 그 말과 글은 항상 갈등을 내포하고 있는 인간의 상호작용과정에서 체험과 사색으로 다져져서 비단 신피질의 영역에서 지적논리의 전개로만 맴도는 것이 아니고, 변연계의 영역에서 정서적인 금선을 울리고, 더 깊이 들어가서 생명의 의욕을 분출케 하는 뇌간의 핵심에 도달함으로써 그의 심층적 의식에 연결되지 않으면 정신의 혁신을 가져오기는 어려울 것이다.

저는 이 대목은 우리 모두 명심해야 할 내용을 담고 있다고 봅니다. 어설프게 "마음을 비웠다"거나 "깨달았다"고 말하는 것은 그런 예외적인 경험 후에 따르는 일상 생활에서 대부분 자기기만이거나 위선적인 행동으로 귀결될 수 있기 때문입니다. 일시적인 깨달음은 오래 유지되기 어려울 것입니다.

송 = 깨달았다는 사람이 상식 이하의 행동을 한다면 깨닫지 못한 것이 분명합니다. 저는 돈오돈수頓悟頓修 쪽인데요, 확철대오廓徹大悟하면 그걸로 모든 것이 바뀌는 것이겠지요.

도 = '깨달음' 체험은 의식상태의 변화를 의미하는데 이런 깨달음을 의식발달 단계에서의 높은 의식수준과 동일시하는 오류가 생기는 것이 문제인 것 같습니다. 물론 높은 의식수준에 있는 사람이 뇌신경학적으로만 설명되지 않는 깨어나는 경험을 할 수도 있지만, 사실 깨달음이라는 신비체험은 의식수준의 높낮이와 관계없이 특정 상황에서 누구나 경험할 수 있는 것으로 알고 있습니다. 옛날처럼 몇 십 년씩 벽면 수행을 하는 스님이나 철저히 고립된 수도원에서 밤낮으로 기도하는 수도자들만

경험하는 것이 아니라 뇌파진동 현상으로서 측정 가능한 깨어남 체험을 비교적 쉽게 경험한 사람들이 제 주변에도 꽤 있습니다. 전통사회에서는 깨어남 내지 신비현상을 체험하는 개인을 경외시 하는 경향이 있었으나 지금은 일반인들도 노력에 의해서 경험할 수 있다는 면에서 그런 체험을 한 사람을 무조건 존경하지는 않는 것 같습니다.

『의식의 스펙트럼』이라는 저서로 유명한 통합이론가 켄 윌버는 의식 수준과 의식상태를 명백하게 구분하여 말하였지요. 의식상태의 변화가 마치 한 사람의 인격이 높은 의식수준에 도달한 것처럼 오해하기가 쉬운 데 이 둘은 분명히 다릅니다. 그래서인지 우리나라에 소위 깨달은 경험 을 한 도인은 많아 보이는데 인류의식의 상승을 초래할 정도의 사회적인 영향력을 불러일으킨 사례는 많지 않다고 봅니다.

이 = 제가 궁금한 점은 깨달았다는 것은 본인이 주장하지 않고 주변 에서 알아차려야 하지 않은가 하는 것입니다. 그런 사람은 일상적으로는 전과 유사하게 행동하더라도 뭔가 다른 기운을 느끼게 하지 않을까 생각 합니다. 이를테면 행동 하나하나에 온기와 사랑이 배어 있음을 주변에서 알아차리는 것이죠. 예전에 49일간이라는 초인적인 단식을 마친 후 자 신의 체험을 엮어 『명상 체험여행』이라는 책을 출판한 분을 만나 담소를 나눈 적이 있습니다. 그분에게 깨달은 뒤에 어떤 변화가 있었는지 물었 더니 『도덕경』에 나오는 구절을 인용해 간단히 "화광동진和光同塵"이라고 답하더군요. 자신의 빛을 감추고 거리에서 사람들과 어울린다는 의미로 해석될 수 있다는 생각에 숙연해지는 느낌이었습니다.

박 = 참고로 선종에서는 스승으로부터 깨달음을 체득했다는 것을 인 가印可받은 제자가 다시 스승이 되어 입실점검을 통해 제자를 인가하는 전통이 지금까지 이어져 오고 있습니다. 즉 인가받은 스승만이 공적으로 제자의 깨달음을 인정하여 인가할 수 있다는 것이 유일한 기준입니다. 그런데 사실 이런 전통이 있기는 하지만, 오늘날 한국의 경우에는 거의 유명무실해졌기 때문에 이 시대를 살아가는 불제자라면 이 좋은 전통을 복원할 책무가 있습니다. 한편 천주교 수도회인 예수회 신부인 친구로부터 예수회의 경우 나이 드신 존경받는 신부가 젊은 신부의 영적 스승 역할을 하며 필요할 때마다 긴밀히 조언해주는 전통이 있다고 들었습니다.

그런데 스승의 인가를 너무 신비롭게 여길 필요는 없다고 사료됩니다. 즉 학문의 세계에서 지도교수가 제자의 역량이 스스로 독자적인 연구를 수행할 자격과 박사과정 학생들을 지도할 수 있는 자격을 모두 갖추었다고 판단될 때 박사학위를 주는 것에 견주어 이해하면 좋을 것 같네요.

도 = 저는 깨달음의 경험을 종교적인 전통 속에서 하는 경우와 종교적 전통 밖에서 하는 경우를 모두 중시해야 한다고 봅니다. 종교적 테두리 안에서 일정한 기준을 가지고 깨달음을 이해하기보다는 오히려 실생활에서 보고 느낄 수 있는 지혜나 생명을 존중하는 삶의 자세 또는 일상생활에서 저절로 흘러나오는 기쁨을 통해 깨달음을 증명하는 편이 더욱 유익하다고 생각합니다. 평생 동안 수행하거나 봉사활동으로 일생을 바친 경우에도 깨달음의 경지에 이르지 못한 경우도 있고, 별다른 수행을 하지 않고도 우연히 깨어나는 체험을 하는 등 개인적인 차이가 있는 것으로 알고 있습니다. 그래서 깨달음 체험 그 자체보다는 그 후에 따르는 내면의식의 진보가 더 중요하다는 의견입니다. 그런 측면에서 의식수준의 진화를 위해 깨달음 후에도 계속 수행해야 한다는 불교의 가르침이 이해가 갑니다.

이 = 여러분 얘기에 상당 부분 공감합니다. 그러면서도 제가 약간 의문을 제기하자면 깨달음이란 지극히 주관적인 현상으로서 그 경지에도 정도와 수준이 있는데 일반인들은 이를 판별하기 어렵다는 것입니다. 이로 인해 여러 가지 혼란이 발생하고 부정적인 영향이 미칠 수 있다는 점에 대해서는 어떻게 생각하시는지요?『멋진 신세계』로 유명한 작가이자 철학자 올더스 헉슬리의『영원의 철학』에 다음과 같은 구절이 있습니다.

> 고행하는 자가 고행하지 않는 자보다 어떤 의미에서는 종종 더 나쁠 수 있다는 사실은 역사, 소설, 기술심리학에서 흔히 볼 수 있다. 그러므로 종교적·도덕적으로 엄격한 청교도들은 온갖 세속적인 미덕, 즉 검약·용기·인내·정절 등을 훈련하지만 그럼에도 불구하고 철저하게 악인일 수 있다.(…) 수단을 목적으로 혼동함으로써 청교도들은 자신이 금욕적으로 엄격하기 때문에 신성하다고 믿는다.

물론 이것과는 경지가 다르겠지만 깨달음을 추구한다는 자체가 또 다른 집착이 되어 오히려 깨달음에 이르지 못하도록 방해할 수 있다는 생각이 듭니다. 저는 그래서 종교적이든 비종교적이든 신비스러운 깨달음 체험보다는 조금이라도 더 양심적으로 행동하고, 주변 사람들을 연민으로 대하며, 무지에서 벗어나려고 부단히 노력하는 것이 현실적으로 달성 가능한 목표라고 생각하면서 살고 있습니다.

송 = 저는 이런 깨달음이 일반인들에게도 어느 정도 가능하다고 봅니다. 이 교수님이 앞에서 언급했던 니콜라 테슬라의 말 중에 우주를 제대로 이해하려면 우주의 본질은 에너지이고 파동이라는 것을 이해해야 한다는 말이 있습니다. 이것 역시 본질을 알아야 한다는 것 아니겠습니까? 깨달은 사람의 경우 파동의 관점에서 뭔가 다르다고 봅니다. 그 옆에 있으면 마음이 따뜻해지고 평화로워지는 기운을 느낄 수 있다고 봅니다. 그런 면에서 저는 영성도 하나의 에너지체라는 차원에서 접근할 수 있다고 생각합니다. 이것은 분명 객관적으로 확인 가능한 부분일 겁니다.

덧붙여 말씀드리자면, 토머스 베리Thomas Berry(1914~2009)라는 생태신학자가 쓴 『우주 이야기』라는 책이 있습니다. 여기서 이 분은 빅뱅 이후 우주의 진화 과정을 개관하면서 궁극적으로는 의식이 있는 인간으로 진화해 온 과정의 의미를 설명하고 있습니다. 그러면서 앞으로 우주의 진화는 인간의 의식에서 일어난다고 말하였습니다. 물질적인 진화 끝에 의식의 진화, 즉 영적 진화로 이어진다는 것이고 지금이 그런 시대가 아닌가 합니다.

도 = 자신이 속한 소집단이나 국가 중심의 이익을 넘어서는 의식은 우주적인 관점을 가짐으로 해서 더욱 용이해진다고 생각합니다. 높은 의식수준에서 세계적인 차원의 협력을 이끌어내는 능력은 이성과 감성이 균형 있게 작동하게 하는 영성적 의식의 진화에 힘입는다고 봅니다. 제가 일전에 보다 큰 공익 중심의 의사소통 기술과 협력증진과 관련되는 칼럼4)을 쓴 적이 있는데요. 그 칼럼에서 식물세계에도 의식이 있고 조직적인 협동까지도 가능하다는 사실이 생태과학을 통해 이미 밝혀졌다는 점에 중시했습니다. 산림에는 일종의 균근 곰팡이mycorrhizal fungi를 활용하는 지하정보시스템이 있고 이 미묘한 의사소통 체계를 통하여 산림생태계 전체를 살리는 협력이 가능하다는 것은 인간이 자연 어머니로부터 배우게 되는 놀라운 교훈입니다. 이제 인간이 생명체 위계 질서에서 제일 높은 자리를 차지하면서 만물의 영장이라고 자처하다가 식물생태계보다도 협동력이 낮은 수준으로 추락하지 않으려면 글로벌한 수준의 통합영성적인 진화가 일어나지 않으면 안 된다고 생각합니다. 그런 의미에서 우리나라에도 꽤 잘 알려진 켄 월버의 통합영성 개념을 실생활에서 실천하는 노력이 가속화되었으면 합니다.

이 = 여기서 잠깐 알베르트 아인슈타인이 〈우주적 종교〉라는 에세이에서 밝혔던 종교관을 살펴보고 싶습니다. 그는 자신은 불가지론자라면서 인격신을 믿는 종교에 대한 강한 거부감을 표했습니다. 그러면서도 자신의 영적 자각에 대한 생각을 분명히 표현하기도 했습니다. 이런 내용을 간결하게 표현한 것이 바로 이 에세이죠. 여기서 그는 종교의 진화 과정을 두려움의 종교, 도덕적 종교 그리고 우주적 종교의 세 단계로 구분하고 자신은 우주의 신비에 대한 경외심을 가진 사람이라는 점에서 우주적 종교를 믿는다고 말합니다. 저는 아인슈타인이 평생 자신을 초월하는 어떤 신비한 힘에 대한 경외심을 가지고 살았던 인물이라고 생각합니다. 그가 남긴 많은 명언들을 살펴보면 이런 정신이 곳곳에 배어 있음을 알 수 있습니다. 특히 다음 명언에는 이 점이 잘 드러나 있습니다. "시초부터 종말까지 모든 것은 우리가 통제할 수 없는 힘에 의해 결정된다. 별, 인간, 식물, 우주의 먼지뿐만 아니라 벌레 등 우리 모두 보이지 않는 저 먼 곳의 피리 부는 사람의 곡에 맞추어 춤을 출 뿐이다." 이런 점에서 아인슈타인은 깨달은 사람이었다는 생각이 듭니다만 여러분은 어떻게 생각하시는지요? 제가 이 질문을 하는 이유는 깨달음 또는 깨침의 의미를 다시 한 번 생각해 보자는 것입니다.

도 = 우주의 신비로움에 대한 경외심을 가진 과학자로서 우주 창조성과 자신의 현존감과의 관계에 대해 아인슈타인이 어떤 이해를 했는지 궁금합니다. 절대적 개념으로서의 창조자와 인간과의 관계에 대해 이원론적인 관점을 갖고 있었다면 결국 아인슈타인도 서양적 사고체계를 벗어나지 못한 것이 아닌가 합니다. 짐작해보건대 아인슈타인의 경우에 예수님이나 부처님처럼 모든 것을 하나로 보는 아주 높은 경지의 깨달음에 도달한 것은 아니라고 생각합니다.

의식상태의 변화가 최상의 의식수준에서 일어나고 깨달음에 특정한 궁극적인 단계가 있다 하더라도 일반인의 차원에서 깨어나는 경험은 여러 유형의 의식상태로서 아주 다양하게 나타나는 것으로 알려져 있습니다. 매우 주관적인 의식상태의 경험이므로 한 가지 종교만을 통해야 한다거나 한 가지의 깨달음만 있다고 보기는 어렵다고 생각합니다. 깨달음은 어디까지나 평상적인 의식상태를 능가하는 신비로움을 체험하는 것이고 그 신비로움에 대해 특정 종교의 틀 속에서 한 가지 방식으로만 이해하는 것은 무리가 아닌가 합니다.

박 = 제 의견으로는 기본적으로 깨달음은 일반인에게는 신비롭게 여겨지는 깊은 통찰 체험이고 이것을 특정 종교의 제한적인 언어체계 속에 가두지 않고 인간이 다다를 수 있는 깨달음의 경지를 있는 그대로 무한한 가능성으로서 열어두는 것이 좋다고 봅니다. 특히 이 교수님께서 인용하신 아인슈타인의 "우리 모두 보이지 않는 저 먼 곳의 피리 부는 사람의 곡에 맞추어 춤을 출 뿐이다"란 마지막 구절은 제가 자주 인용하는 선어禪語인, "강릉(동쪽)에서 북 치는데 인천(서쪽)에서 춤추네(동변타고서변무東邊打鼓西邊舞)"와 같은 무심의 경지를 잘 드러내고 있네요.

도 = 과학 분야에 몸담은 분들은 영성적인 깨달음을 개인적 차원에서 일어나는 의식 상태의 다양한 변화현상 가운데 하나로 이해하는 경향이 있습니다. 특정인만 할 수 있는 절대적인 경험이 아니라고 보는 거죠. 반면에 종교적인 관점에서 영성적인 각성을 이해하기 위한 목적으로 종교가 가진 특정한 관념적인 틀을 통해 접근을 할 경우에는 어떤 절대적인 수준에 도달하는 것만이 깨달음의 경지라고 주장하는 것 같습니다. 기독교인의 경우에 영성이란 언어 자체를 오직 기독교적인 용어인 것으로 이해하고, 불교에서는 영성이란 말 대신 불성이란 단어를 사용해야 한다는 주장을 들은 적이 있습니다.

통합적인 시각에서 볼 때 저는 영성적인 깨달음은 비종교인과 특정 종교인을 포함한 모든 사람들이 (잠재적으로) 도달할 수 있는 초월적인 경지라고 봅니다. 그런 관점에서 분석적인 사고체계를 통해 다다른 영적이해력과 삶의 실제 현상을 통한 영적 각성이 모두 깨달음의 유형이라고 봅니다. 따라서 절대적인 수준의 깨달음의 경지라는 것은 인간의 언어체계 속에서 존재하는 추상적인 개념일 뿐이라고 생각합니다. 제 경우에는 특정한 종교적 테두리 안에서 머물지 않고 여러 종교적 전통에서 제공하는 영성적 에너지를 모두 접근할 수 있는 열린 자세 때문에 자유로운 영혼을 만끽한다고나 할까요. 도달해야 할 어떤 궁극적인 수준이나 깨달음에 대한 특정 원리에 매이지 않고 그저 일상 생활 속에서 나름대로의 영적 기쁨을 느끼려고 노력하며 사는 거지요.

박 = 간화선 수행체계를 확립한 대혜종고 선사에 따르면 자신은 일생을 통해 18번의 큰 깨달음과 무수히 많은 작은 깨달음을 체험했다고 술회하고 있습니다. 한편 일제강점기 어느 때인가 만공滿空(1871~1946)[5] 선사 회상會上에 있다가 혜월慧月(1861~1937) 선사 밑으로 간 운암雲庵 스

만공 대선사를 당혹하게 했던 '삼세심불가득' 화두
– 완묵翫墨 서광일 대자 作

님께서 한번은 '삼세심불가득三世心不可得' 화두로 만공 선사 회상으로 법전法戰을 걸어왔습니다. 그러자 만공 선사께서 이에 대한 답으로 "과거 위음왕불威音王佛 이전에 점심을 먹어 마쳤느니라!"라는 답을 보내려 하자 옆에 있던 제자 보월寶月(1870~1946) 스님께서 "큰스님! 죄송합니다만" 하면서 성냥불로 그 답을 태워버리고 그냥 나가 버렸습니다. 그러자 만공 선사께서는 즉시 그 자리에서 정좌靜坐하신 채 꼼짝도 하지 않고 용맹정진을 하시다가 드디어 칠 일째 되는 날 이 화두에 대한 점검을 마치시고는 큰 소리로 "보월아! 내가 자네에게 십 년 양식을 받았네"라고 하시면서 "지난번에는 내가 틀리게 답했네. 나에게 다시 묻게!" 하시자 보월 스님이 "삼세심불가득三世心不可得 점마하심點麼何心입니까?"라고 묻자 (이 화두에서 파생되어 응용화두가 되어버린) "점찍는 곳에서 점찍노라!"라고 답하셨다고 합니다.

저는 이 일화를 통해 깨달음에 대해 좀 더 깊이 이해할 수 있다고 봅니다. 법法 앞에는 스승과 제자, 선배와 후배가 없는 것이며 잘못됐으면 과감히 시인하고 백의종군하는 마음 자세로 바로 잡으면 되는 것입니다. 그리고 이미 경허 선사로부터 인가를 받고 제자들을 점검해 오고 있던 만공 선사께서 위의 새 화두에 막혀 다시 참구해 타파한 사례를 통해 알 수 있듯이 화두 하나만 제대로 뚫으면 다 된다는, 제대로 한 번도 입실점검을 받아보지 못한 비전문가들도 많이 있다고 생각합니다.

도 = 네. 정말 의식의 진화가 이루어지는 영성의 여정에는 스승에게나 제자에게나 끝이 없다는 것을 가르치는 좋은 교훈입니다.

이 = 올더스 헉슬리가 『영원의 철학』에서 감동적으로 묘사했듯이 십자가의 성聖 요한이나 기독교 신비주의자 마이스터 에크하르트Johannes Eckhart, Eckhart von Hochheim(1260년경~1327년경)**6)**와 퀘이커교의 창시자 조지 폭스George Fox(1624~1691)**7)** 등은 모두 깨달음에 도달했던 사람들인데 제도권으로부터 이단으로 몰리면서 박해를 받거나 화형을 당했다고 합니다. 과거 이와 유사한 일들이 많았다는 것은 기독교가 깨달음보다는 원죄를 인정하고 속죄하며 예수님의 대속을 믿어야 하는 종교로 발전하게 된 것과 무관하지 않다고 봅니다. 처음에는 단지 조그만 문화적 차이였던 것이 나중에는 도저히 건너기 어려운 심연으로 확대된 느낌을 줍니다. 이런 문제가 해결될 수 있을지 의문이 듭니다.

도 = 종교제도적인 아집에서 나오는 폐단을 줄이려면 먼저 개인 차원에서 스스로 생각하는 자발성과 자신의 신앙세계에 대한 정직성이 필수라고 생각합니다. 저는 미국 유학생활 중에 새로 알게 된 기독교 종파인 기독과학Christian Science이라는 신앙공동체 일원으로 십 년을 산 경험이 있습니다. 그 십 년이란 기간은 일주일에 한 번씩 듣게 되는 훌륭한 목사님의 설교의 힘보다 훨씬 더 강력한 영성에너지의 힘에 끌린 시절이었다고 말씀드릴 수 있습니다. 기독과학교의 여성 창시자인 메리 베이커 에디Mary Baker Eddy(1821~1910) 여사는 예수님의 가르침을 몸소 깨닫고 영성의 힘에 의한 치유 체험을 하였고 그런 깨달음에 의거한 새로운 성경 해설서를 써서 제자들에게도 가르친 종교적인 지도자입니다. 19세기 말과 20세기에 걸쳐서 이 기독과학자들은 이단으로 몰려서 많은 논란의 대상이 되었지만 현재는 영성과 과학이 만나는 새로운 연구 영역으로서 전문의학지에 중보기도8)의 치유효과에 대한 연구결과들이 널리 게재되고 있습니다. 일상 생활에서 영성적 가르침을 실천함으로써 얻은 개인적인 깨달음의 경험을 다른 사람들과 공유하는 사례라고 볼 수 있습니다. 기독과학 이외에도 심층적인 신앙체험을 통해 나름대로 진리를 접하는 것은 어느 종교에서든 가능하고 그런 신비스러운 경험을 과학적으로 증명하는 것도 가능해졌지요. 최첨단 뇌과학이 계속 발달해 감에 따라 영성적 깨달음의 경지와 과학적 실증연구 영역이 점점 더 거리를 좁혀갈 것으로 보입니다. 인간 내면에 소위 '기적적인 현상'을 창출해 낼 수 있는 신성이 내재해 있다고 알아차리는 새로운 의식의 흐름이 더욱 촉진될 것으로 생각합니다.

송 = 제가 보기에 유학儒學에도 같은 내용이 있다고 봅니다. 『중용』에 나오듯이 하늘에서 준 명命, 즉 천명天命이 성性이다. 이것이 인간의 본질이라는 것 아니겠습니까? 그리고 성을 따르는 것이 도道이고 도를 일러주는 것이 교教라고 하지 않았습니까? 따라서 우리 안에 이미 신성이 있고 본질이 있는데 이를 일상적으로 자각하지 못하는 것이죠. 그러다가 다른 영성적 에너지를 촉발시키는 어떤 계기가 있으면 안으로부터 울림이 나오는 것 아니겠습니까? 저는 시대적으로 이런 갈구가 점점 더 강해지고 있다고 봅니다. 왜냐하면 인터넷이 이런 추세를 전파시키는 데 도움을 주고 있기 때문입니다. 누구나 원하기만 하면 높은 수준의 말씀을 듣거나 영적 메시지를 담은 동영상을 볼 수 있지 않습니까?

우리가 자신과 남을 분별하면서 생각의 감옥에서 살고 있지만 본질은 차이가 없지 않습니까? 그래서 몸을 가진 인간적인 차원에서의 분별에서 벗어날 수만 있다면 우리 안에 내재하는 본질에 가까워질 수 있다고 믿습니다. 제 경우에는 그 방편으로 몸을 사용하는 것이죠. 몸과 마음의 길이 있는데 몸의 길은 생명의 길이고 마음은 기쁨의 길이라고 봅니다.

도 = 몸이 건강하고 물질적인 여건이 평안한 상태에 살면서도 마음의 기쁨 없이 너무 불행하게 사는 사람들이 거의 대부분이 아닌가 합니다. 이전과 비교하여 여러 면에서 풍족한 삶을 살아도 살아있는 생명으로서 자연스럽게 행복을 느낄 수 있는 마음 태세가 안 된 경우에 진정한 의미의 자아실현에 실패한 것이라고 생각합니다.

이 = 생명과 마음이 분리 가능한 것일까요? 마음-몸 관계처럼 생명-마음도 분리 불가능한 것 아닐까요. 저는 데카르트 방식의 이원론은 더 이상 진지하게 고려할 필요는 없다고 봅니다. 마음과 몸은 어떤 방식으로든 연결되어 있으며 분리 불가능하듯이 생명과 마음도 마찬가지일 것이라고 생각합니다.

송 = 바로 그 점을 얘기하려 합니다. 지적하신 대로 생명과 마음도 하나인데 일단 언어적인 면에서 구분한 것이죠. 몸이 생명의 길로 가려면 마음이 길을 열어주어야 하는 데 분별심이 이를 망친다는 겁니다. 마음이 몸의 길을 열어준다는 것은 마음을 비워야 한다는 것이죠. 그리고 마음의 길은 몸이 열어준다는 것이죠. 그래서 두 길이 하나가 될 때 거기서 하늘길이 열리고 진정한 자신을 만날 수 있다는 것입니다. 다소 추상적이지만 이것은 제 나름 실제 춤을 추는 행위를 통해 체득한 원리라고 얘기할 수 있습니다. 춤에서는 몸과 마음을 사용하는데 마음이 물러가라고 해서 물러가는 것이 아니니 춤을 추는 과정에서 저절로 사라지는 경지를 경험해보자는 것이지요. 그냥 동작이 흘러가는 대로 마음을 맡기자는 것입니다.

박 = 송 원장님의 '저절로 신선춤'의 경지를 분별심이 철저히 사라질 때 가능한, 몸과 마음이 둘이 아닌 '심신불이心身不二'란 선어로도 축약할 수 있겠네요.

이 = 송 원장님 설명을 들으니 어느 정도 '저절로 신선춤'에 대한 감이 오는 것 같습니다. 저도 한 번 열심히 배워볼 의욕이 생겨납니다. 이 대목에서 마음과 관련해 여러분의 견해를 듣고 싶습니다. 본질과 현상의 문제도 결국 마음 문제로 귀착된다고 생각하기 때문입니다. 인간에게 마음이 중심이라는 사실은 부정할 수 없다고 봅니다. 그런데 도대체 이 마음이라는 것이 무엇인지 때로는 감이 잘 잡히지 않습니다. 앞에서 제가 마음, 정신, 의식, 영혼, 영성 등 다양한 개념들을 같이 언급한 이유도 이때문입니다. 사람들은 일상 생활에서 종종 "마음을 비웠다"라는 말을 너무 쉽게 사용하는 경향이 있는데 그 때마다 도대체 마음이 무엇인지 알고 그런 말을 하는가 하는 의문이 들 때가 있습니다.

개인적으로는 혹세무민惑世誣民하려는 의도를 가지고 있지 않다면 마음 또는 정신과 관련된 모든 논의는 이성적으로 사유하는 사람들이 이해할 수 있는 용어와 개념으로 정리되어야 하지 않을까 생각하고 있습니다. 오늘날에도 여전히 사이비 종교와 교주가 득세하고 심지어 전통 종교계에서도 세습과 같이 황당한 사건들이 비일비재한 것을 보면 종교를 비롯해 정신세계에는 여전히 은유와 비유가 주류를 이루고 있어 왜곡과 아전인수적인 해석이 판을 치는 게 아닌가 하는 생각이 듭니다.

제가 묻고자 하는 바는 마음공부와 관련해 보편적으로 납득할 수 있는 실천적인 방안이 가능하겠는가 하는 점입니다. 이와 관련해 티베트 불교의 수장인 달라이 라마께서 자신은 불교의 진리라도 과학적으로 틀렸다는 것이 확인되면 따르지 않겠다고 한 말이 생각납니다. 주관적인 상태를 가능한 한 객관적으로 설명하려는 노력이 필요한 분야가 바로 마음 아닙니까?

도 = 신디 위글워스Cindy Wigglesworth[9]가 개발한 〈SQ21〉도 주관적으로 이해되는 추상적인 개념으로서의 영성지능을 가능한 객관적으로 측정하기 위한 시도이지요. 사회과학 연구에 사용될 수 있도록 타당도와 신뢰도가 높게 개발된 이 측정도구가 널리 활용된다면 자발적인 영성 계발에 도움이 될 것으로 생각합니다.

영성 계발이나 마음공부의 문제는 결국은 의식수준의 발달에 관한 논의로 이어집니다. 뇌 과학 영역에서는 영혼이나 마음보다는 의식이란 말을 사용하는데 의식 상태나 의식수준을 논할 때 정신, 마음, 영혼, 영성과 같은 관련 용어들이 모두 함께 사용되고 있습니다. 뇌주파수 측정을 통해 의식상태뿐만 아니라 변화하는 의식상태의 색깔까지도 보여주는 측정기구도 있습니다.

박 = 종교지도자들도 눈에 보이지 않는 세계를 이해하기 위한 과학적인 노력에 많은 관심을 기울이는 것 같습니다. 달라이 라마께서는 고전 컴퓨터의 한계를 극복하기 위한 대안으로 선진국에서 경쟁적으로 연구 및 개발에 박차를 가하고 있는, 양자정보 이론을 바탕으로 한 양자컴퓨터 시대의 도래를 예견하고 첨단과학 기술을 보다 적극적으로 이해할 필요성을 느끼고 젊은 티베트 승려들을 세계적인 연구소로 파견해 빛과 물질의 이중성을 생생하게 목격할 수 있는 양자물리학 실험까지 직접 경험하게 했습니다.

도 = 일찍이 피에르 테야르 드 샤르댕Pierre Teilhard de Chardin(1881~1955)**10)** 신부가 지적한대로 인간은 원래 영성적인 존재인데, 일시적으로 이 세상에서 물질적인 경험을 하고 있을 뿐이지요. 몸과 마음 상태를 동시에 균형 있게 유지해야 하는 수행자뿐만 아니라 몸을 갖고 물질세계에서 살아가야 하는 일반인들도 이제 과학과 영성이 만나는 지점에 대해 좀 더 잘 이해할 수 있는 세상에 살고 있다고 생각합니다.

저는 과학에서 밝히고 있는 빛과 물질의 이중성에 대해 전문적인 관점에서 이해하는 물리학자도 아니고 황홀한 깨어남을 경험한 종교지도자도 아니지만 인간이 만들어낼 수 있는 최상의 상태를 물질적인 체계와 사회문화적인 현상으로 이루어내는 것도 다 인간의 의식을 통해서 가능해진다고 이해하고 있습니다. 현 시대는 보이지 않는 의식세계조차도 첨단과학기술을 통해 다양한 의식의 색깔까지 분별해 내는 첨단장비까지

만들어 낸 세상입니다. 영성과 과학이 서로의 거리를 좁혀가는 과정에서 인간의 내면에 여러 단계로 자리 잡은 '의식의 스펙트럼'에 대해 더 깊이 이해하게 될 때가 멀지 않았다고 생각합니다. 많은 과학적 진보가 이루어지는 가운데 우선적으로 인공지능이 아닌 인간 고유의 영성지능과 관련된 언어들을 일반화시킴으로써 대중의 집단의식을 물질 중심 사고체계에서 벗어나게 하는 노력이 중요하다고 봅니다.

이 = 사실 의식 문제는 현재 과학계가 풀어야 할 가장 어려운 문제로 자리매김하고 있습니다. 현재 철학, 심리학, 신경과학, 물리학, 생물학, 컴퓨터과학 등 실로 여러 분야의 전문가들이 이 문제를 연구하고 있지만 아직도 해결의 실마리를 찾지 못하고 있는 실정입니다. 결국 인간의 의식을 이용해 의식의 본질을 분석한다는 자기언급self-reference의 역설을 극복하기 어렵지 않나 하는 생각이 듭니다. 저는 우연한 기회에 인간의 의식 문제에 지대한 관심을 갖게 된 후 나름 많은 문헌을 섭렵하고 여러 동영상을 감상했으나 오히려 더 혼란스러운 상황에 처해 있습니다. 심지어 마음과 의식의 관계조차 분명치 않습니다. 여러 전문가들이 서로 다른 주장을 하고 있기 때문이지요. 그래서 제 나름대로 이 문제를 의식문제의 출발점으로 삼고 있습니다. 마음 = 의식이라는 등식에 여러분은 동의하시는지 궁금하군요. 아무튼 17세기 르네 데카르트가 '나는 생각한다. 고로 존재한다'라는 명제를 던진 이후 인간 의식의 본질을 둘러싼 논쟁은 여전히 진행 중입니다. 사실 의식 문제는 오랫동안 관심 영역 밖에 있다가 1990년대 들어 DNA 이중나선의 공동 발견자인 프랜시스 크릭이 신경생물학의 관점에서 의식의 신경상관물neural correlates of consciousness을 연구하기 시작했고, 1995년 정신철학자 데이비드 차머스가 의식의 어려운 문제와 의식의 쉬운 문제를 명쾌하게 구분한 후 이 분야에 대한 연구가 급물살을 타게 되었습니다. 특히 차머스는 의식 연구의 이정표를 마련하는데 크게 기여했습니다. 그가 말한 쉬운 문제란 간단히 말해 관찰된 행동과 뇌의 각 부분이 어떻게 연관되어 있는가를 밝히는 것이라면, 어려운 문제는 신경세포들 간에 전달되는 전기·화학적인 신호가 어떻게 주관적 체험이라는 현상을 유발하는가 하는 것입니다. 쉬운 문제와 관련해서는 상당한 진전이 이루어졌지만, 어려운 문제와 관련해서는 아직도 갑론을박하는 실정입니다. 주류 신경과학자들은 여전히 유물론의 관점에서 뇌가 의식을 만들어낸다고 주장하면서 어려운 문제를 해결했다고 주장합니다만 이를 입증할 증거를 제시하지 못하고 있는 실정입니다. 이들이 제시하는 모든 증거는 뇌의 특정 부분과 의식 상태 간의 상관관계이지 인과관계가 아니라는 것입니다. 따라서 쉬운 문제에 대한 답은 될 수 있으나 어려운 문제에 대한 답은 아니라는 것이지요. 그런데 최근에는 전자와 같은 소립자부터 은하계와 같은 거대한 구조에 이르기까지 정도의 차이는 있으나 일정 수준의 의식을 갖고 있다는 범심론 panpsychism이 일부 철학자와 신경과학자들 사이에서 진지하게 수용되고 있는 것은 매우 고무적인 변화로 보입니다. 왜냐하면 이것은 개개인의 분리의식을 넘어 모든 것이 연결된 합일의식unity consciousness 내지 우주의식cosmic consciousness으로 확대될 수 있는 이론적 기반을 제공하기 때문입니다. 아직은 좀 더 지켜봐야 하지만 이런 변화가 있다는 사실만으로도 의식 문제에 대한 논의에 긍정적인 변화가 있는 것으로 보입니다. 영성과 과학의 조화를 추구하는 작업에 큰 도움이 될 것이라는 생각이 듭니다.

과학적 사고와 영성의 접점으로서의 뇌

도 = 평소에 저는 집에서 기르는 식물에게 예쁘다고 말을 하고, 물 주는 것이 늦었을 경우 미안하다고 합니다. 일부러 음악을 들려주는 등 식물을 의식이 살아있는 생명체로 대우하는 습관이 있는데 그런 면에서 제가 범심론자로 보일 수도 있겠습니다. 범심론panpsychism은 서구 물질문명 이전에 야만인들이 믿던 정령숭배 수준의 의식으로 폄훼되어 왔는데 요즘 일부 과학자들이 양자물리학적인 관점에서 다시 들여다보기 시작한 분야라서 결론을 내리기 어렵지만 제 생각으로는 실증과학적으로 접근하는 데 당연히 제한성이 있다고 봅니다. 반면에 주관주의적 관점에서 접근한다면 오히려 시詩 언어를 통해 동식물뿐만 아니라 강이나 산 등 자연세계가 표출하는 영성적 본질을 직감으로 알아차릴 수 있다고 생각합니다. 우리나라 조선시대 선비들의 경우에 자연과 하나된 의식 수준에서 생명체가 가진 영성적 본질을 표현한 시들을 많이 남겼지요. 저는 우주 전체가 사랑 에너지로 가득 채워져 있다고 보는데 이런 우주관은 어디까지나 영성적인 관점에서 이해될 뿐이고 21세기 과학으로 완전무결하게 증명될 수 없는 매우 주관적인 의식세계라고 생각합니다.

의식 수준이 높아진 현대인들에게도 과학적 논리만으로 설명되지 못하는 신비로운 현상들이 많이 있는데 물 위를 걷는 물리적 현상을 보여주신 예수님을 따라가려는 현대인들은 수상스키를 만들어내기는 했어도 공중 부양과 같은 소위 기적 현상을 온몸으로 실천하는 경우는 흔치 않지요. 예수님은 일반인들의 영적인 이해를 돕기 위해 비유법을 많이 쓰셨고 가끔 기적도 행하셨지만 예수님 시대를 살았던 사람들은 영적 현상을 이해하는데 현대인들 수준에도 못 미쳤고 열두 제자들까지도 많은 어려움을 겪었다고 생각합니다. 일반적으로 잘 이해되지 않는 물질 현상을 뒷받침하는 영성적 원리를 가르치기 위해 부처님도 많은 교훈을 주셨는데 예수님에 앞서 간 부처님 시대에는 인류에게 영성적 교훈을 주는 어려움이 한층 더 컸을 것으로 생각합니다.

박 = 사실 석가세존께서는 부단히 제자들의 수준에 맞추려는 치열한 노력 끝에 탁월한 눈높이 교육자의 삶을 사셨던 분이였다고 봅니다. 제 견해로는 석가세존의 일생을 정신의학적인 관점에서 살펴보면 스스로의 치열한 노력에 의한 조현증 치유 여정과 중생을 위한 조현증 치료 여정으로 나눌 수 있는데, 이에 관련한 교훈이 담긴 석가모니 부처님 이야기를 잠깐 말씀드리겠습니다.11)

세존께서는 카필라국의 왕자로 태어나 부러움 없이 성장하다 아홉 살되던 해 봄날 부친인 정반왕을 따라 국가적인 농경 축제 행사에 참석했다가 겨우내 얼었던 땅을 갈아엎는 농경의식 과정에서 그 동안 땅 밑에서 잘 살고 있던 벌레가 땅 위로 드러나자 근처에 있던 새가 즉시 날아와 잡아먹는 '약육강식'의 생생한 현장을 목격하고 홀로 숲속으로 들어가 '왜 서로 먹고 먹히는 걸까?'란 주제에 대해 생애 최초로 깊은 명상에 잠깁니다. 뇌과학에 따르면 새가 벌레를 잡아먹는 장면의 인식은 뇌의 후두엽 부분이 담당하고 '왜'란 의문을 해결하기 위한 노력은 전두엽이 담당한다고 합니다.

이어서 열네 살 무렵 '사문출유四門出遊', 즉 동문, 서문, 남문 및 북문 밖 나들이를 하며 '생로병사生老病死'의 고통스러운 현장을 생생하게 목격하면서, 어떻게 하면 이를 해결할 수 있을까? 하는 강렬한 의문(화두話頭)을 가지게 되었고, 그 이후 궁중에 머무는 동안 내내 고뇌하게 됩니다. 그러다 목숨을 걸고 이를 해결하기로 결심을 하고 마침내 스물아홉 살에 덧없는 부귀영화를 뒤로 하고 출가를 합니다.

그 뒤 6년간의 고행苦行 수행과 선정禪定 수행 끝에, 이런 방식으로는 결코 생로병사의 의문을 해결할 수 없다는 한계를 뼈저리게 느낍니다. 그리고는 이들 두 극단적인 수행을 내려놓고 보리수 밑에서 일주일 동안의 철야 정진수행을 통해 고뇌하던 마음의 조율을 완전히 마치고 마침내 바른 깨달음을 얻으며 조현증에서 완전히 회복되셨습니다.

그런데 경전 기록에 따르면 깨달은 직후 그 깨달은 진리가 오염된 세상과는 정반대였기 때문에 잠시 '자살 충동自殺衝動'이라고도 볼 수 있는, 세상을 떠날까 하는 생각이 일어났다고 합니다. 그러나 곧바로 "세존이시여! 아직 때 묻지 않은 중생도 많은데 만일 법을 설하지 않으시고 떠나신다면 저들 역시 진리를 모른 채 덧없이 죽어갈 것이고, 법을 듣는다면 깨달음을 얻을 것입니다."라는 '천신天神의 간곡한 요청(범천권청梵天勸

請)'을 들으셨다고 합니다.

그러자 세존께서 이 권고를 받아들여 마침내 다섯 비구에게 '첫 설법'을 하셨다고 합니다. 한편 선종사禪宗史에 따르면 세존께서 영산회상에서 마하가섭 존자에게 법을 부촉하시면서 선종禪宗의 전법傳法 전통의 기틀을 만드셨습니다. 그리고 마지막으로 세상을 떠나실 때 "나는 일생 동안 한 글자도 설한 바 없다!(일자불설一字不說)"라고 하시며 "문자에 얽매이지 말라!(불립문자不立文字)"는 유훈遺訓을 남기셨습니다. 참고로 세존께서는 사실 49년 동안 다양한 비유들을 포함해 온갖 가능한 수단을 총동원하며, 조현증 환자인 중생들 각각의 증세에 맞추어 이들의 치료에 온힘을 다하시다, 즉 눈높이 교육을 한평생 지속하시다가 열반涅槃에 드셨다고 볼 수 있습니다.

송 = 부처님과 같이 깨달은 분이 존재한다는 사실, 그 자체가 깨달음의 세계에 대한 증명이라고 볼 수 있다고 생각합니다.

이 = 과학적 훈련을 받은 사람들은 그런 의미의 증명은 받아들이기 어렵다는 생각이 듭니다. 예컨대 "이 경전에 쓰여진 것은 한 점 의혹도 없는 진실이다"라는 주장에 대해 그 근거가 무엇인지 물을 수 있습니다. 이에 대해 "경전에 그렇게 쓰여 있기 때문이다"라고 대답하는 것은 논리학에서 말하는 자기 언급에 해당되므로 모순이라고 봅니다. 모순은 원래 유일한 답을 찾을 수 없는 상황을 지칭하는 것 아닙니까? 저는 이런 증명은 일반적으로 받아들이기 어렵지 않은가 하는 입장에서 얘기하는 겁니다. 물론 완벽하게 객관적인 증명이란 사실 불가능하겠지요. 따라서 서로의 경험을 공유하면서 공통분모를 발견한 후 이것을 증명으로 간주하는 것에 반대하기 어렵습니다. 이른바 상호주관성inter-subjectivity을 인정하는 것이 기존의 과학적 사고와 모순되는 것은 아니라고 봅니다. 제가 유보적인 태도를 보인 것은 자신의 깨달음만이 유일한 것이라거나 다른 사람들은 결코 이해할 수 없다는 식의 자세는 자칫 자기기만이나 독선의 굴레를 벗어나지 못했다는 증거로 간주될 수 있다는 점입니다. 결국 중요한 것은 깨달음의 선언이 아니라 일상 생활 속에서 하는 말과 행동을 통해 검증되어야 한다는 점입니다. 이런 의미에서 부처님이 자신의 말도 믿지 말라고 한 당부의 말씀에는 진실이 담겨 있는 것이 분명합니다.

송 = 경전의 내용의 진위를 논하기에 앞서 예수님의 존재 자체가 증명이라고 볼 수 있지 않을까요?

이 = 현상과 본질이 하나라는 것을 실증적으로 증명한다는 것은 다분히 서구적 발상인 것은 분명합니다. 그런데 이런 의미에서 증명이라는 것은 외부에서 주어진 자료를 근거로 이루어져 한다는 명백한 기준이 있습니다. 예컨대 유클리드 기하학에서 '두 평행선 직선은 교차하지 않는다.'라는 명제는 외부의 자료를 이용해 충분히 증명 가능합니다. 또한 증명이라는 개념에는 증명 과정의 논리적 정합성이 불가피하다는 관점에서 볼 때 "경전이 바로 증명이다" 또는 "예수님의 존재 자체가 증명이다"라고 말하는 것은 일종의 순환론적 사고이므로 과학적 사고로 받아들이기 어렵다는 것이죠.

도 = 물론 순환적인 사고체계를 통해 과학적 실증연구를 하기는 어렵습니다. 그것은 어디까지나 이원론적인 틀 속에서 돌아가는 과학 영역에서 다루어야 할 과제임에 틀림없습니다. 그러나 통합영성적 관점에서는 아직까지 과학 용어로 설명되지 않는 신비 현상까지 포용하는 일종의 순환적인 사고의 틀을 활용함으로써 동서양의 지혜를 아우르는 새로운 발견할 수 있다고 봅니다.

이를테면, 만약 신이라는 개념을 모든 것의 근원 그 자체인 0으로 본다면 인간은 1이라는 일시적인 현상으로 볼 수 있고 이 1은 0으로 돌아가고 0에서 다시 1이 나오게 되는 결국 하나됨의 순환을 의미하는 것이라고 이해합니다. 우리나라 고대 경전인 『천부경』의 가르침과는 달리, 0과 1을 엄격하게 분리시키는 이원론적인 사고방식이 서양문명의 신관을 지배했다면 0 속에 1이 있고 1 속에 0이 있다는 범재신론的汎在神論的인 사고체계를 표출한 한국의 동학사상東學思想은 그런 면에서 매우 통합적인 신관神觀이라고 봅니다. 유일신만을 고집하지 않고 범신론만을 주장하지도 않으면서 시천주侍天主사상과 인내천人乃天사상을 모두 하나의 우주관으로 표출해낸 동학사상은 매우 수준 높은 전통적 세계관으로 보입니다. 우리 조상들이 직감적으로 깨달았던 우주적인 차원의 영성적인 지혜를 동학을 비롯한 다양한 민족사상에서 찾아볼 수 있다고 생각합니다. 그런데 정작 우리는 민족신앙을 무조건 샤머니즘으로 폄하하고 한국 전통사회가 이어온 영성적 지혜를 깊이 알려고 하지 않는 경향이 있어서 매우 안타깝게 생각합니다.

송 = 결국 지금까지의 과학발달 수준으로는 궁극적 깨달음의 문제는 과학적 증명의 대상이 아니라고 봅니다. 다시 마음의 문제로 돌아가면 마음의 기능인 지·정·의가 있지 않습니까? 그런데 궁극적으로 마음은 진·선·미를 추구한다고 봅니다. '색즉시공色卽是空, 공즉시색空卽是色'에서 공이 아무것도 없는 것이 아니라 색으로 다양하게 표출되는 것이죠. 거기에는 아름다움, 생명, 진리 등이 드러나는 것이라고 봅니다. 따라서 저는 공의 본질은 진·선·미라고 봅니다.

도 = 제 경우에는 불교에서 말하는 공空의 본질은 눈에 보이지 않는 우주 시스템을 작동시키는 사랑 에너지 장(場, field)이라고 봅니다. 더 정확하게 표현하자면 우주에 편만한 사랑 에너지가 모든 것을 존재하게 하고 그 모든 것이 인간으로 하여금 하늘님(신, God, 천주님)을 공경하게 한다는 시천주 사상은 매우 심오하다고 느낍니다. 동시에 누구나 내면에 하늘님을 모시고 산다는 인내천 사상은 서로 사랑과 존경의 의미를 주고받는 온전한 관계성을 맺게 하고 그런 뜻깊은 관계성 때문에 생명의 법칙을 존중하게 되는 것이라고 느낍니다. 과학적 용어를 사용하여 논리적으로 완벽하게 증명할 수는 없지만 저는 그런 우주적 본질을 제 마음으로, 제 영혼으로 느낍니다. 그런 느낌이 없다면 석가모니 부처님이 깨달음 직후에 느꼈던 것처럼 혼돈스런 세상 속에서 제 삶은 자살 충동에서 헤어나기 어려웠을 것이라고 생각합니다. 부처님처럼 큰 깨달음은 없었지만 나라는 존재가 논리적으로 설명되지 않는 우주적인 사랑 에너지 속에서 태어났고, 자연스럽게 느껴지는 평온함 속에서 존재할 수 있다는 현존감이야말로 불교에서 말하는 공의 본질이 일상의 삶 속에서 녹아나는 현상이 아닌가 합니다.

박 = 이 흥미로운 대화를 마무리하기 전에 '종교와 과학'에 대해 보다 깊이 이해를 공유하기 위한 일환으로, 스티븐 호킹의 "천국은 없다"라는 발언에 대하여 제가 《한겨레신문》에 기고했던(2011.5.20) 글인 '종교·과학에 대한 통찰 체험과 실천이 중요하다'를 간단히 요약해서 소개드리고 싶습니다.

17세기 뉴턴에 의해 결정론적인 세계관이 확립되었다. 19세기엔 다윈의 진화론이, 20세기에 접어들면서 양자물리학과 유전자 이론이 확립되면서 종교와 과학의 상호작용은 다양한 형태로 전개되어 왔다.

핵물리학을 전공한 이언 바버 교수는 저서『과학이 종교를 만날 때』에서 과학과 종교를 다루는 방법을 분류하는 네 가지 이론 유형(갈등이론, 독립이론, 대화이론, 통합이론)을 기술하였다. 성서를 문자 그대로 믿는 성서문자주의자는 진화론이 종교적 신념과 맞지 않는다고 믿는 반면, 무신론적인 과학자들은 진화의 과학적 증거는 유신론과 공존할 수 없다고 보아 갈등이 생긴다는 게 갈등이론이다. 독립이론은 종교와 과학은 인간의 삶에서 완전히 다른 기능을 수행하지만 상호보완적인 관점을 제공한다고 주장한다. 대화이론은 과학 자체가 답할 수 없는 극한 질문들이 제기될 때 비로소 종교와의 대화가 가능해진다고 본다. 통합이론은 과학과 종교를 폭넓은 동반자 관계로 보아 긴밀한 통합을 모색하는 이론이다.

스티븐 호킹의 저서『위대한 설계』에 담겨 있는 내용이나 "천국이나 사후세계는 꾸며낸 동화에 불과하다"는 최근의 인터뷰 기사를 보면, 최근 연구가 진행되고 있는, 초끈이론string theory12)에서 발전된, 그러나 아직 갈 길이 먼 'M 이론'에 대한 언급을 빼고는 갈등이론의 범주에 속하는 호킹 자신의 신념에 찬 주장일 뿐, 별로 새로운 점을 찾을 수 없다. 중력과 양자이론을 아우르며 우주를 기술하는 궁극의 법칙이라는 'M 이론'은 60억 인류 가운데 극소수의 입자물리학자들만이 이해할 수 있는 이론이다. 따라서 이 이론을 언급한 호킹이 "신이 필요 없기 때문에 사후세계는 존재하지 않음"을 증명한다고 해서 인류에게 무슨 도움이 될 것 같지는 않다.

설사 우주의 법칙을 모두 파악했다 하더라도, 냉철히 살펴보면 과학은 자연현상을 탐구하는 분야이기 때문에, (안타까운 일이지만 유명 과학자들의 최근 자살 사례들을 통해 알 수 있듯이) 윤리적인 측면과 같은 과학적 연구 이외의 분야에서 과학자가 다른 사람들보다 더 현명하다고 볼 수는 없다. 사실 '사후세계의 존재 유무'는 체득의 문제이지 이분법적인 논쟁의 대상이 아니다. 그래서 '삶과 죽음에서 진정으로 자유로운 삶'을 영위하기 위해 각자 자기 성찰(명상, 기도 등) 수행이 꼭 필요한 것이다.

바버는 네 가지 유형 가운데 대화이론 혹은 통합이론으로 화해가 가능하리라고 전망했는데, 이 견해에 전적으로 동의한다. 우리는 종교와 종파를 초월해 각자의 종교(또는 신념)와 과학에 대한 깊은 통찰 체험을 바탕으로, 무엇을 믿든 우열 논쟁은 멈추고 서로 견해가 다를 수 있다는 점을 존중해야 한다. 그리고 이를 전제로 격의 없는 대화를 통해 자연스럽게 비생산적인 갈등의 폭을 줄여가야 한다. 결론적으로 이렇게 해서 서로 도우며 어려움에 처한 이웃과 더불어 나눌 실천적인 삶을 지속적으로 이어갈 수 있기를 간절히 염원하는 바이다.

도 = 제 의견으로는 종교와 과학의 관계를 통합적인 관점에서 보는 것이 가장 합리적이지 않은가 생각합니다. 종교가 중세시대적인 무지의 어둠에서 빠져나온 것처럼 과학도 계속해서 발달하고 있고 이런 인류의식의 진화과정은 앞으로도 계속될 수밖에 없기 때문에 영성과 과학의 협력 관계는 더욱 돈독해 질 것이라고 저는 그렇게 희망적으로 생각해 봅니다. 근대 시대에 종교와 과학이 경쟁적인 대립 관계에서 독선적인 권위를 행사하면서 사람들을 통제해 왔다면 앞으로는 사람을 좀 더 자유롭게 하기 위해 종교와 과학이 상호협력을 가속화하게 될 것이라고 상상해봅니다.

이 = 바로 그런 이유로 제가 앞에서 '탈 물질주의 과학 선언'을 언급했던 것입니다. 근대 과학의 아버지라 불리는 갈릴레오 갈릴레이가 "자연은 수학이라는 언어로 쓰여 진 책이다."라는 취지의 말을 했을 때 이는 곧 과학적 물질주의를 선언한 것입니다. 이로부터 자연의 양적 측면만 과학의 연구 대상으로 간주되면서 자연의 질적 측면은 완전히 배제되었던 것이죠. 이런 과학적 사고방식은 진화론을 통해 더욱 물질주의적으로 강화되는 방향으로 발전한 결과 현재 우리는 물질적으로는 풍요로운 세상을 경험하고 있지만 정신적으로는 궁핍한 상황에 처하게 된 것으로 보입니다. 다행히 적지 않은 과학자들이 이런 문제의식에서 개인적인 불이익을 감내하면서도 새로운 패러다임을 추구하는 것은 용기있는 행동으로 보입니다. 저도 부족하지만 이런 대열에 참여하고 있다고 생각하고 있습니다. 그리고 이 문제는 결국 죽음은 모든 것의 소멸이라는 유물론적 사고를 극복하는 문제와도 직결되어 있습니다. 제가 이런 입장에 동조할 수 있었던 가장 큰 이유는 저명한 정신과 의사와 심리학자들이 평생을 임사체험에 관한 연구에 헌신하고 있다는 사실을 확인했기 때문입니다. 이들의 연구를 일고의 가치도 없다고 매도한다는 것 자체가 비과학적인 태도라는 것이 제 생각입니다. 임사체험이 인간의 의식은 뇌와 독립적이라는 명백한 증거로 채택되는 날이 온다면 우리는 죽음에 대한 고정관념을 바꿔야 할 것이며, 과학과 영성의 조화를 도모하려는 다양한 연구와 노력이 인류의 미래에 긍정적인 변화를 초래할 수 있다고 봅니다.

　도 = 앞으로는 인간이 합리적이면서 동시에 영성적으로 진화된 의식 세계가 더욱 확장됨에 따라 죽음에 대해 많은 사람들이 갖고 있는 고정관념뿐만 아니라 종교문화적인 편견도 계속 수정될 것으로 기대합니다. 이슬람교나 힌두교의 문화적 영향이 아직도 지배적인 지역사회를 제외하면, 여성과 하위계층을 차별하는 특정 종교문화가 군림했던 근대적인 억압의 시대가 거의 다 사라졌지요. 그 대신에 현세에는 사람 위에 인공지능 같은 물질 세력이 인간사회를 더욱 치밀하게 지배할 수 있는 한층 더 위험한 시대로 접어들었습니다. 2020년에 들어 코로나19 사태를 겪는 과정에서 유발 하라리가 지적한 것처럼 전체주의적인 글로벌 체제로 변환하는 정치경제적인 위험에 대비하기 위해 영성적 영역은 좀 더 과학적으로 이해되어야 하고, 과학적인 탐구영역에서는 영성적인 직관의 세계를 좀 더 통합적으로 포용해야 한다고 생각합니다. 저는 과학과 영성이 조화롭게 융합된 미래 세상에서 인류는 풍요로운 물질문명의 기반 위에서 영성적인 차원의 사회심리적인 안정감을 좀 더 깊이 있게 누리게 될 것으로 기대해 봅니다.

생활 속의 영성 – 어떻게 실천할 것인가?

이 = 각자 영성에 대해 알고 있거나 체험한 것들을 일상 생활 속에서 실천하지 않으면 별 의미가 없다고 생각합니다. '구슬이 서 말이라도 꿰어야 보배'라는 격언이 여기에 적절하지 않을까요. 이런 관점에서 볼 때 생활 속의 영성은 두 가지 문제로 압축할 수 있다는 것이 제 생각입니다. 하나는 돈과 영성의 문제이고, 다른 하나는 인간관계와 영성의 문제입니다. 굳이 이와 같이 두 가지 측면을 강조한 것은 생활 속에서 영성을 실천하는 과정에서 누구도 피하기 어려운 상황과 관련되어 있기 때문입니다. 물론 공감이나 배려와 같이 돈 문제가 개입하지 않는 가운데 생활 속에서 영성을 실천하는 경우도 종종 있습니다. 제 취지는 영성은 생활과 분리된 것이 아니라 생활 속에 자연스럽게 용해되어 있어 다른 사람들이 인식하지 않는 가운데 발현되는 것이 바람직하다는 것입니다. 이른바 노자老子가 말하는 무위無爲에 해당한다고 볼 수 있지요.

도 = 동감입니다. 저도 영성에 대한 이성적인 이해나 개념 위주의 지식보다는 오히려 아는 것은 적더라도 아는 만큼 실천하는 것이 더욱 중요하다고 봅니다. 특히 돈의 문제와 인간관계의 문제를 영성의 관점에서 이해한 바를 실천하며 사는 것이 정말 중요하다고 생각합니다. 우리나라가 현재 직면하고 있는 복잡한 이슈들 가운데 가장 심각한 문제 중 하나인 높은 자살률은 돈과 인간관계 면에서 무언가 제대로 풀리지 않을 때 생기는 사회적 불행으로서 근본적 해결책을 영성적인 관점에서 파악할 필요가 있다고 봅니다.

여러분도 아시다시피 한국 자살률은 세계에서 가장 높은 수준입니다. 이런 현상이 물질적인 경제성장, 그리고 영성적 의식발달 내지 정신적 성숙함과 어떤 관련이 있다고 생각하시는지요? 현재 한국인은 경제적인 면에서 세계 10위 정도의 선진국에 살고 있는데 인류 전체의 의식수준 면에서 볼 때 한국인은 상대적으로 어느 위치에 와 있다고 생각하시는지요?

이 = 이제 구체적인 자료를 갖고 현재 한국사회의 영적 수준을 평가할 수 있는 방법이 있는지 생각해 볼 필요가 있다고 봅니다. 여기서 제가 말하는 자료란 도 교수님이 언급하신 자살률에 관한 것입니다. 한국은 2017년까지 13년 동안 OECD 회원국 가운데 자살률 부동의 1위를 차지하다가 2018년 리투아니아가 회원국이 되면서 2위로 내려왔다고 합니다. 그렇다고 이것이 한국사회의 고질적인 문제가 해결되었다는 것을 의미하지는 않습니다. 제가 특별히 자살률을 언급하는 이유는 세계적으로 자살률이 매우 높다는 사실 하나만으로도 한국사회가 영적으로 매우 낮은 수준에 머물고 있는 것으로 볼 수밖에 없다는 생각이 들어서입니다. 왜 자살을 하게 되는 걸까요? 인간이 스스로 목숨을 끊는 극단적인 선택을 하는 것은 주변 사람들에게 자신은 더 이상 삶의 의미나 가치를 발견할 수 없다는 메시지를 보내는 것이라고 봅니다. 그러면서 한편으로는 사회를 원망하는 메시지를 자살이라는 극단적인 방법으로 표출하는 것으로 해석할 수 있다는 생각이 듭니다.

만약 자살 충동을 느낀 사람이 주변에서 자신을 이해해주고 자신의 말을 들어주는 사람을 단 한 명이라도 발견할 수 있었다면 아마 자살이라는 극단적인 선택을 하지 않았을 것입니다. 그 만큼 우리는 주변 사람들의 상황에 무관심한 것이지요. 다른 사람에 대한 공감이 메마른 사회는 영적인 빈곤에서 벗어날 수 없다고 봅니다. 그런데 지하철이나 다른 공공장소에서 스쳐지나가는 사람들의 표정을 보면 한국사회에서 공감을 기대한다는 것이 매우 어려운 일이라는 생각이 듭니다. 다른 사람들이 저를 볼 때 같은 생각을 하지 않을까 해서 저도 늘 반성하고 있습니다. 우리의 무의식에는 공감의 자리가 견고하지 않은 것 같습니다. 공감이 부족하다는 것은 각자 분리된 존재로 살고 있지만 깊은 차원에서는 서로 연결되어 있다는 고대 지혜와 첨단과학이 밝힌 바를 원천적으로 무시하고 있는 것으로 해석할 수 있다고 봅니다. 인터넷과 모바일 혁명으로 인해 기술적으로는 우리 모두 긴밀하게 연결되어 있음에도 불구하고 말입니다. 이제 자살 문제는 더 이상 외면해서는 안 된다고 생각합니다. 한 사람을 구하는 것이 세상을 구하는 것이라는 금언도 있지 않습니까.

박 = 잊을 만하다가도 끊임없이 보도되는 자살 소식에 대해 그 해결방안을 포함한 제 견해를 말씀드리고 싶습니다. 얼마 전 나름 신념을 가지고 어려운 이들을 위해 헌신해 왔었던, 그렇지만 불법 정치자금 수수 혐의를 받고 있던, 한 정치인의 자살로 인한 안타까운 사망 사건을 계기로 삼아 지난 7월 말 관계당국인 보건복지부와 중앙자살예방센터, 한국기자협회는 '자살보도 권고기준 3.0'[13]을 새롭게 마련해 발표했습니다.

한편 마크 시뇨르Mark Sinyor 박사 연구팀은 2019년 7월 30일《캐나다의학협회지CMAJ》에 〈자살로 인한 사망과 미디어 보도 사이의 상관관계〉에 관한 논문을 통해 자살 관련 언론기사에서 '자살suicide'이라는 단어를 제목으로 부각시키거나, 동기를 구체적으로 보도될 때 모방자살 위험이 최대 두 배까지 높아진다는 연구결과를 발표했습니다. 물론 현상적인 차원에서 자살 방지를 위한 이런 노력도 중요하지만 이 문제를 근본적으로 해결하기 위해서는 남녀노소를 불문하고 누구나 전방위 교육과정, 즉 가정교육과 학교교육 그리고 사회교육 과정 속에서 자연스레 걸림돌을 디딤돌로 삼을 수 있는 긍정적인 마음자세를 가질 수 있도록, 아니 궁극적으로는 '자살'이라는 분별조차 일어나지 않도록 적절한 시스템을 구축해야 할 때라고 봅니다.

도 = 누구나 다 살고 싶어 하는 세상에서 살 권리가 있으므로 자살이라는 개념 자체도 없는 그런 세상을 만들 수 있으면 좋겠지요. 제 생각에 가장 효과적인 자살방지책은 사회 전체에 사랑 에너지가 만연하게 흐를 수 있도록 전체 사회분위기 자체를 상생적으로 변혁시키는 것이라고 생각합니다. 이 교수님이 강조하시는 공익 중심의 세상이 아니고 그야말로 약육강식의 경쟁원리가 지배하는 세상에서는 많은 사람들이 자살 충동에 시달리게 되고 자살까지는 아니더라도 원하는 삶을 살기 위해 본의 아니게 불의나 범죄에 가담하는 실수를 저지르기 쉽게 되지요.

박 = 사실 인간인 이상 정도의 차이는 있겠지만 실수는 당연한 일입니다. 따라서 실수를 반성하고 반복하지 않도록 선도하는 것이 무엇보다도 중요하다고 봅니다. 특히 성인이 되어 지은 죄의 경우 경중에 따라 그에 상응하는 처벌을 적극적으로 받는 마음 자세를 교육하는 것도 매우 중요합니다. 그래서 잠시 판단이 흐려져 저지른 범법 행위를 포함해 그 어떤 경우이든 이를 걸림돌이 아닌 디딤돌로 탈바꿈 시키며 '향상일로向上一路'의 길을 굳세게 걷게 하는 원동력인 '참회懺悔'에 대해 살피는 일이 중요하다고 생각합니다.

먼저 한 가지 말씀드리자면 죄와 참회에 대해 서산 대사西山大師(1520~1604)께서 『선가귀감禪家龜鑑』에서 명료하게 제창한 대목이 있습니다.

탐욕으로 인해 죄를 지었을 경우 즉시 참회하고, 분노하여 화를 냈을 경우 즉시 부끄러워한다면 '장부丈夫의 기상氣象'이 있는 것이다. 또한 어리석음으로 인한 '허물을 고치고 스스로 새로워지면'(개과자신改過自新) 죄는 그 마음을 따라 저절로 소멸할 것이다(죄수심멸罪隨心滅). 이어서 주석을 통해 다음과 같이 보다 친절하게 부연 설명을 하고 있습니다. '참회란 이전에 저지른 허물을 뉘우치고 이후 다시는 잘못이 없도록 반성한다는 뜻이다. 부끄러워한다는 말은 마음속으로 부끄럽게 여기며 잘못을 책망하고, 밖으로는 뉘우치며 그 잘못을 남들에게 숨김없이 고백한다는 뜻이다. 그러나 마음은 본래 텅 비고 고요하여 결코 죄업罪業이 발붙일 곳이 없다.'

한편 이런 참회 정신을 실천한 좋은 사례가 있습니다. 2015년 8월 중순 무렵 당시 남양주시 3선의 중진급 국회의원이었던 박기춘 의원은 불법 정치자금 수수로 국회 본회의장에서, '국회의원직을 수행하다보면 많은 유혹에 노출될 수밖에 없는데, 부디 후배들은 나처럼 되지 말기를!' 당부하면서 다음과 같이 진솔하게 과오를 시인하였다고 합니다. "군대 갔을 때를 제외하고 남양주를 떠나본 적이 없다. 구속되면 또 한 번 고향을 떠나는 상황이 벌어질 텐데…. 내 불찰로 고향을 떠날 생각을 하니 마음 아프다. 그래도 내가 한 일에 대한 대가를 달게 받고 출소하면 고향에서 재미있게 살 수 있을 것 같다." 아마 이 분은 교도소에서 수감생활을 하면서 자신의 범법 행위를 냉정하게 되돌아보고 이를 걸림돌이 아닌 디딤돌로 삼아 출소 후 남은여생을 뜻 있게 살아가시리라 확신합니다.

이 = 그렇습니다. 누구나 살면서 실수할 수 있으며, 여기에는 예외가 없습니다. 이것은 모두 그러하니 자신의 행동을 합리화해도 된다는 취지의 말이 아닙니다. 어떤 의미에서는 자살 충동이 개인의 삶에서 가장 큰 실수일 것입니다. 모든 생명체는 스스로에게 위해를 가하기 위해 태어난 존재가 아니기 때문입니다. 따라서 결국 자살을 단행한다는 것은 생명체로서의 본질적인 속성을 잠시 망각하는 실수를 범하는 것으로 볼 수 있겠죠. 아무리 어려운 상황에 처하더라도 깊은 반성을 통해 그 굴레를 벗을 수 있다는 자기 확신이 필요하다고 봅니다. 그리고 이것이 진정으로 자신을 사랑하는 방법이라고 봅니다. 사회철학자 에리히 프롬Erich Fromm(1900~1980)이 저서 『사랑의 기술』에서도 강조했듯이 자기애自己愛가 없는 사람은 결코 다른 사람을 사랑할 수 없을 것입니다. 결국 중요한 것은 어떤 상황에서도 자기 성찰의 노력을 멈추지 않는 것이라고 봅니다. 나는 누구인가, 나는 여기 왜 있는가, 나는 무엇을 기대하는가 등의 질문을 스스로에게 하다보면 반드시 더 나은 길을 발견할 수 있다고 생각합니다. 이것이 인간에게 주어진 특권이기도 합니다.

박 = 또한 '자비수참법慈悲水懺法'에서는 참회의 공덕이 깨달음의 세계와 맞닿아 있다고 제창하고 있습니다. 사실 교도소에서 치열한 내적 성찰 노력을 통해 나름대로 통찰 체험을 하고 새롭게 인생을 살아가는 분들도 적지 않습니다. 심지어는 교도소를 국립선원國立禪院으로 삼아 깊은 깨달음의 세계에 도달하신 분들까지도 있습니다. 우리 모두 인간인 이상 정도의 차이가 있을 뿐 죄를 지을 가능성은 누구에게나 있습니다. 그러니 죄를 지었을 경우 부디 당황하며 극단적인 선택을 하지 말고 이런 분들의 삶의 태도를 본받아 정신을 똑바로 차리고 죄에 대한 대가를 받고 새롭게 인생을 살아갈 마음의 준비를 했으면 좋겠습니다. 물론 '소사성대小事成大'라는 사자성어가 있듯이 비록 법에 저촉되지는 않지만 날마다 저지르는 사소한 과실들조차 매일 철저히 참회한다면 감옥에 가거나 자살로 인생을 마감할 일은 결코 일어나지 않을 것입니다.

도 = 교수님처럼 일상 생활 속에서 자신의 삶을 통찰하는 습관이 몸에 밴다면 실수할 기회가 점점 줄어들 수밖에 없겠지요. 그런데 우선 최저수준의 물질적인 욕구조차 충족되지 않는 상황에서는 영성적 원리를 실천하고 사는 것이 쉽지 않기 때문에 모든 잘못을 개인 탓으로만 돌려서도 안 된다고 봅니다. 다른 한편 전체 사회적 조건이 좋지 않은 상황에서조차 개인적인 실수를 피하는 것이 바람직한 일이고 그러려면 일상적으로 자기 삶을 통찰하고 참회하는 일은 누구에게나 큰 도움이 된다고 생각합니다.

박 = 그런 점에서 매일하는 참회의 중요성에 대한 한 가지 일화도 곁들여 말씀드리겠습니다. 치밀한 고증을 통해 우리나라 최초의 해양생물학 전문 서적인 『자산어보』를 저술했으며 조선시대에 진솔한 삶을 살았던 정약전丁若銓(1758~1816)[14]이 학문의 동반자이자 동생인 정약용에게 자신의 서재를 '매심재每心齋'라고 지은 까닭을 다음과 같이 들려준 기록이 있습니다.

매심이란 뉘우침(悔 = 心+每)이다. 나는 뉘우칠 것이 많은 사람이다. 나는 그러한 뉘우칠 일을 잊지 않고 항상 마음에 두려고 하기 때문에

'매심每心'을 서재의 이름으로 지었다.

한편 이렇게 매일 참회하는 삶을 통해 저절로 갖추어진 인품을 엿볼 수 있는 그에 관한 기록도 있습니다. 친동생인 정약용丁若鏞(1762~1836)은 1814년(순조 14) 여름, 곧 유배에서 풀려날 수 있을 것 같다며 흑산도로 가서 형을 뵙겠다는 서신을 보냈습니다. 이에 정약전은,

"아우가 나를 만나기 위해 험한 바다를 건너게 할 수 없다"면서 뭍에서 가까운 우이도(일명 소흑산도 또는 우이보牛耳堡)로 거처를 옮겨가려 했습니다. 그러자 흑산도 사람들이 들고 일어나서 정약전을 떠나지 못하게 애썼다고 합니다. 후에 이 일화를 접한 정약용은 다음과 같은 기록을 남기며 형님을 기렸습니다. "귀양살이 하는 사람이 다른 섬으로 옮겨 가려 하자 흑산도의 백성들이 길을 막고 더 머물게 하였다는 것은 형의 덕화德化가 그 만큼 컸음이 아니겠는가!"

아이러니하게도 귀양살이를 걸림돌이 아닌 디딤돌로 삼은 두 형제의 삶과 저술은 조선후기 지성사를 더욱 풍요롭게 하였습니다. 물론 비록 조선은 망할 때까지 이 분들의 지혜로운 가르침을 수용하지는 않았지만, 오늘날에는 누구나 이 분들의 저작과 삶의 태도를 쉽게 접할 수 있게 되었습니다. 그러니 우리 모두 자기가 있는 그 자리에서 매일 참회를 통해 흔들리는 마음 자세를 늘 새롭게 다잡으면서 가장 시급한 일 먼저 해결하면서 자기의 전문적 기질을 유감없이 발휘하여 보다 나은 사회가 건설될 수 있도록 애쓰면 좋겠습니다.

개인의 행복과 사회의 건강을 위해 '명상의 사회화', '사회의 명상화'가
절실히 요구된다.

　도 ＝ 요즘은 인터넷이나 스마트폰을 교묘하게 남용하거나 검찰청이
나 국회 등 권력과 닿는 인맥을 활용해서 남에게 손해를 입히고 공익을
해치는 범죄가 난무하는 세상입니다. 저는 자살률을 줄인다는 점에서도
그렇고 우리사회 전반의 영적 수준을 올린다는 점에서도 명상을 생활화
하는 것이 매우 중요하다고 봅니다. 요즘 서구사회에서는 명상이 급속하
게 대중화되어 가고 있는데 반해 우리나라에서는 상대적으로 소강상태
에 있다는 인상을 받고 있습니다. 물론 우리나라에서도 명상 훈련에 관
심을 갖는 분들이 조금씩 지속적으로 증가하고 있는 추세인 것은 분명한
것 같습니다. 먹고 살기 바빠서 명상할 틈이 없다고 느끼는 분들이 많은
것도 사실이지만 오히려 명상을 꾸준히 하면 일상 생활에 도움이 되는
실제적인 효과를 기대할 수 있다는 실증적인 연구결과와 개인적 증언들
이 많이 나오고 있습니다. 제 개인적인 경험만 보더라도 명상은 확실히
평소에 안정감을 주고 심리적인 평안함과 집중력을 높이는데 큰 도움이

된다고 생각합니다.

송 = 15년 전에 국민의사라고 불리는 이시형 박사님과 구도의 춤꾼이라 불리는 홍신자 선생님을 모시고 정신세계원 주최로 '명상의 향연' 행사를 한 적이 있습니다. 그 때 이시형 박사님께서 서두에 이렇게 말씀하셨습니다. "'명상을 왜 하는가?'라고 묻는 시대는 이미 지났다." 그리고는 과학이 밝힌 명상의 효능을 여러 면에서 정리해서 설명해주셨는데 지금은 더 광범위하고 깊이 있게 명상의 효능에 대한 연구결과가 나와 있을 것입니다.

스트레스 해소, 심신건강 증진, 집중력 창의력 직관력 등 정신력 증대와 더불어 인성과 영성의 계발이 이루어진 실제 사례들이 많고도 많습니다. 얼마 전에 이미 보도되었습니다만 영국의 경우는 370여 공립학교에서 명상을 실시하고 있다고 하지요. 그리고 영국 전 국민을 명상인으로 만드는 'Mindful Nation U.K Project'가 의회에서 통과되었다고도 들었습니다. 얼마 전 카이스트 부설기관인 명상과학연구소 소장 미산 스님을 방문했을 때 이 말씀을 들었습니다.

우리나라도 삼성, LG 등 대기업에서 명상교육을 임직원들에게 실시하고 있습니다. 앞으로 명상이 생활의 필수 요소로 자리 잡아 갈 것으로 저는 전망하고 있습니다. 문제는 각자 자신에게 맞는 올바르고 효율적인 명상법을 선택하고 생활화하는 것이겠지요. 개인의 행복과 사회의 건강을 위해 '명상의 사회화', '사회의 명상화'가 절실히 요구되고 있는 때입니다.

도 = 저는 우리나라에서 대기업뿐만 아니라 중소기업과 초중고 학교 그리고 일반가정에서도 일상적인 명상 실천이 대중화되는 날이 더 가까이 다가오고 있다고 봅니다. 명상의 생활화를 통해서 결국 인류가 모두 하나라는 의식이 보편화된다면 현재 한국사회에 만연한 남녀 대립관계, 소득계층 갈등, 세대 차이 등 사회문화적인 분열에서 기인하는 사회적 거리감을 크게 줄이게 되지 않을까 기대해 봅니다. 서로 다른 사회문화적인 배경을 갖고 살아가는 사람들이 서로의 인격을 좀 더 깊이 공감하면서 더불어 살아가는 것이 가능하게 되려면 우선적으로 영성적인 차원에서 우리 무의식 속에 자리 잡은 문화적 공통점을 발견해야 한다고 생각합니다.

대학교육을 통해서 한국사를 제대로 공부하지 못한 채 한국사회를 30년이나 떠나 살았던 저로서는 은퇴 후에 아주 자연스럽게 한국문화의 뿌리와 한국인 특유의 정신세계에 관심을 많이 갖게 되었습니다. 한국인이 보유해 온 영성세계의 강점은 공익과 상생을 강조해 온 홍익사상弘益思想에 뿌리내리고 있다고 생각합니다. 종교라기보다는 한국 고대사 등을 심층적으로 공부함으로써 한국의 정신문화뿌리를 재정립하기 위한 역사적 사명감을 갖고 있다고 주장하는 증산도인들의 경우에 아침 저녁 수행 프로그램을 광고 없이 상생방송을 통해 전파하고 있습니다. 또한 한국문화적 성격을 띤 영성 단체로서 그 발달초기에 종교적인 성향을 강하게 보였다고 해서 오히려 대중과 멀어지게 되었다가 현재 글로벌사이버대학 등을 통해 비종교적인 색채를 강화시킨 단학 수행단체가 있는데요. 전통적 수련법을 대중에게 보급하고 있는 단학이나 국선도 등 수행단체도 명상수행의 대중화에 긍정적인 영향력을 펼치고 있는 것으로 보입니다. 앞으로 신천지와 같은 사이비종교단체는 급격하게 몰락하겠지만 종교적인 성향을 멀리하면서 영성적인 순수성을 계속 강화해가는 한국 고유의 영성수련 단체들은 계속 성장해 가지 않을까 생각해 봅니다.

이 = 저 또한 명상의 가치를 존중하며 그 효과에 동의합니다. 명상을 체계적으로 수행하지는 않았지만 명상의 효과에 관해서는 여러 책과 문헌을 통해 익히 알고 있습니다. 앞에서 언급한 로버트 라이트의『불교는 왜 진실인가』라는 책에 공감한 것도 그런 이유에서입니다. 그럼에도 저에게는 두 가지 의문이 여전히 남아 있습니다. 첫째, 인도를 비롯해 동양에서 수천 년 전부터 그 많은 도인들이 명상 수행을 해왔는데, 이를 통해 과연 인류의 의식수준이 얼마나 높아졌는가에 대해 확신하지 못하고 있습니다. 둘째, 명상에도 여러 가지 방법이 있는데 그 중에서 자신에게 적합한 방법이 있을 것입니다. 마치 우연한 계기로 특정 종교에 경도되는 것처럼 우연한 기회에 특정한 명상기법을 선호하게 될 수 있다고 봅니다. 이런 맥락에서 명상 이외에 다른 방법은 없는가 하는 의문이 생깁니다. 명상이 여러 면에서 좋다고 하니 유행처럼 퍼져나가는 모습이 그다지 자연스럽게 보이지 않는 면도 있습니다. 이것이 일종의 쏠림 현상으로 전락하면 안 되겠지요. 사람은 누구나 다 상대적으로 잘하는 분야가 있다는 것이 제 지론입니다. 경제학에서는 이것을 비교우위comparative advantage라고 합니다. 따라서 각자 자신이 비교우위를 갖는 방법을 찾아 잠재되어 있는 영적 측면을 각성시키는 것이 중요하다고 봅니다. 그래서 저는 제 나름의 방법을 시행하고 있는 셈입니다. 제 방법은 간단히 격물치지格物致知로 요약할 수 있습니다.

박 = 각자의 장점과 선호에 따라 어느 수련법을 통하든지 궁극적으로 수행적인 삶의 결과로서 서로의 인격을 존중하면서 함께 잘 사는 것이 가능해져야 합니다. 이런 인류의 소망과는 달리, 우리는 그 동안 여러 매체를 통해 솔선수범해야 할 각계각층의 지도층 인사들의 갈등들, 보기를 들면 종교인들 간의 갈등, 연구비 유용을 포함한 지도교수와 대학원생 간의 갈등, 여야與野 소통부재의 대치로 인한 정치 실종, 노사勞使 갈등으로 인한 국내외 경쟁력 약화 등등 답답한 기사들을 지속적으로 접해 오고 있습니다. 정말로 저는 그 어느 때보다도 '상생相生'의 필요성을 절실히 느끼고 있습니다. 그래서 '서로 도우며 잘 살기(相生)'에 대해 사례들을 말씀드리고자 합니다.15)

먼저 뉴턴과 핼리Edmond Halley(1656~1742)16)의 상생 사례입니다. 유럽 천문학자들은 16세기 무렵 당시 첨단장비의 하나였던 망원경을 이용해 지구가 태양을 중심으로 공전한다는 관측 자료들을 얻었습니다. 그러나 이 무렵 핼리는 이 자료들을 이용해 그 주기를 정확히 계산하는데 어려움을 겪고 있었습니다. 한편 뉴턴(1642~1727)은 1667년 '만유인력의 법칙'을 발표하며 자연현상의 최초의 수식화에 성공하며 기계론적인 세계관에도 크게 기여하였습니다. 그러던 중 핼리가 1684년 캠브리지 대학에서 왕립협회 회원으로 함께 활동하던 뉴턴을 만나 자신이 진행하고 있는 연구의 어려움을 호소하자, 뉴턴은 흔쾌히 '만유인력의 법칙을 적용하면 지구가 태양을 중심으로 타원 궤도를 그리며 공전한다.'고 답했으며 연구노트도 즉시 보내주었다고 합니다. 그러자 핼리는 이를 이용해 1705년 『혜성에 관하여』를 출간하면서 1682년 지구를 지나갔던 혜성이 약 75년의 공전주기를 갖는 혜성(뒤에 그를 기려 핼리혜성으로 명명됨)임을 밝혔습니다.

그런데 이를 학문의 발전적 관점에서 보면 뉴턴과 핼리는 서로 상생하며, 즉 뉴턴은 중력에 관한 법칙을 발견했고, 핼리는 이 법칙을 천체

현상에 적용해 핼리혜성의 공전 궤도와 주기를 정확히 파악함으로서 천체물리학 발전에 기여했을 뿐만 아니라 지구와의 충돌 가능성 공포로부터 인류를 해방시켰던 것입니다. 더 나아가 부유했던 핼리는 비용을 전액 부담해 1687년 뉴턴의 불후의 명저 『프린키피아』 출판을 돕기까지 하며 물리학 발전에 크게 기여한 숨은 공로자이기도 하였습니다.

이 = 앞에서 제가 언급한 토머스 에디슨과 니콜라 테슬라의 관계와는 정반대 사례군요. 이들 간에 상생을 위한 어떤 시도도 없었다는 것은 안타까운 일입니다. 특히 상대적으로 약자였던 테슬라에게는 치명적이었습니다. 박 교수님이 언급하신 뉴턴과 핼리의 상생 관계는 과학자로서 서로에 대한 연민을 가지고 있었기에 가능했다고 봅니다. 이것은 비단 두 사람의 개인적인 업적에 그치지 않고 과학의 발전을 통해 인류의 문명에 크게 기여한 것으로 보입니다. 한편 20세기 물리학의 두 거인이었던 알베르트 아인슈타인과 닐스 보어의 관계는 이런 점에서 안타까운 면이 있습니다. 양자 현상을 둘러싼 이 두 거물 간의 논쟁은 1927년 제6차 솔베 회의17)에서 처음 시작되었는데, 끝내 타협점에 이르지 못한 채 격렬한 반박과 재반박으로 그치고 말았다고 합니다. 이후 두 사람은 대화를 단절했다고 하니 과학 발전에 커다란 손실을 가져왔다고 여겨집니다. 이와 같이 연민이든 배려든, 아니면 더 높은 차원에서 하나임을 의식하든, 어떤 의미에서도 영적 진화는 개인과 사회발전에 꼭 필요하다고 봅니다.

박 = 공익을 살리고 상생정신을 보전하는 일이 얼마나 중요한가를 보여주는 두 번째 사례로 소동파蘇東坡(1036~1101)의 치열한 노력을 말씀드리겠습니다. 중국 송나라 제6대 신종神宗 황제는 즉위 직후 신법당新法

黨, 개혁당의 중심인 왕안석王安石(1021~1086)을 등용해 신법, 특히 이 가운데 왕안석이 지방 관리로서 기름진 지역을 다스릴 때 크게 성공을 거두었던 농민을 위한 저금리 정책인 청묘법青苗法을 중국 전역으로 확대 실시하였습니다. 사마광司馬光(1019~1086)을 정점으로 하는 구법당舊法黨, 보수파의 그 취지는 좋으나 각 지역의 실정을 고려하지 않고 중국 전역에서 실시하는 것은 잘못이라는 점을 지적하며 극구 반대하였습니다. 특히 1071년 무렵 구당파에 속한 소동파蘇東坡(1036~1101)는 당시 실권자인 왕안석의 신법에 대해 신종 황제께 "신臣이 말씀드리고 싶은 것은 세 가지입니다. 폐하께 원하는 것은 인심人心을 결속시키고 풍속을 두텁게 하고, 기강을 바로잡는 일입니다"라는 내용의 상소를 올렸다가 중앙에서 밀려나 한직閒職인 항주杭州의 통판通判으로 좌천左遷됩니다.

그러자 책임질 부담이 없었기 때문에 주로 지인들과 교류하며 천부적 재능과 사회적 문제의식이 융합된 시들을 지었습니다. 그러다가 1079년 호주湖州 태수로 부임한 지 3개월 만에 신법당의 젊은 무리들이 사사건건 나름대로 옳은 견해로 제동을 거는 소동파를 제거하기 위해 작심을 하고 소동파의 시들을 이 잡듯이 뒤져 비판적인 내용들을 모아, 이를 근거로 역모를 꾸미고 있다고 무고誣告하기에 이르렀습니다.

그런데 이들이 6개월간이나 옥고를 치르게까지 하면서 사형을 시키려 했으나 신법당의 우두머리였던 왕안석이 비록 이념은 달랐지만 인재를 아끼는 마음에서 적극적으로 소동파를 구명해 유배를 보냈다는 일화는 깊이 성찰할 대목이라 사려 됩니다.

이 사건 이후 소동파는 1081년 귀양지인 황주黃州에 도착해 지인의 도움으로 성 '동쪽에 있는 작은 산비탈(東坡)'에 수십 무畝의 황무지를 개

간해 그 땅에 농사를 지으며 생계를 꾸려 나갑니다. 이듬해 그 옆에 동파설당東坡雪堂을 짓고 스스로 동파거사東坡居士라 칭하기 시작했는데, 그의 인생에 있어서 가장 가난했던 이 시기에 그 유명한 〈적벽부赤壁賦〉를 지었으며, 또한 참선 수행에도 몰입하며 깊은 통찰 체험도 하게 됩니다. 그러다 소동파는 이 가운데 황룡파 계열의 동림상총東林常總(1025~1091) 선사의 제자로 "유정설법有情說法, 즉 인간의 언어뿐만 아니라 무정설법無情說法, 즉 자연의 언어까지 들을 줄 알아야 한다."라는 스승의 한마디(一轉語)에 콱 막혀버렸습니다. 그후 '무정설법'을 화두로 삼아 참구하다가 어느 날 폭포 아래를 지나다가 이를 타파하고 지은 오도송悟道頌은 다음과 같습니다.

시냇물 소리가 곧 오묘한 법문이니 溪聲便是廣長舌

산 빛이 어찌 청정법신이 아니겠는가. 山色豈非淸淨身

(그런데) 밤새 설한 이 팔만 사천 게송들을 夜來八萬四千偈

다른 날 어떻게 다른 이에게 (그대로) 들려줄 수 있으리. 他日如何擧似人

그런데 저의 견해로는 그의 이 체험이 일생 동안 귀양歸鄕을 가든 복직復職을 하든 가는 곳마다 있는 그 자리에서 온몸을 던져 백성들의 삶의 질을 높이기 위해 치열하게 상생의 삶을 이어간 원동력이라 확신합니다. 덧붙여 소동파는 관직에 나가면서부터 오로지 고통 받는 백성들을 편안케 하는 데에 뜻을 두었기 때문에 구법당 소속이었음에도 불구하고 보수와 진보가 둘이 아닌 '보진불이保進不二'의 정신으로, 사마광司馬光(1019~1086) 앞에서 왕안석王安石(1021~1086)의 신법도 일부 쓸모가 있다고 지적하다 미움을 사기도 했으나 항상 소신 있게 언행일치言行一致의 삶을 살았던 것입니다.

도 = 현재 한국의 국회의원으로 활동하고 있거나 앞으로 정계에 진출하려는 포부를 갖고 있는 분들이 마음 깊이 담아야 할 교훈입니다. 뉴스를 통해 마치 분열을 위해 상대방을 공격하는 것이 지극히 정상인 것처럼 행동하는 것을 보고 있자면 참담한 마음이 듭니다. 한국사회에서 특히 공직에 몸담은 공무원과 교직에 있는 지도층에서 품격 있는 공익 정신을 살려내지 못한다면 한국의 미래는 암담할 수밖에 없습니다.

이 = 두 분 생각에 전적으로 공감합니다. 예나 지금이나 높은 지위를 탐하는 사람들은 천성적으로 그런 성향이 강하다고 봅니다. 예컨대 검사를 지망하는 젊은이의 경우 대체로 정의 실현보다는 권력에 대한 지향이 더 강하다고 보는 것이 맞을 겁니다. 교수가 되고자 하는 젊은이라면 돈과 권력보다는 공부하는데 더 관심이 있다고 보아야 할 것입니다. 경제학에서는 이런 행동을 자기선택self-selection이라고 합니다. 주어진 여건을 감안해 스스로에게 가장 유리한 선택을 한다고 보는 것입니다. 이런 맥락에서 박 교수님이 인용한 소동파와 왕안석의 고사와 같은 사례는 우리 실정에서는 지극히 기대하기 어렵다고 봅니다. 그렇기 때문에 특히 공직을 지망하는 사람들의 경우 그들의 선의에 기대해서는 안 되고 그들의 성향을 고려해 사익보다는 공익을 추구하지 않으면 그 자리를 차지할 수 없을 정도로 엄격한 제도적 장치가 마련되어야 한다는 것이 제 생각입니다. 이런 관행이 오랫동안 유지되어 공익을 위하는 행동을 하는 것이 당연시되는 풍토가 조성되었을 때 비로소 제도를 완화할 수 있을 것입니다.

송 = 저는 미래를 긍정적인 시각으로 예견하고 있는 패트리셔 애버딘의 『메가 트렌드 2010』의 내용에 깊이 공감한 바 있습니다. 십여 년이 지난 지금에도 저는 이 책의 주장이 유효하다고 보고 있습니다. 현재는 암울하게 보이는 면이 많을지라도 바야흐로 영성의 시대로 접어들고 있는 조짐들 또한 다양한 형태로 나타나고 있다고 보는데 이 책에서는 다음의 7개의 거대한 변화의 흐름을 구체적인 사례를 들어 말하고 있습니다.

첫째는, 인류의 영성의 발현입니다. 영성에 관심을 가지는 사람들이 각 분야에서 많아지고 있고, 영성이 발현되는 만큼 성공적으로 발전하는 기업들이 많아지고 있습니다.

둘째는, 새로운 자본주의의 탄생입니다. 주주나 다양한 이해관계자들까지 배려하는 깨어 있는 자본으로써 기업은 더 많은 이익을 창출하고 있습니다.

셋째는, 중간계층의 부상입니다. 영성적 가치를 추구하는 중간 관리자들에게 조직의 구성원들이 리더십을 부여함으로써 이들이 바로 변화의 핵심으로 자리 잡아 강력한 영향력을 행사하고 있습니다.

넷째는, 영성 계발을 기업발전의 근본으로 삼는 기업들의 출현입니다. 자체적인 영성센터를 세우거나 영성 계발 전문가들을 기업 내부에 기용하는 사례가 늘고 있습니다. 더불어 사회적으로도 기업의 도덕성, 영성이 더욱 더 강조되고 있습니다.

다섯째는, 소비자의 의식의 변화입니다. 소비 풍토가 점차 사회, 환경, 더 나아가 지구촌을 고려하는, 깨어 있는 가치를 추구하는 경제 형태로 바뀌고 있습니다. 깨어 있는 소비자들이 시장을 변화시키고 있다는 것입니다.

여섯째는, 자기계발, 인성계발을 위한 요가, 명상, 용서 프로젝트, 비전 퀘스트 등 다양한 방법들이 기업에 도입되고 있습니다.

일곱째는, 사회책임 투자입니다. 사회책임 투자에 대한 광범위한 지지가 기업의 사회적 공헌을 강제하는 큰 영향력으로 작용해 선순환의 효과를 내고 있습니다.

이상 7가지의 거대 흐름을 통해 이 책 전반을 관통하고 있는 가장 큰 흐름은 바로 깨어 있는 자본주의Conscious Capitalism의 부상입니다. 저자는 외적인 사회 경제적 필요성과 함께 내적 가치의 변화까지 변화의 주체로 판단하고 그에 따른 변화와 개인의 삶, 일, 투자의 방식이 어떻게 변화해야 하는지를 밝히고 있습니다. 즉 거대한 변화의 흐름 속에서 소비자, 기업 구성원, 그리고 투자자를 구분하여 각각의 우리가 무엇을 어떻게 해야 할지 명쾌하게 제시하고 있다는 점을 높이 살 수 있을 것입니다.

박 = '깨어있는 자본주의'라는 말이 깊이 다가옵니다. 결론적으로 우리가 먹고 살기 위해 무슨 일을 하든지, 어떤 위치에 있든지, 항상 지혜롭게 '역지사지易地思之', 즉 처지를 바꾸어 상대의 입장에서 현안을 깊이 살피며 소통을 통해 상생하고자 힘쓴다면 요즈음 사회 문제가 되고 있는 각계각층에서 어리석은 분들이 벌리고 있는 '갑질' 문제들도 대부분 자연스레 해결될 수 있으리라고 판단됩니다.

도 = 안타깝게도 모든 유형의 남남갈등의 근원은 마치 확증편향confirmation bias 환자라도 된 듯이 남의 입장에서 판단하기를 거부하는데서 기인한다고 봅니다. 역지사지는커녕 비난을 위한 비판을 하는 것이 궁극 목적인 것처럼 의사소통 기술이 부족한 것도 사회적 차원에서 아주 심각한 문제입니다.

박 = 자기주장만 일삼는 것은 어느 사회에서든 지도층을 포함해서 많은 사람들이 저지르는 일상적인 실수로 보입니다. 덧붙여 말씀드리자면 기계론적 세계관에 크게 기여한 프랜시스 베이컨Francis Bacon(1561~1626)은 심리학 분야에서 자주 인용하는 지식인들의 '확증편향' 경향에 대해 다음과 같은 견해를 피력하였습니다. "지식인은 일단 어떤 견해를 갖게 되면 이를 뒷받침할 만한 자료들을 가능한 많이 수집한다. 그런 다음 이 과정에서 반대되는 중요한 증거들이 적지 않게 드러나도 이를 모른 척하거나 폄하하면서 자신의 견해가 보편타당한 진리처럼 고수하려 한다."

만약 이런 인간적인 약점을 극복하기 위해 하루하루 '좌일주칠坐一走七' 한다면, 즉 '이른 아침 잠깐 앉은 힘(자기 성찰)'으로 함께 더불어 온몸을 던져 맡은 바 책무에 몰입하려 힘쓴다면, 역지사지할 수 있는 안목이 열리게 됩니다. 그러면 상대의 견해를 깊이 살피며 상생하려는 지혜로운 태도는 저절로 발휘될 수 있습니다. 따라서 한국을 이끌고 있는 각 계각층의 지도자 분들도 자기 성찰로 하루를 시작하며, 부디 서로 견해는 다를지라도 고통 받는 국민들의 삶을 편안케 하는데 초점을 맞추어, 열린 마음으로 함께 머리를 맞대고 허심탄회하게 서로 다른 견해들의 장단점을 정확히 파악한 후, 상대의 견해가 더 좋다고 판단되면 상생의 지혜를 발휘해 큰 틀에서 기꺼이 이를 채택하고, 세부적인 문제점들은 드러날 때마다 하나하나 보완해 가면서 실천해 옮기기를 간절히 염원해 봅니다. 사실 이럴 경우 대한민국은 하루하루 향상의 길을 걸으며 오늘보다 나은 내일이 될 수 있기에 이를 반기지 않을 국민은 아무도 없겠지요.

도 = 상생의 관점에서 매우 중요한 사안에 대해 말씀드리자면 저는 평소에 기후변화나 환경오염 등 글로벌한 사회문제가 근본적으로 개인의 영성적인 자각 없이 해결되기 어렵다는 생각을 해오고 있습니다. 일개 시민으로서 제가 할 수 있는 일이 제한되어 있지만 환경보호를 위한 작은 실천이라도 해야겠다는 생각에서 많이 자제하는 편입니다. 예를 들면 요즘 유행인 반찬가게에서 플라스틱을 너무 많이 사용하는데 이런 것까지 되도록 관심을 갖고 다시 생각하도록 주변 사람들에게 알리려고 애쓰고 있는데요. 잔소리꾼 할머니 역할을 자원한 셈입니다.

이 = 기후변화와 관련해 가장 먼저 이루어진 체계적인 연구는 2006년 영국의 경제학자 니콜라스 스턴Nicholas Stern(1946~)이 발표한 〈스턴 보고서〉로 알려져 있습니다. 이 보고서에서 스턴 교수는 이미 지구온난화로 인해 경제발전뿐만 아니라 지구 생태계에 돌이킬 수 없는 충격을 받을 것으로 예측하면서 당시에는 아직 회복할 시간이 있다고 말했습니다. 그러나 이후 벌어진 일련의 사건들은 점점 더 절망적인 상황으로 몰고 가고 있는 것으로 보입니다. 미국의 에너지 기업들을 비호하기 위해 조지 W. 부시George Walker Bush(1946~)나 도널드 트럼프Donald John Trump(1946~) 대통령은 기후변화란 없다면서 공공연하게 지구온난화를 늦추려는 국제 공조를 방해하고 있는 실정입니다. 올해(2020년) 스위스 다보스포럼에 참가한 스웨덴 소녀로서 세계적인 행동가로 부상한 그레타 툰베리Greta Tunberg(2003~)[18]의 강연을 들으면 누구든 부끄러움을 느끼지 않을 수 없습니다. 앞으로 지구 평균 온도의 상승을 섭씨 2도 이내로 막지 못한다면 그야말로 대재앙이 불가피하다는 것이 과학자들의 중론입니다. 기후변화라는 사회적 비용을 감당하기 위해서는 각자 비용을 조금씩 부담해야 합니다. 그 가운데 특히 화석연료를 취급하는 에너지 기업들의 정책 변화가 관건입니다. 그리고 이것은 이들 기업의 대주주와 전문경영자의 의식 변화를 통해서만 가능합니다. 이런 이유로 영적 각성이 절실한 것이죠.

박 = 기후변화와 환경문제 해결을 위해 도 교수님께서 시민 역할의 중요성을, 이 교수님께서 상보적인 관점에서 국가 지도자나 기업 경영자들의 영적 각성을 통한 의식변화가 절실하다는 점을 잘 지적해 해주셨는데, 저는 남녀노소, 지위고하를 불문하고 누구나 일상 속에서 치열하게 영적인 삶을 이어가야만 한다고 사료됩니다. 왜냐하면 이런 삶을 위한 진정한 영적 각성은 나만이 아닌 모두 함께 더불어 보다 나은 삶으로 나아가도록 하기 때문이겠지요.

사실 우리 모두의 범주는 이미 세상을 떠난 과거 세대와 현재 동시대를 호흡하고 있는 이들과 앞으로 태어날 미래 세대들까지도 포함됩니다. 왜냐하면 과거 세대가 일으킨 제반 문제들을 철저히 살피고 이를 바탕으로 현재 세대가 일으키고 있거나 미래 세대가 일으킬 가능성이 있는 제반문제들의 해결 노력을 위해 우리 모두 각자 있는 그 자리에서 기여할 수 있는 바에 지혜롭게 투신한다면 기후변화와 환경문제 해결을 보다 앞당길 수 있다고 사료되기 때문입니다.

보다 구체적으로 필자의 전공과도 관련된 '탈원전' 문제를 보기로 들면 필자 역시 탈원전 원칙은 대찬성입니다. 그러나 국내외 상황을 직시하면서 모든 관련 여건들을 면밀히 검토하며 속도 조절이 관건인데, 아직까지도 세계 최고 수준의 원전 기술을 보유하고 있는 한국의 상황은 환경문제를 너무 강조하며 탈원전을 조급하게 서둘렀다고 볼 수밖에 없는 것 같습니다. 그래서 필자의 견해로는 가장 안전한 핵융합 발전이나 경제성을 포함해 원전에 버금가는 다른 친환경적인 대체에너지가 가능해지는 시기에 발맞추어 탈원전 수위를 조절하는 것이 가장 바람직하다고 사료됩니다. 아울러 안전한 원전해체 기술까지 보유한다면 전 세계를 대상으로 한 경제적 유발 효과를 포함해 두루 더할 나위가 없겠지요. 물론 우리 같은 일반 시민 또한 이를 보다 앞당기기 위해 일상 속에서 에너지 절약 습관이 몸에 배도록 하는 치열한 노력 역시 시급하게 동시에 이루어져야 하겠지요.

그런데 이런 지속적인 노력 또한 개개인의 영적 각성이 먼저 선행되어야만 가능하겠지요. 따라서 이를 위해 종교를 초월해 지구촌 이웃들 모두의 심금心琴을 울리기에 충분한, 수피 바야지드 바스타미Sufi Bayzid Bastmi(804~874)의 간결한 '나 먼저 바꾸기' 기도문을 새기면 좋을 것 같아 소개를 드리면 다음과 같습니다.

내가 젊었을 때는 세상을 변화시킬 만한 힘을 달라고 기도했습니다.
중년이 되었을 때는 내 친구들과 가족들을 변화시켜 달라고 기도했습니다.
그러나 노년이 된 지금 나는 나 자신을 변화시켜달라고 기도합니다. 만약 처음부터 이 기도를 드렸다면 아마 내 인생은 훨씬 달라졌을 것입니다.

참고로 이 기도문은 종교를 초월해 영국 웨스트민스터 대성당 지하 묘지에 묻힌 성공회의 한 주교 묘비명에 활용되며 전 세계에 널리 알려지게 되었다고 합니다.

도 = 이렇게 여러분과 담화를 계속하다보니 영성적인 영향력을 일상에서 적용할 수 있는 분야가 거의 무한대로 넓다고 생각합니다. 지금까지 저희가 논의한 사안들 이외에도 일상 생활 속에서 영성과 관련되지 않는 이슈가 거의 없는 것 같습니다. 저는 영원한 낙관론자인데요. 결국은 돈이나 물질 중심에서 벗어나지 못하는 인간의 이기심 내지 편협한 에고나 자기중심적인 소아(小我, self)를 개인적 차원에서 극복할 뿐만 아니라 거시적인 경제 및 제반 제도를 진보시킴으로써 상생적인 사회로 진화할 수 있다고 생각합니다.

이 = 경제학을 전공한 제 입장에서 볼 때 호모 사피엔스의 역사는 희소한 경제적 자원을 둘러싼 갈등, 약탈, 전쟁 그리고 타협의 역사인 것 같습니다. 모든 전쟁의 이면에는 경제적 자원에 대한 배타적 지배권을 장악하려는 의도가 숨어 있었다고 봅니다. 예컨대 미국 조지 W. 부시 대통령 시절에 존재하지도 않는 대량살상무기를 빌미로 이라크를 침공했던 것이 석유 자원을 확보하기 위한 의도였다는 것은 공공연한 비밀이지요.

인간은 직업, 지위, 성별, 인종, 연령, 나아가 학식의 유무를 떠나 돈에 취약한 존재입니다. 평균적으로 그렇다는 말입니다. 경제학적으로 돈, 즉 화폐란 '일반적 구매력을 가진 것'으로 정의됩니다. 예컨대 과거 금과 은은 돈의 기능을 한 대표적인 금속이었죠. 지금은 모든 나라에서 돈은 정부가 가치를 보증하는 증서에 불과합니다. 그럼에도 돈은 유일하게 전

세계 누구나 소유하고 싶어 하는 대상입니다. 인간의 다양한 감각적 욕구를 충족시키기 위해서는 돈이 절대적으로 필요하기 때문입니다. 특히 요즘과 같이 물질만능주의가 만연한 시대에 돈에 대한 집착은 더욱 강해지고 있는 실정입니다. 그 이유는 과거에는 없었던, 돈으로 살 수 있는 재화나 서비스의 종류가 정말 다양해져서 소유와 소비에 대한 무한 욕망을 자극하고 있기 때문입니다. 좋은 차, 좋은 집, 좋은 옷, 맛있는 음식 등 실로 이들 종류는 끝이 없습니다. 그리고 하버드대 정치철학자 마이클 샌델Michael Sandel(1953~)19)이 저서 『돈으로 살 수 없는 것들』에서 적절하게 지적했듯이, 지금은 그 정도를 넘어 수명 연장, 유전자 치료 등 인간의 건강 및 생명과 직결된 분야에서도 돈이 가장 중요한 세상이 되었습니다. 2045년경이 되면 기술적 특이점technological singularity이 도래해 인간이 건강하게 살면서 궁극적으로는 영생하는 방법을 찾을 것이라고 주장하는 사람도 있습니다. 물론 이것도 돈이 있어야 가능하겠지요. 이런 추세가 지속된다면 부자와 빈자는 단지 경제적으로 차이가 있는 정도가 아니라 다른 종種으로 분화할지도 모른다는 생각이 들 정도입니다. 소득 불평등의 악화와 사회 양극화의 심화에 그치지 않고 그야말로 우리가 알고 있는 형태의 인간 중심 인류사회가 해체되는 파국이 발생할지도 모릅니다.

도 = 상대적인 물질적 결핍과 그에 따른 심리적인 욕구불만의 문제가 더욱 심화됨에 따라 사람들이 영성적인 영향력보다 오히려 돈의 힘에 휘둘릴 가능성이 훨씬 더 커질 수 있겠습니다. 그럴 가능성에 어떻게 대처할지에 대해 심사숙고해 보아야 하겠습니다.

이 = 거듭 강조합니다만 인공지능을 비롯해 현재 진행 중인 4차 산업

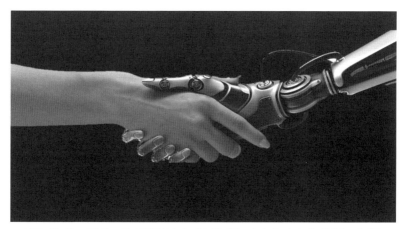

인공지능을 비롯한 4차 산업혁명의 기술혁신은 인간의 감각적 만족을 최대한 확장할 수 있도록 지원할 것이다.

혁명을 주도하는 기술혁신은 더욱 더 물질 지향적입니다. 예컨대 증강현실AR이나 가상현실VR 기술은 인간의 감각적 만족을 최대한 확장할 수 있도록 지원할 것입니다. 마치 일부 사람들이 마약과 같은 향정신성 약물에 의존해 왜곡되었으면서도 확장된 의식 세계를 즐기고자 하듯이 말입니다. 이런 방법으로 의식을 변형시키는 것은 예컨대 임사체험을 통해 영적으로 각성되는 것과는 본질적으로 다른 상황을 유발할 것입니다. 감각적으로 더 큰 만족을 얻을 수 있는 다양한 기술들이 개발되고 이를 즐기기 위해서는 돈이 필수적인 상황이라면 과연 얼마나 많은 사람들이 이런 유혹을 떨쳐버릴 수 있을지 의문입니다. 개인적으로는 기술혁신이 우리를 더욱 더 물질 지향적으로 만들어 버릴 것을 우려합니다.

따라서 돈을 버는 데나 쓰는데 있어서 영성이 도움이 안 된다면, 대부분 사람들은 영성을 포기할 가능성이 농후합니다. 아니면 적당히 제도권 종교의 울타리 안에 안주하면서 돈과 영성의 공진화共進化를 옹호하는데 앞장 설 수도 있다고 봅니다. 대형교회가 특별히 번창하는 우리 사회의 현실이 이를 뒷받침한다고 생각합니다. 특히 대형교회의 세습이 일어나고 있는 현실은 이런 현상의 극치를 보는 것 같습니다. 이 문제와 관련해 앞서 언급했던 종교학자 길희성 교수님이 『종교에서 영성으로』에서 다음과 같이 지적한 것은 우리 모두 유념할 필요가 있다고 생각합니다.

이런 관점에서 오늘의 한국 종교계를 보면 회의를 넘어 절망감마저 들 때가 많다. 우리나라 신자들은 대체로 종교생활은 무척 열심인데 정작 영성은 찾아보기 어렵다는 인상을 주기 때문이다. 우선 불교, 그리스도교 할 것 없이 영적 축복보다는 돈, 건강, 사업, 출세 같은 세속적 욕망을 추구하는 기복신앙이 지배하고 있다 해도 과언이 아니다. 그런가 하면 신앙이 아주 좋고 신앙생활에 열성인 사람일수록 영성과는 거리가 먼 아집, 독선, 편견 같은 것이 가득 차 있는 경우도 흔히 본다. 남의 이야기는 들으려 하지도 않고 입에 거품을 물고 얼굴에 독기마저 품고, 열심히 자기 이야기만 하는 신자들을 볼 때, 피하고 싶은 마음이 든다. 여하튼 영성은 고사하고 일반적 상식과 도덕성에도 못 미치는 신자들로 넘쳐나는 것이 우리 종교계의 현실이다.

우리 주변의 수많은 사례들이 보여주듯이 생활 속에서 돈으로 상징되는 물질적인 욕망과 자신의 에고를 넘어선 그 무엇에 대한 동경으로서의 영성을 조화시키는 일은 결코 간단하지 않다는 생각이 듭니다. 이는 마치 자기중심적인 사고를 극복한 것처럼 가볍게 "마음을 비웠다"고 공언하는 사람들이 우리 주변에 많은 현상과 무관하지 않다고 봅니다. 이 문제와 관련해 인간이라면 누구든 공감할 수 있는 묘책이 필요하다고 봅니다.

이런 관점에서 미국의 부호 빌 게이츠와 워렌 버핏이 공익재단에 재산 대부분을 기증한 것이나 우리에게도 친숙한 홍콩 배우 성룡과 주윤발이 막대한 재산을 사회에 환원하겠다고 공표한 사례들에 대해 생각해볼 필요가 있다고 봅니다. 왜 그들은 일반인들이 상상조차 하기 힘든 엄청난 돈을 자발적으로 기꺼이 다른 사람들을 돕는데 내놓았을까요? 아마 돈이란 없으면 정말 불편한 것이지만, 일정 규모 이상이 되면 행복과 의미를 추구하는데 그다지 도움이 되지 않는다는 결론에 도달했기 때문이 아닐까 하는 생각이 듭니다. 돈과 행복의 관계에 대한 경제학적 연구에서도 같은 결론을 내리고 있습니다. 단 이들과 보통 사람들의 차이는 이들은 이 원리를 체득하고 실천에 옮겼다는 것이지요. 따라서 돈과 영성의 관계에서 중요한 것은 얼마 만큼을 다른 사람들을 위해 쾌척하는가에 있다기보다는 다른 사람들의 어려운 처지에 진정으로 공감하고 가능한 최대한 물질적 가치를 나누는 것이라고 생각합니다. 이런 의미에서 영성을 상업화해서 사이비 종교집단을 만들거나 정치세력과 야합하여 물불 안 가리고 돈 버는데 혈안이 되어 있는 사람들은 '영성 사기꾼'이라고 불려 마땅하다고 생각합니다. 그렇다고 이것이 영성을 추구하는 사람들은 돈을 멀리해야 한다는 말은 아닙니다. 단지 사회 전체의 이익을 확장하기 위한 목적으로 돈의 의미와 사용에 있어서 좀 더 깊이 생각하는 자세가 요청된다는 의미입니다.

박 = 사실 힘 있는 위치에 있는 사람들의 경우 그 지위를 이용해 온갖 이권에 개입하며 타락할 가능성이 큽니다. 따라서 공직을 포함해 전문직에 종사하는 재가在家 선수행자들의 경우 몸가짐을 더욱 철저히 하기 위해 지켜야 할, '돈과 영성'과 직결된 기본 오계五戒가 있는데, 이를 소개하면 다음과 같습니다.

첫째, 수행으로 체득한 공안의 경계를 절대로 누설치 않는다(불루밀지 不漏密旨).

둘째, 높은 관직官職을 탐해 구하지 않는다(불구사관不求仕官).

셋째, 욕심을 부리지 않고 함께 나누며 덕을 쌓는다(과욕온덕寡慾蘊德).

넷째, 베풀 수 있도록 바르게 재산을 저축한다(거재대부居財大富).

다섯째, 스스로 깨쳐 불도에 안주한다(안도자오安道自悟).

사실 첫째와 다섯째는 영성에 초점을 맞춘 게이고 나머지는 돈, 권력, 명예에 초점을 맞춘 게이나 이들이 서로 유기적으로 조화를 이룰 때 돈과 영성은 서로 상보적인 바람직한 동반자 관계를 지속할 수 있겠지요. 참고로 국제투명성기구가 발표한 2018년 국가별 부패인식지수(CPI:Corruption Perception Index)[20]에 따르면 한국은 100점 만점에 57점을 받았습니다. 그 결과 국가별 순위는 180개국 중 45위를 차지했는데, 특히 경제협력개발기구OECD 36개국 가운데에서는 30위로 여전히 최하위권에 머물렀습니다. 그러니 앞으로 대한민국의 미래는 각계각층을 구성하고 있는 분들의 영성 수행을 통한 청렴도 향상과 이를 바탕으로 한 나눔의 실천적 헌신에 달려 있다고 해도 과언이 아닐 겁니다.

참고로 불교 경전의 하나인 『중아함경中阿含經』에는 매달 합리적인 생계유지를 위해 한 달 수입을 지혜롭게 지출하는 방법으로 '사분법四分法'

이라는 가르침이 있습니다. 이를 평소에 잘 실천할 수 있다면 역시 '돈과 영성'에 대해 별로 걱정할 일이 없다고 봅니다. 즉, 이를 현대에 맞게 풀어쓰면 수입을 가정 형편에 따라 생계유지비, 생업 자금, 미래를 대비한 저축 및 어려운 이웃돕기 성금의 네 부류로 나누어 지출하라는 뜻입니다. 따라서 이 가르침에 따라 우리 같은 보통 사람들도 현재의 수입으로도, 충동적인 구매 하지 않기, 매달 외식횟수 줄이기 등을 포함해 지출을 짜임새 있게 한다면 얼마든지 어려운 이웃을 도우며 함께 더불어 멋진 인생을 살아갈 수 있겠지요.

도 = 돈과 영성은 언뜻 느끼기에 정반대 개념인 것처럼 볼 수 있지만, 사실 매우 밀접하게 관련되어 있는 것 또한 사실입니다. 한 개인이 어떤 가치관을 갖고 사는가를 알고 싶으면 그 사람이 돈을 어디에 쓰고 있는지 보면 되지요. 이 교수님은 평소에 지식과 배움을 매우 중요시하므로 매달 상당한 금액을 지출해 책을 구입하시는 것으로 알고 있습니다. 박교수님의 경우에는 매달 공익을 위해 수입의 일정 부분을 기부금으로 쓰고 계시지요. 저도 적은 액수이지만 신뢰성 있는 국내외 단체에 제 돈이 자동적으로 이체되도록 하고 있습니다. 이런 말씀을 드리는 것은 돈을 사회복지단체에 꼭 기부해야만 그 사람이 더욱 영성적인 사람이라고 주장하기 위해서가 아닙니다. 성경에도 가난한 과부가 내놓은 푼돈이 부자가 생색내며 기부한 큰 액수보다 더 귀하다고 하신 예수님 말씀이 있습니다. 돈의 액수 그 자체보다도 어려운 사람을 돕고자 하는 진실한 마음과 인간애가 더욱 중요하다는 것을 예수님께서 지적하셨듯이 다른 사람의 안녕과 복지를 배려하는 수단으로서의 돈의 가치는 그 액수의 많고 적음에 달려 있다고 보지 않습니다.

사실 돈의 가치는 그 돈이 어떻게 쓰이는가에 달려 있다고 봅니다. 돈을 많이 버는 일이 그 자체로서 고귀한 행동으로 생각되기보다는 일종의 필요악으로 생각되는 경향이 있는데, 그것은 대부분의 사람들이 돈이 갖는 영성적인 효용가치를 제대로 인식하지 못하고 있기 때문이라고 생각합니다. 성경 말씀에도 있듯이 부자가 천국에 들어가기가 낙타가 바늘구멍 들어가기보다도 어려운 이유는 돈을 제대로 쓸 수 있는 지혜와 사랑이 부족하기 때문이지 돈을 많이 가졌다는 그 자체가 나쁘기 때문은 아니라고 생각합니다. 돈을 영성지능적으로 효과 있게 쓰는 사람들이 많이 있다면 우리 사회 전체에 매우 긍정적인 변화를 일으킬 수 있는데, 오히려 물질적인 부富와 자기 자신을 동일시하는 사람들이 대부분인 것 같아 문제가 되고 있습니다. 돈이 가진 힘으로 인해 돈이 많으면 마치 자신의 인격적인 가치도 올라간 것처럼 착각하게 만드는 사회 분위기를 먼저 바꾸는 일이 시급하다고 봅니다. 돈으로 살 수 없는 것들이 너무 많다는 것을 깨닫고 돈보다 중요한 인간의 본성과 자연환경, 그리고 인간관계를 지키려는 노력이 당연시되는 사회로 변화되었으면 합니다.

이 = 아시다시피 돈 자체는 더러운 것도 고상한 것도 아닙니다. 돈을 대하는 우리의 태도가 문제의 원천이지요. 만약 사람들이 돈은 목적이 아니라 수단이라는 사실을 절실하게 느끼고 실천한다면 물질만능주의는 자연스럽게 소멸될 것이고, 이에 따라 경제활동도 재편될 것입니다. 즉 지금의 대중소비 중심의 경제에서 협력과 협업에 바탕을 둔 새로운 경제 시스템이 등장할 수 있는 바탕이 마련되겠지요. 이것이 바로 공동선 경제의 핵심입니다. 인간의 존엄성과 연대, 그리고 신뢰와 사회정의에 바탕을 둔 경제 시스템이 뿌리를 내린다면 그야말로 세상이 달라질 겁니다. 따라서 가장 중요한 것은 우리 모두 돈은 수단에 불과하다는 사실을 깊이 인식하는 것입니다.

도 = 이 교수님이 말씀하신 것처럼 영성을 추구하는 사람들이 무조건 돈을 멀리해야 하는 것은 아닙니다. 그러나 돈과 관련하여 소위 영성인 또는 종교 내지 영적 지도자로 불리는 사람들에 대해서 일반인들이 갖는 기대감은 한층 더 수준이 높다고 봅니다. 영성적인 측면에서 모범을 보이는 역할을 하시는 분들이라면 돈을 버는 과정에서, 그리고 돈을 사용하는 방법에 있어서 일반인들보다도 더욱 지혜로워야 합니다. 이를테면 자기 자신이나 가족들의 평안함보다도 공익을 먼저 생각하는 것은 매우 자연스러운 일로 보입니다. 요즘 한국사회에서 종교지도자들에게 실망하는 것은 그러한 기대감에 못 미치는 이기적인 행동들 때문이지요. 모범이 되기는커녕 종교적인 지위와 권력을 남용하여 부를 축적하는 행태가 많으니 사람들이 더욱 환멸을 느끼게 된다고 봅니다.

박 = 도 교수님이 말씀하신 번 돈을 지혜롭게 사용하자는 지적과 관련하여 십수 년 전에 있었던 일로, 30년 근무한 분들을 기준으로 액수의 과다에 관계없이 각자 평균연봉에 해당하는 총액을 평생 동안 조금씩 나누어 이를 뜻 있는 일에 기부하자는 운동이 한동안 있었다는 점을 함께 상기하면 좋을 것 같습니다. 제 견해로는 모두에게 부담되지 않으면서 지속적으로 실천 가능한 매우 합리적인 방안이라고 여겨집니다.

이 = 도 교수님과 박 교수님 두 분 견해에 상당 부분 공감합니다. 단, 제가 우려하는 것은 정보기술이 발달할수록 돈으로 살 수 있는 대상의 범위가 더욱 확대되면서 발생하게 될 부작용입니다. 4차 산업혁명이 진행되면서 인공지능, 로봇공학, 나노기술, 합성생물학 등의 분야에서 이루어질 놀라운 기술발전은 돈의 위력을 더욱 강화할 것이 자명합니다. 이로 인한 국가 간, 계층 간 격차는 더욱 벌어질 것입니다. 돈이 많은 사람들은 첨단장비를 이용해 삶을 최대한 즐기면서 동시에 첨단기술의 도움으로 건강한 삶을 영위할 뿐만 아니라 100세는 물론 200세 이상 살 수 있는 반면, 돈이 없는 사람들은 이 모든 혜택으로부터 소외될 수밖에 없다면 어떤 일이 벌어질까요? 이런 상황에서 영성적인 차원에 호소함으로써 타인을 위해 돈을 슬기롭게 쓰자는 구호가 과연 얼마나 효과가 있을까요? 그리고 이것이 언제까지 인간의 본성과 조화를 유지할지도 의문입니다. 이 말은 주변에서 너도나도 더욱 돈에 대한 집착을 보이는 상황에서 과연 언제까지 독야청청獨也靑靑할 수 있는가 하는 것입니다. 오직 영성의 힘으로 이 모든 유혹을 극복할 수 있는 사람이 얼마나 될지 의문입니다.

이런 이유로 저는 모든 인간에 내재되어 있는 존엄성을 존중하는 사회분위기를 먼저 정착시킬 수 있는 체계적인 노력이 시급하다고 생각합니다. 이를 위해서는 다른 사람과의 공감 능력을 향상시키는 노력이 선행되어야 할 것입니다. 즉, 이것은 개인적인 차원에서 영성적으로 깨어나는 차원의 문제가 아니라 시스템 차원에서 접근해야 할 문제라는 것입니다. 예컨대 기부금을 내거나 재능 기부를 한 사람들에게는 세제상 혜택을 확대하고, 법을 위반하는 사람들에게는 세제상 불이익을 강화하는 것을 고려해볼 필요가 있다고 봅니다. 제가 말하려는 것은 자신의 에고를 넘어 주변 사람들과 공감하고 나누는 사람들이 정신적으로나 물질적으로 더 혜택을 받을 수 있는 사회·경제시스템을 구축하자는 것입니다. 물론 이것이 지나치게 이상적인 안으로 보이겠지만 방향 설정은 그렇게 해야 한다는 취지입니다.

도 = 저도 적극 동감합니다. 개인적인 차원에서 돈의 유혹을 초월하는 영성지능적인 내면의 힘을 기르는 것도 중요하지만 사회체제적인 면에서 누구나 돈을 능가하는 인간의 존엄성을 잘 인식할 수 있는 방향으로 인간 중심의 진보적인 경제시스템과 사회정책을 강화시켜 실행해야 한다고 봅니다.

앞으로 인공지능이 더욱 발달함에 따라서 많은 직업들이 없어지고 인간이 직접 해야 할 일이 줄어듦에 따라 생계수단으로서의 직업 활동이 아닌 비경제활동 영역이 확대될 것으로 예상됩니다. 그러므로 지금까지 중요시 해온 소위 생산적인 활동영역 밖의, 경제성장 지표에 영향을 미치지 않는 활동들이 증가할 것으로 봅니다. 개인소득 창출이나 GDP 성장과 관련이 거의 없는 취미 활동이나 자기계발 분야가 더욱 중요해지는 좀 더 영성지능적인 사회로 발달될 가능성이 커질 것으로 전망합니다. 그러한 미래사회에서는 지금까지 소득 창출과 무관하였던 순수예술이나 지적 활동에 시간과 열정을 투자하는 사람들도 기본소득이 보장되지 않으면 안 될 것으로 보입니다.

송 = 잘 아시다시피 전 세계적으로 명상이나 영성 분야의 산업이 크게 신장되고 있습니다. 현대인의 삶에서 건강과 행복, 성공의 기반으로서 명상과 영성 계발의 필요성이 증대되고 있고 관련 지식정보와 노하우를 지닌 전문가들에 대한 사회적 수요가 또한 증대되고 있습니다. 일반 수요자와 전문가를 양성하는 교육기관들도 많이 생기고 있는 추세입니다.

책, 음반, 영화, 공연, 동영상, 수련회, 강습회 등을 통해서 수요자가 자신을 함양해감에 있어서 당연히 그 대가를 지불해야 공급이 원활하게 이루어질 수 있는 것이지요. 이 주고받음에 상호만족이 있을 때에 개인과 사회는 건전하게 발전해갈 수 있을 것입니다. 개방과 공유의 미디어시스템을 통해서 이 분야에서 악화가 양화를 구축하는 일이 억제되고 양질의 영적 생산물이 창조되어 그 공급이 지속적으로 이루어지는 것이 관건이라고 생각합니다.

도 = 좀 더 창의성 있는 정신문화 활동을 보호하는 기본소득제가 보편화되기를 기대해 봅니다. 한국을 포함한 선진국들의 경우에는 아동수당을 지급해 오고 있는데 앞으로는 성인들의 기초생활을 보장하기 위한 인간수당 제도도 점차적으로 도입될 것으로 보입니다. 인간수당과 같은 보편적인 복지제도가 확장됨에 따라 생계를 위해 돈을 버는 활동에 대부분의 시간을 써온 사람들이 좀 더 자유롭게 영성적인 자아상을 추구하게 될 날이 가까이 오고 있다고 기대해 봅니다. 물론 아직은 너무 이상적인 바람으로 치부될 수 있겠으나 저는 인류사회가 앞으로 그러한 방향으로 계속 진화해 나갈 것이라고 생각합니다. 그러한 변화가 가능하려면 돈을 일반인들보다 훨씬 더 많이 가진 경제적 상위층에서 세금을 더 많이 내야 하겠고 그러려면 특히 최상위 소득층 사람들의 세계관과 의식세계가 에고를 넘어서 공익 중심 가치관을 수용할 만큼 높은 수준으로 발전해야 하겠지요. 사회변화에 큰 영향력을 발휘할 수 있는 기득권층의 의식수준이 인간애, 박애정신, 평등사상, 생명존중과 환경보호 등 지금보다 높은 수준으로 발달하지 않으면 불가능한 일이지요. 소수 부유층 사람들이 인공지능을 사용해서 오히려 저소득층을 몰아내거나 압박하는 시나리오를 최악의 가능성으로 상상해 볼 수도 있겠습니다. 하지만 다소 신비주의적이기는 하지만, 보이지 않는 우주적인 힘에 의해 인류의식이 계속 진화할 것이라고 보는 관점에서 저는 모든 생명체를 사랑하는 인간 본연의 영성적인 포용성이 확장될 것으로 기대합니다. 돈과 물질의 힘을 전체 공익을 위해 보다 체계적으로 지혜롭게 활용하는 가운데 소수의 기득권보다는 인류사회와 지구 전체 유기체를 중시하는 심도 깊은 가치관이 자연스럽게 확장될 가능성이 얼마든지 열려있다고 생각합니다.

이 = 돈도 중요하지만 인간의 행복과 불행을 좌우하는 가장 큰 요인이 인간관계라는 점에 대해 대부분 동의할 것으로 믿습니다. 물론 이것은 인간과의 관계에 국한되지 않고 자연과의 관계, 나아가 우주와의 관계로 확장될 것입니다. 결국 이 문제는 개인의 세계관과 직결된다고 봅니다. 세계관의 근저에는 자신의 정체성에 대한 이해가 바탕이 된다는 점을 감안할 때, 결국 인간관계 또한 자아정체성 문제와 밀접하게 연결될 수밖에 없다고 생각합니다. 철학자 앨런 왓츠의 표현처럼 '살가죽에 싸인 에고'에 머물러 있는 정체성의 소유자라면 인간관계가 어떠할지 짐작이 갑니다. 사실 저 또한 이 한계를 극복하지 못하는 경우를 종종 체험하기에 이것을 극복하기 위해서는 부단히 노력해야 한다고 생각하고 있습니다.

그래서 원만한 인간관계를 유지하려면 특정 종교가 없는 경우에도 순수한 영성적 동기에 뿌리박은 지속적인 노력이 필요하다는 것이 제 생각입니다. 인터넷과 모바일 혁명으로 언제, 어디서, 누구와도 연결이 가능한 초연결사회에서 특히 원만하고 성숙한 인간관계를 유지하려면 더욱 그러합니다. 이것은 우리가 훈련을 통해 언행에 각별히 유념해야 한다는 의미입니다. 자신이 영적으로 남들보다 우월하다는 생각에 무의식적으로 주변 사람들을 함부로 대하는 것은 아닌지, 자신의 말을 이해하지 못할 거라면서 무시하는 것은 아닌지, 자신을 만나려면 특별한 예를 갖출 것을 내심 원하는 것은 아닌지 끊임없이 자기 성찰을 해야 한다고 생각합니다.

송 = 수신제가修身齊家에 먼저 힘쓰는 것이 개인의 행복과 사회의 건전한 발전에 토대가 된다는 것은 당연한 말이겠습니다만, 그 원점은 수신修身에 있겠지요. 누구든 영성지능지수를 높이는 일상의 삶이 웰빙의 근본이라는 것을 모든 사람들이 깨닫고 실천하는 미래가 열려갈 것으로 저는 믿고 있습니다.

이 = 이런 시대에 누구도 부인할 수 없는 바람직한 인간관계를 위한 출발은 모든 인간에 내재한 존엄성을 인정하는 것이라고 봅니다. 이것이 헌법에 명시되어 있지만 사문화된 단어가 아니라 일상 생활에서 만나는 사람들 누구에게나 적용될 수 있다면, 생활 속에서 영적 에너지가 충만하게 될 것입니다. 이와 관련해 정치철학자 존 롤스John Rawls(1921~2002)[21]가 제시한 무지의 베일veil of ignorance 개념을 이해할 필요가 있습니다. 우리 모두 태어나기 이전의 상태로 돌아가, 성별, 출신, 가문, 인종 등 자신의 정체성을 결정하는 어떤 요인들에 대해서도 무지한 상태에서 결정을 내린다면 어떠할 것인가 하는 질문입니다. 그렇다면 대부분 인간의 존엄성을 인정하는 가운데 누구나 공평하게 결정을 내리게 될 것입니다. 자신이 어떤 처지에 있을지 모르는 상황에서 자신에게 해로울지도 모르는 결정에 동의하지 않을 것이기 때문입니다. 제가 하려는 말은 인간의 존엄성을 보편적 가치로 수용하려면 편견과 독선을 극복해야 한다는 것입니다. 그리고 이것이 다양한 인간관계 속에서 영성적인 연계성 내지 영성적 사회자본이 번창하도록 만드는 전략이라는 것입니다.

이런 의미에서 동서양의 황금률은 우리가 일상 생활 속에서 지켜야 할 금과옥조金科玉條이며, 나머지는 모두 군더더기에 지나지 않는다고 봅니다. 성경에 나오는 "네 이웃을 네 몸같이 사랑하라"라는 경지에 이르지는 못해도 우리가 동서양 공통의 황금률인 "네가 대접받고 싶은 대로 남을 대접하라"라는 수준으로 우리의 영적 에너지를 상승시킨다면 개인의 삶은 물론, 사회 전체가 한 단계 업그레이드 될 수 있다고 봅니다.

도 = 네. 문제는 인류가 황금률을 알고는 있지만 제대로 실천해 오지 못했다는 것이고 앞으로 사회변혁을 일으킬 만한 숫자의 개인들이 선도적으로 실천한다면 집단의식 면에서 상생수준으로의 의식 상승과 함께 거대한 사회변혁이 가능할 것으로 생각합니다.

박 = 여기서 적절한 이야기로서 '영성과 인간관계'와 직결된 책임자(주지住持)가 지녀야 할 덕목에 관한 일화를 한 가지 소개드리면 좋을 것 같습니다. 남송 시대의 법연法演 선사께서 제자인 불감佛鑑 스님이 서주 태평사의 주지로 부임하게 되어 하직 인사를 드리니 제자에게 다음과 같이 '주지가 지켜야 할 네 가지 계戒'를 일러주셨다고 합니다.

첫째, 세력을 다 부리지 말라.

둘째, 복을 지나치게 누리려 하지 말라.

셋째, 규율을 다 시행하려 하지 말라.

넷째, 좋은 말을 다 하지 말라.

어째서 그러한가 하면 좋은 말을 모두 다 하면 사람들이 반드시 이를 쉽게 여길 것이며, 규율을 다 엄격하게 적용하면 사람들이 반드시 이를 번거롭게 여길 것이고, 만약 복을 다 누리면 반드시 인연이 외로워지게 되며, 세력을 지나치게 다 휘두르면 반드시 재앙이 닥치게 되기 때문이다.

사실 요즈음 언론 매체를 통해 물의를 일으키고 있는, 종교계까지를 포함한 지도층 인사들의 경우 거의 예외 없이 이 네 가지 계를 소홀히 하다가, 특히 자신도 모르게 '갑'의 위치에 도취되어 권위를 내세우며 위력威力에 의한 범죄 행위를 저지르다가 낭패를 당한 것들입니다. 그러니 이런 사례들을 거울삼아 우리 모두 충동적으로 행동에 옮기기 전에 지혜롭게 자신을 냉철하게 살필 수 있다고 생각합니다.

도 = 결국 어떤 이유에서든지 인간성보다 돈을 우선시 하면서 돈에 지배당하는 삶은 영성적인 삶이라고 할 수 없습니다. 돈보다도 순수한 인간관계를 더욱 중요시 하는 새로운 사회풍토를 이루어나가려면 영성적인 자기계발 노력이 더욱 강화되어야 할 것으로 보입니다. 물론 최저 수준의 경제생활이라도 보장되어 독립적인 자기계발이 가능해지도록 해야 하지만 스스로 돈을 벌고 관리해야 하는 개인적인 책임을 전부 없애자는 뜻은 아닙니다. 우선적으로 다른 사람들에게 의존할 필요가 없는 기본적인 경제적 자유로움을 확보해야 하겠고, 자기 것을 조금이라도 아껴 다른 생명체를 위해 자발적으로 나누어 쓸 수 있는 마음의 여유가 있으면 더욱 좋겠다는 생각입니다.

이 = 그러려면 서로 신뢰할 수 있는 인간관계가 전제되어야 하겠지요. 최근 곳곳에서 소셜 미디어가 민주주의의 근간을 위태롭게 한다는 경고가 들려오고 있습니다. 초연결사회가 예상보다 부작용이 크다는 우려를 나타내고 있는 것으로 보입니다. 예컨대 챗봇22)을 이용해 여론을 조작하는 것이 이제는 일상적인 일처럼 된 것 같습니다. 저는 이와 유사한 현상들이 사회 전반에 만연함으로써 가짜뉴스가 판을 치고 진실이 외면당한다면 사회 전반에서 신뢰성 있는 인간관계가 퇴보할 것으로 예상합니다. 자신의 주장이 옳고 상대방의 주장은 틀렸다는 입장을 강화시켜주는 정보가 난무하는 현실에서 어떻게 진정한 인간관계를 유지할 수 있겠습니까?

예컨대 얼마 전에 불거진 일본의 경제 보복을 둘러싸고 두 집단으로 나뉘어 서로 첨예하게 대립했던 적이 있었습니다. 한 쪽은 일본이 위안부 문제와 강제징용에 대해 진실한 사과는커녕 오히려 부당한 경제 보복 조치를 강행하려 한다고 비판합니다. 다른 한 쪽은 일부 세력이 사실에 근거하지 않은 감정적인 선동으로 한일관계를 파행으로 몰고 간다고 비판합니다. 문제는 이 두 집단 간에 어떤 접점도 발견할 수 없다는 사실입니다. 이는 곧 사회 전반에서 인간관계가 황폐하게 변할 수 있다는 것을 시사합니다. 각각의 집단을 지지하는 두 친구가 만난다면 과연 무슨 일이 벌어질까요? 서로의 입장을 충분히 이해한 후 더 높은 수준의 결론에 도달할 수 있을까요? 개인적인 경험에 비추어 볼 때 이런 일은 거의 기대하기 어려울 것입니다. 제가 말하고자 하는 것은 우리 모두 사회 곳곳에서 진정 서로 존중하는 인간관계가 널리 형성되도록 유도하려면 무엇이 절실한지 알아야 한다는 것입니다.

저는 이것을 다소 진부하지만 포용적으로 열려 있는 소통의 기술에서 찾아야 한다고 생각합니다. 달리 말하면 제대로 된 인격적인 대화라 할 수 있겠습니다. 이런 의미에서 생각나는 것이 양자물리학자이자 철학자였던 데이비드 봄David Bohm(1917~1992)23)이 쓴『창조적 대화론』과 임상심리학자이자 상담치료사로서 비폭력 대화Non-Violent Communication를 창시한 마셜 로젠버그가 쓴『비폭력 대화』라는 책입니다. 데이비드 봄은 그 책에서 대화의 기본 원칙을 상세하게 풀이했다면, 마셜 로젠버그는 공감을 바탕으로 하는 대화를 위한 기술적 측면을 상세하게 알려주고 있습니다. 한국인의 경우 예나 지금이나 대화하는 법을 배울 수 있는 기회가 거의 없었기 때문에 이로 인해 인간관계가 악화된다는 것이 제 생각입니다. 저 자신도 이 점에서 늘 반성하고 고치려고 노력하고 있습니다. 어렸을 때부터 습관으로 굳어진 잘못된 대화법을 교정하지 않는다면 바람직한 인간관계를 확산시키기 어렵다고 봅니다. 이런 의미에서 영성적으로 깨어난 사람들의 역할이 더욱 중요하다고 생각합니다. 그리고 무엇보다도 황금률의 진정한 의미를 널리 알리는 작업을 병행해야 한다고 봅니다. 흔히 말하는 '갑질'은 황금률을 정면으로 부정하는 것이지요. 그래서 우리 의식 깊은 곳에는 상황이 맞아떨어지면 누구나 갑질할 가능성이 있다는 사실을 염두에 두고 자기 성찰을 통해 이런 유혹을 극복하려고 노력해야 한다고 생각합니다.

도 = 폭력적인 '갑질'이나 부도덕한 인간관계가 개선되려면 기본적으로 경청기술이 향상되어야 한다고 생각합니다. 경청은 귀로 듣는 것이 아니라 마음의 눈으로 듣는 것인데 항상 잘 실천하기가 쉽지는 않습니다. 더군다나 개인이 자기 삶에서 이루어내는 여러 관계성을 영성적인 측면에서 들여다 볼 때, 우선적으로 자기 자신과의 대화 내지 자신의 본모습과의 관계가 제대로 정립되어야 한다는 것은 아무리 강조해도 지나치지 않습니다. 다른 사람들과의 관계가 조화롭고 온전하게 성립되려면,

우선 자기 자신과의 관계가 눈에 보이지 않는 차원까지 다다르지 않으면 안 되지요.

그런데 외모지상주의 사회에 살면서 스스로 열등의식을 갖고 성장하는 청소년들을 볼 때 안타까운 마음이 듭니다. 자기정체성에 대한 영성적인 인식 능력은 사실 가장 중요한 정신적인 자산이라고 할 수 있는데 이런 내면적 자산의 중요성에 대해 제대로 가르치는 부모가 많지 않다고 생각합니다. 누가 뭐래도 무너지지 않는 나만의 확고한 현존감, 자존감, 자아정체성이 물질적인 차원에만 머무를 때, 경쟁 중심의 사회에서는 기를 펴지 못하는 젊은이들이 대량 생산되기 마련입니다. 현재 한국사회에도 다양한 명상수련법이 조금씩 일반화되어가는 경향이 있는데, 특히 젊은층이 명상을 통해 내면의식을 정화시킨다면 자신감과 심리적 안정을 되찾고 집중력을 향상시키는 등 좋은 효과를 기대할 수 있습니다. 명상 습관을 포함하는 영성적인 차원의 자아계발 노력을 통해 각 개인이 온전한 자아정체성을 정립하는 일은 조화로운 인간관계에 기본적인 토대가 된다고 생각합니다.

이 = 마셜 로젠버그가 제안한 비폭력 대화 내지 공감 대화는 명상 못지않게 중요하다는 것이 제 생각입니다. 명상은 홀로 조용히 자신의 내면을 관조함으로써 감정과 생각에 노예가 된 에고를 극복하려는 시도라면, 공감 대화는 이렇게 변화된 자신이 다른 사람에게 좋은 영향을 미치려는 시도라고 할 수 있습니다. 우주 만물이 깊은 차원에서는 서로 연결되어 있다는 것은 과학적으로도 증명된 사실입니다. 따라서 우리 인간은 외견상으로는 마치 입자처럼 서로 분리되어 있지만 깊은 차원에서는 파동처럼 연결되어 있는 존재로 보아야 할 것입니다. 특히 의식과 무의식을 가진 유기체로서 인간은 이 점에서는 더욱 그렇다고 보는 것이 합리적일 겁니다. 그런데 감각 정보에 의존하는 우리의 의식은 분리된 존재로서의 한계를 극복하기 어렵습니다. 이런 의미에서 명상이 우리가 의식의 벽을 뚫고 무의식에 접근해 서로 연결되어 있음을 깨닫게 해준다면 더할 나위 없이 바람직하다고 봅니다.

송 = 저도 공감합니다. 제가 여러 가지 명상수련 방법을 체득하려고 노력해온 것도 결국 생활 속에서 영성을 실천해야 한다는 의지를 반영한 것입니다. 그런데 이에 대한 논의에서 유념해야 할 점으로 지위고하, 빈부격차, 그리고 인종과 성별을 초월해 누구에게나 적용될 수 있는 삶의 원형에 기반을 둔 가운데 영성을 논의해야 한다는 점을 강조하고 싶습니다. 예컨대 정치적 입장이나 특정 종교를 지지하는 입장을 배제하고 시작하자는 것이지요. 구체적인 예를 들자면 기업과 영성, 사회복지와 영성, 예술과 영성, 춤과 영성, 선禪과 영성 등으로 논의를 압축하는 것도 좋은 시도가 될 수 있다고 생각합니다.

이 = 영적 수행 경험이 부족한 사람으로서 저는 스스로 불가지론자로 자처하고 있습니다. 제가 취하는 불가지론은 적당히 이것이든 저것이든 다 좋다는 식의 기회주의적 입장이라기보다는 과학적 사고를 기초로 하되 그 너머에 뭔가가 존재할 가능성을 배제하지 않는 것입니다. 그렇기 때문에 실천 가능한 개념으로서의 영성이란, 의식의 높은 수준에서 스스로 드러나는 '이성 너머의 그 무엇'에 해당된다는 입장을 견지하고 있습니다. 그래서 일상 속에서 실천으로 이어지는 참 지식을 얻는 것 또한 영성에 이르는 하나의 방법이 될 수 있다고 믿고 있으며, 저는 개인 에세이 편에서 밝힌 바대로 이를 실천하기 위해 나름 노력하고 있습니다.

도 = 이 교수님께서는 경제학자로서 매우 드물게 영성과 종교를 포함하여 다학제적인 분야의 다양한 지식을 오랫동안 섭렵해 오셨는데요. 인류의 영성적인 진화가능성에 열린 마음을 갖고 계시면서 매우 진보적인 자세를 취하는 불가지론자이신 것 같습니다.

이 = 저는 제 자신을 포함해 사람들이 무지無知에서 벗어나는 데 좀 더 많은 노력을 기울이기를 바라는 마음입니다. 개인의 고통이나 사회적 문제들의 근원을 찾아가면 결국 정신적인 결핍 내지 무지로 연결된다고 봅니다. 그런데 제가 말하는 무지는 단순히 지식의 부족에 한정된 것이 아니라 더 넓고도 깊은 의미입니다. 예컨대 불가에서 말하는 탐貪·진瞋·치痴 가운데 치 또는 무명無明과도 일맥상통하는 그런 의미에서의 무지입니다. 이런 의미에서 사람들이 무지를 벗어나는 데 조금이라도 기여할 수 있다면 다행이라고 생각하고 있습니다. 특히 《지식공유광장www.iksa.kr》이라는 웹사이트를 통해 제대로 된 지식을 널리 공유함으로써 우리 모두 조금이라도 무지에서 벗어나는데 기여하려 하고 있습니다. 아직까지 성과는 미미합니다만 언젠가는 결실을 맺으리라는 기대를 버리지 않고 있습니다. 어쨌든 지속적으로 지식을 탐구하는 작업을 통해 제 자신을 돌아보는 계기를 얻게 된 것이 저로서는 큰 수확입니다. 이런 과정에서 에고의 한계를 극복한다는 것이 얼마나 어려운 일인지 알게 되었다고나 할까요. 아무튼 과거와는 다른 자세로 삶을 대하게 된 것에 큰 의미를 부여하고 있습니다.

송 = 이 교수님은 지식을 추구하는 불가지론자를 자처하심에도 불구하고 진실에 다가가는 인간의 영성과 삶을 포괄적으로 이해하는 면에서 매우 높은 경지에 도달하셨다고 생각됩니다.

이 = 제 자신 한 가지는 분명히 말할 수 있는 단계에 도달했다는 생각이 듭니다. 개인적인 이익을 위해서 결단코 다른 존재(인간이든 다른 유기체든)를 수단으로 이용하지는 않는다는 것과 공익을 빙자해 사익을 추구해서는 안 된다는 원칙을 지키는 것입니다. 이것이 제가 실천할 수 있는 영성의 길이라고 생각하고 있습니다. 따라서 저는 현실을 직시하는 가운데 여기에 함몰되지 않으면서 동시에 철저하게 분리되지도 않은 중도적 입장에서 자신이 잘할 수 있는 방법으로 다른 사람들에게 도움이 되는 일을 실천하는 것, 이것이 제가 추구하는 바입니다. 이런 취지에서 이 책을 통해서 여러분 각자 현재 실생활에서 실천하고 있는 영성의 길에 대해 소개하는 것이 서로를 이해할 뿐만 아니라 이 책을 읽는 독자들이 사고의 폭을 넓히는 데도 도움이 될 것 같습니다. 특히 저는 앞으로 한국사회를 이끌어 갈 젊은이들이 에고의 한계를 넘어 조금 더 폭넓게 사고하는 데 이 책에서 저희가 나눈 이야기들이 실제적으로 도움이 되기를 바라는 마음입니다.

박 = 사실 저도 앞의 1부 개인 에세이에서 구체적으로「향상의 길」이란 제목을 쓰게 된 의도는 다른 세대층보다 특히 더 고뇌하는 젊은이들이 과거의 잘못에 집착하지 않고, 불확실성으로 인한 불안한 미래를 두려워하지 않는 가운데 하루하루를 치열하게 살아가며 나날이 '향상'되어 가는 자신만의 소중하고 멋진 삶을 이어가기를 간절히 염원하고 있기 때문입니다.

도 = 이영환 교수님과 박영재 교수님께서 같은 학자의 위치에서 '영성의 길'을 추구하는 방식은 서로 매우 다르지만, 미래 세대에 도움이 되는 활동을 계속해 오고 계셔서 무척 존경스럽습니다. 종교나 학문 배경 등에서 차이가 큰 편임에도 불구하고 개인생활 영역을 넘어서는 공익을 중요시 하신다는 면에서 두 분 모두, 일반대중들뿐만 아니라 고뇌하는 청년층에게 특히 도움이 되는 모범적인 삶을 이끌어 오셨다고 생각합니다.

사실 이 책의 궁극적인 목적은 각각 다른 삶의 방식대로 살아 온 저자들이 모두 나름대로 의미 있는 영성적인 가치를 추구해 왔다는 점에서 공저자들 모두 '영성의 길'을 걷고 있다는 점을 부각시키는데 있습니다. 종교나 직업 그리고 삶의 경험이 다양한 가운데 삶의 의미에 대해 깊이 있게 서로 나눌 수 있는 공통분모로서의 영성적인 진리를 발견한다는 측면에서 이 대담이 매우 흥미 있는 내용이 되었다고 생각합니다.

솔직히 이 책을 처음 기획한 공저자로서 저는 어떤 특정한 독자층을 염두에 두고 있지는 않습니다. 제 의견으로는 나이, 성별, 종교, 사회적 지위 등을 고려하여 우리 사회가 인위적으로 지어낸 모든 유형의 경계를 넘나드는 것이 영성적 대화 영역에서 가능하다고 생각합니다. 예를 들어, 나이가 더 많거나 여성이라고 해서 더 젊거나 남성인 사람들보다 반드시 영성적으로 더욱 성숙했을 것이라고 단정할 수 없다고 봅니다. 물론 일반적인 인간발달 단계로 볼 때 노년층에 접어들면서 영적인 이슈에 더욱 관심을 가지게 되는 경향이 있지만 개인 성향에 따라 어린 나이 때부터 영성적 성장에 민감한 경우도 많이 있기 때문입니다. 아무튼 저는 그 동안 제가 걸어온 삶이 어떤 의미를 갖는지 담담하게 성찰해보는 과정을 보여줌으로써 독자들이 제 삶과 비슷한 공통점을 발견할 수 있기를 바라는 마음입니다. 저처럼 종교를 여러 번 바꾸는 경험을 하신 분들이 그리 흔하지는 않지만, 그럼에도 불구하고 제가 살아 온 삶의 방향이 보편적인 영성적인 가치를 포용하려고 애써 왔다는 면에서 독자들이 제 경험에 대해 이해심과 친근함을 느끼실 수 있었으면 합니다.

지금까지의 담화 내용에서도 알 수 있듯이 저는 삶에 대한 영성적인 기반은 누구에게나 적용된다고 생각하고, 다만 삶의 일정 단계에 이르러서야 각자가 이미 보유하고 있는 영성적인 본질에 대해 의미를 부여하고 깨닫게 된다는 점에서 개인차가 있다고 봅니다. 그러므로 이 책에서 나눈 각자의 이야기와 대화 내용들은 다양한 독자층을 포함하여 그 누구에게든지 관심이 갈 수 있지 않을까 생각합니다. 개인적으로 저는 여러분들과의 담화를 통해서 느끼고 배운 바가 정말 큽니다.

이 = 요즘 글로벌 차원에서 주목받고 있는 이스라엘 출신의 역사학자 유발 하라리에 대해 다들 들어보셨을 것으로 압니다. 제가 하라리가 출판한 책과 각종 잡지에 기고한 글을 대부분 읽고, 종종 그의 강연이나 인터뷰 동영상을 보는 이유는 그의 글이나 강연에서 영적인 측면과 학문적 측면이 적절하게 조화를 이루고 있다는 인상을 받았기 때문입니다. 예컨대 하라리는 저서『호모 데우스』에서 "종교는 거래deal이고, 영성은 여정journey이다"라고 표현했으며,『21세기를 위한 21가지 제언』에서는 "종교는 대답answer이고, 영성은 질문question이다"고 했습니다. 매우 간결하고도 적절한 비유라고 생각합니다. 개인적으로는 저는 여러분들과의 대화를 통해서 앞으로의 여정에서 영성적인 지혜를 실천하려는 의지를 더욱 굳히게 되었다고 느낍니다.

제가 여기서 하라리의 말을 인용한 이유는 지식의 유무나 그 깊이와 관계 없이 누구나 생활 속에서 영성을 실천하는 데 도움이 되는 기본원리를 발견할 수 있다고 생각하기 때문입니다. 자신의 직업을 충실하게 수행하면서 뭔가 본질적인 것에 관해 끊임없이 질문을 제기하는 것이 바로 생활 속에서 영성을 추구하는 자세가 아닌가 생각합니다. 종교적 또는 정치사회적인 권위에 대한 복종을 통해서가 아니라 진정한 자유인으로서 스스로 존재론적인 질문을 던지는 것은 의미 있는 삶을 영위하는 데 불가결하다고 봅니다. 그런 의미에서 여러분과의 진솔한 대화가 큰 도움이 되었습니다.

도 = 진정한 자유인으로서 자기 삶 속에서 영성적인 가치를 발견하는 일은 모든 사람들에게 열려있는 가능성이라고 생각합니다. 직업이나 종교 면에서 어떤 길을 걷던 간에 누구에게나 가장 중요한 것은 개인적인 삶의 여러 영역이 분열되어 있지 않고 조화롭게 통합되어 있어야 한다는 것입니다. 만약 직업이 교사라면 가정생활에서도 교육적인 가치관이 자연스럽게 실천되어야 하겠지요. 자녀들에게 협력적인 가치관을 가르치고자 한다면 먼저 이웃과의 협동심을 실천하는 부모가 되어야 하는 것과 마찬가지 원리라고 생각합니다. 우리 사회에서 문제가 되는 것은 말과

지난 7월 3일 공저자 편집회의 모임에서

행동이 일치하지 않는 자기분열적인 삶을 사는 사람들이 많기 때문이 아닌가 생각합니다. 실제로 일상 생활에서 물질적, 정신적, 내면적, 외면적인 삶의 측면들이 서로 맞아 들어가지 않을 때 결국 진실하지 않은 위선적인 삶의 패턴으로 치닫게 되지요. 특히 겉으로 보이는 종교생활과 영성적인 내면세계가 분리되어 있을 때, 개인 삶의 진정성뿐만 아니라 사회전체가 상처를 입게 됩니다. 그런 면에서, 차라리 종교가 없이도 개인 삶의 모든 측면에서 영성적인 자아 정체성이 통일된 중심을 이룰 수 있다면 훨씬 더 조화로운 통합사회로 진보할 수 있을 것으로 봅니다.

박 = 저도 기본적으로 유발 하라리의 견해에 동의합니다. 그렇다고 반드시 종교와 영성을 대립적으로 이해할 필요는 없다고 봅니다. 종교의 심층을 보는 사람이 곧 영성적인 지혜를 실천하는 사람이라는 의미에서 이 둘 간의 화해의 여지는 늘 있다고 봅니다. 이런 의미에서 특정 종교에서만 유일무이한 진리를 얻을 수 있다는 사고는 위험천만하다고 생각합니다. 이 대담에 참여한 선생님들과 독자들은 각자의 신앙이나 신념 이외에 이웃종교나 다른 신념들에 대해 더욱 폭넓은 관심을 가지게 될 계기가 마련되었다고 생각합니다.

사실 인간은 누구나 각자 자기 신앙 안에서 내적으로 변화의 체험을 겪으면서 세상을 보는 안목을 넓혀 갑니다. 그리고 이런 변화를 체험하는 과정에서 끊임없이 자신의 신앙을 되돌아보며 부족한 면을 향상시키기 위해 치열하게 노력하다가 궁극적으로는 그 어디에도 걸림 없는 삶을 살아가게 됩니다. 물론 그 과정에서 잘 아시다시피 석가세존의 경우 요가 수행 가운데 특히 고행제일주의와 선정지상주의라는 두 극단적인 수행을 통해서 부족한 면을 더 이상 향상시킬 수 없음을 깨닫고 영성의 길을 바꿔, 보리수 아래에서 '바른 깨달음(正覺)'에 도달할 수 있다는 본보기를 보이신 것처럼, 우리 모두 스스로 해결할 수 있는 능력을 갖추고 태어났으니 종교 간 우열 다툼을 목숨 걸고 할 필요는 없겠지요.

위기 상황 속 영성적 삶의 실천 – 코로나19 사태의 교훈

도 = 지금까지 저희는 영성적인 힘을 일상 생활 속에서 실천하는 일과 관련된 여러 이슈들에 대해 대화를 나누었는데 평상시에는 별로 큰 어려움 없이 영성적으로 발현되는 영향력이 크고 작은 실용성을 가질 수 있다고 봅니다. 이제 코로나19 전염병[24]과 같은 비상상황에 처하여 과연 영성적인 효과가 얼마나 잘 발현될 수 있는지 그 실효성과 더불어 영성적인 접근방법을 통해 인류사회를 위험에서 구해 내는 가능성에 대해 함께 생각해보면 좋겠습니다.

제가 알기로 담마빠다Dhammapada 경전에 "말을 많이 한다고 해서 지혜로운 사람이 되는 것은 아니다. 평온하고, 증오가 없고, 두려움이 없는 사람 그는 지혜로운 사람이라 불린다"라는 말씀이 있습니다. 저와 같은 일반인의 입장에서 볼 때 이런 영성적 지혜가 위기상황에 얼마나 유효할까요?

송 = 인간의 생명 시스템은 앞서도 언급되었습니다만 정기신精氣神의 결합체인데 바이러스에 무너지는 것은 생명시스템에 결함이 생겼기 때문이겠지요. 식사, 잠, 운동 등의 건강생활 습관으로써 늘 심신의 건강상태를 잘 보존하고 명상으로써 평화로운 감성을 진작하고 사랑과 감사의 마음으로써 영혼을 고양시키고 대자연을 자주 접하며 호연지기를 길러 나가는 웰빙wellbeing 라이프가 코로나19에 대한 근본적인 대책이 아닐까 생각합니다.

근거를 댈 수 없는 제 개인적인 소신입니다만 저는 생명, 자연, 우주는 완전하고 완벽하다는 믿음을 지니고 있습니다. 우주의 섭리와 자연의 정기로써 태어난 생명체인 인간, 그리고 인간의 정수精髓인 의식意識도 본질적으로는 완전하고 완벽하다고 생각합니다. 바이러스에 감염되지 않도록 서로 간의 접촉을 삼가고 위생관리를 철저히 하는 것은 기본이겠습니다만, 설혹 바이러스가 침투하더라도 자신의 원기가 충만하고 의식에 사랑과 기쁨이 충만하면 그 파동으로써 바이러스를 무력화시킬 수 있으리라는 소신을 저는 평소에 지니고 있습니다.

우주에 존재하는 모든 것은 에너지이고 파동이며 진동이라고 말한 인물은 19세기 천재 과학자 니콜라 테슬라이지요. 그러면 몸 안에 침투해서 세포를 파괴하면서 증식해나가는 세균이나 바이러스에게도 의식이 있는지 모르겠습니다. 세균과 바이러스를 구별하여 두 가지 모두를 동등한 생명체로 보지 않는 과학자들도 있는데 저는 이것들과 인간의 의식은 아무 상관이 없는 것인지 궁금합니다. 제대로 공부하지 않아서 잘은 모릅니다만 양자물리학은 인간의 의식도 또한 에너지이고 파동이며 진동으로서 물질의 에너지, 파동, 진동과 상호 간섭하는 것으로 보고 있는 것이 아닌가 싶습니다. 그렇다면 코로나19를 의식의 힘으로 예방 또는 치료하는 길도 있지 않을까 합니다.

도 = 평소에 해야 할 일이 무엇이든지 차분하게 성실한 자세로 임하는 습관이 몸에 배어 있고, 또한 죽음에 대한 공포심이 없이 하루하루 주어진 일에 집중하면서 살아 온 경우에 코로나19 바이러스에 대한 정신적인 면역력이 클 수밖에 없겠지요. 신체적인 면역력뿐만 아니라 정신적인 건강을 증진시키고 심리적으로 강력한 면역성을 갖기 위해 어떤 수행법이 특히 효과적이라고 생각하시는지요?

송 = 무차별적으로 침투해서 생명을 앗아가는 코로나19에 걸리지 않는 것이 최상이고 혹 걸리면 완치되어야 하는데 여기에서 관건은 면역력이고 자연치유력이겠지요. 코로나19의 발생 원인은 많은 요인들이 총체적으로 연결되어 있겠으나 인간의 생태계 파괴가 그 주요한 요인 중의 하나로 거론되고 있습니다. 치료 백신이 개발된다고는 하나 변종 바이러스가 계속 생겨나 인류생명을 위협할 가능성이 크다고 하니 이에 대한 보다 근본적인 대책 마련이 절실하지 않을 수 없습니다. 요 근래 더 크게 주목을 받고 있는 문제로서 오염된 환경과 훼손된 생태계 복원을 위해 인류가 함께 최선을 다하는 것 또한 악성 바이러스의 출현을 근본적으로 방지하는 길이 되겠지요. 그러기 위해서는 인간의식의 정화와 각성이 선행되어야 할 것으로 생각합니다. 결국 오늘날 지구문명의 모든 문제점은 다 인간의 탐진치貪瞋痴에서 비롯된 인과응보일 테니까요.

도 = 이번 코로나19 사태는 서양문명 위주로 물질적인 번영만 추구해 온 현대사회에서 지구 전체의 생명체를 존중하지 않고 이기적으로 인간의 이익만을 극대화면서 사람들이 스스로 만들어 낸 인재人災라고 생각합니다. 옛날식 표현을 쓰자면 하늘이 노하고 땅이 성내고 동식물들이 인력에 의해 피폐해지면서 울부짖는 과정에서 생긴 일이라고 봅니다.

송 = 제 느낌에도 인류를 죽음의 공포와 경제의 파탄으로 몰고 가는 코로나19는 인간에게 죗값을 치르게 하는 하늘의 뜻이 담겨있는지도 모르겠습니다. 그러면서 전 세계적으로 연일 감염자와 사망자가 속출하는 공포의 세상에서 동시에 희망이 교차하고 있는 것 같습니다. 코로나19 사태로 인해서 사람들의 생각과 마음이, 그리고 사회의 시스템과 인류문명의 흐름이 진보적으로 크게 바뀔 것으로 전망되고 있는 것은 한편 고무적인 일이기도 합니다.

도 = 희망적인 메시지 중 하나가 평화를 부르는 목소리가 뚜렷해졌다는 것입니다. 코로나19와 같은 전염병 바이러스는 국적이나 이념과 관계없이 전 인류를 공평하게 공격합니다. 안토니오 구테흐스António Manuel de Oliveira Guterres(1949~)**25)** UN 사무총장이 지적한 것처럼 글로벌 세계에서 가장 취약한 인구 중 특히 전쟁의 피해자들이 가장 큰 전염병 피해를 입게 되므로 모든 분쟁 당사자들에게 휴전을 촉구한 바 있습니다.

또한 유발 하라리나 빌 게이츠 등 저명인사들도 이미 전 세계 공통의 적인 코로나19 이후에 제대로 대처하지 않으면 미래사회에 인류가 극심한 통제하의 독재사회로 후퇴할 위험이 크다고 경고하였습니다. 예상치 못하게 인류에게 닥친 바이러스와의 전쟁에서 보다 지혜롭게 대처한다는 말의 의미를 어떻게 해석해야 할까요?

이 = 이번에 발생한 신종 코로나19의 경우에도 과거 메르스MERS**26)**나 사스SARS**27)** 사태처럼 초기에 격리만 잘했으면 국지적인 사태로 그칠 수 있었을 텐데, 중국 정부가 정확한 정보를 공유하지 않는 바람에 전 세계로 전파되면서 결국 팬데믹pandemic, 즉 대유행으로 번져나갔습니다. 현재로서는 1918년 초에 시작해 1920년 말 종식될 때까지 약 5억 명이 감염되었으며, 그 중 약 3,300만 명 정도가 사망했던 스페인 독감 이후 100년 만에 발생한 최악의 팬데믹으로 기억될 것입니다. 현재로서는 일단 각 나라마다 사회적 거리두기, 모임 자제, 여행 금지, 격리 및 폐쇄와 같이 경제활동과 이동을 최소화하는 전략을 통해 감염 속도를 늦추고 있으나 이는 임기응변일 뿐, 궁극적으로는 백신과 치료제가 개발되어야 이 사태가 진정될 것입니다. 그렇지만 우리가 과연 이번 사태를 지혜롭게 대처했는지는 좀 더 생각해 볼 여지가 있다고 봅니다. 경험하지 못한 사태였기에 적지 않은 실수도 있었을 것이므로 시간을 갖고 되돌아 볼 필요가 있다고 생각합니다.

도 = 코로나19 사태로 인해 많은 사람들이 죽음, 실업, 공포 등 물리적이고 심리적인 고통을 겪는 가운데 예기치 않게 인류사회가 새로이 적응해 나가야 하는 여러 상황들이 발생하고 있습니다. 우리가 함께 고민해야 할 거시적인 사안들이 산적해 있는데 어떻게 해야 평상시의 평온함과 나눔의 정신을 유지할 수 있을까요?

이 = 이런 혹독한 시련을 통해 우리 모두 배워야할 교훈이 많습니다만 무엇보다도 우리 모두 겸손humility을 체득해야 한다고 봅니다. 호모 사피엔스는 다른 모든 종들을 압도하는 지능을 바탕으로 지구의 정복자로 군림하면서 자신의 이득을 위해 열대우림을 파괴하고, 수많은 동식물들을 멸종에 이르게 하는 과오를 범해왔습니다. 이 모두 물질만능주의와 성장지상주의, 그리고 수익률 게임에 중독된 결과입니다. 그러다가 일개 바이러스의 습격을 받고는 그야말로 총체적인 공황 상태에 빠져 있습니다. 그 동안 인간이 얼마나 오만방자했는지 일깨워주기 위해 자연이 우리에게 잊지 못할 교훈을 주는 것은 아닌가 하는 생각이 듭니다. 이번 사태를 경험하고도 겸손을 배우지 않는다면 인류는 희망이 없다는 것이 제 생각입니다.

도 = 만물의 영장으로서 지구의 주인 행세를 해 오고 있다가 눈에 보이지도 않는 바이러스의 침략으로 그 질서가 여지없이 무너지는 인간세상을 목격하면서 모든 생명체를 소중하게 여기는 겸손한 마음이 생기는 것은 당연한 일이 아닌가 합니다. 글로벌 질서가 새로이 수립되기 위해서는 인간을 위시한 모든 생명체의 다양성을 중시하고 전 국가들이 함께 연대하는 정신이 신속하게 확장되어야 할 것으로 보입니다.

이 = 물론입니다. 팬데믹의 상황을 극복하기 위해서는 사회 구성원들이 연대 정신을 바탕으로 서로 공감하고, 신뢰하면서 협력하는 것이 이 난관을 극복하는 유일한 방법이라는 것을 알아야 합니다. 이것은 백신과 치료제가 개발된 후에도 우리 사회, 나아가 글로벌 질서를 떠받치는 근본 가치가 되어야 한다고 봅니다. 개인적 가치에 지나친 비중을 두었던 기존의 사회질서와 시장경제의 운용 원리에도 근본적인 변화가 필요하다는 공감대가 머지않아 형성될 것으로 예상해 봅니다. 이번 경험을 통해 사람들이 서로 연대하고, 공감하며, 신뢰하고, 협력하는 문화를 조성해 나간다면 이는 자연스럽게 영적 진화spiritual evolution로 이어질 것이라고 생각합니다.

도 = 근본적인 문제 해결점은 보다 높은 의식수준에서 찾아져야 하겠지요. 그 동안 이루어 온 물질적 진보의 혜택을 충분히 활용하면서 동시에 정신문명 차원에서 더욱 활발히 진화하려는 의지가 강화될 수 있다고 생각합니다. 총체적 수준의 진화 과정에서 인류는 지구상의 모든 종과 생명시스템을 조화시키는 협동적인 작업을 실행해야 할 만물의 영장으로서의 의무를 더 이상 미룰 수 없는 시점에 도달했다고 봅니다. 『인간은 무엇이 되려 하는가』에서 카터 핍스Carter Phipps는 의식과 영성의 진화까지 포괄적으로 다루며 인류의 미래를 조명하였는데 '진화적 영성'이라는 개념을 깊이 고찰하였습니다. 핍스는 이 책에서 "진화적 영성은 진화에서 영감을 받았고 세상을 포용하며 미래지향적이다. 구원이라는 단어를 어떻게 정의하든, 그것은 구원을 얻을 수 있는 창조적이고 예측 가능한 영적 과정이다.(…) 이 구원은 진화하는 우주 깊은 곳에 내포되어 있는 새롭게 드러나는 가능성을 전적으로 포용할 때만 얻을 수 있다"(292쪽)라고 썼습니다. 수십 억 년에 걸친 인간의 진화의 방향은 결국 영성적인 방향을 향해 있다는 주장입니다. 제 생각에도 학문의 틀 속에서 이해하자면 진화라는 개념은 과학의 경계선을 넘기 힘들지만 삶의 철학과 영성에 초점을 두는 인류 역사는 보이지 않는 신비로운 진화의 방향성을 갖고 있다고 봅니다.

이 = 어떤 엄청난 깨달음이나 신비체험을 해야만 영적으로 진화하는 것은 아니라고 봅니다. 에고의 한계를 초월한 무엇인가에 대한 동경만으로도 사람은 변할 수 있으며, 이번 사태를 통해 보다 많은 사람들이 이런 체험을 했을 것이라고 생각합니다. 따라서 이번 사태 이후 더 자기중심적이고 탐욕스러운 방향으로 선회하는 사람은 극히 적을 것이며, 대부분 반대로 생각하고 행동할 것으로 믿습니다. 물론 사회적 거리두기나 온라인 중심의 생활로 인해 연대와 공감 능력이 떨어질 가능성을 배제할 수 없지만, 이는 모두가 원하는 바가 아니므로 자연스럽게 극복될 것으로 봅니다.

도 = 사회적 거리두기로 인한 부작용 현상도 간과할 수 없다고 생각합니다. 국제사회복지사연합회International Federation of Social Workers의 2020년 4월 9일자 뉴스레터에 의하면 코로나19로 인해 의무적으로 시행된 사회적 거리두기정책에서 나온 부작용 현상으로 가정 폭력이 증가하였다 합니다. 집에만 갇혀있는 여성이 가정 내에서 보호받기는커녕 오히려 폭력적인 남성에 의해 살해되는 사례가 기하급수적으로 증가하였다는 것은 가정이 여성살해femicide[28]의 범죄 장소가 될 수 있다는 것을 이번 사태로 인해 더욱 극명하게 보여 주었습니다. 평소에 자신의 내면을 통찰하거나 스스로를 통제하는 힘이 결핍된 경우에 약자를 상대로 정당하지 못한 권력을 휘두르는 성향이 큽니다. 주로 여성과 아동을 해하는 가정 폭력과 같은 글로벌한 사회문제는 실업문제로 이어지는 코로나바이러스 전염병과 같은 위기 상황에서 더욱 심각해질 수 있다는 것을 알 수 있습니다.

진정한 의미에서 힘이 센 사람은 자기보다 약한 자에게 권위나 힘을 행사하는 대신에 큰 자아self가 자신의 내면에서 빛을 발할 수 있도록 저급한 감정을 스스로 통제하는 능력을 가진 사람이라는 것을 깨닫지 못한 결과라고 봅니다. 결국 평상시에 타인과 생명체를 소중히 여기는 의식수준이 어느 정도 갖추어져 있어야 위기 상황에서 더욱 폭증하는 사회적 비극을 방지할 수 있다고 생각합니다.

이 = 사람들이 폭력적 성향을 제대로 통제하지 못하고 마치 일개 바이러스인 것처럼 인간생명을 해칠 수 있다는 사실이 큰 비극이 아닐 수 없습니다.

일부 전문가에 의하면 동물들의 몸에는 잠재적으로 인류에게 피해를 줄 수 있는 바이러스가 100만 종 이상 기생하고 있다고 합니다. 원래 바이러스는 일정한 범위 안의 종에만 기생하면서 번식한다고 합니다. 그런데 이번 코로나19의 경우처럼 박쥐에 기생하던 바이러스가 돌연변이를 통해 인간의 몸에 침투하게 되는 사건이 우연히 일어났다고 하기에는 석연치 않은 부분이 있습니다. 예컨대 일부 과학자들은 기후변화가 이런 돌연변이를 촉진한 원인일 수 있다고 보고 있습니다. 이번 코로나19 사태로 인해 빌 게이츠의 2015년 테드 강연이 다시 주목을 받게 되었는데 이 강연에서 게이츠는 2014년에 아프리카에서 발생한 에볼라Ebola 바이러스 사태를 교훈 삼아 앞으로 닥칠 팬데믹에 대비해야 한다고 역설한 바 있습니다. 그러면서 그는 핵전쟁을 억제하는 데는 엄청난 투자를 했지만 바이러스의 공격에 대해서는 투자가 거의 없다는 점을 우려했었지요.

그리고 미국의 동물애호가 폴 샤피로Paul Shapiro(1979~)가 저서 『클린 미트』에서 강조했듯이 비위생적인 환경에서 대량으로 동물을 사육하는 현재 방식으로 인해 조류독감과 같은 질병이 발생했던 것처럼 앞으로 예상되는 팬데믹은 인간이 자초한 것일 가능성이 높습니다.

도 = 보건복지부에서 2018년에 채택한 새로운 건강정책 패러다임으로서 '하나의 건강(원 헬스, One Health)' 개념이 도입되었는데 인간과 동물 그리고 환경의 건강이 모두 하나의 생태계로 연계되어 있다는 의미로 쓰이고 있습니다. 일반 시민의 집단의식수준에서 이러한 패러다임 전환이 이루어진다면 인간이 동식물 생명체계뿐만 아니라 자연환경 전체와의 새로운 관계를 성립하는데 도움이 될 것으로 보입니다. 이미 앞에서 얘기 나눈 바와 같이 인간과 인간 사이의 정의로운 관계형성이 제대로 이루어지지 못해서 생기는 사회적인 문제해결을 위해 영성적인 관점이 요구되고 있습니다. 이와 같이 전 지구적 차원에서 인간이외 생명체와의 관계를 재정립해야 한다는 관점에 대해서도 앞으로 영성적인 차원에서 재조명하게 될 것으로 봅니다.

사실 세계보건기구WHO와 미국공중보건협회는 병원체의 변이를 용이

하게 하는 공장식 축산 방법은 세균과 슈퍼바이러스를 배양하는 것과 같다고 오랫동안 경고해 왔는데 세계에서 생산되는 항생제의 50퍼센트가 가축 사육에 사용됨으로써 사람 몸속의 병원체는 오히려 강력하게 변이하여 계속 더 무서운 바이러스가 출현하게 된다고 합니다. 이런 면에서 한국에서도 요즘 육식 중심 식습관을 변화시키기 위해 채식문화의 장점을 연구하는 등 채식운동이 전보다 활발하게 전개되고 있어서 무척 다행한 일입니다.

송 = 개인의 건강과 세상의 건강을 위해 채식이 권장되는 과학적인 근거가 이미 많이 제시되어 있고 이에 따라 육식을 삼가는 사람들이 많이 있다고 봅니다. 또한 죽임을 당하는 동물에 대한 연민으로 인해 차마 육고기를 입에 대지 못하는 사람들도 있지요. 그리고 의식이 고양되고 영성이 빛나게 되면 저절로 육식이 멀어지고 채식만 하게 된다고 합니다. 의식의 정화와 더불어 몸의 정화가 일어남으로써 에너지 파장이 육식을 허용하지 않기 때문이 아닐까 합니다. 육식을 하는 사람은 영성지수가 낮은 것으로 봐야 할는지요? 저는 아직 채식주의자는 아닌데 앞으로 이 방향으로 저절로 바뀌어 나갈 것으로 기대하고 있습니다.

이 = 현재와 같이 고기를 다량으로 소비하는 문화가 팬데믹을 초래할 바이러스를 만들고 돌연변이를 유발하는 환경을 조성한다면 이 또한 깊이 고민해야 할 문제입니다. 그렇다고 해서 모든 사람이 채식주의자로 변해야 한다고 주장하려는 것은 아니지만, 저 역시 고기 소비량을 많이 줄여야 하겠다고 다짐했습니다. 나아가 폴 샤피로가 『클린 미트』에서 설명한 대로 동물의 근육세포를 채취해 실험실에서 배양해 만든 청정고기 clean meat를 소비함으로써 공장식 사육 방식을 지양하도록 유도할 수도 있을 겁니다.

도 = 채식은 동물 사육과정에서 발생하는 바이러스가 팬데믹을 유발할 가능성을 낮출 수 있게 할 뿐만 아니라 환경보호와 기후변화 예방에도 엄청난 도움을 주는 것으로 알고 있습니다. 제 지인들 중에 채식을 하는 경우가 꽤 있는데 저는 4, 5년 전부터 아주 자연스럽게 동물 고기를 안 먹게 되었는데 아직까지 가끔 생선과 달걀을 먹기 때문에 엄밀한 의미의 채식주의자는 아닙니다. 아무튼 오히려 건강이 좋아졌다는 느낌으로 지냅니다.

이 = 채식주의운동 등 여러 면에서 코로나19 이전과 이후의 세상은 상당히 다르게 변화될 것으로 예상됩니다. 도널드 트럼프 미국 대통령이 기후변화란 없다면서 파리기후협약에서 탈퇴하는 등 특정 집단의 이익을 비호하는 행동을 하는 것은 팬데믹의 가능성을 높일 수 있다고 봅니다. 이번 코로나19에 대한 미국의 대응이 미흡해 전세계에서 가장 많은 확진자와 사망자가 등장한 것도 이런 막무가내식 리더십에서 그 원인을 찾을 수 있다고 봅니다. '미국 우선'이라는 시대착오적인 정책을 지지한 미국인들도 그 책임을 면하기 어렵다고 생각합니다. 잘못된 정치적 리더를 선택한 근본 원인은 미국인들의 공익정신이 허약해지고 집단의식 수준이 낮아진 것을 반영한다고 생각합니다. 우리는 미국의 경험으로부터 교훈을 얻어야 합니다.

팬데믹과 같은 사태가 발생하는 경우 권한을 위임 받은 전문가가 중심적인 역할을 해야 하고 대통령을 포함해 권력의 핵심부에 있는 사람들은 행정적으로 지원을 하는데 그쳐야 합니다. 자칫 정치적 계산을 바탕으로 함부로 말하는 것은 오히려 사태를 악화시킬 뿐이고 정말 중요한 것은 일반 대중이 전문가를 신뢰하는 가운데 이들의 조언을 충실하게 따라야 한다는 점입니다. 그렇지 않으면 본의 아니게 다른 사람에게 피해를 줄 수도 있다는 점을 인식하고 신중하게 행동하는 과정을 통해 집단의식이 상승할 수 있습니다. 이런 점에서 코로나19 사태가 모든 면에서 부정적인 것은 아니라고 봅니다.

도 = 이번 사태로 인해 우리 사회 전반의 집단의식이 좀 더 향상하지 않았나 생각합니다. 그리고 한국인의 민주의식과 공익정신이 미국이나 소위 유럽 선진국들보다 한층 더 우수하지 않나 생각합니다. 모든 문화권을 삽시간에 하나로 묶어주는 유튜브를 통해서 널리 전파된 바와 같이, 한국인들은 위기대응 능력이 탁월한 국민으로서 우수한 집단지성을 발현시킨 가운데 의연한 자세로 현명하게 대처했다고 봅니다. 제가 최근에 《논객닷컴》 칼럼에서 공유한 바와 같이 한국인들은 '보이지 않는 생각의 힘'**29)** 또는 정신적인 에너지에 의존하는 훈련이 평소에 잘 되어있기 때문이라고 봅니다.

이 = 물론 집단지성의 상승이 매우 중요하지만, 정치적 리더십이 주요 역할을 해야 할 또 다른 분야가 첨단과학기술 영역입니다. 현재 기하급수적으로 발전하고 있는 인공지능과 블록체인 기술을 적절하게 활용한다면 대중의 피해를 최소화하는 가운데 팬데믹 사태를 해결할 수 있을 겁니다. 인공지능 기술은 백신이나 치료제를 개발하는 데 소요되는 시간을 크게 단축시켜 줄 뿐만 아니라 빅데이터를 바탕으로 팬데믹의 발생 가능성을 사전에 파악하는 데 크게 도움을 줄 것입니다. 블록체인 기술은 공개분산 원장이라는 특성 그대로 의료진들이 바이러스에 감염된 사람들의 진행 경과에 대한 정확한 기록을 공유하는 가운데 가장 효과적인 치료 방법을 찾는데 크게 기여할 것입니다. 이번 사태는 너무 돌발적이어서 충분한 데이터가 축적되지 않았기에 이런 기술의 활용도가 낮았지만 앞으로는 달라질 것입니다. 따라서 사회구성원들의 집단의식이 상승하고 책임 있는 리더십에 힘입어 혁신적인 기술들이 건설적으로 활용된다면 어떤 팬데믹이 발생하더라도 보다 효과적으로 대처할 수 있을 것입니다.

도 = 코로나19 사태는 2020년도에 겪은 전염병 확산 추세가 진정된 후에도 앞으로도 아주 광범위한 사회적 변화를 일으킬 것으로 보입니다. 특히 인간관계나 지역사회 삶의 질 면에서 어떤 변화를 일으킬지 저는 큰 관심을 갖고 있습니다. 현 상황에 비추어 추측해 보건대 자가 격리와 모임 자제 등을 학습한 결과로 인해 앞으로 사회적 거리두기와 외출자제 등 얼굴을 대면하면서 인간관계를 유지하는 패턴이 계속 줄어들 것으로 보입니다. 물론 혼자서 집에서 명상하고 통찰하는 등 내면적 삶의 질을 높이는 좋은 현상도 증가하게 되겠지만 온몸으로 부딪치는 보다 인간적이고 덜 기계적인 사회관계망이 약화되지 않을까 염려가 되기도 합니다.

박 = 간화선 수행의 경우 대면對面 '입실점검'은 필수입니다만, 제가 속한 선도회 참선모임도 정부시책에 따라 지난 3월에 이어 4월에도 모든 지부 모임을 중단해오고 있습니다. 대학가도 대부분 봄 학기를 대면이 아닌 비대면 온라인 강의하며 오늘에 이르고 있습니다. 그래서 최근 저도 주로 재택 근무를 하고 있는데, 최근 제가 이번 학기에 맡고 있는 두 전공과목의 비대면 강의를 위한 온라인 동영상을 만들면서 문득 그냥 손을 놓고만 있을 것이 아니라 '비대면 재택 참선 모임'을 위한 법문 자료를 동영상으로 만들어 배포하면 좋겠다는 생각이 들어 곧 실행에 옮기려 하고 있습니다.

다른 한편, 대면 입실점검을 꼭 요청하시는 분들이 계셔서 세 분과 함께, 마스크를 쓴 채 입실점검을 포함한 특별 대면 참선 모임을 가졌었는데 이 모임을 마치고 바로 헤어지면서 제가 그 모임에 참석하신 교수님께 "고속버스를 왕복 8시간을 타시며 상경과 하경 하시느라 염려가 되네요?" 하고 여쭙자 "수행하게 되면 자연치유력이 저절로 길러지기 때문에 코로나19가 잘 감염되지도 않을 것이고 설사 걸린다 하더라도 잘 극복할 수 있으리라 확신합니다."라고 답하시고는 발걸음 가볍게 다시 고속터미널로 향하셨습니다. 저는 수행에 적극적인 이런 분들을 위해 앞으로 5인 이하의 이런 특별 모임을 가지면서 얻은 결과들을 수정 보완해 가면서 보다 안전한 소모임을 적극 활성화할 계획입니다.[30]

도 = 저도 박 교수님처럼 동영상 강의 등 새로운 변화에 적응하도록 노력해야 하겠다는 생각을 하지만 아직 실천에 옮기지 못하고 있습니다. 사실 저는 한국에 재정착한 후로 보다 깊이 있는 상호관계성을 통해 사회적 연대감을 확장시킬 수 있다는 기대감을 갖고 영성적 이슈에 관해 스스럼없는 대화를 나누는 소모임을 운영해 왔지요. 그런데 앞으로는 개인이나 집단의 물질적 이익 면에서 보다 효율적인 SNS관계망이 더욱 확장되면서 대면하는 오프라인 소모임 그룹이 더 크게 줄어들게 되지 않을까 우려됩니다. 그 대가로 사회 분위기가 더욱 삭막해지고, 바이러스처럼 익명으로 퍼지는 '박사방 사건'[31] 같은 범죄행동이 더욱 증가할까 염려하지 않을 수 없습니다.

이 = 사회복지학을 전공하신 분으로서 도 교수님은 충분히 그런 우려를 하실 수 있다고 생각합니다. 저는 경제학 관점에서 앞으로의 변화에 대해 생각하지 않을 수 없는데요. 대중 소비에 기반을 둔 현재의 시장경제 시스템이 얼마나 취약한지 절감하고 있습니다. 코로나19 사태 대응책으로 미국을 비롯해 여러 나라에서 천문학적인 재정 지원을 하고 무제한 양적 완화를 선언한 것은 전대미문의 조치입니다. 이 모두 글로벌 차원에서 급격한 소비 위축과 공급망 파괴로 인한 경기침체를 저지하기 위한 고육지책입니다. 이번 사태를 통해 현 자본주의 시장경제에 내재한 또 다른 심각한 문제가 드러났습니다. 그리고 이번 사태와 같은 팬데믹이 결코 일회성 사건이 아니라는 점에 공감한다면 이에 대비하는 새로운 시스템을 구축해야 한다는 데 모두 동의할 것입니다. 빌 게이츠는 테드 강연에서 팬데믹에 대처하기 위해서는 효과적인 공중보건 시스템, 의료 분야 전문 인력확보, 의료진과 군대의 합동작전, 세균전 모의실험 및 백신과 치료제에 대한 연구개발 투자의 확대 등 다섯 가지를 준비해야 한다고 강조한 바 있습니다.

이번 사태에 있어 미국에 비해 우리나라가 더 효과적으로 대처할 수 있었던 것은 우리의 공중보건 시스템이 미국보다 잘 정비되어 있기 때문이라고 봅니다. 미국에서는 신자유주의 경제정책과 관련하여 의료보험을 민영화한 후 이 분야에의 투자가 거의 이루어지지 않았습니다. 그렇지만 우리나라의 경우에도 공중보건 분야에 대한 투자는 여전히 매우 미흡합니다. 예컨대 백신이나 치료제는 민간기업보다 공공 연구소에서 개발하는 것이 더 효율적일 수 있습니다. 이윤을 추구하는 기업은 이런 분야에 별로 관심이 없기 때문입니다.

도 = 사실 사회복지 면에서 훨씬 더 진보적인 생각을 하는 지도자들을 무조건 '빨갱이'로 몰아서 정치적, 경제적, 그리고 종교적인 기득권까지 유지시켜온 사람들은 미국보다도 더욱 큰 기세로 지난 몇 십년간 신자유주의를 옹호해 왔지요. 민주주의는 사회주의적 성향에서부터 자본주의적 성향까지 그 이념의 스펙트럼이 다양한 것임에도 불구하고 우리나라에서는 6.25전쟁으로 인해 정서적 트라우마에 갇혀 있는 사람들을 정치경제적으로 이용하는 극심한 신자유주의 정책을 미국보다도 오히려 더 열렬하게 펼쳐온 면이 있습니다. 코로나19 사태는 특히 경제적으로 부유한 기득권층이 사회구성원들이 다 같이 건강하지 않으면 자신만의 부와 안녕을 유지할 수 없다는 것을 절감하게 했다고 봅니다. 미국에서 1929년 경제대공황으로 인해 자본주의 체제의 약점을 보완하기 위해 1935년에 사회보장제도를 처음 도입했던 것처럼 이번 전염병 사태는 사회복지 체제 면에서 한국사회에 큰 반향을 일으킬 것으로 생각합니다. 이를테면 선별적 복지에서 보편적 복지 개념으로의 전환이 그 만큼 앞당겨 질 것으로 봅니다. 경기도의 경우에 코로나19 긴급사태가 진정되기 전부터 재빠르게 모든 도민이 차별 없이 '재난기본소득'을 혜택 받게 되었지요.

이 = 그렇습니다. 제 생각에도 보다 진보적인 복지제도로 옮겨가는 효과가 있을 것으로 보입니다. 그리고 잘 아시는 바와 같이 공중보건 시스템에 더 많은 투자가 필요한 이유는 팬데믹 사태가 발생하는 경우 가장 큰 피해자는 저소득층이기 때문입니다. 사회역학자 리처드 윌킨슨Richard Wilkinson(1943~)이 『평등이 답이다』에서 주장했듯이 불평등이 심한 사회일수록 저소득층은 각종 전염병으로 고생할 가능성이 큽니다. 따라서 불평등으로 인한 부작용을 완화하고 사회 양극화를 해소하기 위해서라도 공중보건 분야에 대한 투자를 늘려야 합니다. 그런데 이를 위해서는 스마트한 정부가 건재해야 하고, 이런 정부는 스마트한 국민을 전제로 한다는 점을 유념할 필요가 있습니다. 한마디로 전염병 대유행을 염두에 둘 때 우리 모두 더욱 깨어 있어야 한다는 것입니다. 개인의 이해관계를 넘어서 공적 문제에 대한 비판적인 사고 역량을 키워야 합니다.

코로나19 사태 이후 또 한 가지 주목해야 할 부분은 정부 차원의 감시 체제의 확대 위험성입니다. 세계적인 역사학자 유발 하라리가 이번 긴급 사태와 관련하여 《파이낸셜 타임스》 및 《타임》과의 연속 인터뷰에서 경고한 바와 같이, 정부 권한을 동원하여 바이러스가 전파되는 경로를 효과적으로 차단할 수 있다는 신념이 확고해지면 이 주어진 권력을 질병 통제는 물론 다른 정치적 목적을 달성하는데 남용할 가능성이 커집니다. 평상시에 적용할 수 있는 정당한 요구는 아니지만 코로나19 이후에도 이를테면 개인정보보호와 건강 가운데 하나를 선택하라고 하면 대부분 사람들은 건강을 선택하게 될 것이라는 거죠.

이런 하라리의 주장은 새로운 것이 아니라 이미 저서 『호모 데우스』와 『21세기를 위한 21가지 제언』에서 누누이 강조한 데이터주의 및 인간 해킹과 관련된 문제입니다. 인공지능 알고리즘을 장악한 정부나 거대 기술기업은 우리의 행동뿐만 아니라 신진대사와 생리작용까지 들여다 볼 수 있는 기술을 갖게 되었습니다. 이번 사태가 아니더라도 빅데이터와 인공지능 알고리즘의 발달로 인해 민주주의와 자본주의가 위기에 처할 것으로 경고하는 목소리가 끊이지 않고 있습니다. 이런 상황에 팬데믹까지 가세하게 됨으로써 전체주의를 추종하는 세력들이 점차 득세할 가능성을 배제하기 어렵습니다.

도 = 미래사회가 전체주의로 전락하게 될까 염려하시는데 저는 개인적으로 인간의 오랜 영성적 지혜가 그런 위험을 막도록 총동원될 것이라고 매우 낙관적인 기대를 하고 있습니다. 그것은 지금까지의 인류 역사에서 수많은 퇴행적인 실수를 반복한 것도 사실이지만 큰 맥락에서 보면 노예제도 폐지와 여성평등권 도입 등 사회제도 면에서 계속 진보해 왔기 때문이고 일보 후퇴하고 이보 전진하는 나선형적인 진화의 방향은 앞으로도 바뀌지 않을 것으로 봅니다.

이 = 그런데 저는 경제학자 프리드리히 하이에크Friedich Hayek(1899~1992)**32)**가 2차 세계대전 막바지 영국 정부 내에서 전쟁을 승리로 마감하게 된 상황에서 자유시장경제 대신 계획경제에 대한 향수가 커지는 것을 목격하고 『노예의 길』이라는 책을 쓰게 되었다고 서문에서 밝힌 것이 생각나는군요. 하이에크는 전체주의로 향하려는 충동을 경고하기 위해서 이 책을 썼는데 하라리의 경고도 같은 맥락에서 이해할 수 있다고 봅니다.

도 = 저는 오히려 이번 사태에서 얻은 학습효과로 인해 전체주의적인 감시체계를 강화시키기보다는, 한국 정부에서 다른 나라에 앞서 모범을 보인 것처럼 정확한 정보를 시민과 공유함으로써 서로를 배려하고 감염 확산을 최소화할 수 있도록 자발적으로 상호 협력하며 글로벌한 사회적 연대를 높일 수 있을 것으로 기대합니다.

이 = 그저 우려에 그칠 것으로 바라는 마음이지만 만약 정부의 통제를 강화하려는 정치세력과 합세하여 금융자본까지 기득권을 유지하려 한다면 그야말로 미래는 결코 순탄하지 않을 것으로 보입니다. 제 생각에는 더 많은 사람들의 복지를 추구하는 민주주의와 자본주의로 진화하기 보다는 그 반대일 가능성이 점점 커지고 있습니다. 이를 저지할 수 있는 대안으로서 번영의 공유를 위한 연대, 타인의 고통에 대한 공감, 맹목적인 경쟁보다는 협력, 그리고 서로에 대한 신뢰를 바탕으로 정의를 실현할 수 있는 공동선 경제를 추구해야 한다는 것이 제 생각입니다. 이런 가치를 실현할 수 있는 사람들로 이루어진 사회라면 이는 틀림없이 영적으로 성숙한 사회일 것입니다. 치열한 삶 속에서 매일매일 드러나는 자신의 모습을 통해 영적 성숙을 확인하고 발전시켜 나가려는 사람들이 앞으로 더 많이 등장하기를 바라는 마음입니다. 그럼으로써 우리 주변에서 하이에나처럼 탐욕스러운 눈초리로 먹잇감을 찾고 있는 여러 유형의 영적 사기꾼들을 사회에서 영구히 추방할 수 있다고 생각합니다.

송 = 원시반본元始反本, 또는 '오래된 미래'라는 말로써 인류 미래의 방향이 예고되기도 합니다만, 순박했던 우리 옛 조상들을 칭송했던 중국 사서史書들의 내용을 상기할 필요가 있을 것 같습니다. 한영우 교수의 저서 『한국선비지성사』에 이런 구절이 있습니다.

우리 민족은 예로부터 군자의 나라, 신선의 나라, 대인의 나라라는 칭송을 들어왔다. 2500년 전 공자도 인의仁義정치가 이루어지지 않는 당시 시대를 한탄하면서 '뗏목을 타고 바다로 가서 구이九夷의 나라에 가서 살고 싶다'고 했다고 한다. 제자가 '그곳이 누추하면 어떻게 합니까' 물으니, '그곳에 군자가 살고 있는데 어찌 누추함이 있겠는가'라고 답했다고 한다. 『후한서後漢書』 「지리지地理志」에는 구이가 곧 조선이라고 해석하고 있다. 이때부터 조선은 군자국君子國이라는 칭호를 얻게 된 것이라 한다.(…) 또한 한대漢代 지리서인 『산해경山海經』에는 '동방에 군자의 나라가 있고 불사지민不死之民이 있다' 했

으며, 동방삭이 지은 『신이경神異經』33)에는 한층 구체적으로 동이족
의 풍속이 이렇게 소개되어 있다. '항상 공손하게 앉아서 서로 다투
지 아니하고 서로 존경하여 헐뜯지 아니하고, 다른 사람의 어려운 일
을 보면 죽음을 무릅쓰고 구해준다. 이름 하여 군자국이라 한다.'

위 글에서처럼 군자, 선비, 신선은 바로 영성이 빛나는 사람과 다름 아
니겠지요. 저는 그 시대가 그리울 뿐입니다.

도 = 네. 군자, 선비, 신선이라는 우리말은 참으로 정감이 가는 옛날
용어입니다. 동양철학을 연구하다가 한국의 오랜 영성적 삶의 전통에 매
료되어 아예 한국으로 귀화한 서양학자들과 종교인들도 꽤 있는데 우리
의 정적인 정신문화에는 옛 유학자처럼 몸과 마음의 수행을 중시하는
'고요한 아침의 나라'에서만 볼 수 있는 선비문화가 살아있다고 봅니다.

블레즈 파스칼Blaise Pascal(1623~1662)이 유명한 명상록, 『팡세Pensées』
에서, "인류의 모든 문제들은 방에서 혼자 조용히 앉아 있지 못하는 데에
기인 한다"고 하였는데, 이번 코로나19 사태로 인한 사회적 거리 두기
정책으로 인해 자발적으로 의도한 것은 아니지만 많은 사람들이 내면을
들여다보는 시간을 좀 더 가질 수 있었다고 봅니다. 설사 영화나 게임 등
에 훨씬 많은 시간을 썼다 해도 평상시보다 훨씬 외부 활동량이 줄었기
때문에 명상이나 자기 통찰 등으로 혼자만의 시간을 더 많이 보낼 수 있
었겠지요. 이 시간을 저는 원치 않은 유행병이 가져 온 예기치 않은 집단
적 자기 성장의 기회라고 생각했습니다. 어쨌든 바이러스의 침공을 받은
인류의 미래가 앞으로 어떻게 변하게 될지 누구나 다 생각할 수밖에 없
는 계기가 마련되었지요.

송 = 제 자신부터 수신修身에 더욱 역점을 두는 삶을 살아야겠다고 다짐을 합니다만 명상, 수행, 기도의 생활화로써 다 같이 보다 맑고 밝은 존재로 나아간다면 바야흐로 영성의 시대는 열려 가리라 믿습니다. 저는 개인적으로는 더 자주 대자연을 접하고 더 깊이 있게 '저절로 신선춤'을 연마해나가려고 합니다. 그래서 보다 정화된 생명체, 의식체로 나아가며 사랑과 평화의 에너지, 파동, 진동을 주위에 발산할 수 있다면 더 이상의 축복과 영광은 없을 듯합니다.

도 = 덧붙이자면 모든 미래 상황에 대해 미리 알려들지 않고 평안한 마음을 유지하는 능력은 제가 미국 동부에 있을 때 숭산 스님 제자들이 "Don't Know" 의식에 집중하던 명상법과 같이 초연함을 일상 생활에서 실천가능하게 한다고 생각합니다. 요즘 코로나19 사태에 대응하는데 도움을 주고자 하는, 영성멘토spiritual mentor로 자처하는 명상가들이 '영성산업'에 필요한 테크놀로지가 특히 발달한 미국에 꽤 많이 있는데요. 그 중에서 켄 윌버의 통합연구소Integral Institute 초대 설립이사이자 진화영성evolutionary spirituality 분야의 연구자로서 전 세계적 활동을 펼치고 있는 크레이그 헤밀턴Craig Hamilton은 불확실성을 받아드리는 능력을 포함해서 위급 상황에서 생존하는 영성기술 6가지를 아주 평이하게 설명한 바 있습니다.

- 불확실성을 포용하고 모르는 상태에서 살아가는 능력
- 어려운 상황에서조차 흔들리지 않고 꾸준히 중심 잡는 능력
- 통제하려 들지 않으면서 믿음을 가지고 즉흥적으로 편안한 흐름 속에 사는 능력

- 좀 더 나은 미래를 기다리지 않고 지금 이 순간에 최선을 다하겠다는 의지
- 분열과 위기 속에 진화적인 방향성을 가져옴으로써 허약함을 이겨내는 능력
- 도전적인 상황에서조차 가슴을 열어두고 무한한 사랑의 전달통로가 되는 능력

박 = 앞에서 대담에 참여하신 선생님들께서 코로나19 사태 관련 주제에 대해 두루 좋은 말씀들을 해주셨는데, 저는 여기에 상보적이라고 사료되는 '죽음 직시'에 관한 성찰내용을 덧붙이는 것으로 대신하겠습니다. 코로나19로 인해 지구촌 곳곳으로 감염과 죽음의 공포가 확산되고 있는 이때, 감염 예방에만 급급할 것이 아니라 걸림돌을 디딤돌로 삼아 시기적절하게 죽음을 직시하며 이에 관해 진지하게 성찰해보면 좋을 것 같습니다.

저의 경우 봄꽃이 피었다가 지는 요즈음 매년 온몸으로 되새기는 선어禪語가 있는데 '비가 오지 않아도 꽃은 지고, 병에 걸리지 않아도 사람은 반드시 죽네(불우화유락不雨花猶落 무병인필사無病人必死).'라고 합니다. 이 선어는 봄 학기마다 제가 강의를 맡은 과목 시간에 한 번은 꼭 칠판에 쓰면서 학생들과 함께 그 뜻을 새기곤 합니다. 이 책 1부에서 제가 빅퀘스천으로 소개드린, 간화선 수행자로 하여금 온몸으로 죽음을 돌파하게 하는 '도솔삼관' 화두도 한 번 깊이 살펴야 할 가르침이지요.

도 = 네. 죽음에 대한 초연함은 많은 수행자들이 도달하고자 하는 의식 수준인데 특히 젊은 사람들의 경우에는 평소에 죽음에 대해 별로 생

각하지 않고 지내다가 코로나19 사태 같은 위기를 맞이하면 더욱 힘든 상황이 연출될 수밖에 없다고 생각합니다.

박 = 사실 오늘날 젊은이들의 수명이 평균 100세 시대를 맞이했다고는 하나, 우주의 역사인 138억 년 세월에 비하면 찰나보다도 짧은 시간입니다. 그렇기 때문에 그저 집에 주로 머물며 활동을 최소화하면서 단지 기계적인 수명만을 연장하기보다는 그 어떤 상황 속에서도 하루 빨리 죽음의 공포를 떨쳐버리고 일상으로 복귀할 수 있도록, 세상 떠나는 날까지 우리 모두 각자 있는 그 자리에서 늘 틈날 때마다 각자 코드가 맞는 방식으로 자기 성찰을 이어가는 동시에, 함께 더불어 가치 있는 일에 온몸을 던져 몰입하는 태도를 익히는 것이 가장 시급한 일이라 판단됩니다.

영성적 메시지 – 어떻게 전할 것인가?

도 = 이 흥미진진하고 유익한 담화를 마무리하기 전에 평상시나 비상시에 모두 이 세상을 살아가는데 도움이 되는 영성적인 메시지를 어떻게 전할 것인가에 대해 잠깐 대화를 나누면 좋겠습니다.

이 = 요즈음 영성을 강조하는 많은 책과 동영상 그리고 웹사이트를 쉽게 접할 수 있습니다. 이런 점에서 인터넷은 영성의 측면에서도 획기적으로 기여하고 있는 것 같습니다. 개인적으로는 이것이 인류가 새로운 문명을 추구해야 한다는 계시처럼 느껴집니다. 개인의 에고를 초월한 '그 무엇'에 대한 동경을 영성이라고 한다면 이는 분명 인류 전체에 큰 희망을 줄 수 있다고 봅니다. 그런데 정작 중요한 문제는 이와 관련된 메시지를 전달하는 방식에서 찾을 수 있다는 생각이 듭니다. 자칫 오해의 소지가 많기 때문입니다. 특히 제도권 종교의 경우 이로 인해 갈등이 증폭되어 오지 않았습니까? 이와 관련해 원로 종교학자 길희성 교수님이 저서 『종교에서 영성으로』에서 다음과 같이 지적한 것은 시의적절하다고 생각합니다.

> 모든 종교가 공통으로 증언하는 것은 '인간은 영성을 지닌 존재로서 어떤 보이지 않는 초월적 실재를 지향하는 영적 존재'라는 것이다. 이 초월적 실재가 우리 밖에 타자로 존재하든 혹은 인간 내면과 우주 만물의 깊이에 내재하든, 종교는 인간에게 오감을 통해 외부 세계에

관여하는 감성이나 사고 활동을 하는 이성과는 다른 차원의 영성이라는 성품이 있다고 믿는다. 그리고 이 영성을 자각하고 실현하는 일이야말로 종교의 근본목적이라고 가르친다. 이에 비하면 종교와 관련된 여타 현상이나 관심들은 어디까지나 부차적이다. 종교를 평가하는 기준이 한 가지 있다면 나는 이제 주저 없이 한 종교가 얼마나 많은 영적 인간들을 만들어내는가에 있다고 말할 것이다.

오랫동안 대학에서 경제학을 가르쳐 온 제 입장에서 돌이켜볼 때 가장 후회스러웠던 점은 학생들에게 효과적으로 메시지를 전달하지 못했다는 것입니다. 제 나름대로 이런저런 방법을 사용해보았으나 학생들이 주의를 집중하게 하고 공부 의욕을 높이는 데 별 효과가 없었던 것 같습니다. 그런데 송 원장님은 젊어서부터 영성 세계에 관심을 가져오셨고 오랫동안 명상과 힐링을 전문으로 하신 분으로서 분명 효과적인 방법을 알고 계시리라 생각합니다. 오늘날 현대인들은 정보기술 덕분에 필요한 모든 정보를 쉽게 얻을 수 있기 때문에 모든 것이 점점 확실해지는 것 같지만 실제로는 더욱 불확실한 세상에서 살고 있는 것 같습니다. 이로 인한 정신적 스트레스가 지구적 차원에서 대안을 모색하게 만드는 촉매로 작용하게 되었다는 생각이 듭니다. 이를테면 칼 융이 말한 집단무의식이라든가 지구적 차원에서의 공명共鳴과 같은 것일 수 있습니다. 이런 면에서 송 원장님의 경우 사십여 년에 걸친 영적 여정의 마지막 종착지로 춤을 택하시게 된 배경이 궁금합니다.

송 = 개방과 공유의 인터넷 시대에 메시지를 효율적으로 전달할 수 있는 SNS의 눈부신 발달은 영성의 시대를 열어가는 데 크나큰 기여를 할 것임에 분명합니다. 그러나 지적인 이해를 넘어서는 직접적인 체험이 있어야겠지요. 저는 우리 사회에 영성 축제가 왕성하게 펼쳐지면 좋겠습니다. 자연과 명상과 예술이 함께 어우러지는 멋진 풍류 한마당을 꿈꾸어봅니다. 여기에 춤과 음악, 문학이 함께 하겠지요.

작년 5월 '제주 돌문화공원 설문대할망제'에 '저절로 신선춤 함께 춤추기' 프로그램으로 참가한 적이 있습니다. 숲속에 스무 사람 정도 모여서 두 시간 함께 춤추었습니다. 세상의 소음에서 벗어나 새소리 바람소리만 들리는 숲속의 공기는 신선하고 향기로웠고 나무들 사이로 스며드는 햇빛은 신비롭기까지 했습니다. 몸과 마음이 저절로 맑아지는 가운데 다들 그야말로 '저절로' '저절로 신선춤'을 추면서 하나로 어우러지는 감흥이 도도했지요. "풍류가 세상을 건지리라"는 근대 어느 도인의 말씀에 크게 공감하면서 저는 이 길을 통해 영성의 시대를 열어가는 일에 기여하고자 합니다.

이 = 고조선 이래 우리는 가무음곡歌舞音曲에 능한 민족이었죠. 지금도 노래자랑 예능 프로그램들이 대중적인 인기를 끄는 것도 이런 전통과 무관하지 않은 것 같습니다. 사실 노래와 춤은 불가분의 관계에 있으니 노래가 자연스러운 만큼 춤 또한 자연스럽게 다가올 수 있다는 생각이 듭니다. 아무튼 제 경험에 비추어 볼 때 사람들은 자신이 어색하게 느끼는 행위는 결코 하지 않으려 합니다. 예컨대 우리 사회에서는 선생님에게 질문하는 풍토가 형성되어 있지 않습니다. 질문하게 되면 다른 사람들이 곱지 않은 시선을 보내는 것을 두려워하기 때문이지요. 이런 의미에서 저도 앞으로는 사람들이 자연스럽게 공감할 수 있는 방법으로 소통하도록 노력하려고 합니다. 이를 위해서는 다른 사람의 실수를 지적하기

보다는 더 나은 대안에 대한 논의를 통해 스스로 발견의 기쁨을 누릴 수 있도록 하는 것이 좋다고 봅니다. 누구든 자신의 길을 개척할 능력이 있으며 이를 실천하는 것이 바로 인간으로서의 존엄성을 실천하는 것이라고 생각합니다.

박 = 제 경험을 말씀드리자면 저는 전공을 살려 영성적 삶의 중요성을 늘 먼저 다음과 같이 머리로 이해시킵니다.

물리학에 따르면 오늘날 우리가 살고 있는 우주의 역사는 대폭발 이후 약 138억 년의 세월이 흘렀습니다. 그런데 만일 지금에 이르기까지 낳아주신 부모님을 포함해 우주의 조건이 조금이라도 달라졌더라면, 우리는 현재 이 순간 존재하지 못했을 것입니다. 그렇기 때문에 종교의 힘을 빌려 설명할 필요도 없이 사람으로 태어날 확률이 거의 영에 가까운 우리는 지금 숨 쉬고 있는 그 자체만으로도 신비롭고 소중한 존재가 아닐 수 없습니다. 그러니 이런 존재들에 대해 최근 끊임없이 제기되고 있는 '헬조선'이니 '금수저'니 '흙수저'니 하는 논쟁은 무의미하겠지요.

그런 다음 "그런데 비록 머리로는 소중한 존재라는 것을 이해했다고 하더라도 온몸으로 체득해 그런 존재답게 살아가는 것은 별개입니다."라고 하며, 자기 성찰의 필요성을 저의 선 수행 체험을 바탕으로 다음과 같이 역설하며 오늘에 이르고 있습니다.

사실 누구나 지금까지 살아온 삶을 피상적으로 뒤돌아보면 후회스러운 일들도 적지 않을 것입니다. 그러나 우리들 자신을 세밀히 되돌아 보면 지금까지의 삶이 희유한 인연의 이어짐으로 오늘에 이르게 되었음을 누구나 어렵지 않게 자각할 수 있을 것입니다. 그리고 이 자각을 바탕으로 현재 아무리 처한 상황이 어렵다고 할지라도 남은 생애 동안 일상 속에서 바르게 자기 성찰의 삶을 치열하게 이어가며 '향상일로向上一路', 즉 남과 비교할 수 없는 나만의 유일무이한 향상의 길을 걷다보면 언젠가 신비로운 존재에 걸맞는, 통찰과 나눔이 둘이 아닌 '통보불이洞布不二'의 값진 삶을 살아가고 있는 자신을 온몸으로 체득하는 때가 반드시 올 것입니다.

덧붙여 만일 제대로 체득했다면 상대방 역시 소중한 존재이기 때문에 역시 끊임없이 제기되고 있는, 탐욕과 분노와 어리석음에 휘둘리고 있는 이들의 '갑질'도 결코 일어날 일이 없겠지요.

여기서 '바른 성찰 태도'라는 뜻은 과거를 냉철하게 돌아보며 잘못된 점을 뼛속 깊이 반성하고 다시는 같은 잘못을 반복하지 않겠다는 서원을 하고, 미래를 전망하며 일생을 바칠 만한 가치가 있는 꿈과 목표를 세운 다음, 이의 실현을 위해 함께 더불어 있는 그 자리에서 온몸을 던져, 지금 이 순간 하고자 하는 일에 몰입하는 것입니다.

참고로 2017년 1학기에 개설된 교양과목인 '참선'의 중간고사 직후에 제출한 '일상 속 변화'란 과제에 대해 서강대 수강생(2011학번)의 '참선의 긴 호흡은'이란 제목의 성찰 글을 통해 저의 영성적 메시지 전달 효과를 엿볼 수 있을 것 같아 소개를 드립니다.

참선 수업을 수강한 지 50일이 되었다. 학교를 다니면 시간이 참 빨리 지나간다. 참선 수업은 내가 졸업하기 전에 꼭 듣고 싶어 했던 수업이다. 자리에 앉아서 호흡하는 연습을 하면 집중력이 올라가고, 기억력이 좋아진다는 얘기를 어릴 적에 들었다. 운이 좋게도 마지막 학기에 와서야 참선을 수강하게 되었다.

학기 초반의 내 모습을 얘기하자면, 많이 혼란스러운 상태였다. 20년 남짓 유지해왔던 학생의 신분을 벗어나서, 이제는 사회를 바로 눈앞에 두고 있었다. 직업에 대한 고민과 아직 홀로서지 못한 답답한 마음이 나를 매일 짓눌렀다. 이전에는 당연하게 주어졌던 일상이, 결코 저절로 만들어진 것이 아니었다. 크나큰 변화 속에서 마음을 차분하게 유지할 필요가 있었다.

교수님의 강의 중에서 일본의 선사를 찾아간 한 사람의 이야기가 있다. 혼란스러운 그에게 선사는 '잠시 앉아보라'는 얘기를 했다고 한다. 당시에는 그 뜻을 몰랐지만, 나중에서야 참선을 권유하는 내용인 것을 깨닫고, 후회했다는 이야기였다. 하지만 참선을 해보면 안다. 그 앉아 있음이 큰 도움이 되긴 하지만, 그 만큼 힘든 과정이라는 것을.

처음으로 15분 참선을 할 때 정말 좀이 쑤셔서 가만히 있질 못했었다. 익숙하지 않은 자세는 불편하고 수를 세는 일은 너무 지루했다. 교수님은 아마 열을 세기도 힘들 거라 얘기하셨다. 교수님은 나를 너무 과대평가하셨다. 내 집중력은 다섯에도 미치지 못했다. 내가 얼마나 잡다한 생각을 하면서 사는지 알 수 있었다. 처음에는 오히려 마음이 더 답답해졌다. '내가 고작 이것밖에 안 됐었나?' 하는 조급한 마음을 가졌다.

하지만 두 번째 시간부터는 마음이 차분해졌다. 이 차분한 마음속에서 한 가지를 발견할 수 있었다. 우리 세대는 스마트폰과 함께 살아간다. 한순간이라도 손에서 떼놓는 순간이 없다. 특히 나는 스마트폰 중독이라 할 수 있는 것이, 하루의 시작과 끝을 스마트폰과 함께 했다. 일어나서 뉴스를 보고 동영상을 보며 정신을 깨우고 자기 전에는 각종 영상을 보다가 자연스럽게 잠들었다. 몇 시간을 자도 개운치 못한 아침에 스마트폰 없이 어둠 속에 있으면 불안한 마음. 나는 나도 모르는 사이에 중독이 되어있었다.

참선 시간은 내가 잠시나마 스마트폰과 떨어져있는 시간이었다. 참선을 하면서 새로 느낀 점은 비단 스마트폰에만 중독되어있는 것이 아니라는 점이었다. 우리 현대인은 '생각'에 중독되어 있다. 우리가 스마트폰을 찾고, 담배를 피우고, 술을 마시는 이유는, 한순간이라도 생각이나 정보 처리를 하지 않으면 불안하기 때문이다.

참선을 하면서 쉬지 않고 잡다한 생각을 하는 내 모습을 제대로 볼 수 있었다. 생각은 짧은 호흡에서는 의미가 없어지기 마련이다. 문단의 의미를 벗어난 문장이 별 의미가 없듯이 말이다. 참선의 긴 호흡은 집중력을 높여주어 생각의 단위를 넓혀준 것 같다.

사실대로 얘기하자면 수식관 자체도 아직 버겁다. 성실하게 수를 세보지만 순간적으로 집중력이 흐트러진다. 남들보다 내 수행 속도가 느리다고 볼 수 있다. 그래도 계속해서 수를 세다보면 내가 수를 세고 있던 것을 까먹을 때가 있다. 아직은 그런 순간이 몇 번 없었지만 나의 참선은 그 순간을 위해 정진하는 것이 목표다. 마치 군대에서 행군할 때의 느낌이다. 행군을 시작하고 두 시간은 너무 힘들고 괴롭지만 계속 가다 보면 힘들다는 사실조차 잊고 집중하게 된다. 이번 기말고사 전까지는 이런 집중의 순간을 보다 빠르게 다가오게 하는 것이 목표다. 모든 것을 잊고 정진할 때 인간은 행복하다고 하지 않던가. 기말고사 때는 보다 확실하게 삶의 질이 올라갔음을 보여줄 수 있도록 하고 싶다.

이 = 자신의 내면을 깊이 통찰할 수 있도록 유도하는 박 교수님의 교수법에 공감합니다. 앞에서 제가 비교우위 원리를 소개했는데, 영적 메시지를 전달하는 경우에도 적용될 수 있는 것 같습니다. 송 원장님의 경우 다양한 영적 체험을 하셨기에 이를 관통하는 메시지를 춤이라는 하나의 통합된 이미지로 표현하실 수 있었을 것이라는 생각이 듭니다. 즉 송 원장님이 다양한 영적 프로그램들을 바탕으로 하면서 춤이라는 방식으로 자신의 프로그램을 고안하신 것은 여기에 비교우위가 있다고 보았기 때문이지요. 박 교수님의 경우도 마찬가지라는 생각이 듭니다. 우주적 관점에서 시작해 점차 자신의 내면으로 향하는 것은 상당한 공감을 불러올 수 있다고 봅니다.

마찬가지로 저 또한 앞으로는 더욱 더 비교우위 원리에 입각해 제 나름대로 영적 메시지를 전달할까 합니다. 저는 각자 처해 있는 경제 현실을 출발점으로 삼아 자신의 삶에서 가장 중요한 의미가 있는 것이 무엇인지 스스로 생각해보는 훈련을 하자고 말하고 싶습니다. 돈이 필요한 사람은 아마 돈을 버는 것이 가장 의미 있는 일이라고 답할 것입니다. 그러다가 어느 정도 돈을 번 후에도 여전히 돈을 버는 것이 과연 여전히 가장 의미 있는 일인지 생각해 보는 기회를 갖게 될 것입니다. 이때 의미의 선택은 본인이 하는 것입니다. 언제라도 자신이 주체가 되어 자신의 의미를 발견하고자 분투한다면 에고에 집착하는 궁핍한 삶으로 귀결될 가능성은 매우 낮다는 것이 제 전망입니다. 각자 자신이 잘하는 일에 몰두하면서 끊임없이 자신에게 가장 중요한 의미는 무엇인지 묻기를 바라는 것입니다. 그러다 보면 문득 자신만의 영성의 길을 발견할 것으로 믿습니다. 오롯하게 자신의 자유의지를 반영한 유일한 길 말입니다.

도 = 제가 개발해 오고 있는 영성지능 관련 워크숍도 자발적인 참여와 자유의지를 핵심으로 하는 내용이 주를 이룹니다. 자아를 인식하는 독립된 인간으로서의 본질적인 모습과 물질현상 너머의 내면 의식세계를 스스로 발견하는 능력은 누구에게나 잠재해 있으므로 자발적으로 자기의 영성적인 정체성을 알아채는 과정이 필수적이라고 생각합니다. 자기초월적인 메시지를 각자의 영혼에서 스스로 발견하여 내면에 현존하는 대아(大我, Self)가 소아(에고, self)에게 전달하는 역할도 결국 자기 자신이 하고 있다는 것을 알아차릴 수 있어야 하는데 그 과정에서 정서적, 심리적 지원을 하는 것이 영성적 메시지를 전달하는 사람의 주된 역할이라고 봅니다. 그래야 자신의 내면에 현존하는 신성한 힘이 저절로 행복감을 느끼게 되고 또한 자기 밖의 세계에도 그 행복감을 전파하는 귀한 존재로서의 자아실현이 완성될 테니까요.

이 = 지금까지 여러분들과 대담을 나누면서 저도 많은 것을 배울 수 있었습니다. 다시 한 번 배움에는 끝이 없다는 것을 실감합니다. 특히 각자 자신의 분야에서 평생에 걸쳐 정진해 오신 분들과 나누는 이런 대화는 정말 소중하다고 생각합니다.

저는 이 대담에서 요즈음 한국사회가 직면한 상황에서 상당히 의미 있는 주제들을 어느 정도 성공적으로 다루었다고 생각합니다. 대한민국은 여전히 지구상에서 유일하게 분단된 나라이면서 과거사가 아직 제대로 정리되지 않아 많은 사람들이 고통을 받고 있으며 이로 인한 사회적 갈등이 근원적으로 해결되지 않은 불안정한 상태에 놓여있습니다. 이런 상황에서는 이성적 사유보다는 감정적 반응이 우세하기 마련입니다. 그러면 깊은 차원에서 우리 모두가 공감할 수 있는 방법으로 문제가 해결되기를 기대하기 어렵습니다. 이성과 감성이 제 역할을 할 수 없는 상황에서 우리가 의지할 것은 영성이 될 수밖에 없다는 생각이 듭니다. 이런 의미에서도 개인의 영성, 나아가 사회적 차원의 영성적 자본을 고양시키는 실천 가능한 방안을 모색하는 작업은 일부 영적으로 깨어난 사람들만의 몫이 아니라고 생각합니다. 현재 우리들뿐만 아니라 앞으로 이 땅에서 살아갈 후손들 모두 인간으로서의 존엄성을 유지하는 가운데 각자 추구하는 삶을 살아갈 수 있는 사회풍토를 조성하기 위해서는 많은 사람들이 영적 각성의 절실함을 느껴야 할 것입니다.

송 = 저는 이 담화를 통해서 앞으로 닥칠 어려운 환경에서도 우리가 함께 조화로운 삶을 살아가기 위한 의미 있는 일을 할 수 있다는 것을 다시 한 번 깊이 인식하는 기회가 되었습니다. 자신의 영적 세계를 추구해 온 여러분들과 나눈 대화가 독자들의 마음을 움직이는데 조금이라도 도움이 되었으면 하는 바람입니다.

도 = 지금까지 여러분과의 대화를 통해 영성이 현 시대를 사는 우리 모두에게 얼마나 중요한 주제인지 그리고 우리가 함께 나누는 영성지능적인 세계관과 집단지성이 앞으로 우리 사회를 어떻게 더 살기 좋은 진보된 통합사회로 이끌어 갈 수 있는지를 깊이 숙고하는 기회가 되었다고 생각합니다. 개개인이 내면적으로 한층 더 성숙한 사람이 됨으로써 멋진 신세계에서 다함께 만족한 삶을 살 수 있다는 생각은 단순한 낙관론자의 희망사항이라거나 공허한 비전이 아니라 실현가능한 미래가 될 수 있다는 것을 공감할 수 있었습니다. 현재 우리가 실천하는 공익 중심 행동과 우주적 사랑 에너지에 근거한 지혜와 자비야말로 아름다운 미래사회의 골격이 될 것입니다. 그래서 더욱 깊은 감사의 말씀으로써 2, 3부 담화를 모두 마치겠습니다. 여러분 모두 수고 많으셨습니다.

미주

1부 영성; 삶의 마중물 01 하나됨, 의식의 길

1) 만트라mantra는 여러 종교에서 다양하게 사용되고 또한 각 종교 내의 다른 철학 학파의 학자들마다 다르게 정의를 내리고 있기 때문에 만트라에 대해 일반적으로 받아들여지는 보편적인 정의는 없다. 학자들 사이에 논란이 오랫동안 계속되어 오고 있는데 어떤 학파에서는 만트라는 대부분 의미 없는 소리 구성체 sound constructs라고 하는 한편, 다른 학자들은 대부분의 만트라는 의미를 갖는 마음의 언어적인 도구라고 주장한다.

옥스퍼드 사전에서는 만트라를 명상에서 집중하는 것을 돕기 위해 반복하는 단어나 소리로 정의하였다. 캠브리지 사전은 두 가지로 다르게 정의하고 있는데 첫 번째 정의는 힌두교와 불교와 관련하여 특별하게 영적인 힘이 있다고 믿는 말이나 소리를 의미한다. 좀 더 일반성을 띤 두 번째 정의는 특별하게 강력한 믿음을 표현하며 반복하여 표현되는 말이나 구절을 의미한다. 예를 들면, 한 축구팀에서 자기들만의 만트라로서 개별적인 단어를 선택할 수도 있다.

가장 최초의 만트라는 적어도 3천 년 전에 인도의 베다의 산스크리트어로 쓰였다고 하는데 가장 간단한 만트라는 옴(ॐ Aum, Om)이고 인도에서는 이것은 지구상에서 처음으로 생긴 최초의 소리라고 믿는다. 이 옴 소리를 내면 몸속에 소리의 반향이 일어나고 몸과 마음을 고요하게 한다. 좀 더 정교한 형태의 만트라는 인간이 갈구하는 진실, 실재, 빛, 영원성, 평화, 사랑, 지식, 행동과 같은 영성적인 이해를 뜻하는 선율적인 구절이다. 글자의 의미가 없는 만트라는 음악적으로 고양시키고 영성적 의미를 갖는다. 만트라는 힌두교나 불교에만 해당되지 않고, 아시아와 서구 전통에서도 비슷한 창조적인 소리구성체가 발달했으며, 프리츠 스탈Frits Staal에 의하면 만트라는 언어보다 훨씬 더 오래되었을 수도 있다 (출처: https://en.wikipedia.org/wiki/Mantra#Definition).

2) 바하이 신앙Baha'i Faith은 유일신을 믿는 세계종교로서 모든 인류의 정신적인 융합을 강조한다. 모든 창조의 근원이신 하느님이 한 분이시라는 의미의 하느님

의 단일성, 모든 주요 종교의 정신적 근원이 하나이며 같은 하느님으로부터 온 것이라는 종교의 단일성, 모든 인류가 평등하게 창조되었다는 인류의 단일성의 세 가지 핵심 원칙이 바하이 신앙의 교리와 가르침의 기초를 이루고 있다. 이와 함께 인종과 문화의 다양성은 그 가치를 인정받고 수용되어야 하는 것으로 다양성 속에 융합을 이끌어내도록 인도받고 있다. 바하이 신앙의 가르침에 따르면, 인간 존재의 목적은 기도와 성찰 그리고 인류를 위한 봉사의 삶을 사는 것과 같은 방법으로 하느님을 알고 하느님을 사랑하는 방법을 배우는 것이다.

바하이 신앙은 19세기 페르시아에서 바하올라가 창시한 종교이다. 바하올라는 바하이 신앙 포교로 인해 페르시아에서 오스만 제국으로 추방당했고, 사망할 때까지도 수감 상태였다. 바하올라가 사망하고 나서 그의 아들인 압돌바하의 지도 아래 바하이 신앙은 페르시아와 오스만 지역까지 확장되었고, 미국과 유럽에 확고한 기반을 마련하였으며, 이란에서 공고화되었는데, 이곳에서는 아직까지 바하이 신앙이 심한 박해를 당하고 있다. 압돌바하의 사망 이후, 바하이 공동체는 새로운 국면에 접어들었으며, 바하올라가 계획한 이 시대를 위한 새로운 행정질서인 선출 기구와 임명 기구의 인도를 받게 되었다. 전 세계적으로 200여 개 국에 약 5백 만 명의 바하이가 있다.

바하이 신앙은 종교사를 신의 말씀을 전하는 현시자들이 시대마다 온 것으로 보고 있으며 그 사람들은 각각 그 시대의 필요와 지역 사람들의 역량에 맞추어 종교를 확립하였다고 본다. 신이 그 분의 말씀의 전달자로 보낸 자들로는 아브라함 계열의 모세, 예수, 무하마드와 인도 계열인 크리슈나, 부처 등이 있다고 주장한다. 바하이들에게는 가장 최근의 신의 사자로서 바압과 바하올라가 있다. 바하이 신앙에 따르면 각 현시자들이 다음 인물들을 예언하였고, 바하올라의 생애와 가르침은 이전 경전들의 최종 약속을 충족하였다. 인류는 집단 진화의 과정 속에 있으며, 이 시대의 요구는 전 세계적인 평화와 정의 그리고 인류의 융합을 점진적으로 확립하는 것이다.

3) 모르몬교 혹은 몰몬교Mormonism는 예수 그리스도 후기성도 교회의 별명이다. 1820년대에 조셉 스미스 2세가 처음 창시했다. 후기성도들(몰몬교도)은 스미스

의 사후 서쪽으로 이동하여 솔트레이크 계곡에 정착, 현재의 예수 그리스도 후기성도 교회로 대부분 계승되었다. '몰몬'이란 성경과 함께 그들이 경전으로 받아들이는 몰몬경에서 나온 말인데, 이를 출판한 스미스는 자신이 신의 도움으로 금판golden plates을 번역한 것이라고 말한다.

예수 그리스도 후기성도 교회The Church of Jesus Christ of Latter-day Saints, 줄여서 예수 그리스도 교회는 초대 교회의 신권 조직과 교리와 운영 원리를 그대로 복원하였다고 주장하며, 회복된 기독교를 표방하며 미국을 중심으로 자생적으로 성립된 기독교 교파이다. 1830년 뉴욕 주에서 조셉 스미스 주니어를 포함하여 6명의 설립등기인으로 공식 설립되었다. 종교학에서는 가톨릭이나 개신교에서 파생된 분파가 아니므로 별도의 교파로 분류되어 있다. 성경과 더불어 몰몬경과 같은 경전을 공인하고 있기 때문에 일반인들에게는 모르몬교라고도 알려져 있으나 이 명칭은 교회내에서 인정하지 않고 있으며 대외적으로도 공식 명칭 사용을 요청하고 있다. 1955년 처음 대한민국에 소개되었을 당시에는 'Latter-day Saints'를 한국어로 직역하여 말일성도 예수 그리스도 교회로 불렸으나 2005년 7월 현재의 한국어 명칭으로 개칭하였다.

4) 종교친우회Religious Society of Friends 또는 퀘이커Quaker는 17세기에 조지 폭스George Fox가 창시한 기독교 교파다. 퀘이커라는 이름은 하느님(하나님) 앞에서 떤다는 조지 폭스의 말에서 유래했다. 1650년대에 영국의 조지 폭스가 제창한 명상운동으로 시작하였다. 퀘이커는 올리버 크롬웰의 종교적 관용정책으로 크게 확산하였으나 이후 찰스 2세가 국가교회 정책을 펴면서 정부로부터 탄압받았다. 퀘이커 신앙은 윌리엄 펜이 불하받은 북아메리카 식민지 영토에 도시(현 미국 펜실베이니아)를 세움으로써 종교의 자유를 허용 받았다.

퀘이커란 하느님 앞에 모두가 평등하다는 의미에서 스스로 '친우회'라고 칭했다. 창시자 조지 폭스의 "하나님 앞에서 벌벌 떤다"라는 말에 따라 퀘이커라고 불리게 되었다. 한국에서는 '종교친우회'라고 명명하고 있다.

5) 당호堂號는 숭산崇山, 법명은 행원行願이며 속명은 이덕인李德仁이다. 1940년 순천 공립학교를 졸업하고, 1944년 지하 독립운동에 가담했다가 일본 헌병대에 체포

되었다 풀려났다. 1945년 평양 공업고등학교를 졸업하고 이후 동국대학교에 입학했으나 좌우로 나누어 다툼을 벌이는 학생들을 보고, 운동이나 학문으로는 사회에 도움을 줄 수 없음을 깨닫고 입산, 1947년 10월 마곡사에서 계를 받아 출가했다.

스승을 찾아다니다가 춘성 스님을 만나 견성했음을 인정받고, 금봉, 금오 스님으로 부터도 인가받았다. 고봉 스님은 선문답을 나눈 후 숭산을 얼싸안고 "네가 꽃이 피었는데, 내가 왜 네 나비 노릇을 못하겠느냐?"라고 했다는 일화가 있다. 1949년 1월 25일, 고봉 스님이 건당식을 열고 숭산이라는 당호를 주었다. 이에 숭산은 법맥의 78대 조사가 되었다.

1949년 동국대학교 불교학과를 졸업하고, 1952년 12월 3일 부터 1957년 7월 20일까지 육군에 복무하고 중위로 전역했다. 1958년 3월 15일 화계사 주지로 취임한 후 불교정화운동을 추진하였으며, 조계종 종의회 종회의원을 지냈다. 1960년 대한불교 신문사를 설립하여 초대 사장에 임명되었다. 1962년 대한불교 조계종 비상종회의장, 비구·대처 통합종단 비상종회 의장을 지냈고 승려 감찰제도를 설립하고, 승려 대학 교육을 실시했다. 또한 외국인 제자들을 위해 화계사에 국제선원과 계룡산에 무상사를 개원했다.

1966년부터 30년간 일본, 홍콩, 미국, 캐나다 토론토, 폴란드 바르샤바, 영국 런던, 스페인 팔마데마요르카, 브라질, 프랑스 파리, 싱가포르 등 세계 30여개 국 120여 군데에 홍법원 및 선원을 개설하여 한국 불교의 선禪을 세계에 전파했다. 대표적인 외국인 제자로 대봉, 대광, 무상, 우봉, 무심, 무량, 해량, 현각, 청안 스님 등이 있다. '오직 모를 뿐', '세계는 한 송이 꽃'이라는 유명한 법문으로 달라이 라마, 틱낫한, 캄보디아 종정 마하 고사난다와 함께 세계 4대 생불로 불렸다.

6) 한국 전쟁으로 전란 중이던 1952년 음력 5월 27일을 기하여 경상북도 대구시에서 김옥재金沃載와 도학주都鶴姝가 성덕도聖德道라는 신흥 종교를 공동 창설하였다.

성덕교聖德敎는 1955년에 성덕도 공동 창시자였던 도학주에 의하여 경상북도 문경군 점촌읍으로 1차 전파 계승되었고 1962년에는 도학주의 후계자였던 김봉남金奉南에 의하여 경상북도 의성군 의성읍으로 2차 전파 계승되었으며 이후

13년이 지난 1975년에는 성덕도 공동 창시자 김옥재의 후계자였던 김희원金羲圓에 의하여 경기도 성남시에 3차 전파 계승되어 현재에 이르고 있다(출처: 위키피디아).

성덕도의 취지는 인생의 근본인 유·불·선 삼교의 교법을 이어받아 수학함에 있다. 사상적 핵심은 성덕도라는 교명 속에 함축되어 있다. 성의 원리는 유儒요, 유의 근본정신은 삼강오륜과 인의예지 실천을 중심한다. 덕의 원리는 불佛이요, 불의 정신은 무량대덕의 명심인 고로 내 마음을 닦아서 맑은 물과 같이 덕화를 본받아 행함으로써 자성자불自性自佛을 찾는 것이다. 도의 이치는 선仙이요, 선의 의미는 미신을 타파하고 회개하여 악을 버리고 선화하는 정도인 고로 교화중생敎化衆生 활인活人을 중심으로 하는 것이다. 다시 말하면 삼강오륜을 실천하고 (유) 자성자불을 찾고(불) 선화개악善化改惡하여 교화 활인하는(선) 이 유·불·선의 원리와 이치를 독립된 별개의 사상事象으로 받아들이지 아니하고 삼생화三生化하는 삼귀일三歸一로 수도한다(출처: 김홍철 편저, 『한국신종교대사전』, 도서출판 모시는사람들, 2016, 478쪽).

7) '온살도리'에서 '온살'이라는 말은 몸과 마음을 이루는 최소 단위라는 뜻의 순수 우리말이다. 몸을 좌우로 회전하면서 다리운동을 겸비하기 때문에 혈액 순환이 좋아지고, 뇌혈류 작용와 소화 기능이 개선된다. 또 근육 이완, 척추 교정의 효과도 볼 수 있다. 무엇보다 운동을 하는 동안 생각이 줄어들고 숨을 아래로 쉬게 됨으로써 마음 상태를 조절할 수 있다. 때문에 온살도리의 원리를 한 마디로 하면 조신조식조심(調身調息調心: 몸 조절, 호흡조절, 마음 조절)이다.

8) 국선도國仙道는 한국 선도 단체 중 하나로 국내외 타 선도 계열과 구분하기 위한 수련 단체명이다. 산중 수련법이라 하며 무운도사, 청운도사에서 청산선사로 전수되었다고 한다. 1967년 청산선사에 의해 산중 수련법이 사회로 보급되어 심신수련법으로서 한국의 기 수련 문화의 출발이 되었다는 것이 현재 일반적 지식으로 알려졌다.

9) 도영인의 정화수 〈변해야 산다〉, 《논객닷컴》 (2019.1.7)
http://www.nongaek.com/news/articleView.html?idxno=50132.

10) 영성산업spiritual entrepreneurship은 명상, 요가, 심신수련, 전통적 수행법 등 영적 성장과 관련된 조직적이고 전문적인 활동을 망라하는 경제활동 영역으로 개인 상담이나 그와 관련된 교육프로그램, 음악과 비디오 상품, 집단 워크숍 CD, 서적, 수련도구 등 영적 수행에 필요한 다양한 상품을 생산하는 활동분야를 말한다. 미국의 경우 간혹 기독교 목사들이 목회활동과 관련하여 이 용어를 사용하기도 하나 일반적이지 않다. 영성산업에 종사하는 사람들은 인생코치life coach, 영성코치spiritual coach, 동기부여 강사, 상담사, 작가, 영성예술가, 명상가, 영성지도자, 영성인 등 다양한 명칭으로 불리고 있고, 심리학, 사회복지학, 신학 등의 배경을 가진 사람들이 많은 편이다(출처: 도영인, Deep Change, Inc. 영성코치).

11) 영성경영spiritual management은 조직 구성원의 영성적인 측면에 초점을 두는 경영방식으로서 영적 가치관을 기업경영에 접목시킴으로써 조직운영에서 전반적인 효과성을 향상시키는 현대적 기업운영을 말한다. 예를 들어 구글사 Google, Inc.는 명상과 자유 시간 등을 사원들에게 적극 권장함으로써 조직문화 전체가 자발적인 참여에서 나오는 창의성을 높이는 것으로 알려져 있다. 영성경영은 감성 경영에 비해 훨씬 더 심도 깊은 차원에서 조직원의 전인적인 복지향상과 공익증진을 목적으로 하고 그 결과로 조직문화 전체가 경쟁보다 협력을 중시하게 하는 효과를 창출시킬 수 있다. 영성경영에 참여하는 기업은 깨어난 기업conscious business 혹은 사회적 기업이라는 정체성을 갖고 사회 전체의 건강과 지속가능한 성장을 중시한다. 예를 들면 미국에는 유기농 먹거리를 제공하는 'Whole Foods Market'이 있고 한국에는 무위당无爲堂 장일순張壹淳 (1928~1994)이 설립한 '한살림협동조합'이 지구 환경과 기후문제 등에 관심을 갖는 영성경영 기업이라고 할 수 있다. 『Journal of Management, spirituality & Religion』 그리고 『Harvard Business Review』 등에서 영성경영과 관련된 자료들을 찾아볼 수 있다(출처: 도영인, Deep Change, Inc. 영성코치).

1부 영성; 삶의 마중물 02 향상의 길: 화두로 일상을

1) 종달 이희익 선사는 일본대학 철학과를 수료한 후 귀국해 1928년 『조선불교』 잡지사에 취직했다. 불교 관련 원고 교정을 보다가 선禪에 매료돼 당시 일본 임제종 묘심사파妙心寺派 경성별원 주지였던 화산대의華山大義, (1891~1945) 선사 문하로 출가했다. 1941년 한국 개교사開敎師에 임명돼 한국에서 해방을 맞이했다. 그후 해인대학(현 경남대) 교수, 1956년 동국대 강사, 1960년 월간 『법시法施』 편집인을 지냈다. 1965년 '선도회禪道會'를 조직해 제1대 지도법사를 맡아 제자들을 지도하면서 '입실점검入室點檢' 전통 복원을 통한 간화선 대중화에 온몸을 던졌다(출처: 박영재 작성).

2) 2019 영성세미나: 박영재 교수(서강대, 선도회) 〈화두로 일상을〉, (일시: 2019년 9월 30일, 장소: 기독교사회문제연구원 이제홀)

3) 앤소니 드 멜로Antheny de Mello(1931~1987)는 인도 붐베이에서 태어난 그는 예수회 입회 후, 바르셀로나와 푸나와 시카고, 로마에서 철학과 신학, 심리학을 공부했다. 사제 서품을 받고 신부로서 세상을 떠날 때까지 인도의 로나블라에서 사목원을 운영하면서 영성 생활과 관련한 상담과 교육에 헌신했으며, 『깨어나십시오』, 『벗어나십시오』, 『행복한 삶으로의 초대』, 『하느님과의 만남』, 『개구리의 기도 I, II』, 『샘』, 『종교 박람회』, 『일분 지혜』, 『일분 헛소리』 등 35개 이상의 언어로 번역된 여러 책을 통해 영적 가르침의 풍요로운 유산을 남겨 놓았다.

4) 오강남, 「『도마복음』: 불교와 그리스도교를 잇는 가교架橋」, 『불교평론』40호, 2009. 9, http://www.budreview.com/news/articleView.html?idxno=872

5) 간화선看話禪 : 좌선하여 하나의 화두話頭의 의심을 깨뜨리기 위해 거기에 모든 정신을 집중하는 수행. 임제종臨濟宗 양기파楊岐派의 대혜종고大慧宗杲(1089~1163)가 큰 의심 아래에서만 깨달음이 있다고 하여 화두와 정면으로 대결할 것을 역설한 이후, 선의 핵심을 이루는 정신 집중의 수행은 화두의 타파로 압축되어 중국 선종의 주류를 이루게 됨(출처: 곽철환 편저, 시공 불교사전, 2003, 19쪽).

6) 무문혜개無門慧開(1183~1260): 중국 남송 시대 항주杭州에서 출생. 항주 천룡사天龍寺에 출가하여 여러 지역을 편력하다가 임제종 양기파의 월림사관月林師觀(1143

~1217) 선사 문하에서 조주무자趙州無字 공안을 6년간 참구, 점심공양을 알리는 북소리를 듣고 문성오도閩聲悟道, 스승 입적(1217) 후 35세 되던 때 호주湖州 보인선사報因禪寺에 입원入院하여 전법의 길로 들어섰으며, 46세 때 동가東京의 용상사龍翔寺에서 선종 최후의 공안집인 『무문관』을 저술하였다. 1246년에 궁중에서 기우제를 지내고 황제로부터 불안선사佛眼禪師라는 호를 받았다.

7) 법호法號 : 비구계를 받은 후, 오랜 기간 수행하여 남을 가르칠 수 있는 경지에 이른 승려에게 스승이 지어 주는 이름(출처: 곽철환 편저, 시공 불교사전, 2003, 228~229쪽).

8) 대혜종고大慧宗杲(1089~1163) 남송南宋의 승려. 임제종臨濟宗 양기파楊岐派. 안휘성安徽省 선주宣州 출신. 16세에 출가하고, 1125년부터 원오극근圜悟克勤(1063~1135)에게 사사師事하여 그의 법을 이어받음. 금金과의 전쟁 때 금金에 동조하였다는 이유로 1141년에 호남성湖南省 형주衡州에 유배되고 1156년에 사면되어 절강성浙江省 아육왕산阿育王山에 머무름. 절강성 경산徑山에서 간화선看話禪을 크게 일으킴. 그는 조주趙州의 '무無' 자 화두話頭를 철저하게 수행의 근본으로 삼았고, 천만 가지 의심도 결국은 하나의 의심에 지나지 않으며, 화두의 의심이 깨뜨려지면 천만 가지 의심이 일시에 사라진다고 하여 화두와 정면으로 대결할 것을 역설함. 효종孝宗이 즉위 때 대혜선사大慧禪師라는 호를 내리고, 시호諡號는 보각선사普覺禪師. 어록: 대혜보각선사어大慧普覺禪師語錄(출처: 곽철환 편저, 시공 불교사전, 2003, 636쪽).

9) 수식관數息觀 : 오정심관五停心觀의 하나. 산란한 마음을 집중시키기 위해 들숨과 날숨을 헤아리는 수행법(출처: 곽철환 편저, 시공 불교사전, 2003, 398쪽).

10) 경허鏡虛(1849~1912)는 한국 근현대 불교를 개창한 대선사이다. 1849년 전주 자동리에서 아버지 송두옥宋斗玉과 어머니 밀양 박씨의 차남으로 태어났다. 본관은 여산礪山으로, 속명은 동욱東旭이다. 법호는 경허鏡虛, 법명은 성우惺牛이다. 9세 때 경기도 의왕시 청계산에 있는 청계사로 출가하였다.

1879년 11월 15일, 동학사 밑에 살고 있던 진사인, 이 처사李處士의 한 마디, "소가 되더라도 콧구멍 없는 소가 되어야지." 이 한마디를 전해 듣고는, 바로 깨달았다. 콧구멍 없는 소(우무비공처牛無鼻孔處)는 중국 법안종의 종주 법안法眼 선사의 어록에 실려 있는 선어다. 당시 경허의 시봉을 받들던 사미승 원규는 경허의 사제인 학명의 제자였고, 이 처사는 사미승 원규의 속가 아버지였다

　　1880년 어머니와 속가 형님인 스님이 주지로 있던 연암산 천장암(천장사)으로 거처를 옮긴다. 천장암은 충청남도 서산시 고북면 장요리 연암산에 있는 도량으로 백제 무왕 34년(633) 백제의 담화 선사가 창건한 천년고찰이다.

　　경허는 연암산 천장암의 작은 방에서 1년 반 동안 치열한 참선을 한 끝에 확철대오하게 되고 "사방을 둘러 보아도 사람이 없구나"라고 시작하는 오도송을 짓는다. 천장암에서 경허의 '삼월三月'로 불리는 수월 스님과 혜월 스님과 만공 스님이 출가하여 함께 수행하게 된다. 제자들과 함께 천장암에서 지내다가 개심사 부석사 간월암 등지를 다녀오기도 하였는데 이 때 경허 스님과 제자들 간의 많은 일화가 전한다.

　　1886년 6년 동안의 보림保任을 마치고 옷과 탈바가지, 주장자 등을 모두 불태운 뒤 무애행無碍行에 나섰다.

　　한동안 제자들을 가르치다가, 돌연 환속하여 박난주朴蘭州라고 개명하였고, 서당의 훈장이 되어 아이들을 가르치다가, 함경도 갑산甲山 웅이방熊耳坊 도하동道下洞에서 1912년 4월 25일 새벽에 임종게를 남긴 뒤 입적하였다. 나이 64세, 법랍 56세이다. 저서에는『경허집』이 있다.

　　경허 선사의 수제자로 흔히 '삼월三月'로 불리는 혜월慧月(1861~1937), 수월水月(1855~1928)·만공滿空(1871~1946) 선사가 있다. 경허는 "만공은 복이 많아 대중을 많이 거느릴 테고, 정진력은 수월을 능가할 자가 없고, 지혜는 혜월을 당할 자가 없다"고 했다. 삼월인 제자들도 모두 깨달아 부처가 되었다. 이들 역시 근현대 한국 불교계를 대표하는 선승들이다. 1904년 7월 15일, 만공 스님에게 전법게를 주고서, 천장암을 떠났다.

11) 용담숭신龍潭崇信(?~?)은 약산유엄藥山惟嚴의 법사法嗣인 운암담성雲巖曇晟(782~841) 과 도오원지道吾圓智(769~835)와 동시대 인물이긴 하나 생몰연대가 밝혀지지 않고 있다. 용담선사에 대한 기록으로는『송고승전』2『도오장道悟章』『경덕전등

록』14 『속전등록』1 『연등회요聯燈會要』9 『불조역대통재』15 등에 전하고 있다. 이상의 문헌들에 의하면 용담은 천황도오天皇道悟의 제자이고 그의 문하에 덕산선감德山宣鑑(782~865)과 늑담보봉이 있다.

용담이 활약했던 9세기 초는 중국선종사의 황금기로 특히 그의 법계에서는 운문종雲門宗과 법안종法眼宗의 2종을 배태한 운문문언雲門文偃과 법안문익法眼文益(885~958)이 배출됨으로써 선종사의 중요한 위치를 차지한다(http://www.ibulgyo.com/news/articleView.html?idxno=39355).

12) 덕산선감德山宣鑑(780~865) 당唐의 승려. 호북성湖北省 시남施南 출신. 성姓은 주周. 금강경에 정통하여 주금강周金剛이라 함. 호남성湖南省 예주澧州 용담사龍潭寺의 숭신崇信에게 사사師事하여 그의 법을 이어받고 그곳에 30여 년 동안 머무름. 그 후 호남성 덕산德山에서 선풍을 크게 일으킴(출처: 곽철환 편저, 시공불교사전, 2003, 360쪽).

13) 전법傳法: ① 스승이 제자에게 불법佛法을 전함. ② 부처의 가르침을 전파함.

14) 오도悟道: 우주의 근원을 깨달음. 모든 현상의 본성을 깨달음. 궁극적인 진리를 깨달음.

15) 열반송涅槃頌: 고승들이 입적할 때 수행을 통해 얻은 깨달음을 후인들에게 전하는 마지막 말이나 글이다. 열반게涅槃偈, 입적게入寂偈, 임종게臨終偈라고도 한다.

16) 대도무문大道無門 부처의 깨달음에 이르는 데는 정해진 형식이 없어서 언제, 어떠한 방법으로도 거기에 이를 수 있다는 뜻(출처: 곽철환 편저, 시공 불교사전, 2003, 124쪽).

송나라 선승 혜개가 수행의 이치를 담은 화두를 모은 책 『무문관』에서 비롯된 것이다.

大道無門 千差有路(대도무문 천차유로) 큰 길에는 문이 없으나 갈래 길이 천이로다.

透得此關 乾坤獨步(투득차관 건곤독보) 이 빗장을 뚫고 나가면 하늘과 땅에 홀로 걸으리.

17) 박영재, 〈매일 매일 기도는 내 삶의 원동력〉, 《월간금강》 (2017년 2월호).

http://pdf.ggbn.co.kr/262_mggbn/26201.pdf

18) 이희익 지음, 『무문관강석』, 보련각, 1974년 초판(상아, 2000년 개정판).

1부 영성; 삶의 마중물 03 영성계발의 여정

1) 지두 크리슈나무르티Jiddu Krishnamurti(1895~1986)는 철학과 영적인 주제를 다룬 인도의 작가이자 연설가이다.

그는 한 사람이 종교 전통이라는 테두리에 머무르지 않고 스스로 내적인 탐구만으로 말미암아 진리에 가까이 다가설 수 있다고 주장함으로써, 수많은 지지자들을 끌어들였다. 그는 인간이 홀로 독립된 완전한 자유(아는 것으로부터의 자유)에 눈뜨기 위해서는, 무엇보다도 모든 사람들이 그 어떠한 권위도 거부할 수 있어야 한다고 말하였다. 자신에게 주어진 일체의 권위와 영광도 거부한 일생일대에 대표적인 사건이 별의 교단해산 선언이다. 지두 크리슈나무르티를 중심으로 창설된 '동방의 별 교단東方星團'을 해산한 연설문(별의 교단 해산선언문)의 끝에서 그는, 나의 관심사는 단 한 가지, 그것은 사람들을 완전히, 그리고 무조건 자유롭게 하는 것이라고 하였다.

지두 크리슈나무르티가 사고의 구조와 한계를 밝힌 것은 현대과학이 이루어 놓은 뇌과학의 성과와 일치한다. 생각은 경험과 지식에서 발생한다. 경험과 지식은 시간과 분리될 수 없다. 시간은 인간의 심리적인 창조물이다. 인간의 행동은 언제나 지식과 시간에 근거를 두고 있다. 그래서 인간은 언제나 과거로부터 자유롭지 못한다.

지두 크리슈나무르티가 말하는 자유론의 특징은 간결하고도 명료한 표현에 있다. 즉, 그의 자유론의 핵심적인 표현은 '아는 것으로부터의 자유'이다. 그리고 자유는 자기 만족의 기회가 아니며, 타인 배려의 포기를 의미하는 것도 아니라고 하였다. 자유는 인식의 대상이 아니며, 사상과 이념 속에 자유는 존재하지 않는다고 말한다.

어떤 생각이나 느낌이 일어나면, 그것은 단순한 반응에 지나지 않는다고 말하였다. 그러한 반응을 지두 크리슈나무르티는 심리적 사고라고 불렀고, 심리적 사고는 기억이 두뇌 속에서 조건반사적으로 일어나는 행동으로, 그러한 반응에는 자유가 없다고 말한다.

2) 오쇼 라즈니쉬, 라즈니쉬 찬드라 모한 자인(1931~1990)은 인도의 신비가, 구루 및 철학자이다. 1960년대 이후로 아차리아 라즈니쉬라는 이름으로도 알려졌으며, 1970년대와 1980년대에는 자신을 브하그완 슈리 라즈니쉬라 불렀고, 1989년에 '오쇼'라는 이름을 새로 택하여 그 뒤로는 주로 오쇼 라즈니쉬로 불린다.

오쇼는 1960년대에 철학 교수로서 인도를 돌아다니며 대중을 상대로 강연했다. 그는 사회주의와 마하트마 간디 및 기성 종교에 반대하고 성에 대한 개방적 태도를 지지하여 논란을 일으켰다. 1970년 오쇼는 제자를 받으며 정신 지도자로서의 삶을 시작했으며, 그 뒤로 세계의 종교적 경전이나 신비가 및 철학자들의 글을 재해석했다.

3) 루돌프 슈타이너Rudolf Steiner(1861~1925)는 독일계 오스트리아인의 학자이자 인지학(人智學, anthroposophie)의 창시자이다. 오스트리아의 독일인 철도원을 아버지로 두고, 현재에는 크로아티아에 해당하는 헝가리 지역에서 태어나 신비사상가, 건축가, 교육자로서 유명하다. 독일어권에서 처음에는 괴테 연구자로서 시작하였으나 1900년대부터 신지학협회에서 활동하였고 의견을 달리하여, 1912년에는 탈퇴하여 인지학협회를 창립하였다.

1919년 독일 슈트트가르트에 최초로 자유 발도르프 학교를 창시하였으며, 현재 인지학의 이론 아래 치료교육학과 관련하여 독일과 유럽 전역에 캠프힐(도르프게마인샤프트)가 건립되었으며, 유기농의 시초라 할 수 있는 데메터, 생명역동 농법이 농학 분야에서 이뤄지고 있다. 건축으로는 스위스 바젤에 위치한 괴테아눔이 유명하며, 그의 사상을 바탕으로 크리스챤게마인데(종교)가 형성되었다. 의학과 관련하여서는 발라와 벨레다 등의 유명약품 회사가 있다.

4) 디팩 초프라Deepak Chopra(1946~)는 인도계 미국인으로서 의사이자 영성가이며, 아유르베다와 영성에 관해 집필한 작가이다. 직업은 내분비학자였으나, 늦게나마 대체 의학에 관심을 가지기 시작하였다. 그는 그의 직업을 갖기 이전, 1980년대 뉴에이지 영성과 대체 의학에 대한 자기 개선책들을 출판함으로써, 마하

리시 마헤쉬 요기의 최고의 조수가 되었다.

5) 해리 팔머Harry Palmer는 60년대에 대학에서 공학, 문학, 동양철학, 요가, 심리학 등을 공부하고 70년대에 요가난다, 하리크리슈나, 루아니샬상, 카필 싱 등의 영적 스승들과 선불교, 라자요가, 사이엔톨로지 등의 단체와 만났다. 이후 다양한 의식 변환 기술을 탐구하던 중 1986년 깨달음을 얻고 아바타 프로그램을 개발하였다. 아바타 프로그램은 극도로 틀에 박힌 현실로부터 근원의 광활한 순수의식에 이르기까지 의식의 변경을 탐사해 갈 수 있는 자아 개발 프로그램으로서 현재 미국 연방 정부에 특허등록 되어 있다. 해리 팔머는 자신이 설립한 '스타즈 에지 인터내셔날'사를 통해 미국을 비롯한 전 세계에 아바타 프로그램을 보급하고 있다(김은희 기자, 『월간 정신세계』, 2000.8). https://firststar.tistory.com/entry/해리팔머-인터뷰 [interbe]재인용.

6) 입정入定: 마음을 고요히 가라 앉히고 한곳에 집중하여 산란하지 않는 선정禪定에 듦.

7) 데이비드 레이먼 호킨스David Ramon Hawkins, (1927~2012), 미국의 정신과 의사, 영적 지도자, 의식 연구가, 저술가, 강연가이다.

그는 의사(정신과/내과), 저자, 강연가 그리고 의식에 대한 연구가로 명성이 높았다. 제2차 세계대전 동안 미 해군으로 복무한 후, 1953년 위스콘신 의과대학을 졸업했다. 그 후 25년 동안 뉴욕에 거주하면서 정신과 의사로서 선구적인 업적을 남겼는데, 특히 정신분열증과 알콜중독증에 대해 임상적이고 중대한 돌파구들을 마련한 일이 그것이다. 그의 연구결과들은 의학, 과학, 정신분석 각 방면의 학술저널에 널리 발표되었다.

뉴욕주 정신위생부 지도의사를 거쳤고, 뉴욕시 최대 규모의 정신건강센터 North Nassau Mental Health Center를 설립하고 의료국장(1958~1980)으로 근무했으며, 1973년 노벨상 수상자인 라이너스 폴링과 함께 『분자교정 정신의학』을 공동 저술했으며 이 저서는 정신의학 분야의 새로운 영역을 개척했다는 평가를 받았다.

마지막 삼십 년의 생애는 애리조나에서 서로 이질적으로 보이는 과학과 영성을 상호 연관시키는 연구를 하며 보냈는데, 80년대에는 아드바이타Advaita와 기적 수업A Course in Miracles 등을 강연하였으며, 1983년 비영리 기구인 영성 연구소Institute fot Spiritual Research를 설립하였다.

1995년에는 보건후생부에서 철학박사 학위를 받았으며, 같은 해에 그의 저서『의식혁명Power vs Force』이 출판되어 25개국으로 번역되었다. 운동역학을 이용해 진실을 알아내는 기법과 의식 수준이라는 개념, 그리고 이제는 전 세계적으로 건강 분야의 전문가들, 교수들, 경영인 등이 사용하는 의식의 지도가 이 책에서 처음 소개되었다. 이 책은 여러 유명 명사로부터 극찬 받기도 했는데, 특히 테레사 수녀는 "신성하고 아름다운 선물과 같다."라고 상찬하였다.

뒤이어『나의 눈』,『호모 스피리투스』,『진실 대 거짓』,『내 안의 참나를 만나다』,『치유와 회복』등 많은 책들을 출판하며 세계적인 영적 스승으로 자리매김했다.

호킨스 박사는 마지막 순간까지 활동적이었다. 임종 직전까지 그가 한 일은 질의응답 시리즈의 비디오 녹화를 끝내고 그의 12번째 책인『놓아버림』의 집필을 완료하는 것이었다.

호킨스 박사는 그의 과학적이고 박애적인 공헌들로 많은 표창을 받았는데, '인류의 고통 경감에 대한 헤아릴 수 없는 공헌'을 기리는 '헉슬리 상'을, 미국의 학협회에서 '내과의사 공로상'을 받았으며, 미국 정신의학협회에서 '50년 공로 종신 명예 회원'으로 선정되고, 분자교정 의학 명예의 전당에도 입성하였다. 또 세계적인 인명사전『Who' Who in the World』에도 기재되었다.

1996년에는 인류에 대한 공헌을 인정받아 발데마 1세 수도회에서 부여하는 예루살렘의 성 요한 기사단의 기사 작위를 수여받았으며, 2000년에는 한국 서울에서 '태령선각도사太靈先覺道士(깨달음의 스승)'라는 호칭을 수여받았다. 이때 한국 정부 지도자들을 자문하기도 했는데, 그는 외국 정부들과 국제외교에 대해 의논하여 세계평화를 크게 위협했던 해묵은 갈등들을 해결하는데 공헌해왔다.

8) 볼텍스Vortex: 소용돌이는 난류의 회전이다. 임의의 닫힌 유선의 나선형 움직임은 소용돌이 흐름이다. 선와旋渦라고도 한다. 유체가 중심의 주위로 물결치는 움

직임이 소용돌이다. 유체의 속력과 회전속도는 중심에서 가장 크며 반경이 증가할수록 점차 감소한다.

1부 영성; 삶의 마중물 04 앎의 길: 삶의 의미를 찾아서

1) 우로보로스(그리스어: ουροβόρος)는 "꼬리를 삼키는 자"라는 뜻이다. 고대의 상징으로 커다란 뱀 또는 용이 자신의 꼬리를 물고 삼키는 형상으로 원형을 이루고 있는 모습으로 주로 나타난다. 수 세기에 걸쳐서 여러 문화권에서 나타나는 이 상징은 시작이 곧 끝이라는 의미를 지녀 윤회사상 또는 영원성의 상징으로 인식되어왔다. 시대가 바뀌면서 우로보로스는 점차 많은 개념을 함께 지니게 되었는데, 특히 종교적·미신적 상징으로 중요한 상징의 하나로 특히 중세 연금술의 대표적인 상징물이 되었고 현대에서도 칼 융과 같은 심리학자들에 의해 인간의 심성을 나타내는 상징으로 여겨졌다. 따라서 어느 특정한 종류의 생물을 가리키는 것이 아니라 어떤 개념을 뜻하는 것이라고 볼 수 있다.

2) 신경과학자이며 심리학자인 빅토르 프랑클이 개척한 로고테라피Logotherapy 또는 의미치료는 프로이트의 정신분석학과 알프레드 아들러의 개인심리학과 더불어서 세 번째 심리치료방법으로 평가받고 있다. 로고테라피는 니체의 권력의지론을 주장한 아들러와 프로이드의 쾌락의지론에 반대하면서 키에르케고르의 실존분석에 근거한 의미의지에 초점을 두고 있다.

프로이드의 정신분석은 정신질환 환자를 진단할 때 과거의 욕구불만이나 상처에서 문제의 원인을 찾는 반면, 로고테라피는 의미상실에서 문제의 원인을 찾는다. "이전에는 무엇에 의미를 두고 살았는가?", "그런데 지금은 왜 그것이 더 이상 의미가 되지 못하는가?", "새롭게 찾을 수 있는 삶의 의미는 무엇인가?"를 환자와 함께 모색하는 것이다 그런 뜻에서 로고테라피는 미래지향적인 해결방식이라고 할 수 있다.

3) 빅토르 프랑클Viktor Frankl(1905~1997)은 오스트리아 빈의 한 유대인 가정에서 태어났다. 그는 일찍부터 심리학에 대한 관심을 드러내었는데, 김나지움에서의 마지막 시험에서 철학적 사고의 심리에 대한 논문을 썼다. 1923년에 김나지움을

졸업한 후에, 빈 대학교에서 의학을 공부했다. 우울증과 자살에 관한 주제에 집중하면서 신경과와 정신과를 전공했으며, 지그문트 프로이트와 알프레드 아들러와 다른 방향을 추구했음에도 그는 초기에 지그문트 프로이트와 알프레드 아들러의 만남에 영향을 받았다.

4) 에드워드 오즈번 윌슨Edward O. Wilson(1929~)은 미국의 생물학자이다. 하바드 대학 생물학자로 개미 연구가 그의 연구 출발점이다. 그는 이후 생물학으로 사회성동물의 사회현상을 설명할 수 있다며 '사회생물학'을 주장했다. 1975년에 낸 책『사회생물학』이 그 주장을 담고 있다. 이 책은 학계에 유례없는 논란을 불러일으켰다. 1978년에 출판된 그의 책『인간본성에 대하여』는 사회생물학의 주장을 인간의 본성에 적용한 것이다. 그의 생각은 학문들이 옆 학문에 쌓은 담을 헐고 같이 연구를 해야 하며, 생물학이 그 중심에 설 수 있다는 '통섭'으로 확대됐다. 1998년에 낸 책『통섭』이 그 응고물이다.

5) 하나의 생물체 안에 유전 형질이 다른 세포가 함께 존재하는 경우 그것을 키메라Chimera라고 한다. 자연발생적으로 키메라 형태로 존재하는 종도 있으나, 과학의 발전으로 세포 융합 기술을 통해 인위적으로 키메라를 만들어내기도 한다. 유전자 조성이 서로 다른 두 개체의 교잡(교배)을 통해 새로운 형질로 태어나는 잡종과는 달리 키메라는 여러 가지 염색체가 한 몸에 독립적으로 존재한다. 이 괴물의 이름이 현재 생명 과학에서 불린 것은 1907년 독일 생물학자 한스 빙클러가 접목 잡종 연구 중 그 모습에서 키메라를 연상하여 명명한 것이 처음이다.

6) 웜홀worm hole은 우주 공간에서 블랙홀black hole과 화이트홀white hole을 연결하는 통로를 의미하는 가상의 개념이다. 우주의 시간과 공간의 벽에 난 구멍에 비유할 수 있다. 웜홀에 관한 이론은 독일 태생 물리학자 아인슈타인의 상대성이론을 바탕으로 하고 있다.

웜홀은 빛도 빨아들이는 블랙홀과 그것을 뱉는 화이트홀의 연결 통로로 여겼지만, 화이트홀의 존재 여부가 불투명해지면서 블랙홀끼리 연결한 순간이동 통로라는 설이 우세하다.

블랙홀이 회전하면 그 속도로 말미암아 회오리가 생기는데 이것이 웜홀으로 변형된다. 시공간을 잇는다 해서 '시공간 통로'라고도 불린다. 지나가는 속도가 광속보다 더 빠르고, 블랙홀로 빨려 들어가면 이 통로를 지나 화이트홀로 나온 다고 알려졌다.

7) 존 아치볼드 휠러John A. Wheeler(1911~2008)는 미국의 이론물리학자이다. 알베르 트 아인슈타인의 말년의 공동연구자이도 했던 그는 아인슈타인의 통일장 이론 의 이상을 실현하기 위해 노력했다. 또한 블랙홀과 웜홀이라는 용어를 고안한 것으로 알려져 있으며 그의 "비트에서 존재로it from bit"라는 구절도 유명하다. 닐스 보어, 엔리코 페르미와 함께 핵분열 이론의 선구자였으며 1939년에 보어 와 원자핵분열의 액체방울모형을 제안했다.

8) 스티븐 윌리엄 호킹Stephen William Hawking(1942~2018)은 영국의 이론물리학자이 다. 그는(특히, 블랙홀이 있는 상황에서의) 우주론과 양자 중력의 연구에 크게 기여 했으며, 자신의 이론 및 일반적인 우주론을 다룬 여러 대중 과학 서적을 저술했 다. 그 중에서도 『시간의 역사』는 영국 런던 선데이 타임즈 베스트셀러 목록에 최고 기록인 237주 동안이나 실려서 화제가 된 적도 있다. 2009년까지 케임브 리지 대학교 루커스 수학 석좌 교수로 재직하였다.

21살 때부터 근위축성 측색 경화증(루게릭병)을 앓는 바람에, 휠체어에 의지 하며 생활했다. 그의 중요한 과학적 업적으로는 로저 펜로즈와 함께 일반상대 론적 특이점에 대한 여러 정리를 증명한 것과 함께, 블랙홀이 열복사를 방출한 다는 사실을 밝혀냈다. 이는 호킹 복사 혹은 베켄슈타인-호킹 복사로 불린다.

옥스퍼드 대학교와 케임브리지 대학교에서 학업을 이어간 호킹은 대학에서 조정 선수로 활동할 정도로 건강했으나, 케임브리지 대학교에서 계단을 내려가 던 중 중심을 못 잡고 쓰러졌고 병원으로 이송되었다.

병원으로 이송된 그는 루게릭병 진단을 받게 되었다. 의사에게 앞으로 2년밖 에 못산다는 시한부를 선고받았음에도 불구하고 연구를 계속하였다. 병세가 악 화되어 기관지 절제 수술을 받은 후 얼굴의 움직임을 이용해 문장을 만들어 말 로 전달하는 음성합성기를 사용하여 의사소통을 하게 된다.

33살이던 1974년 5월 2일 왕립학회에 역사상 가장 젊은 회원으로 추대된다. 왕립학회에는 새로 선출된 회원들이 직접 걸어 나가 명부에 자신의 이름을 적는 전통이 있었다. 하지만 이미 걷기는 물론, 글씨도 제대로 쓸 수 없었던 스티븐 호킹에게는 매우 힘든 일이었는데, 당시 노벨 생리의학상 수상자이자 학회장이었던 앨런 로이드 호지킨이 명부를 밑으로 가져간 후, 스티븐 호킹이 힘겹게 서명을 하자, 우레 같은 함성이 터져 나왔다고 한다.

2018년 3월 14일 케임브리지에 있는 자택에서 향년 76세로 타계하였다.

9) 닐스 헨리크 다비드 보어Niels Henrik David Bohr(1885~1962)는 원자 구조의 이해와 양자역학의 성립에 기여한 덴마크의 물리학자로서, 훗날 이 업적으로 1922년에 노벨 물리학상을 받았다. 보어는 코펜하겐의 그의 연구소에서 많은 물리학자들과 함께 공동으로 일하였다. 또한, 그는 맨하탄 프로젝트에 참여 하기도 하였다. 보어는 1912년에 마르그레테 뇌르룬트Margrethe Nørlund와 결혼을 한 후 몇 명의 아들을 두었는데 그 중에서 오게 닐스 보어는 그의 아버지처럼 세계에서 중요한 물리학자가 되었고 그 또한 1975년에 노벨 물리학상을 받았다. 보어는 20세기에 가장 영향력 있는 물리학자 중 한 명으로 일컬어진다.

10) 리처드 필립스 파인만Richard Phillips Feynman(1918~1988)은 미국의 물리학자이다. 노벨물리학상 수상자이고, 여러 대중적 저작물들을 통해 과학의 대중화에 힘쓴 과학자이다. 알베르트 아인슈타인과 함께 20세기 최고의 물리학자라고 일컬어진다. 양자역학에서의 경로적분, 입자물리학에서 양자전기역학의 정식화와 쪽입자 모형의 제안, 과냉각된 액체 헬륨의 초유동성 등으로 알려졌다. 양자전기역학에서의 공로로 줄리언 슈윙거, 도모나가 신이치로와 함께 1965년 노벨 물리학상을 수상했다. 또한 아원자입자의 행동을 지배하는 수학적인 기술을 표현하는 직관적인 도형 표기를 개발하였는데 이것은 후에 파인만 도표로 알려지게 되었다.

11) 올더스 레너드 헉슬리Aldous Huxley(1894~1963)는 영국 출신의 작가이다. 그는 소설과 다양한 분야에 걸친 수필로 가장 유명하나, 단편이나 시, 기행문, 각본 등도 집필했다.

헉슬리는 레너드 헉슬리의 아들이자 토머스 헨리 헉슬리의 손자로 태어났다. 이튼 칼리지를 졸업하고 의학도가 되려 하였으나, 점상 망막염을 앓고 3년간 사실상 맹인으로 지낸 후에는 그 길을 접고 옥스퍼드 대학교의 베일리얼 칼리지에서 영문학을 수학했다.

헉슬리가 본격적으로 소설가로서의 활동을 시작한 것은 1921년 소설 『크롬 옐로』로 인정을 받고 나서다. 소설 외에도 여러 수필들을 짓기도 했다. 그의 소설과 수필에서는 사회적 관행, 규범, 사상 등에 대한 탐구와 비판이 주로 나타난다.

사망 전에는 말을 할 수가 없게 되어, 아내에게 종이로 "LSD 100 마이크로그램 근육 내 주사"와 같은 요청을 했다고 한다. 그의 사망에 대한 기록은 그의 아내의 책 『이 영원한 순간This Timeless Moment』에서 찾아볼 수 있는데, 그녀는 헉슬리가 별세한 날 11시 45분, 한 번의 LSD 주사를 놓고 2시간 후 다시 LSD를 주사했다고 한다. 그리고 그 날 17시 20분에 평화롭게 사망했다. 사망에 대한 언론의 보도는 같은 날 암살당한 존 F. 케네디에 의해 가려져서 그의 명성에 비해 크지 못했다.

12) 토머스 새뮤얼 쿤Thomas Samuel Kuhn(1922~1996)은 미국의 과학사학자이자 과학철학자이다. 『과학 혁명의 구조』로 유명하다. 철학, 심리학, 언어학, 사회학 등 여러 분야를 섭렵하여 과학철학에 큰 업적을 남기었다. 그에 따르면 과학의 발전은 점진적으로 이루어지는 것이 아니라 패러다임의 전환에 의해 혁명적으로 이루어지며 이 변화를 '과학혁명'이라고 불렀다.

13) 유발 노아 하라리Yuval Noah Harari(1976~)는 이스라엘의 역사학 교수이며 현재 예루살렘 히브리 대학교 역사학과 교수로 재직 중이다.

그의 가장 유명한 저서는 『사피엔스: 유인원에서 사이보그까지』이다. 이 책에서 하라리는 석기시대부터 정치적, 기술적 혁명을 거쳐 21세기에 이르기까지 진화를 거듭하여 호모 사피엔스가 된 인간의 역사를 포괄적으로 기술하고 있다. 히브리어로 출간된 원본은 대중과 학계 사이에서 큰 관심을 불러일으키며 이스라엘에서 베스트셀러 반열에 진입했으며 덕분에 하라리는 일약 스타로 도약하게 되었다. 유튜브에서 그가 히브리어로 세계사에 관해 가르치는 강의 영상은 이스라엘인들 사이에서 수만 번의 조회수를 기록하고 있다. 또한 그는 인류에 관한 간략한 역사라는 주제로 영어로 무료 온라인 강의를 제공하고 있으며 전 세계 약 10만 명에 다다르는 사람들이 이 강의를 수강했다.

하라리는 창의성과 독창성을 기리는 상인 폴론스키 상Polonsky Prize을 2009년과 2012년 두 번이나 수상하였다. 또한 군 역사에 관해 작성한 뛰어난 논평을 인정받아 몽카도 상Moncado Award을 수상하였다. 2015년에는 페이스북의 설립자 마크 주커버그가 운영하는 온라인 도서클럽에 『사피엔스』가 채택되기도 하였다. 주커버그는 그의 팔로워들에게 이 책을 추천하며 "인간 문명에 관한 위대한 역사적 서술"이라고 묘사하였다.

하라리는 엄격한 채식주의자이며 그가 저서에 농업혁명에 관한 평을 언급한 이후 가축과 같은 동물들의 비참한 처지에 진심으로 공감하고 있다. 또한 동성애자로서 배우자와 함께 이스라엘에 거주하고 있으며, 저서를 통해 동성애를 비판하는 사람들을 비난하고 있다.

14) 매슬로의 욕구단계설Maslow's hierarchy of needs은 인간의 욕구가 그 중요도별로 일련의 단계를 형성한다는 동기 이론 일종이다.

하나의 욕구가 충족되면 위계상 다음 단계에 있는 다른 욕구가 나타나서 그 충족을 요구하는 식으로 체계를 이룬다. 가장 먼저 요구되는 욕구는 다음 단계에서 달성하려는 욕구보다 강하고 그 욕구가 만족되었을 때만 다음 단계의 욕구로 전이된다.

- 생리 욕구physiological: 허기를 면하고 생명을 유지하려는 욕구로서 가장 기본인 의복, 음식, 가택을 향한 욕구에서 성욕까지를 포함한다.
- 안전 욕구safety: 생리 욕구가 충족되고서 나타나는 욕구로서 위험, 위협, 박탈에서 자신을 보호하고 불안을 회피하려는 욕구이다.
- 애정·소속 욕구love/belonging: 가족, 친구, 친척 등과 친교를 맺고 원하는 집단에 귀속되고 싶어 하는 욕구이다.
- 존경 욕구esteem: 사람들과 친하게 지내고 싶은 인간의 기초가 되는 욕구이

다. 자아존중과 자신감, 성취, 존중 등에 관한 욕구가 여기에 속한다.

- 자아실현 욕구self-actualization: 자기를 계속 발전하게 하고자 자신의 잠재력을 최대한 발휘하려는 욕구이다. 다른 욕구와 달리 욕구가 충족될수록 더욱 증대되는 경향을 보여 '성장 욕구'라고 하기도 한다. 알고 이해하려는 인지 욕구나 심미 욕구 등이 여기에 포함된다.

후에 매슬로는 자아실현의 단계를 넘어선 자기초월의 욕구를 주장하였다. 자기초월의 욕구란 자기 자신의 완성을 넘어서 타인, 세계에 기여하고자 하는 욕구를 뜻한다.

15) 칠죄종(七罪宗, septem peccata capitalia 또는 septem peccata mortalia)은 그 자체가 죄이면서 동시에 인간이 자기 자신의 뜻에 따라 범하는 모든 죄의 근원이 되는 것을 일곱 가지로 분류한 것을 일컫는 그리스도교의 용어이다. 칠죄종은 초기 그리스도교 시절부터 사용된 용어로서 인간이 죄를 범하기 쉬운 경향에 대해 교회가 가르치고 훈육하기 위하기 위해 대두되었다. 오늘날에는 일반적으로 교만, 인색, 시기, 분노, 음욕, 탐욕, 나태가 칠죄종에 속하는 죄로 분류된다.

16) 칼 구스타프 융Carl Gustav Jung(1875~1961)은 스위스의 정신의학자로 분석심리학의 개척자이다.

목사의 아들로 태어나 가문의 전통을 이어받지 않고 바젤 대학교와 취리히 대학교에서 의학을 공부하여 정신과 의사가 되었다. 부르크휠츨리 정신병원에서 일하면서 병원의 원장이었던 오이겐 블로일러Eugen Bleuler의 연구를 응용해 심리학 연구를 시작하였으며 이전 연구자들이 시작한 연상 검사를 응용하면서 자극어에 대한 단어 연상을 연구하였다. 이 연상은 성적인 내용을 담고 있는 경우가 많아서 당시 학계에서 자주 금기시 되고는 하였다. 그는 특정한 상태를 설명하기 위해 지금은 유명해진 '콤플렉스'라는 단어를 사용해 이에 관련된 학설의 기초를 마련하였다. 또한 지그문트 프로이트와 함께 정신분석학 연구를 하기도 했지만 프로이트의 성욕중심설 말고도 알프레트 아들러의 사회심리학의 중요성을 인식하고 1913년을 전후해서 독자적으로 이들의 양립에 관한 연구로 분석심리학설을 작업하기 시작했다. 이어서 그는 인간의 내면에는 의식과 무의식의 층들이 있다고 생각하였지만 한 걸음 더 나아가 특히 개체로 하여금 내면의 무의식들이 통일된 전체를 실현하게 하는 자기원형이 초월적 기능transcendental function이 있음을 주장했다. 그는 자신의 경험으로부터 심리치료법을 개발하여 이론화하였고 심리치료를 받는 사람들에게 '개성화'(indivi duation, 또는 자기실현)라고 하는 자신의 신화를 추구하는 과정을 통해 좀 더 유연하고 온전한 인격체로 나아갈 수 있다고 생각하였다. 그는 1914년 사임하기까지 국제정신분석학회 회장을 역임한 바 있으며 취리히 연방 공과대학교ETH Zürich의 심리학 교수, 바젤 대학교의 의학심리학 교수로 재직하였고 85세의 나이로 세상을 떠났다.

17) 데이비드 존 차머스David John Chalmers(1966~)는 오스트레일리아의 철학자이자 언어철학 분야를 전문으로 하는 인지과학자다.

차머스는 이른바 의식의 어려운 문제를 공식화한 것으로 가장 잘 알려져 있다. 그는 개체 차별이나 언어 보고를 설명하는 것과 같은 의식의 '쉬운' 문제와 "감각 정보에 대한 인식을 수반하는 감정이 왜 존재하는가?"라고 말할 수 있는 '어려운' 문제를 구별한다. (인지적) 쉬운 문제와 (현상적) 어려운 문제 사이의 본질적인 차이점은 전자가 적어도 이론적으로는 심리철학의 지배적인 전략인 물리주의를 통해 답할 수 있다는 것이다. 차머스는 목적에서 주관적인 것에 대한 '설명적 격차'를 주장하고, 정신적 경험에 대한 물리주의자의 설명을 비판하여 그를 이원론자로 만든다. 차머스는 그의 견해를 '자연주의적 이원론'으로 특징짓는다. 그가 정신 상태가 물리적 시스템(예: 뇌)에 의해 발생한다고 믿기 때문에 자연주의적이다. 정신 상태가 물리적 시스템과 구별되고 축소할 수 없다고 믿기 때문에 이원론적이다.

이를 뒷받침하는 의미에서 차머스는 철학적 좀비의 논리적 가능성(중요한 것은 아니지만)에 대한 헌신으로 유명하다. 철학적 좀비는 인간의 완전한 육체적 복제품이며, 질적 경험만이 결여되어 있다. 차머스는 그런 좀비들은 우리에게 상상될 수 있는 것이기 때문에, 따라서 논리적으로 가능해야 한다고 주장한다. 그것들은 논리적으로 가능하기 때문에, 그 때 예절과 지각은 물리적 속성만으로는 충분히 설명되지 않는다고 주장한다.

2부 담화; 영성은 무엇이고 영성적 성장이 왜 중요한가?

1) 조지 루카스George Walton Lucas, Jr.(1944~)는 미국의 영화 제작자이자 기업가이다. 《스타워즈》와 《인디아나 존스》 프랜차이즈의 창작자로 가장 유명하며, 루카스필름과 인더스트리얼 라이트 & 매직 그리고 스카이워커 사운드 등의 설립자이기도 하다. 2012년 루카스필름을 월트 디즈니 컴퍼니에 매각하기 전까지는 루카스필름의 회장 겸 최고경영자CEO였다.

1967년 서던캘리포니아 대학교 학사 학위 후, 동료 영화 제작자인 프랜시스 포드 코폴라와 함께 아메리칸 조이트로프를 설립하였다. 루카스는 학창시절 단편 《전자 미로 THX 1138 4EB》를 원작으로 한 《THX 1138》(1971년)의 각본을 쓰고 감독하였다. 이 영화는 비평적으로 성공하였으나, 상업적으로는 실패하였다. 그 다음으로 각본과 감독을 맡은 영화는 《청춘 낙서》(1973년)이다. 자신의 10대 시절인 1960년대 초 캘리포니아 머데스토에 영감을 받고, 새로 설립한 루카스필름이 제작한 이 영화는 비평과 흥행 모두 성공을 거두며 아카데미상에서 작품상을 포함한 5개 부문 후보에 올랐다.

《인디아나 존스》의 세 번째 시리즈인 《인디아나 존스와 최후의 성전》을 제작한 뒤 그 속편을 제작하지 않고 영화에서 손을 떼겠다고 발표하기도 했다. 당시 《인디아나 존스》 시리즈는 영화와 게임으로 발표하였는데, 네 번째 시리즈는 게임만 발표하였다. 그 뒤 영화계에 복귀한 뒤 네 번째 시리즈를 제작하여 2008년 개봉하였다. 그래서 《인디아나 존스》 시리즈의 세 번째 작품까지는 영화가 원작이지만, 네 번째 작품인 《인디아나 존스: 크리스탈 해골의 왕국》은 어느 것이 원작인지 불분명하다. 당시 그 영화를 제작하다가 중단하고 게임을 제작했으며, 이런 관점에서는 영화가 원작이다. 그러나 2008년 개봉된 영화는 게임 내용을 바탕으로 처음부터 다시 제작했으며, 이런 관점에서 게임이 원작이기 때문이다.

2012년 1월 그는 대형 블럭버스터 영화를 제작할 계획이 없다고 밝혔고, 그해 10월 30일 루카스필름을 월트 디즈니사에 팔았다. 그 결과 조지 루카스는 개인

주주로는 스티브 잡스에 이어 월트 디즈니사의 두 번째로 지분이 많게 되었다.

2) [박영재의 '향상일로'] 〈'영기靈機'에 대하여〉, 《시사위크》 (2020.01.02.),

  http://www.sisaweek.com/news/articleView.html?idxno=129559

3) N포세대N抛世代는 N가지를 포기한 사람들의 세대를 말하는 신조어이다. 처음 삼포세대로 시작 되어 'N가지를 포기한 세대'로 확장되었다. 삼포세대三抛世代는 연애, 결혼, 출산 3가지를 포기한 세대를 말하며, 오포세대五抛世代는 집과 경력을 포함하여 5가지를 포기한 것을 말한다. 칠포세대七抛世代는 여기에 희망/취미와 인간관계까지 포함하여 7가지를 포기한 세대를 일컫는다.

많은 대한민국의 20대~30대의 젊은이들은 치솟는 물가, 등록금, 취업난, 집 값 등 경제적, 사회적 압박으로 인해 스스로 돌볼 여유도 없다는 이유로, 연애와 결혼을 포기하고, 출산을 기약없이 미루고 있다. 이러한 사람들을 삼포세대라고 일컫는다. 이와 비슷한 용어로 일본에서는 '사토리 세대(일본어판)'가 있다.

2011년 경향신문의 기획시리즈 〈복지국가를 말한다〉 특별취재팀이 만든 신 조어이다. 취재팀은 '삼포三抛세대'를 "불안정한 일자리, 학자금 대출상환, 기약 없는 취업준비, 치솟은 집값 등 과도한 삶의 비용으로 인해 연애도, 결혼도, 출산도 포기하거나 기약 없이 미루는 청년층"으로 정의했다.

4) 베단타 학파Vedānta는 베다의 지식부知識部의 근본적인 뜻, 즉 아란야카와 우파 니샤드의 철학적·신비적·밀교적 가르침을 연구하는 힌두교 철학 학파로 힌두 교의 정통 육파철학 중 하나이다. 우타라(後) 미맘사 학파라고도 불린다.

힌두 철학에서 원래 베단타라는 단어는 베다 중 우파니샤드와 동의어로 사용 되었다. 베단타라는 단어는 '베다-안타Veda-anta' 즉 '베다의 끝' 또는 '베다 찬가 에 더해진 부록'의 뜻인데, 이 뜻이 심화되어 '베다의 목적, 목표 또는 최종 도달 지'를 의미하는 것으로도 여겨지고 있다. 베단타는 또한 삼히타, 즉 네 종의 베 다를 모두 마스터한 사람을 가리키는 일반 명사로도 사용된다. 8세기에 이르러 서는 '베단타'라는 단어는 아트마 즈냐나(자아 실현), 즉 우주의 궁극적 실재(브라 만)를 아는 것을 중심 주제로 하는 특정 힌두 철학 그룹을 지칭하는 용도로 사 용하게 되었다.

베단타 학파의 개조開祖는 바다라야나(1세기)라고도 하나 그의 전기傳記는 분명치 않다. 경전으로는 『베단타 수트라』(4~5세기, 브라마 수트라라고도 한다)가 있으나 극단적으로 간결하기 때문에 주석 없이는 이해할 수가 없어서 많은 사람이 주석을 하기에 이르렀다. 그 주석의 차이로부터 분파가 생겨남으로써 베단타 철학의 발달을 촉진하였으며 그 결과 베단파 학파는 힌두교의 육파 철학 중에서 가장 유력한 학파가 되었다. 『베단타 수트라』의 주석서로서 가장 유명한 것은 아드바이타 베단타 학파의 창시자인 샹카라(8세기경)의 주석서이다.

5) 매릴린 퍼거슨Marilyn Ferguson 지음, 정성호 옮김, 『의식혁명』(2000년대를 변혁하는 투명지성), 민지사, 2011(원제: The Aquarian Conspiracy: Personal and Social Transformation in Our Time).

6) 버나드 버니 샌더스Bernard Bernie Sanders, (1941~)는 미국의 정치인이다. 자칭 '민주사회주의자'이며 미국 상원에서 유일한 사회주의자다.

자신의 신념이 민주당과 맞지 않아 무소속으로 활동한다. 다만 민주당 간부회의에 참석하는 등 민주당과 연계해서 활동하고 있다. 2010년 말에 부자 감세안의 통과를 비판하며 8시간 37분간 이뤄진 필리버스터로 화제를 모았다.

2015년, 진보진영의 권유와 무소속 출마의 현실적 어려움 등을 이유로 민주당의 2016년 대선 경선에 뛰어들었다. 선거운동 과정에서 슈퍼팩을 거부하고 소액 모금운동을 하는 등 화제를 불러 모았다. 각종 여론조사 등에서 민주당 대선 후보 경쟁자인 힐러리 클린턴과 경합하는 등 유력 주자로 부상하기 시작했다. 그러나 최종 지명을 받는 데에는 실패하였다.

7) 한갑수는 규모가 큰 불교신행단체의 일원으로 30여 년간 신행활동을 이어갔다. 그러다 50대 중반 무렵 종달 선사 입적 1년 전(1989년) 선도회에 입문하였다. 선사 입적 이후 법경 법사의 점검을 받으며 입문과정을 마치고 1990년 9월 '혜연慧淵'이란 법호大姉號를 받았다. 이어 1996년 6월 모든 점검과정을 마치고 선도회 사상 첫 여성 법사가 되었다. 현재 퇴계원에 은거하며 딸의 선 공부를 점검해 주면서 향상의 길을 이어가고 있다. 참고로 종달 선사께서는 일찍이 양성평등을 제창하며 남녀수행자 모두에게 법호를 두 자로 지어주는 전통을 확립하였

다(출처: 박영재 작성).

8) 이영환, 빅데이터 · 데이터주의 · 감시 자본주의, 미디어SR(http://www.mediasr. co.kr/news/articleView.html?idxno=52299)

9) 류영모柳永模(1890~1981)는 한국의 개신교 사상가이며 교육자, 철학자, 종교가이다. 호는 다석多夕이다. 조만식, 김교신 등과 같은 세대로, 함석헌, 김흥호, 박영호, 이현필 등의 스승이다. 다석多夕은 많은 세 끼多를 다 먹지 않고 저녁夕 한 끼만 먹는다는 뜻이다.

15세에는 YMCA 한국 초대 총무인 김정식의 인도로 개신교에 입문하여 연동교회에 다녔다. 1910년 이승훈의 초빙을 받아 평안북도 정주 오산학교 교사로 2년간 근무하였다. 1912년에는 기독교 사상가요 문인인 톨스토이를 연구하여 그 영향으로 기성교회를 나가지 않게 되었다.

톨스토이는 그의 짧은 소설들(『바보 이반』, 『사람은 무엇으로 사는가』 등)에서 드러나듯이, 기독교인의 신앙생활은 교회에 나가는 종교행사의 충실한 참여가 아니라, 역사적 예수의 삶과 복음을 이웃에 대한 자비, 정직한 노동, 양심적 병역거부, 악을 선으로 이기는 비폭력투쟁 등으로 실천하는 삶이라고 이해했다.

이후 최남선과 교제하며 잡지《청춘》에 〈농우〉, 〈오늘〉 등 여러 편의 글을 기고하였다. 1919년 3.1운동 때에 이승훈이 거사 자금으로 기독교 쪽에서 모금한 돈 6천 원을 아버지가 경영하는 경성 피혁 상점에 보관하였다. 후에 이것이 적발되어 압수당하였으며 류영모 대신 아버지 유영근이 체포되어 105일간 서대문 형무소에 수감되었다.

1921년 조만식의 후임으로 오산학교 교장에 취임하여 1년간 재직하였다. 1928년 YMCA의 연경반 모임을 지도하기 시작하여 1963년까지 약 35년간 계속하였다. 이후 잡지《성서조선》에 기고를 하였으며 이 일로 1942년 일제에 의해 종로경찰서에 구금되었다가 57일 만에 서대전 형무소에서 아들 의상과 함께 풀려났다. 해방 후 행정 공백기에 은평면 자치위원장으로 주민들에 의하여 추대되었다.

정인보, 이광수와 함께 1940년대 조선의 3대 천재로 불리기도 했던 류영모는, 1921년 오산학교 교장을 지내다가 이후 은퇴하여 농사를 짓고 제자들을 가르치며, 『노자』를 번역하기도 했다. 기독교를 한국화하고 또 유, 불, 선으로 확장하여 이해했다. 그의 강의 중 일부는 제자들에 의해 남아 있고, 해설과 함께 나오기도 했다. 강의들은 순우리말로 되어 있으나, 기발한 표현이 많고 함축적이어서 이해하기가 어렵다. 학자들은 류영모의 종교다원주의가 서양보다 70년이나 앞선 것에 놀라고 있다. 그의 종교사상은 1998년 영국의 에든버러Edinburgh 대학에서 강의되었다.

제자 중에서 가장 아끼던 이는 함석헌이었다. 함석헌의 씨을 사상은 류영모로부터 물려받은 것이다. 그러나 함석헌이 퀘이커로 종교적 외도를 한 것에 대해서 크게 나무라고 의절하였다. 류영모와 제자 함석헌의 사상은 2008년 8월호《기독교사상》에서 특집기사 〈왜 유영모와 함석헌인가?〉로 소개되었다.

10) 함석헌咸錫憲(1901~1989)은 대한민국의 독립운동가, 종교인, 언론인, 출판인이며 기독교운동가, 시민사회운동가였다.

광복 이후 비폭력 인권 운동을 전개한 민권운동가이자 언론인, 재야운동가, 문필가로 활약한 그의 본관은 강릉江陵이며 호는 신천信天, 씨을, 바보새이다.

1919년 3.1 운동에 참여했다가 퇴학당한 후, 사무원과 소학교 교사 등을 전전하다가 1921년 함석규 목사의 권유로 평안북도 정주定州에 있는 오산학교五山學校 3학년에 편입하여 수학했으며, 그곳에서 류영모를 만나 평생 스승으로 삼았다. 동경고등사범학교 재학 중에 일본인 무교회주의자 우치무라內村鑑三의 성서연구에 깊이 영향을 받고 김교신金教臣, 송두용宋斗用, 정상훈鄭相勳, 유석동柳錫東, 양인성楊仁性 등과 함께 교회에 다니지 않고도 신앙을 유지하는 무교회주의 신앙클럽을 결성하였다. 1927년 동인지《성서조선聖書朝鮮》창간에 참여하고 논객으로 글을 발표하기 시작하였다.

1928년부터 1938년까지 오산학교의 교사를 역임했다. 또한 이때 안창호, 이승훈, 이광수, 조만식 등과도 알게 되어 그들로부터 민족주의 사상과 실력 양성론의 영향을 받게 된다. 그러나 후일 그는 맹목적인 민족주의와 국가주의에 비판적인 성향으로 돌아서게 된다. 이후 교육, 언론 활동 등에 종사하다가 해방

후, 1947년 월남하였다. 이후에는 성서 강해 등을 하다가 1956년부터는 장준하의 사상계에 참여하여 정치, 시사 등에 대한 평론 활동, 신앙 활동, 반독재 민주화 운동 등을 하였다.

그의 종교는 초기에는 일본 유학 중에 우치무라 간조의 영향을 받아 무교회자였다가 중기에는 기독교였으나 후기에는 특정 종교에 속하지 않게 된다.

1956년부터 장준하 등의 천거로《사상계》를 통해 논객으로 활약하였다. 1958년 '생각하는 백성이라야 산다'는 견해를 발표하면서 정부의 정책에 비평을 가하기 시작하였고, 1958년 5월 잡지《사상계》에 발표한 칼럼 하나는 화제가 되었다.

1962년 미국 국무성내 기독교 신자 정치인들의 특별 초청으로 미국을 방문하고 돌아왔다. 방미하였을 때 퀘이커교파Quaker敎派 인사들과 만나 친분관계를 형성하고 돌아왔다. 이후 1989년까지 매년 미국 정계의 기독교 인사들의 초청을 받고 미국을 방문하기도 했다.

제3공화국 출범 후에는 종교인으로서 한일회담에 반대하는 등 사회운동에 참여했다. 1967년 장준하의 국회의원 총선거 옥중출마를 지원하기도 하였다. 그는 이승만 정권 즉, 자유당 정권 시절부터 좌익 운동에 참여하여 3선 개헌에 반대하였으며 이후 10월 유신 이후 민주화 운동에 앞장서서 수차례 투옥되었다. 1969년 4월 19일에는 4.19 10주년 기념 강연을 마친 뒤 침묵 시위에 들어가기도 했다.

1970년에는 정치, 시사평론을 실은 월간잡지《씨올의 소리》를 창간하였으나 정권의 탄압을 받기도 했다. 이후 씨올의 소리의 발행인, 편집인, 주간 등으로 있으면서, 장준하 등 재야 언론인들을 필진으로 영입하고 1980년 1월 폐간당할 때까지 신진 문인들을 발간하였으며, 글과 강연 등을 통해 민중 계몽운동을 폈다.

11) 위빠사나(위파사나, 위빠싸나, Vipassanā, Vipaśyanā) 또는 관觀은 불교의 명상법이다. 동국대학교 한글대장경 사이트에서는 비파사나毘婆舍那, 비바사나毘婆舍那, 비발사나毘鉢舍那로 검색되며, 천태종의 지관수행의 관이라고도 하며, 보조국사 지눌知訥의 정혜쌍수나 계정혜삼학에서 혜慧라고도 설명되어 있다.

한글대장경에 비바사나는 불교만이 아니라 고대 인도에서 내내 행해지던 수행법이라고 주석에 설명되어 있고, 대승아비달마잡집론 주석에는 사마타와 비발사나가 요가의 방편이라고 설명되어 있다.

대중부 불교는 계율을 지키고 사마타와 위빠사나 두 가지를 수행해야 깨달음을 얻을 수 있다고 설법한다. 일명 계, 정, 혜. 다른 불경에서는 부정관과 수식관을 수행해야 깨달을 수 있다고 한다. 수식관은 아나빠나사띠를 말하며, 사마타 즉 선정 수행이다. 그리고 위빠사나는 선정력을 기반으로 지혜를 닦는 수행이기 때문에 수식관을 통해 닦인 선정의 힘으로 위빠사나 수행을 하게 된다. 부정관 역시 선정을 닦는 사마타 수행이지만, 부정관을 통해 몸 혹은 '자아'에 대한 집착을 버리고 무상과 무아를 알아 깨달음을 얻을 수 있게 된다는 점에서 지혜를 닦는 수행이기도 하다.

12) https://dharma-documentaries.net/the-bbcs-life-of-the-buddha

13) 간섭이란 물리적으로 두 가지 이상의 파장이 첨가되어, 새로운 파장의 형태를 나타내는 것을 의미한다. 가장 널리 사용되는 간섭의 관점은 서로 소멸되거나 서로 보강되는 파장들의 상호 작용에 관한 것이고, 그 이유는 그 파장들이 같은 광원에서 오는 것이거나 완벽에 가깝거나 그와 같은 주파수를 가지고 있기 때문이다. 만약 두 개의 파장이 정확히 같지 않은 파장 영역을 가지고 있고, 각각의 만들어지는 파장에서 같은 수의 상 차이를 보인다면, 두 개의 비단일 파장들도 서로 완벽히 보강된다.

만약 파동들이 두 개 이상의 다른 원으로부터 발생된다면, 총상의 차이는 두 개의 파형의 차이와 초기 상 차이의 합에 의해 야기된다. 이같은 결론은 파장이 정확하게 파장의 시작점과 같은 점에서 끝이 나는가in phase 혹은 그렇지 않은가out phase에 따라 알 수 있다.

서로 다른 파장이 서로 만났을 때 중첩의 원리에 따라서 서로 더해지면서 나타나는 현상이다. 만약 파장의 머리 부분이 다른 파장의 머리 부분과 같은 점에서 만나게 되면 그 머리 부분이 보강, 간섭하여 진폭이 커지게 된다. 만약 서로 일치 하지 않은 두 파장의 머리 부분이 만나게 되면 소멸 간섭되어 진폭이 전체적으로 작아진다. 이 간섭의 형태는 다른 길이의 두 개 또는 더 많은 경로를 가진 파장이 원천지에서 목적지까지 증식시킬 때마다 발생할 수 있다. 고정된 상phase이 두 개 또는 더 많은 소스들과 관계를 한다면 간섭을 발생시킬 수 있다. 그러나 이 경우 간섭 발생은 한 가지 소스와 관계할 때와 같다.

14) 박영재,『두 문을 동시에 투과한다』, 불광출판부, 1996년 초판, 2004년 개정판.

15) 샤론 베글리Sharon Begley는《월스트리트 저널Wall Street Journal》의 과학 전문기자이다.《뉴스위크Newsweek》지에서 신경과학, 유전학, 물리학, 천문학, 인류학 등 다양한 분야를 넘나들며 과학 분야 대표 필진으로 활약했다. 또『마음과 뇌The Mind and the Brain』의 공동저자이며, 많은 논문으로 각종 상을 수상했다. 〈찰리 로즈 쇼The Charlie Rose Show〉, 〈투데이 위크엔드Today Weekend〉, CBS의 〈얼리 쇼The Early Show〉 등을 포함하여 다수의 라디오 및 TV 프로그램에 출연했다.

16) 스마트폰 좀비smartphone zombie 또는 스몸비smombie는 스마트폰만 들여다보며 주변을 살피지 않고 길을 걷는 사람들을 이르는 말이다. 주로 스마트폰만 쳐다보며 주위에 집중하지 않고 느리게 걷는 보행자이다. 산만한 보행자는 사고를 유발하기 때문에 이들은 주요한 안전에 대한 위협으로 보고되고 있다.

17) 물병자리의 시대Age of Aquarius는 현재 또는 이윽고 도래할 점성학적 시대를 의미하는 점성술의 기간이다. 점성가들은 점성학적 시대는 평균 2,150년씩의 지구의 느린 세차 회전의 산물이라는 견지를 유지한다. 미국의 대중문화에서 물병자리 시대는 1960년대와 1970년대에 뉴에이지 운동으로 나타났다.

점성학적 시대의 길이를 계산하는 방법은 여러 가지이다. 태양궁 점성술에서, 첫 번째 별자리는 양자리이며, 황소자리, 쌍둥이자리, 게자리, 사자자리, 처녀자리, 천칭자리, 전갈자리, 사수자리, 염소자리, 물병자리 그리고 물고기자리의 순서로 이어지는데, 그 주기는 황도대의 별자리를 지나 다시 양자리로 되돌아온다. 그러나 점성학적 시대는 반대 방향(역행운동)으로 진행한다. 따라서 물병자리의 시대는 물고기자리 시대의 다음이다.

18) 개벽이란 천지가 처음으로 새로 생김天開地闢과 어지러운 세상이 뒤집혀 다시

평화로워짐治亂太平의 의미로 동양 고대에서부터 사용되던 개념이다. 이 말은 일찍이 중국에서 사용되기 시작했고, 우리나라에서도 같은 의미로 썼다.

그런데 천지개벽을 분기점으로 그 이전을 선천, 그 이후를 후천이라고 하여 개벽과 선·후천이라는 개념이 한국민족종교 창시자들에 의해 또 다른 개념으로 사용되었다. 이들은 자기들이 살았던 시대를 기점으로 하여 그 이전을 선천, 그 이후를 후천으로 보고, 선천의 세상은 묵은 세상, 낡은 세상으로 불평등·불합리·부조리한 세상이었으나, 후천의 개벽된 세상은 그와 반대로 평등·합리·정의롭고 공명정대한 살기 좋은 낙원의 문명세상이 된다는 것이다. 민족종교 창시자 중에서도 수운水雲·일부一夫·증산甑山·소태산少太山 등이 대표적이다.(출처: 한국민족문화대백과사전)

19) 넬슨 롤리랄라 만델라Nelson Rolihlahla Mandela(1918~2013)는 남아프리카 공화국에서 평등선거 실시 후 뽑힌 세계 최초의 흑인 대통령이었다. 대통령으로 당선되기 전에 그는, 아프리카 민족회의ANC의 지도자로서 반아파르트헤이트운동 즉, 남아공 옛 백인 정권의 인종차별에 맞선 투쟁을 지도했다.

1962년 8월 5일 반역죄로 체포되었고 1964년에는 무기징역을 선고받았으나, 27년 만인 1990년 2월 11일에 출소했다. 1993년 데 클레르크 대통령과 함께 노벨 평화상을 수상한다. 1994년 실시된 평등 선거에서 ANC는 62%를 득표하여 ANC의 지도자인 넬슨 만델라는 1994년 5월 27일 남아프리카 공화국 최초의 흑인 대통령으로 취임하였고 진실과 화해위원회TRC를 결성하여 용서와 화해를 강조하는 과거사 청산을 실시했다. TRC는 성공회 주교인 데스몬드 투투 주교가 참여하였으며, 수많은 과거사 관련 자료들을 수집하여 조사하였다. 인종차별 시절 흑인들의 인종차별 반대투쟁을 화형, 총살 등의 잔악한 방법으로 탄압한 국가폭력 가해자가 진심으로 죄를 고백하고 뉘우친다면 사면하였으며, 나중에는 경제적인 보상이 이루어지기도 했다. 또한 피해자 가족들의 요청에 따라 피해자 무덤에 비석을 세워줌으로써, 아파르트헤이트 시절의 국가폭력 피해자들이 잊히는 일이 없도록 하였다. 저서로 뉴욕 타임스가 뽑은 20세기 최고의 책에 선정된 『자유를 향한 긴 여정』이 있었다. 2013년 12월 5일 향년 95세를 일기로 타계했다.

20) Jean Houston(1937~): 진 휴스턴은 심리학 박사이자 종교학 박사로서 인간 잠재
성운동Human Potential Movement활동가이자 인간능력 연구자로 알려져 있다. 남
편인 로버트 마스터스Robert Masters와 함께 마음연구재단The Foundation for Mind
Research을 설립했고 또한 진 휴스턴 재단Jean Houston Foundation도 창설했다.

휴스턴 박사에 의하면 사람들에게는 누구에게나 개인의 경험과 활동에 동
기를 부여하는 타고난 잠재성이 주어져 있다. 내면의 영적인 자아를 계발시키
는 그녀의 코칭방법은 현재 가진 신체적인 자아와의 통합을 위해 완전히 체화
된embodied 형태의 잠재성이 실현된 상태를 상상하는 방법을 포함한다. 휴스
턴 박사는 『A Mythic Life: Learning to Live Our Greater Story』(1996),
『Jump Time: Shaping Your Future in a World of Radical Change』(2004)
등 30권 이상의 저서를 출판했다. 그녀는 역사, 문화, 신新 과학, 영성, 인간발달
등 여러 영역의 심층지식을 융합하여 가르치는 역량이 탁월한 것으로 알려져
있고 학제 간 연구의 관점에서 영감을 주면서 유머러스한 강연을 하는 것으로
유명하다. UNICEF와 UNDP 등 유엔 산하 기관들을 통해 100개국 이상에서
인력개발과 문화발달 분야의 자문활동을 하였고 클린턴 대통령부부의 고문으
로 활약한 바 있다.(출처: 도영인 작성)

3부 담화; 영성적 메시지, 어떻게 전할 것인가?

1) 니콜라 테슬라Nikola Tesla(1856~1943)는 오스트리아 헝가리 제국 출신 미국의 발
명가, 물리학자, 기계공학자이자 전기공학자이다. 그는 상업 전기에 중요한 기
여를 했으며, 19세기 말과 20세기 초 전자기학의 혁명적인 발전을 가능케 한 인
물로 잘 알려져 있다. 테슬라의 특허와 이론적 연구는 전기 배전의 다상시스템
과 교류 모터를 포함한 현대적 교류 시스템의 기초를 형성하였다. 그의 이러한
연구는 2차 산업 혁명을 선도하는 역할을 하였다.

오스트리아 제국(현재의 크로아티아)의 크로아티아 군대 변경 지대Croatian
Military Frontier의 스밀랸이라는 마을에서 태어난 세르비아계 오스트리아인인 테

슬라는 태어날 때부터 오스트리아 제국의 지배를 받았으며 후에 미국의 시민이 되었다. 라디오를 통한 무선 통신을 1894년 최초로 실현시켜 특허청에 1897년 10월 2일 출원, 1900년 3월 5일 승인되어 무선통신의 아버지로 불린다. 또한 전류전쟁의 승리로 인해 테슬라는 미국에서 가장 대단한 전기 공학자 중 하나로 널리 존경을 받았다. 그는 현대 전기 공학을 개척했으며 수많은 그의 발명은 선도자로서 중요한 역할을 하였다. 테슬라는 1893년 이전에 무선 에너지 통신부터 전력 장치까지 개발했으며, 비록 완성하진 못했지만 그의 와덴클리프 탑 프로젝트에서 대륙을 잇는 무선 통신을 실현시키기를 갈망했다. 자기장의 국제 단위인 테슬라는 니콜라 테슬라의 이름을 딴 것이다.

2) 이하레아카라 휴 렌Ihaleakala Hew Len 박사는 하와이 주립병원에 입원한 범죄 경력이 있는 정신병동 환자들을 한 번도 직접 대면하지 않고 호오포노포노 Ho'oponopono라고 불리는 고대 하와이 사람들이 사용했던 전통 치유법을 사용하여 모두 치유한 것으로 유명하다. 렌 박사는 병원에 있는 환자 병상기록을 읽으면서 오직 자기 자신에 초점을 두고 자신을 사랑함으로써 치유하는healing through loving oneself 전통 방법만으로 환자들을 치유하였다. 그가 근무했던 정신병동 환자들이 4년에 걸쳐 모두 치유되었을 뿐만 아니라 그 병원에서 일하던 직원들의 병가나 이직률까지 줄어들게 되었다고 한다.

자기도 모르는 채 무의식적으로 받아들인 믿음, 생각, 기억이 개인의 삶에서 원하는 것을 얻지 못하게 하는 장애물로 작용하는데 이러한 무의식적인 방해물을 모두 지움으로써 운명과 욕구의 작용으로 자신이 삶에서 진정으로 원하는 것을 성취하도록 돕는 방법이다.

렌 박사에게서 호오포노포노 치유법을 배운 제자인 자기계발 구루인 조 비탈레Joe Vitale 박사와 함께 저술한 세계적인 베스트셀러로 『Zero Limits: The Secret Hawaiian System for Wealth, Health, Peace, and More』(2009) 가 있다. 휴 렌 박사에 의하면 "당신과 내 삶에서 유일한 목적은 우리 마음 속에 본래의 정체성Identity을 회복하는 것이다 — 즉 부처님이 말씀하신 원래 상태인 공空 또는 영zero, 예수님이 말씀하신 마음의 순수성purity, 셰익스

피어가 음미한 멈추지 않는 정화를 통한 빈자리blank를 되찾는 것이다." 휴 렌 박사는 오직 신성한 사랑을 통해서만, 사람들이 원하는 것을 얻지 못하게 독이 되는 역할을 하는 기억을 깨끗이 지우고 순수 에너지를 갖게 된다고 가르친다(출처: 도영인 작성).

3) https://www.youtube.com/watch?v=RqrssdH6ET4&feature=youtu.be

4) 도영인의 정화수 〈나무들도 소통한다는데〉,《논객닷컴》(2018.11.2)

http://www.nongaek.com/news/articleView.html?idxno=47239

5) 만공滿空(1871~1946)은 조선과 일제 강점기의 승려이자 독립운동가이다. 한국 현대 불교의 대선사로, 석가모니 이래 제76대 조사이다. 속세의 성은 송 씨로, 송만공으로도 부른다. 조선총독부의 불교정책에 정면으로 반대하여 조선 불교를 지키려 하였다. 또한 선불교를 크게 중흥시켜 현대 한국불교계에 큰 법맥을 형성하였다. 본관은 여산礪山으로, 본명은 도암道巖이다. 법명은 월면月面이며 만공은 법호이다.

그는 이론과 사변을 배제하고 무심의 태도로 화두를 구할 것을 강조하고 간화선看話禪의 수행과 보급에 노력하였다. 제자들에게 무자화두에 전념할 것을 가르쳤다. 1940년대에는 덕숭산에 머무르며 선불교의 진흥을 위해 힘쓰다가 1946년 예산 전월사에서 입적했다. 경허 대선사의 뒤를 이은 고봉(77대) 선사는 한국선을 세계에 드높인 숭산(78대) 선사를 배출했다.

6) 요하네스 에크하르트Johannes Eckhart, Eckhart von Hochheim(1260년경~1327년경)는 독일의 로마 가톨릭 신비사상가이다. 마이스터 에크하르트Meister Eckhart, 마이스터 엑카르트라고 통칭된다.

튀링겐의 고타에 가까운 호흐하임에서 태어났다. 15세 때 도미니크회에 가입하고 쾰른의 동회의 학교에서 알베르투스 마그누스에게 배웠다. 파리로 가서 프란체스코회와의 논쟁에서 명성을 얻고, 1302년 파리 대학으로부터 마기스테르의 칭호를 허용받았다. 1304년에 작센의 도미니크회 관구장官區長이 되었으나 다시 파리로 돌아와 3부작을 썼다. 1313년 슈트라스부르크로 돌아와 설교에 전념하였으나 프란체스코회로부터 이단이라는 비난을 받았다.

에크하르트는 말을 하지 않고, 하느님의 임재를 기다리고 경험하는 관상觀想으로부터 출발하여 정적靜寂과 무無의 경지에 철저하였으며 하느님과의 합일合一을 생각했다. 에크하르트에게 하느님은 이성으로도 감각으로도 파악할 수 없는 무한한 황야같은 분이며 무한 자체이다. 여기에서 하느님은 페르소나神格을 초월한 하느님, 곧 '신성神性'으로서 모든 특징을 통합 해소한다. 이러한 신에게 몰입할 때 핵심이 되는 것이 인간의 영혼의 '작은 불꽃'이며 영혼의 성城이다. 자기를 무無로 돌려 하느님의 무와 합일하면 비로소 인간은 완전한 자유에 도달하며, 모든 것을 버리고, 드디어는 하느님까지도 버리고 최고의 덕을 달성한다.

7) 조지 폭스George Fox(1624~1691)는 퀘이커로 알려진 종교친우회Religious Society of Friends의 창시자이자 비국교도이다.

영국 중부의 페니 드레이턴에서 한 방직공의 아들로 태어난 폭스는 열두 살이 되던 1636년 제화업자 밑에서 도제생활을 하다 열아홉 살 때 잉글랜드 내전이 터지자 구도자가 되었다. 이때부터 인간의 허영, 사회의 부도덕, 신자들의 왜곡된 삶에 대하여 비판하였고, 신앙과 생활의 일치를 주장하였다.

폭스는 기성 교회에 대해 비판적이었다. 이는 당시의 사회적 상황과 무관하지 않은데 당시 영국 사회는 왕당파와 의회파로 나뉘어 싸움을 계속하고 사회는 혼란이 극심하였기 때문이다. 청교도들은 웨스트민스터 총회로 모였으나 국교회자들의 방해로 어려움을 겪고 있었다. 이러한 혼란기에 폭스는 묵상을 통해 스스로 영적인 각성을 하였다. 영적 체험을 한 후 폭스는 1643년 가족과 친우관계를 청산하고 영적 방랑 생활을 시작하였다. 폭스는 1649년부터 제도적인 교회를 부인했다. 그는 예배가 영적이어야 한다는 확신 가운데 기존 설교자를 강단에서 끌어내고 자신이 설교하다 1650년과 1651년 더비 교도소에 투옥되고, 이후에도 7번 이상 체포되었다. 그는 자신이 하나님의 메시지 전달자라는 의식을 사람들에게 세뇌시킴으로 많은 추종자들을 얻을 수 있었다. 그의 가르침을 따르는 자들을 형제들이라 불렀는데 이들 중 대부분이 가난한 하층민들이었다.

8) 중보기도는 예수님만이 하나님과 우리를 화해시키기 위해 하는 기도를 의미한

다. 중보기도란 이처럼 예수님께만 해당하는 기도다. 다시 말하면 중보기도란 중보자(예수님)가 하는 기도란 뜻이며 중보자(예수님)가 하나님과 사람을 화해시키는 기도라는 분명한 의미를 지닌 용어이다.

9) 신디 위글워스Cindy Wigglesworth는 Deep Change, Inc.(심층변화 자문회사)의 창립자로서 '영성지능(SQ21)'이라고 불리는 측정도구를 타당성과 신뢰성이 있으며 동시에 신앙 중립적이고, 신앙 친화적이자 과학적인 방법으로 실증실험 과정을 거쳐서 최초로 연구 개발하였다. SQ21은 다양성 커리큘럼과 개인성장 자료로서 뿐만 아니라 리더십 개발프로그램의 주요소로 활용하기에 적합하다.

위글워스 대표는 『Adult Children Who Won't Grow Up』(1989)과 『SQ21: Twenty-one Skills for Spiritual Intelligence』(2012)의 저자이며 『SQ21』은 현재까지 스페인어, 독일어, 한국어, 터키어로 번역되어 있다. 이 책에서 위글워스는 영성지능을 "주어진 상황에 상관없이 내적이고 외적인 평화를 유지하는 가운데 지혜와 자비심으로 행동하는 능력"이라고 정의하였고 성공적인 리더십에는 이 영성지능을 주축으로 하는 심층지능Deep Intelligence이 필수적이라고 주장한다.

Deep Change사社는 개인의 삶과 조직생활에서 적어도 인지지능IQ, 신체지능PQ, 감성지능EQ, 영성지능SQ의 4가지 주요 지능을 균형 있게 활용할 수 있도록 디자인된 영성코칭 프로그램을 제공하고 있다. Deep Change사는 BHP Billiton 석유회사, Whole Foods Market, MD Anderson 암 치유센터, 감리교재단 종합병원 시스템, 피츠버그 대학 의료센터 등에 자문 서비스를 제공하였다. 위글워스 대표는 '의식 있는 자본주의 최고경영자 정상회의Conscious Capitalism CEO Summit'와 TED 등에서 강연하였고, 오프라 윈프리Oprah Winfrey쇼 등 유명 TV 프로그램에 출연한 바 있다(출처: 도영인 작성).

10) 피에르 테야르 드 샤르댕Pierre Teilhard de Chardin(1881~1955)은 예수회 수도사 출신의 가톨릭 신부로 프랑스 관념주의 철학자이다. 고생물학자이자 지질학자로 훈련을 받은 그는 베이징 원인과 필트다운인의 발견에 참여했다. 그는 오메가 포인트Omega Point라는 활력주의 이념을 고안했고, 베르나디스키Vladimir

Vernadsky의 정신권noosphere이라는 개념을 발달시켰다. 그에게 오메가 포인트는 우주가 그곳을 향해서 진화해 가는 최고수준의 복잡성과 의식이다.

그의 생각에 대한 교회의 비판도 있었지만, 그는 사후에 교황 베네딕트 16세와 다른 유명한 가톨릭의 인물들로부터 칭송을 받았다. 그리고 그의 신학적 입장은 프란치스코 교황의 회칙 '찬미를 받으소서'에 인용되었다. 진화생물학자들의 그의 저술에 대한 반응은, 몇 사람의 예외가 있기는 하지만, 단호히 부정적이다. 최근에 들어 그의 생각에 대하여 보다 긍정적인 글들이 나왔다.

11) [박영재의 '향상일로'] 〈'조현調絃'에 관한 단상斷想〉,《시사위크》(2019.5.8), http://www.sisaweek.com/news/articleView.html?idxno=121553.

12) 이론물리학에서, 초끈이론(超-理論, superstring theory)은 자연계의 모든 입자와 기본 상호작용을 미소한 크기의 초대칭적 끈의 진동으로 설명하려는 시도이다. 끈 이론의 일종이다.

초끈 이론은 기본적으로 상대성이론과 양자론의 충돌을 설명하기 위해 만들어진 이론이다. 이 충돌은 바로 플랑크 길이라는 아주 작은 영역 안에서 일어나는 일로서 양자적 요동이라는 현상에서 발생한다. 양자론은 이 양자적 요동을 예견했지만 중력장이 이 양자 요동의 영향을 받기 때문에 상대성이론의 체계에 맞지 않는다. 이 점을 무시하고 두 이론의 식을 통합하면 확률이 무한이라는 결과가 나왔기에 두 이론을 알맞게 통합하기 위해 만들어진 이론이 바로 이 초끈이론이다.

13) 〈자살보도 권고기준 3.0〉 5가지 원칙

1. 기사 제목에 '자살'이나 자살을 의미하는 표현 대신 '사망', '숨지다' 등의 표현을 사용합니다.

2. 구체적인 자살 방법, 도구, 장소, 동기 등을 보도하지 않습니다.

3. 자살과 관련된 사진이나 동영상은 모방자살을 부추길 수 있으므로 유의해서 사용합니다.

4. 자살을 미화하거나 합리화하지 말고, 자살로 발생하는 부정적인 결과와 자살예방 정보를 제공합니다.

5. 자살 사건을 보도할 때에는 고인의 인격과 유가족의 사생활을 존중합니다.

※ 유명인 자살보도를 할 때 이 기준은 더욱 엄격하게 준수해야 합니다(출처: 한국기자협회).

14) 정약전丁若銓(1758~1816): 조선 영조에서 순조 연간에 살던 성리학자·생물학자이다. 본관은 나주, 자는 천전天全, 호는 자산玆山, 손암巽庵, 연경재研經齋이다. 정약현丁若鉉의 동생이며, 정약종·정약용의 형이다.

정조 때 문과에 급제하여 부정자·병조좌랑 등을 지냈다. 1801년 신유박해에 연루되어 흑산도에 유배되었을 때, 흑산도 인근에 서식하는 어류를 상세히 기록한 『자산어보玆山魚譜』를 남겼다. 1798년 왕명으로 『영남인물고嶺南人物考』를 편찬하였다. 남인 계통의 학자로 서학에 뜻을 두어 천주교에 입교한 후에 천주교 전도에 힘썼으며, 흑산도로 유배되었을 때에도 지역 주민들에게 천주교를 전교했다.

15) [박영재의 '향상일로'] 〈서로 도우며 잘 살기〉, 《시사위크》(2018.11.28), http://www.sisaweek.com/news/articleView.html?idxno=115992.

16) 에드먼드 핼리Edmond Halley(1656~1742)는 영국의 천문학자, 기상학자, 물리학자, 수학자이다.

핼리는 런던의 부유한 비누 제조업자의 아들로 태어났다. 어릴 적 런던 세인트 폴 스쿨에 다녔고, 1673년 옥스퍼드 대학교 퀸즈 컬리지에 입학하였다.

핼리는 1675년 최초의 왕립천문학자로 임명된 존 플램스티드를 도와 그리니치 천문대에서 1675년 6월 27일과 12월 21일, 두 번에 걸친 월식 관측 등 많은 관측 활동을 하였다. 1676년, 핼리는 행성의 궤도, 8월 21일에 관측된 달의 화성에 대한 엄폐 현상, 1676년 여름에 관측된 태양의 흑점에 대한 과학논문 세 편을 발표하였다. 1676년, 핼리는 남반구 하늘을 정확하게 관측하기 위해 세인트헬레나 섬으로 항해를 떠났고, 그곳에서 별을 목록화하고, 태양의 표면을 가로지르는 수성의 자오선 통과를 관찰하였다. 집으로 돌아온 핼리는 1678년 11월, 『남반구 천체목록』을 출판했고, 그 해 11월 30일 왕립학회 특별회원으로 선출되었다. 1705년, 『혜성 천문학 총론Synopsis Astronomia Cometicae』을 발간하면서 1456년과 1531년, 1607년, 1682년에 나타났던 혜성이 모두 같은 혜성이라는 주장을 제시하고, 이 혜성이 1758년 다시 나타날 것이라 예측하였다. 예측이 사실로 밝혀지면서 이 혜성은 핼리 혜성이라고 불리게 되었다.

17) 솔베 회의: 물리학과 화학을 위한 국제 솔베 기구International Solvay Institutes for Physics and Chemistry는 벨기에의 기업가인 에르네스트 솔베가 1912년 벨기에 브뤼셀에서 세웠다. 이 기구는 1911년 솔베 회의Conseil Solvay의 성공에 힘입어 세워졌다. 솔베 회의는 세계 최초의 물리학 학회이며 초청자로만 구성됐는데 이 기구는 학회와 워크숍, 세미나, 콜로키엄을 주관한다.

솔베 회의는 물리학과 화학의 중요한 미해결 문제를 위해 1911년에 개최됐으며 3년마다 열린다. 제23회 국제 물리학 솔베 학회는 2005년 12월 1일~3일 브뤼셀에서 열렸으며 주제는 "The Quantum Structure of Space and Time" 이었다.

1911년 가을 브뤼셀에서 열린 첫 번째 솔베 회의는 헨드릭 안톤 로런츠가 의장을 맡았다. 첫 번째 주제는 '방사능과 양자Radiation and the Quanta'였다.

이 회의는 고전 물리학과 양자 역학의 두 가지 문제에 착수한 것처럼 보였다. 알베르트 아인슈타인은 가장 어린 참석자였다. 솔베 학술회에는 퀴리 부인이나 앙리 푸앵카레와 같은 유명한 회원들이 참석하였다.

18) 그레타 툰베리Greta Thunberg(2003~)는 스웨덴의 환경운동가다. 2018년 8월, 스웨덴 의회 밖에서 처음으로 청소년 기후행동을 한 것을 시작으로, 2019년 전 세계적인 기후 관련 동맹휴학 운동을 이끈 인물이다. 2019년 타임 올해의 인물에 선정되었다.

19) 마이클 샌델Michael J. Sandel(1953~)은 미국의 정치철학자이다. 그는 온라인 수강이 가능한 하버드 교육 강의 'Justice'로 익히 알려진 바 있으며, 존 롤스John Rawls의 『정의론A Theory of Justice』을 비판한 『자유주의와 정의의 한계Liberalism and the Limits of Justice』(1982)를 발표하면서 세계적인 명성을 얻었다. 오늘날 대표적인 공동체주의자, 공화주의자이며 자유주의에 대한 비판가로 유명하다. 현재 그의 저서를 통해 공동체주의적 공화주의라는 새로운 정치 이론을 표방

하고 있다. 그는 현재 미국 예술 및 과학 아카데미the American Academy of Arts and Sciences의 특별 연구원으로 선출되어 활동하고 있으며, 미국 하버드 대학 교수로 재임 중이다.

20) 부패 인식 지수CPI, Corruption Perceptions Index는 국제투명성기구TI에서 매년 발표하는 국가별 청렴도 인식에 관한 순위이다. 1994년에 조사한, CPI 1995 년판부터 발표하기 시작했다. 이 지수는 공무원과 정치인이 얼마나 부패해 있다고 느끼는지에 대한 정도를 국제 비교하고 국가별로 순위를 정한 것이 다. 2010년 조사에서는 178개국을 대상으로 10개 기관이 조사한 13종류의 설문 조사 보고서를 통계 처리하여 생성하였다. 이 지수는 가장 깨끗한 상태 를 의미하는 10에서 가장 부패했다고 느끼는 것을 나타내는 0의 범위에서 평가되고 있으며, 70%의 나라가 5 미만이며, 개발도상국에서는 90% 이상의 국가가 5 미만이다.

산출 방법: 2009년 부패인식지수는 10개 기관이 조사한 13개 종류의 설문 조사 보고서를 근거로 산출하였다. 이 조사를 실행하는 10개 기관은 아시아개 발은행, 아프리카개발은행, 베텔스만기금, 세계은행, 이코노미스트 인텔리전스 유닛, 프리덤하우스, 글로벌 인사이트 국제경영개발원IMD, 정치경제 리스크 컨설팅, 세계경제포럼이다. 조사 대상은 전 세계 비즈니스맨과 국가 분석 전문 가 등으로 하고 있다. 또한 부패인식지수에서 국가를 평가하려면 적어도 3개 의 소스를 사용하도록 권장하고 있다.

21) 존 롤스John Rawls(1921~2002)는 하버드 대학교에서 정치 철학 교수를 지냈고 『정의론』(1971년)과 『공정으로서의 정의』(2001년)를 쓴 미국의 철학자이다. 하 버드 대학교에서 제임스 코넌트 프로페서십과 크라이스트 처치에서 풀브라이 트 펠로십을 획득하였으며, 1999년에는 샤크 상Schock Prize과 롤스의 저작이 '교육받은 미국인의 전체 세대가 민주주의에 대한 믿음을 되살리는 데에 도움 을 준' 공로로 네셔널 휴머니티스 메달을 수상하였다.

롤스의 걸작인 『정의론』은 출판된 시점에서는 제2차 세계 대전의 종료 이후 에 윤리학에서 가장 중요한 저작으로 평가되었고, 현재는 정치 철학에서의 주요 교재 중 하나로 인정되고 있다. 롤스의 정치 철학 저작은 "가장 합리적인 원리는 모든 사람이 공정한 지위에서 수용하고 동의하는 것이다"라는 주장을 출발점으로 취하였다. 롤스는 모든 사람이 동등하게 원초적 입장에서 위치를 부여받는 원초적 위치original position와 같은 다수의 사고 실험을 채용하여 사회 정의의 원리를 결정하고자 하였다. 롤스는 자유주의적 정치 철학의 전통에서 주요한 사상가 중 한 명이다. 영국의 철학자 조너선 울프Jonathan Wolff는 "20세기의 두 번째로 중요한 정치철학자에 대한 논란은 있을 수 있겠으나 가장 중요한 정치철학자에 대한 논란은 있을 수 없다. 그 사람은 바로 롤스이다."라고 말했다.

22) 챗봇chatbot 혹은 채터봇Chatterbot은 음성이나 문자를 통한 인간과의 대화를 통해서 특정한 작업을 수행하도록 제작된 컴퓨터 프로그램이다. 토크봇talkbot, 채터박스chatterbox 혹은 그냥 봇bot라고도 한다.

인간이 사용하는 언어를 이해해서 대화를 진행하는 자연언어처리 기술을 심각하게 적용하는 언어이해 방식, 입력받은 말에서 특정 단어나 어구를 검출하여 그에 맞는 미리 준비된 응답을 출력하는 검색 방식, 그리고 각본을 미리 만들고 각본에 따라서 사용자의 입력에 대한 동작과 각본에 있는 응답을 출력하는 각본 방식이 있다.

네이버클라우드플랫폼, 카카오톡, LINE, Slack, Facebook Messenger 등에서 챗봇을 구동할 수 있는 API를 제공한다.

23) 데이비드 조지프 봄David Joseph Bohm(1917~1992)은 주로 영국에서 활동한 미국 태생의 물리학자이다.

데이비드 봄은 미국 펜실베이니아주의 윌크스바Wilkes-Barre에서 헝가리계 유대인 아버지와 리투아니아계 유대인 어머니에게 태어났다. 아버지는 가구 가게 사장이자 랍비의 조수였다. 그러나 유대계 가족에서 자라났음에도 봄은 이미 십대에 더 이상 종교를 믿지 않게 되었다.

펜실베이니아 주립 대학교를 1939년에 졸업하였고, 대학원으로는 캘리포니아 공학대학교를 1년 다닌 뒤 캘리포니아 대학교 버클리에 전학하여 로버트 오펜하이머Julius Robert Oppenheimer(1904~1967)의 지도를 받으며 졸업하였다. 이 동안 봄은 미국 공산주의 청년 연맹Young Communist League, USA과 같은 공산주의 관련 단체에 연루되었다.

봄이 대학원에 있는 동안 제2차 세계 대전이 발발하였다. 캘리포니아 대학교 버클리에서 봄은 정치적 성향을 이유로 맨해튼 계획에 참여하지 못했다. 심지어 자신이 이미 완료한 핵물리 관련 연구 결과도 기밀 문서로 분류되어 자신조차 더 이상 볼 수 없게 되었고, 더 이상 물리 연구를 하기 힘든 지경에까지 이르렀다. 로버트 오펜하이머가 힘을 써서 봄은 졸업 논문을 쓰지 않고 1943년에 박사 학위를 취득할 수 있었다. 졸업 후, 봄은 맨해튼 계획과 관련해 오크리지 국립 연구소에서 캘루트론을 통한 우라늄 농축 과정을 연구하였다.

전후, 봄은 프린스턴 대학교에서 조교수직을 얻고, 알베르트 아인슈타인과 공동 연구를 진행하였다. 매카시즘이 한창이던 1949년 5월에 미국 의회 산하의 반미국인 활동 위원회Committee on Un-American Activities가 공개 청문회에 그의 사상에 관련해 참석을 요구하였으나, 봄은 참석을 거부하였다. 1950년에 이로 인하여 체포되었고, 알베르트 아인슈타인의 반대에도 불구하고 프린스턴 대학교에서 해임되었다. 1951년 5월에 석방되었으나 재임용되지 못했다.

봄은 미국을 떠나 브라질 상파울루 대학교에서 알베르트 아인슈타인과 로버트 오펜하이머의 추천으로 교수직을 얻을 수 있었다. 그러나 그가 1951년 10월 10일 상파울루에 도착하자 미국 영사관에서 그의 여권을 압수하였다. 이에 따라 브라질밖에 여행할 수 없게 된 봄은 이를 피하기 위하여 어쩔 수 없이 브라질 시민권을 획득하였고, 미국 시민권을 자동으로 상실하였다.

1955년에 봄은 이스라엘 하이파의 테크니온에 2년 동안 체류하였다. 이 기간 동안 세라 울프슨Sarah Woolfson을 만나, 1956년에 혼인하였다. 1957년에는 영국 브리스틀 대학교 연구원으로 자리를 옮겼고, 여기서 1959년에 야키르 아로노프Yakir Aharonov와 아로노프-봄 효과를 발견 하였다. 1961년에 런던 대학교 버크벡 칼리지의 이론 물리학 교수가 되었다. 영국에서 결국 영국 국적을 취득하였고, 1986에 긴 소송 끝에 미국 시민권도 되찾았다.

봄은 1987년에 은퇴하였다. 우울증이 심해져서 1991년 5월 10일에서 8월 29일까지 입원하였다. 1992년 10월 27에 런던에 한 택시 안에서 심장 마비로 사망하였다.

24) 코로나바이러스감염증-19coronavirus disease 2019, COVID-19 또는 단순히 코로나19는 SARS-CoV-2 바이러스에 의해 발생하는 동물 기원의 바이러스성 호흡기 질환이다. 이 바이러스 감염증은 코로나바이러스감염증-19 유행 중 처음으로 발견되어 신종 감염병이 되었다. '2019-nCoV 급성 호흡기 질환'이라는 이름은 세계보건기구WHO의 임시 명칭이었다. 최초 발생지는 중국 후베이성의 우한시이다.

25) 안토니우 마누엘 드 올리베이라 구테흐스António Manuel de Oliveira Guterres (1949~)는 제9대 유엔 사무총장이다. 1995년~2002년 포르투갈의 총리를 지냈고, 2005년 6월부터 2015년 12월까지 유엔 난민 기구에 재직하였다.

리스본 출신이다. 리스본 기술대학교에서 물리학과 전기공학을 전공했다. 1972년 군사정권 당시 합법화되지 않았던 사회당에 입당했다. 정당활동 자유화 후 적극적으로 정치에 참여했으며, 국회의원으로 선출되었다. 아니발 카바쿠 실바 정권 시절인 1992년, 사회당 대표로 선출되어 야당을 이끌었다. 1995년 총선에서 당을 승리로 이끌어, 총리로 취임했다. 1999년 총선에서 다시 승리했으며, 그 해에 사회주의 인터내셔널 대표가 되었다. 2002년 인기가 떨어져 총선을 앞두고 퇴임하였다. 2006년까지 사회주의 인터내셔널 대표로 있었다. 2005년 국제연합 난민 고등판무관으로 임명되어 2015년까지 고등판무관으로 활동했다. 2016년 10월 13일 반기문의 후임으로 유엔 사무총장에 선출되었다.

26) 중동호흡기증후군中東呼吸器症候群, Middle East Respiratory Syndrome; MERS, 메르스은 중동호흡기증후군 코로나바이러스MERS-CoV에 의한 바이러스성, 급성 호흡기 감염병이다. MERS-CoV는 박쥐로부터 유래한 베타코로나바이러스이다. 낙타나 박쥐 따위의 동물이 바이러스의 주요 매개체로 추정되고 있다. 낙타에서는 MERS-CoV의 항체가 있음이 알려졌으나, 낙타의 감염이 정확히 어디에서 근원했는지는 확인되지 않았다. 2012년 런던의 첫 환자로부터 발견된, 'HCoV-

EMC/2012'로 알려진 MERS-CoV의 한 균주는 이집트 무덤 박쥐Taphozous perforatus에서 나온 것과 100% 일치하는 것으로 밝혀졌다. 영어 발음에 근거한 MERS의 한글 표기법은 머스이지만, 2015년 대한민국 중동호흡기증후군 유행 당시 언론 보도 이후 대다수의 대한민국 사람들이 이를 메르스로 표기하고 발음하면서 관용으로 굳어져 국립국어원에서 이뤄진 실무소위를 통해 표준어가 되었다.

27) 중증급성호흡기증후군重症急性呼吸器症候群, Severe acute respiratory syndrome, 또는 간단히 사스SARS는 2002년 11월에 중화인민공화국 광동성 포산시에서 첫 환자가 발생한 이후 홍콩, 싱가포르, 베트남 등을 거쳐 세계적으로 확산된 바이러스성 전염병이다. 중증급성호흡기증후군 코로나바이러스SARS-CoV에 의해 발병한다. 보통 잠복기는 2~7일이며, 10일이 걸릴 수도 있다.

28) 여성살해女性殺害, femicide란 여성을 죽이는 것으로 광의의 정의가 이루어지지만 실제 사용례는 문화적 맥락에 따라 달라질 수 있다. 이 용어의 고안자 중 한 명인 여성주의자 다이애나 E. H. 러셀은 여성살해를 '여성이라는 이유로 여성이 남성에게 죽임을 당하는 일'로 정의한다.

여성살해를 일반적인 개념의 살해와 분리해서 정의할 필요성에 대한 의문이 제기되기도 한다. 반대자들은 살인 피해자의 80% 이상이 남성이며, 여성살해라는 말은 피해자가 여성인 살인을 지나치게 강조하는 것이라고 주장한다.

성별중립적인 대체 용어로 젠더사이드가 있지만, 여성주의자들은 젠더사이드라는 용어가 여성의 살해라는 주제를 다루는 것을 금기시하는 데 일조한다고 반발한다. 또한 그들은 여성살해의 범행동기는 남성에 대한 살해와 유의미하게 구분된다고 주장한다.

29) 도영인의 정화수 〈보이지 않는 생각의 힘〉,《논객닷컴》(2020.4.9)

http://www.nongaek.com/news/articleView.html?idxno=68571.

30) [박영재의 향상일로] 〈비대면非對面에 대한 단상〉,《시사위크》(2020.3.31),

http://www.sisaweek.com/news/articleView.html?idxno=132467.

31) N번방 사건은 2018년 하반기부터 2020년 3월 현재까지 텔레그램, 디스코드,

라인, 위커, 와이어 등의 메신저 앱을 이용하여 '스폰 알바 모집' 같은 글을 게
시하여 피해자들을 유인한 다음, 얼굴이 나오는 나체 사진을 받아 이를 빌미로
협박해 성착취물을 찍게 하고 이를 유포한 디지털 성범죄, 성 착취 사건이다.
피해자는 중학생 등 미성년자를 대거 포함한다. 회원 규모는 최소 박사방 '맛
보기 방' 회원 1만 명, 박사방 유료회원 3만 명 내지 수만 명으로 추정한다. 피
해자 숫자는 '박사방'의 경우 확인된 경우만 최소 74명, 그 중 아동 청소년 등
미성년이 16명이다.

32) 프리드리히 하이에크Friedrich Hayek(1899~1992)는 오스트리아에서 태어난 영국
의 경제학자이자 정치철학자이다. 그는 신자유주의 아버지로 불린다. 1938년
영국 시민권을 취득하였다. 1974년 화폐와 경제 변동에 관한 연구로, 이데올로
기적 라이벌인 스웨덴의 경제학자 군나르 뮈르달과 더불어 노벨 경제학상을
수상했다. 1991년에는 미국 대통령 자유 메달U.S. Presidential Medal of Freedom을
받았다.

화폐적 경기론과 중립적 화폐론을 전개하였고, 자유주의의 입장에서 계획
경제에 반대했다. 사회주의 및 전체주의, 좌파의 경제 정책을 비판하고, 케인
스의 이론에 대항하여 자유시장 경제 체제를 옹호하였다. 신자유주의의 사상
적 아버지로 불리고 있다. 하이에크는 학술적 삶을 런던 정경대학, 시카고 대
학교, 프라이부르크 대학교 등에서 보냈다.

경제학 연구에만 머무르지 않고 정치·사회·문화를 아우르는 폭넓은 연구
활동을 보여주었다. 1970년대 서구 복지국가가 복지병과 경기침체 현상을 안
게 되면서 자유시장 중시와 계획경제 비판을 요체로 한 그의 이론이 재조명되
었고, 1980년대 레이거노믹스와 대처리즘을 필두로 하는 신자유주의 출현의
이념적 기반이 되었다.

저서로는 『법, 입법, 자유』, 『노예의 길』 등이 있다. 1994년 발행 50주년을
맞이한 『노예의 길』에는 밀턴 프리드먼이 쓴 서문이 보태졌다.

33) 『신이경神異經』은 한대漢代 동방삭東方朔이 편찬하고 진대晉代 장화張華가 주를
단 한대漢代 소설로 전해지고 있다.

참고문헌

게르하르트 베어 지음, 이부현 옮김(2009), 『독일 신비주의 최고의 정신 마이스터 에
　　크하르트』, 안티쿠스.

권태훈 지음(1989), 『천부경의 비밀과 백두산족 문화』, 정신세계사.

그렉 브래든 지음, 김시현 옮김(2012), 『디바인 매트릭스-마음이 작동하는 숨겨진
　　원리』, 굿모닝미디어.

길희성 지음(2018), 『종교에서 영성으로』, 북스코프.

달라이 라마 지음, 삼묵·이해심 옮김(2007), 『과학과 불교-한 원자 속의 우주』, 하늘
　　북.

대혜종고 지음, 청림지상 옮김(2018), 『서장書狀』, 불광출판사.

데이비드 봄 지음, 강혜정 옮김(2011), 『창조적 대화론』, 에이지21.

데이비드 호킨스 지음, 백영미 옮김(2011), 『의식 혁명』, 판미동.

＿＿＿＿＿＿＿＿＿＿＿＿＿＿＿＿(2019), 『호모 스피리투스』, 판미동.

디팩 초프라 지음, 이현주 옮김(2013), 『우주리듬을 타라』, 샨티.

＿＿＿＿＿ · 레너드 플로드노프 지음, 류운 옮김(2013), 『세계관의 전쟁』, 문학동네.

로버트 라이트 지음, 이재석·김철호 옮김(2017), 『불교는 왜 진실인가』, 마음친구.

루퍼트 셸드레이크 지음, 하창수 옮김(2016), 『과학의 망상』, 김영사.

＿＿＿＿＿＿＿＿＿＿, 이창엽 옮김(2019), 『과학자인 나는 왜 영성을 말하는가』,
　　수류책방.

리처드 도킨스 지음, 홍영남 옮김(2018), 『이기적 유전자』, 을유문화사.

리처드 윌킨슨 지음, 전재웅 옮김(2012), 『평등이 답이다』, 이후.

마셜 로젠버그 지음, 캐서린 한 옮김(2017), 『비폭력 대화』, 한국NVC출판사.

마이클 샌델 지음, 안기순 옮김(2012), 『돈으로 살 수 없는 것들』, 와이즈베리.

목영일 지음(2009), 『예수의 마지막 오딧세이』, 블루리본.

바트 어만 지음, 민경식 옮김(2006), 『성경 왜곡의 역사』, 청림출판.

＿＿＿＿＿＿, 강주헌 옮김(2010), 『예수 왜곡의 역사』, 청림출판.

＿＿＿＿＿＿, 강창헌 옮김(2015), 『예수는 어떻게 신이 되었나』, 갈라파고스.

박석 지음(1998), 『명상체험 여행』, 모색.

박영재 지음(1996), 『두 문을 동시에 투과한다』, 불광출판부.

_____ (2001), 『이른 아침 잠깐 앉은 힘으로 온 하루를 부리네』, 운주사.

_____ 엮음(2015), 『날마다 온몸으로 성찰하기』, 비움과 소통.

법정 옮김(1975), 『숫타니파타』, 정음사.

브루스 립튼 공저, 이균형 옮김(2012), 『자발적 진화』, 정신세계사.

블레즈 파스칼 지음, 이환 옮김(2003), 『팡세』, 민음사.

빅토르 프랑클 지음, 이시형 옮김(2005), 『죽음의 수용소에서』, 청아출판사.

샤론 베글리 지음, 이성동 옮김(2008), 『달라이 라마, 마음이 뇌에게 묻다』, 북섬.

석지현 지음(1975), 『선으로 가는 길』, 일지사.

스티븐 호킹 지음(2010), 『위대한 설계』, 전대호 옮김, 까치.

_____ (2019), 『빅퀘스천에 대한 간결한 대답』, 배지은 옮김, 까치.

신디 위글워스 지음, 도승자 옮김(2014), 『SQ21: 온전한 삶을 위한 21 영성지능기술』, 신정.

아니타 무르자니 지음, 황근하 옮김(2012), 『그리고 모든 것이 변했다』, 샨티.

앤소니 드 멜로 지음(1983), 정한교 옮김, 『종교박람회』, 분도출판사.

_____ (1994), 『일분 헛소리』, 분도출판사.

에드워드 윌슨, 이한음 옮김(2013), 『지구의 정복자』, 사이언스북스.

_____ (2016), 『인간 존재의 의미-지속가능한 자유와 책임을 위하여』, 사이언스북스.

에리히 프롬 지음, 황문수 옮김(2019), 『사랑의 기술』, 문예출판사.

오강남 지음(2017), 『예수는 없다-기독교 뒤집어 읽기』, 현암사.

_____ (2019), 『진짜 종교는 무엇이 다른가-종교의 심층을 탐구한 인물들』, 현암사.

올더스 헉슬리 지음, 조옥경 옮김(2014), 『영원의 철학』, 김영사.

유발 하라리 지음, 조현욱 옮김(2015), 『사피엔스』, 김영사.

_____, 김명주 옮김(2017), 『호모데우스』, 김영사.

_____, 전병근 옮김(2018), 『21세기를 위한 21가지 제언』, 김영사.

이만갑 지음(1996), 『의식에 대한 사회학자의 도전』, 소화.

이부영 지음(2014), 『분석심리학 이야기』, 집문당.

이븐 알렉산더 지음, 고미라 옮김(2013), 『나는 천국을 보았다』, 김영사.

장회용 지음(2005), 『가이아 프로젝트』, 대양.

_____ (2005), 『보이는 것만이 진실은 아니다』, 대양.

종달 지음(1985), 『깨달음에 이르는 열 가지 단계: 십우도』, 경서원.

짐 터커, 박인수 옮김(2015), 『어떤 아이들의 전생 기억에 관하여』, 김영사.

카터 핍스 지음, 이진영 옮김(2016), 『인간은 무엇이 되려 하는가』, 김영사.

켄 윌버 지음, 박정숙 옮김(2006), 『의식의 스펙트럼』, 범양사.

켄 윌버 지음, 김철수 옮김(2012), 『무경계』, 정신세계사.

토마스 베리·브라이언 스윔 지음, 맹영선 옮김(2010), 『우주이야기』, 대화문화아카데미.

토머스 쿤 지음, 김명자·홍선욱 옮김(2013), 『과학혁명의 구조』, 까치.

파라마한 요가난다 지음, 김정우 옮김(2014), 『요가난다, 영혼의 자서전』, 뜨란.

패트리셔 애버딘 지음, 윤여중 옮김(2006), 『메가 트렌드 2010』, 청림출판.

폴 샤피로 지음, 이진구 옮김(2019), 『클린미트』, 흐름출판.

프리드리히 니체 지음, 장희창 옮김(2004), 『짜라투스트라는 이렇게 말했다』, 민음사.

프리드리히 하이에크 지음, 김이석 옮김(2018), 『노예의 길』, 자유기업원.

필 주커만 지음, 박윤정 옮김(2018), 『종교 없는 삶』, 판미동.

한영우 교수 지음(2010), 『한국선비지성사』, 지식산업사.

허버트 벤슨 지음, 이세구 옮김(2013), 『이완혁명』, 케이북스.

기타 자료

〈Spirituality across Disciplines: Research and Practice〉 (Marian de Souza, Jane Bone, Jacqueline Watson (Editors) 2016, Springer

〈Integral Spirituality: A Startling New Role for Religion in the Modern and Postmodern World〉 Ken Wilber 2006. Integral Books.

심층변화와 영성지능지수 자가측정 관련 자료: https://deepchange.com

찾아보기

ㄱ

가부좌명상 68

가상현실 184, 349

가짜뉴스 363

간섭현상 265

간화선看話禪 81, 85~86, 92, 97, 100, 102, 106, 118~119, 245, 260, 303, 386, 395

갈등 21, 51, 70, 72, 77, 106, 181~183, 188, 193, 226, 252, 264, 285, 319~321, 334~336, 342, 347, 397, 406

갈릴레오 갈리레이Galileo Galilei 178, 321

감성感性 222

감천感天 140

개벽開闢 254

개신교 34, 38, 281

개체의식 8

건강 7, 9, 34~35, 45, 63, 68, 75, 87, 136, 245, 258~259, 271, 282, 292, 306, 333, 348, 350, 356~357, 374~375, 382~384, 389~390

걷기명상 57

게오르기 구르지예프George Ivanovich Gurdjieff 132

격물치지格物致知 195

견성見性 122

겸양지덕 220

경허鏡虛 87~88, 304

「계사전繫辭傳」147

고차원의식higer consciousness 140

고행苦行 314, 372

공감 22, 100, 114, 138, 159~160, 194, 218, 220~221, 233~234, 239, 241~242, 282, 285, 295, 298, 324, 334~335, 340, 350~351, 355~356, 364~366, 379~380, 388, 392, 399, 404, 406~407

공감능력 65

공감대화 253

공동선 경제common good economy 211, 242, 392

공동체의식 71~72

공명共鳴 155

공부 25~27, 32, 35, 42~43, 67, 75, 80, 96, 98, 106, 127, 133, 145~146, 192, 195, 198, 200, 211, 244~247, 268, 271, 274, 295, 334, 340, 375, 398

공자孔子 235

공포(심) 337, 375

과거심過去心 93

과거심불가득過去心不可得 93

과학의 명상 170

교감交感 155

구산수련九山秀蓮 115~116

구원 97

구향용담久嚮龍潭 93

국선도國仙道 68

권태훈 126, 143

그레셤의 법칙Gresham's law 255

그레타 툰베리Greta Tunberg 344

그렉 브래든Gregg Braden 287

그리스도교 33, 79, 97, 110, 227, 266, 275, 281, 350

근기根機 282

근면성실勤勉誠實 157

『금강경金剛經』 93

『금강경소초』 93

기공명상 68

기도 21~22, 33~37, 53~55, 57, 60, 66~68, 74, 109~116, 141, 244, 280, 282~283, 286~287, 296, 320, 346, 394

기독과학 35~37, 280, 305

《기독과학Christion Science》 33

기독과학교 53, 305

기독과학 교리 34

기독과학 교회 33~34, 36~37, 45

기독과학 실천사Cristion Science Practitioner 34~36

기독과학자 305

기본소득제 358

기업과 영성 366

기획독서 210, 212

기후변화 162, 212, 242, 252, 344~345, 381, 384

길희성 227, 248

김지견 108

깨달음 53, 80, 101, 131, 133, 143, 147, 150, 156, 173, 228, 230~231, 248~249, 257, 261, 266, 280~282, 285~288, 292, 295~299, 303~306, 314~316, 318, 329, 372, 380

(초)끈이론(super)string theory 267, 320

ㄴ

내부의식inner consciousness 140

넬슨 만델라Nelson Rolihlahla Mandela 273

노자老子 324

《논객닷컴》 47, 70~71, 385

농경의식 314

뉴에이지New Age 127~129, 132, 185, 267

니콜라 테슬라Nikola Tesla 293, 299, 337, 275

니콜라스 스턴Nicholas Stern 344

닐스 보어Niels Bohr 167, 337

ㄷ

『단丹』 145

단전호흡명상 53

단학丹學 145, 334

대도무문大道無門 101, 120

대립 11, 226, 273, 321, 334, 363, 372

대아大我 384, 405

대아大我의식 284

대종교 143, 254

대혜종고大慧宗杲 86, 108, 303

덕산선감德山宣鑑 93

데이비드 봄David Bohm 363~364

데이비드 차머스David Chalmers 216, 311

데이비드 호킨스David Hawkins 150, 223

데이터주의Dataism 251, 390

도널드 트럼프Donal John Trump 344, 384

도솔종열兜率從悅 122

독선 160, 185, 193~194, 321, 350, 360

돈과 영성 351, 353

돈오돈수頓悟頓修 266

돈오점수頓悟漸修 266

동림상총東林常總 339

동학東學 254, 348

동학사상東學思想 318

디팩 초프라Deepak Chopra 137, 152,
    247~248, 268

ㄹ

레너드 플로드노프Leonard Mlodinow 248

레비테이션levitation 136

로고테라피Logotherapy 164

루돌프 슈타이너Rudolf Steiner 132

로버트 라이트Robert Wright 259, 293, 335

루퍼드 셸드레이크Rupert Sheldrake 170

류영모柳永模 255

르네 데카르트René Descartes 215, 259,
    311

리처드 도킨스Richard Dawkins 233, 285

리처드 윌킨슨Richard Wilkinson 389

리처드 파인만Richard Feynman 167

ㅁ

마셜 로젠버그Marshall Rosenberg 364~365

마음챙김Mindfulness 명상(법) 273, 293

마음챙김기반 스트레스 감소Mindfulness-
    Based Stress Reduction 259~260

마이스터 에크하르트Johannes Eckhart,
    Eckhart von Hochheim 304

마이클 샌델Michael Sandel 348

마인드컨트롤 154

마테오 리치Matteo Ricci 113

마하리쉬 요기Maharishi Mahesh Yog 137,
    268

마하트마 간디Mohandas Karamchand Gandhi
    273

만공滿空 선사 303~304

만트라Mantra 24, 51, 53, 55~57, 67~68,
    74, 135, 138, 286

만트라 명상법 135

망상妄想 86, 174

맡김 154, 260

메리 베이커 에디Mary Baker Eddy 305

메릴린 퍼거슨Marilyn Ferguson 127

멘탈 비디오 기법 140

명상 9, 38, 53, 57, 60, 91, 99, 111, 127~
131, 133, 135~137, 143, 145, 152, 226,
229, 238, 243~244, 247, 254, 259, 262,
268, 271, 287, 292~293, 314, 320,
332~333, 335, 342, 357, 374, 386,
393~394, 398

명상과학연구소 270, 333

명상교육 333

명상기법 335

명상 수련 250, 293, 365~366

명상 수행 195, 335

명상의식 138~139, 238

명상음악 68, 257

명상의식 238

명상체험 여행 194, 297

명상훈련 287

모르몬교Mormon 37

목영일 186

몰입沒入 81, 83, 92, 103, 240, 261, 339,
343, 396, 401

무량청정방심無量淸淨正方心 53

『무문관無門關』 84, 93, 108, 118, 122

무문혜개無門慧開 선사 83, 122~123

무선일여舞禪一如 261

무심無心 87~88, 94, 101, 117, 119, 154,
238~239, 260~261, 302

무심명상 154

무위無爲 153, 239~240, 324

무위자연無爲自然 154, 239

무위진인無位眞人 250

무의식unconsciousness 22, 30, 47, 49, 51,
55~57, 63, 140, 142, 176, 182, 194,
199, 203, 207~209, 212, 215, 221, 232,
234, 241, 277, 326, 334, 359, 365~366

무정설법無情說法 339

미래심未來心 93

미래심불가득未來心不可得 93

미산 스님 270, 333

믿음 11, 221, 26, 28, 31, 34, 97, 110,
140~141, 147, 154, 162, 181, 185~192,
195, 200, 287, 375, 394

민족종교 254, 256

민주의식 385

ㅂ

바트 어만Bart D. Ehrman 281

바하이Bahai 35~38, 53~54, 243, 280, 285

박석 194

반본환원返本還源 228

배움 353, 405

버니 샌더스Bernie Sanders 243

범심론panpsychism 312~313

범재신론적汎在神論的 317

법계法界 98

법연法演 선사 361

법정 스님 77, 117, 132

『벽암록碧巖錄』 85

보병궁 시대Aquarian Age 271

『보병궁 시대의 음모』 127

보월寶月 스님 304

보진불이保進不二 339

본성本性 41, 49, 135, 138, 146, 152, 154,
    165, 171, 183, 194, 198, 206, 212, 222,
    227, 233, 244, 251, 260, 286, 354, 356

본질 5, 9, 10~11, 19, 24, 28~29, 49, 53,
    61, 79, 92, 125~126, 135, 146, 149, 150,
    155~156, 168, 171~172, 174, 188, 200,
    208~209, 216, 226, 239, 241, 243, 268,
    270~271, 283, 287, 299, 306, 308, 310~
    311, 313, 316, 318, 329, 349, 370, 405

본원本源 146, 152, 222, 228~229

볼텍스Vortex 151

부패인식지수CPI 352

분노(진瞋) 92, 110

분열 97, 110, 262, 273, 334, 340, 371, 395

불가지론자agnostic 38, 158, 200, 217, 223,
    366~367

불감佛鑑 스님 361

(선)불교 24, 34, 37~39, 53, 55, 77,
    97~98, 117, 122, 187, 227, 243~245,

261, 266, 269, 273, 281~282, 298, 303,
    308, 318, 350

『불교는 왜 진실인가』 259, 293, 335

불법佛法 102

불성佛性 222, 236, 303

블랙홀black hole 166

블레르 파스칼Blaise Pascal 393

비전 342

비폭력대화 253

빅데이터 251, 385, 390

빅퀘스천 10, 74, 122, 156, 161, 165~171,
    174, 176~177, 179, 197, 212~213,
    215~216, 266

빅토르 프랑클Viktor Frankl 164

빌 게이츠William Henry Gates Ⅲ 205, 351,
    377, 382, 388

ㅅ

사마광司馬光 339

사문출유四門出遊 314

4차 산업혁명 174, 183, 192, 210, 212,
    218, 251, 348, 355

사후생life after death 217

『산해경山海經』 392

삶 5~11, 18~21, 23~24, 26, 29~31,
    35~40, 43~46, 49~52, 56~57, 60~62,
    65~72, 74~75, 78~83, 85, 87~88, 92,
    96, 100~101, 103, 107, 112, 117~118,
    120, 124~126, 130~132, 134, 143, 148,

154, 156~157, 161, 164, 172, 176, 179, 181~185, 191~192, 194, 197~200, 202~203, 205, 210, 213, 215, 217, 221~222, 225, 230, 232, 235~239, 241~244, 246~257, 261, 266, 272~273, 278~280, 282, 284~287, 289, 298, 303, 307, 313, 318~321, 325, 327, 329~331, 335, 339, 342~343, 345, 356~357, 360~362, 364, 366~372, 380, 386, 392~394, 400~401, 404~407

삶의 철학과 영성 380

삼독三毒 92, 110

삼세심불가득(화)三世心不可得(話) 92, 303~304

『삼일신고三一神誥』 142, 146

삼재三才 125~126

상보성 181, 187, 190, 195

상생相生 73, 97, 130, 226, 327, 334, 336~337, 339, 342~344, 347, 361

상생의식win-win consciousness 11, 226

상속相續 85, 101~103, 111, 118, 182

생수불이生修不二 77, 118

생태(계)(문명) 87, 129~130, 162, 226, 233, 242, 271~272, 300, 344, 376, 382

생활선生活禪 89

샤론 베글리Sharon Begley 269

서산 대사西山大師 328

『서장書狀』 86

석가세존 83, 111, 117, 122, 313, 372

석고희이石鼓希夷 228

『선가귀감禪家龜鑑』 115, 328

선禪과 영성 366

선도仙道 125, 145, 147, 239

선도성찰나눔실천회 119

선도회 77~78, 81, 84~86, 91, 97~98, 108, 113~115, 117~121, 244~245, 249~250, 252, 255~256, 334, 386

(참)선수행 98, 101, 103~104, 109, 229~230, 244, 247, 258, 351

선어禪語 83, 85, 96, 101, 103, 120, 227~228, 307, 395

선정禪定 118, 314, 372

섭리攝理 98, 146, 153, 239~240, 375

성경신誠敬信 140, 146, 155

성덕도聖德道 53

성찰省察 9, 24, 78~83, 86, 89, 96, 101, 111~116, 120, 187, 193, 230, 248~250, 275, 278, 320, 329, 338, 343, 360, 364, 369, 395~396, 400~401

성체의식 58

세계보건기구WHO 382

세도나Sedona 150~151

세속주의 운동Secular Movement 285

세속주의자Secularist 285

소동파蘇東坡 337~340

소리명상 68

소망 54, 125~126, 335

소망사고wishful thinking 171

소아(小我, 에고 self) 226, 347, 405

(의사)소통 69~70, 106, 140, 142, 151, 300, 342~343, 363, 399

수식관數息觀 86~87, 89, 111, 115, 403

수처작주 입소개진隨處作主立所皆眞 102

수피 바야지드 바스타미 346

수행修行 9, 38, 42, 51~52, 77~79, 81, 84~87, 91~92, 94~98, 100, 102~104, 106~109, 115, 119~120, 122, 129~130, 133~134, 136, 140, 195, 227~228, 130, 144~245, 247, 253, 255~256, 260~261, 263, 266, 268, 270~271, 273, 283, 286~288, 296, 298, 303, 309, 314, 334~335, 352, 366, 370, 375, 386~387, 393~395, 403

수행가풍修行家風 120

순세順世 261

순수의식 135~138, 153

순수정직純粹正直 157

『숫타니파타』 77, 117

숭산 스님 38, 58, 394

스마트폰 좀비smartphone zombie 270

스와미 스리 유크테스와르Sri Yukteswar Giri 143

스티븐 호킹Stephen Hawking 166, 169, 319

스폴딩Baird T. Spalding 132~133

시민의식 50

시천주侍天主 317~318

식사오관食事五觀 112, 114~115

신디 위글워스Cindy Wigglesworth 308

신사홍서원新四弘誓願 109~110, 112, 275~276

신성神性 9, 126, 151, 155, 222, 236, 288, 306, 405

『신이경神異經』 393

신종원 108

실바마인드컨트롤Silva Mind Control 133, 138~139, 142

실업 278, 378, 381

심신건강 152

심신계발 133

심신문제mind-body problem 216

심신불이心身不二 307

심신수련법 152

심신일여心身一如 154

심신정화 152

심재心齋 235

심층독서 210, 212, 209, 215

심층의식 140, 142

《씨올의 소리》 256

ㅇ

아바타avata 147~148

아브라함 매슬로우Abraham Maslow 191

아유대죄我有大罪 113

아집我執 99, 305, 350

안회顏回 235

을 125~126

알베르트 아인슈타인Albert Einstein 301, 337, 163, 167, 177, 187~188

알아차림 154

앤소니 드 멜로anthony de Mello 79, 84

앨런 왓츠Alan Watts 178, 359

양두구육羊頭狗肉 205

양자물리학 264, 294, 309, 312, 363, 375

어리석음(치痴) 92, 110, 193

에고self 405

에드워드 윌슨Edward O. Wilson 165~166

에크하르트 톨레Eckhart Tolle 287

N포 세대 231

엔트로피entropy 법칙 208

역사의식 254

연정원硏精院 145

열반송涅槃頌 96

영기靈機 227~228

영기 단련 229, 234~235

영성 5~11, 18, 22, 34, 36, 38~39, 44, 55, 64~65, 69, 71~72, 75, 80~81, 101, 118, 124, 126, 127, 130~131, 133~134, 137~138, 140, 143, 145~146, 148~150, 152, 155~156, 170, 187~188, 210, 213, 220~222, 225~228, 230~235, 238~239, 242~244, 247~250, 252~254, 261~264, 266~267, 269, 272~273, 280~284, 286~289, 292~295, 300, 302~305, 308~309, 313, 317, 322~325, 330, 334, 341, 344, 347, 350~351, 355~360, 362, 364~365, 368~372, 374, 379, 382, 387, 391, 393~394, 397~401, 405

영성가 136, 230

영성경영spritual management 71

영성 계발 71, 128, 134, 136, 230, 255, 274, 292, 309, 333, 341, 357

영성공동체 40

영성과 과학 305, 310, 312, 321

영성과 사회복지 279

영성과 삶 367

영성과 인간관계 361

영성과 종교 366

영성교육 271~274, 279

영성기술 394

영성단체 258~259, 334

영성멘토 247, 394

영성발달 224

영성비즈니스 148

영성 사기꾼 351

영성산업spiritual entrepreneurship 71, 257~258, 262, 394

영성센터 341

영성시대 129~130, 241, 248, 254, 281, 341

영성에너지 224, 305~306

영성운동 226

영성의 공진화共進化 349

영성자산 225

영성지능 62~64, 66, 71~72, 224, 236, 272, 284, 354, 357, 405~406

영성지능지수spiritual intelligence quotient, SQ 360

영성지도자 223

영성지수 150

영성코치 258

영성 프로그램 260

『영원의 철학』 299, 304

영적 수련 230, 254, 256

예술과 영성 372

오강남 79, 280

오도송悟道頌 96, 339

오만 39, 50, 55, 172, 177, 193, 378

오매일여寤寐一如 103

오쇼 라즈니시Acharya Rajneesh 132

오프라 윈프리Oprah Winfrey 137

온화후덕溫化厚德 157

올더스 헉슬리Aldous Huxley 171, 299, 304

왕안석王安石 337~340

요가 135, 143, 239, 263, 342

『요가 난다』 143~144

요가수행 143

용用 137

요가난다 143

용담숭신龍潭崇信 선사 93

용서 22, 51, 110~11, 266, 294, 342

우주의식 73, 135, 137, 152, 313

운암雲庵 스님 303

울트라마인드ESP 시스템 140

워렌 버핏Warren Edward Buffet 205, 351

원니스 대학Oneness University 22

원불교 254

원상법原象法 147, 149

원시반본元始反本 392

웜홀worm hole 166

위빠사나 259

유기체적 200, 206

유발 하라리Yuval N. Harari 184, 322, 370, 372, 390

유정설법有情說法 339

유튜브Youtube 115, 136, 210, 214, 240, 257, 261, 268, 287, 294, 385

윤회 171~172

의미 7, 11, 19, 24, 26, 39~40, 48, 50, 58, 63, 65, 69~75, 82, 94, 102, 125~126, 135, 142, 151, 154~155, 158, 160,

162~169, 174~181, 183~184,
186~190, 192~193, 195, 197~202,
205, 213, 215, 217, 223, 226, 232,
234~235, 243, 250, 253~254, 259,
278~279, 288, 293, 296~297,
299~301, 307, 315~318, 324~325,
329, 337, 351, 359~360, 363~364,
366~367, 370~372, 377, 381~382,
399~400, 403~406

의식 5, 18, 21~24, 26, 28~29, 40~41, 48,
55, 58, 60~61, 64, 66~68, 70~75, 130,
138~139, 142, 147~151, 156, 158, 164,
168, 170, 173, 175, 178~179, 182~183,
185, 192, 197~198, 208, 211~212,
216~218, 221, 223~224, 226~228,
230~234, 236, 238, 241~243, 253,
258~259, 267~73, 287~288, 294~298,
300, 302, 304, 306, 308~313, 321~322,
325, 334~335, 337~338, 341, 345, 349,
358, 364~366, 375, 379, 381, 383, 385,
394, 405

의식儀式 90, 124

의식각성 152

의식계발 147

의식과학 137, 140

의식기능 142

의식상승 5, 9, 361

의식상태 164

『의식에 대한 사회학자의 도전』 295

『의식의 스펙트럼』 297

의식의 점프 8

의식작용 164

『의식혁명』 150, 223, 241

의현종달義賢宗達 83

이만갑李萬甲 295

이시형 333

이언 스티븐슨Ian Stevenson 172

ESP(정신감각 투사) 훈련 138

이희익李喜益 선사 77, 81, 244

인가印可 85, 94

인가장印可狀 95

인간 소외 251

인간의식 225, 376

인내천人乃天 317~318

인류의식 62, 71, 226, 234, 262, 264, 284,
287~289, 297, 358

인성교육진흥법 272

일상日常(생활) 6, 11, 23, 34, 42, 44, 49,
51, 57, 60, 71~72, 74, 79, 81~82,
85~89, 92, 100~103, 109~113, 118,
120, 132, 166, 176, 191, 196~197, 207,
220~221, 225, 227, 232, 249, 257, 264,
266, 273~276, 278, 286, 296~298, 303,
305~306, 308, 316, 318, 324, 330,
332~333, 343, 345~347, 360, 362, 366,
372, 374, 394, 396, 401~402

일상선日常禪 89

일심一心 154

일체유심조一切唯心造 142, 147

임사체험Near-Death Experiences 172~173, 322, 349

임제의현臨濟義玄 선사 250

임제종臨濟宗 250

입자(성) 90, 168, 264~265, 365

입자(이론)물리학 104~105, 320

ㅈ

자기분열 371

자동화 251

자발기공 154

자비수참법慈悲水懺法 329

자성自性 122~123

자성自省 230

자아의식 71, 73, 199

잠재성potentiality 165

잠재의식 138~139, 150, 238

장휘용 189

잭 캔필드Jack Canfield 287

저절로 신선춤 134, 138, 151~155, 240~241, 249, 260, 307, 394, 399

전법게傳法偈 96

전생기억Past-Life Memories 172

전일적全一的 200

전통종교 244

절망(감) 50, 110, 160, 178, 344, 350

정기신精氣神 145~147, 155, 239, 374

정약전丁若銓 330~331

조식調息법 145, 147

조지 루카스George Walton Lucas 223

조지 부시George Walker Bush 344

조지 폭스George Fox 305

조현증 314

조화 7, 52, 60~63, 66, 68, 130~131, 154, 170, 182, 213, 221, 224, 248, 259~260, 269, 292, 312, 322~323, 350, 352, 356, 364~365, 370~372, 379, 406

존 롤스John Rawls 360

존 카밧진John Kabat-Zinn 273

존 헤이글린John Hagelin 268

존 휠러John A. Wheeler 166~167, 194

좀비zombie 198~199

종교 6, 8, 10, 18~21, 32, 34~40, 53, 55, 71, 74, 78~82, 92, 96~98, 101, 108, 114, 117~118, 120~121, 128, 133, 141, 165, 170~172, 185~188, 205, 217, 220, 222~223, 227~231, 243~244, 247~250, 255~257, 261~262, 264, 267, 279~281, 283~287, 289, 298~299, 301~303, 305~306, 308~310, 319~322, 334~336, 346, 349~351, 355, 359, 362, 366, 368~370, 372~373, 388, 397~398

종교와 영성 372

『종교에서 영성으로』 350, 397

종교의식 79

종교인 393

좌선坐禪 78, 85~86, 89, 103, 111

좌일주칠坐一走七 85~86, 89, 104, 118, 260, 343

『주역周易』 147

주윤발 205, 351

죽음 23, 40, 75~76, 88, 111, 122, 171~172, 174~175, 198, 217, 320, 322, 375~376, 378, 395~396

중보기도 305

증강현실 184

증산도 254

지사문의指事問義 92

지성知性 8, 63, 130, 137, 143, 156, 163, 169, 220, 222, 331

지성至誠 140

지속가능 165

지식知識 6, 10~11, 64~65, 91~92, 99, 136, 158, 181, 185~188, 190~195, 200, 209~212, 214, 232~235, 275, 280, 294, 353, 357, 366~367, 370

《지식공유광장》 210, 367

지식인 86, 189, 213, 343

지식층 232

지정의知情意 146, 155

지혜 50, 62~66, 75, 97, 130, 136~137, 142, 145, 193, 195, 226~228, 234, 246, 251, 263, 271, 273, 275, 280, 298, 317,

326, 331, 342~343, 345, 352, 354~355, 359, 362, 370, 372, 374, 377~378, 391, 407

직관 130, 138~139, 142, 154, 295, 322, 333

진선미眞善美 63, 146, 152, 155, 222, 260

진 휴스턴Jean Houston 287

진화 165

진화영성evolutionary spirituality 394

집단의식 6~8, 226, 238, 242, 283, 310, 361, 382, 384~386, 398

집단지성 50, 64, 69~70, 230, 242, 249, 274, 280, 385, 406

ㅊ

참구 81, 86, 91~94, 99, 104, 109, 111, 115, 122, 250, 260, 304, 339

참선參禪 38, 58, 77~78, 91, 101, 103~104, 106~108, 114, 119~121, 149, 244~247, 258, 274, 278~279, 281, 339, 386~387, 401~403

참회懺悔 110, 121, 160, 327~331

창조지성 135~137, 140, 153

책임의식 25~27, 294

『천부경天符經』 124, 145~146, 148, 317

『천부경의 비밀과 백두산족 문화』 125

천안통天眼通 146

천이통天耳通 146

천주교 38, 77, 97, 113, 118, 141, 298

천지인天地人 125~126, 145~147, 155

천차유로千差有路 101

철학적 좀비philosophical zombie 198

체體 137

체득體得 7~8, 81~83, 92, 99, 102, 118, 123, 135, 147, 152, 249, 282, 297, 307, 320, 351~352, 366, 378, 400~401

초개아의식transpersonal consciousness 140

초연결hyper-connectivity 48, 209, 359

초월명상TM 133, 135, 137, 267~268

초인공지능Artificial Super Intelligence 161, 175, 218

초종교超宗教 39, 243, 285~286

칠죄종七罪宗 193

ㅋ

칼 융Carl G. Jung 209, 220, 241, 398

켄 윌버Ken Wilber 62, 221, 297, 301, 394

코로나19 5, 7~8, 67, 120, 235~236, 288, 322, 374~377, 380~382, 384~390, 393~396

퀘이커교Quaker 37

크레이그 해밀턴Craig Hamilton 269

크리슈나무르티Jiddu Krishnamurti 91, 132

크리스토프 코흐Christof Koch 269

키메라chimera 165

ㅌ

탈무드 181

탈진실post-truth 179

탐욕(貪) 92, 110, 193

테드TED 210, 214, 382, 388

토머스 베리Thomas Berry 300

토머스 에디슨Thomas Alva Edison 293, 337

토머스 쿤Thomas Kuhn 174

통보불이洞布不二 79, 82~83, 85, 96, 101, 120~121, 401

통종교通宗教 39, 286

통찰洞察 7, 9, 24, 44, 64~65, 69~70, 74, 78~79, 82, 85, 96, 99~100, 107, 119~ 121, 131, 143, 164, 188, 192~193, 234, 255, 272, 279~280, 302, 319, 321, 329 ~330, 339, 381, 386, 393, 401, 404

통합영성 272, 317

『통합영성』 301

투쟁 10, 226, 256

ㅍ

파괴적 기술disruptive technology 251

파동(성) 136, 152, 241, 264~265, 299~300, 375, 394

파라마한사 요가 난다 143

팡세Pensées 393

페르디난드 204~205

편견偏見 38, 99, 160, 185, 191, 194, 209, 292, 322, 350, 360

폴 샤피로Paul Shapiro 382

표층의식 142

프랜시스 베이컨Francis Bacon 34

프란치스코Papa Francesco 84

프랜시스 크릭Francis Crick 216, 311

프리드리히 니체Friedrich Nietzsche 178

프리드리히 하이에크Friedich v. Hayek 391

플라잉flying 136

피에르 테야르 드 샤르댕Pierre Teilhard de
　Chardin 309

피터 반 니우벤호이젠P. van Niuwenhoizen
　107

피해의식 202

필 주커만Phil Zuckerman 284

ㅎ

하나됨Oneness 18, 40, 61~62, 64, 72~73,
　146, 228, 263, 317

하나됨 의식Oneness Consciousness 61, 228

한국단학회 145

『한국선비지성사』 392

한영성코칭연구소 70

함석헌咸錫憲 256

합일合一 155

해리 팔머Harry Palmer 148

행복 5, 11, 18~21, 23, 28, 42, 45, 58~59,
　72, 152, 154, 156, 181, 225, 236, 247,
　276, 284, 286, 307, 333, 351, 357, 360,
　404~405

향상일로向上一路 96

허버트 벤슨Herbert Benson 135

현상 268

현재심現在心 93

현재심불가득現在心不可得 93

혜연慧淵 대자 244

혜월慧月 선사 303

혜정慧頂 거사 85

호모 스피리투스Homo Spritus 10, 150

『호모 스피리투스』 150

호핑hopping 136

호흡명상 68

홍익사상弘益思想 334

화광동진和光同塵 195, 297

화두話頭 79, 81, 84~86, 91~94, 98~99,
　104~106, 108, 110~111, 115~116,
　118~119, 122, 126, 244~246, 250,
　260~261, 265~266, 278, 303~304,
　314, 339, 395

확증편향confirmation bias 342

확철대오廓徹大悟 296

후천개벽後天開闢 271

희천希天 요한 보스코 거사 97

힐링 129, 133, 152, 254, 262, 294, 398

저자 소개

도영인

한영성코칭연구소장, 전 국제사회복지학회장

우주에 가득한 사랑에너지를 듬뿍 받는 존재로서 내면에서 빛나는 평안함에 감사한 마음으로 살고 있다. 혼란스러운 세상을 좀 더 기쁨이 넘치는 곳으로 변화시키고 싶은 자아실현의 욕구를 갖고 있으면서 앞으로 세상이 계속 더 나은 곳으로 진화해 갈 것이라고 믿는 마음이 있다. 티끌 같은 인간의 힘으로 우주법칙을 결코 완전히 이해할 수는 없겠지만 나라는 생명체를 성장시키고 보호하는 신비로운 힘에 감사할 뿐이다. 미국과 한국에서의 사회복지학 교수직에서 은퇴한 후에 미국 텍사스에 소재한 Deep Change 인력개발 자문회사의 영성코치로서 한국사회에 영성지능spiritual intelligence 개념을 전파하고 있다. 한영성코칭연구소를 통해 개인의식 향상과 진보적 사회변혁을 지향하는 통합영성integral spirituality 계발프로그램들을 소개한다. 영성적인 이슈들과 관련된 대중적인 칼럼을 《논객닷컴》에 쓰고 있다. 한국사회가 행복지수가 훨씬 더 높은 사회통합적인 민주사회로 지속적으로 성장할 수 있도록 작게나마 자유로운 영성인으로서의 소명을 다하고자 한다.

박영재

서강대학교 물리학과 교수, 선도성찰나눔실천회 지도법사

대학입학 후 학문과 인생에 관해 1년 동안 방황하다가 1975년 우연히 불교서적을 통해 '독화살의 비유'를 접하고, 곧바로 선도회 종달 선사 문하로 입문해 수행을 병행하면서 물리학자의 길을 걸었다. 1987년 간화선 점검과정을 모두 마칠 무렵 교수직과 법사직이 둘이 아니라는 것을 온몸으로 체득하게 되었다. 1990년 스승 입적 이후 뒤를 이었으며 1991년과 1997년에 숭산 선사께 두 차례 입실점검을 받았다. 앞으로 역점을 두고 있는 것은 종교와 종파를 초월해 통찰과 나눔이 둘이 아닌 통보불이洞布不二 가풍을 힘닿는 데까지 널리 선양하는 것이다. 지은 책으로 『두 문을 동시에 투과한다』 『날마다 온몸으로 성찰하기』 등이 있고, 현재 《시사위크》와 《불교닷컴》에 칼럼을 연재하고 있다.

송순현

저절로아카데미 원장, 전 정신세계원장

명상·힐링·영성 분야의 출판과 교육 사업에 오랜 기간 종사하였고 "좋다는 것은 무엇인가?(What is good?)"에 대한 탐구 끝에 '지금 기쁨(Joy Now)'을 삶의 궁극적인 지향점으로 삼게 되었으며 자연·명상·풍류로써 이를 구현하고자 서귀포 안덕 계곡 옆에 거주하며 '저절로 신선춤'을 연마하고 있다. 한편 48세 때 꿈속에서 부친께서 내려주신 '봄늘'이라는 호號를 마음에 새기며 〈저절로 아카데미〉와 《JN뉴스》를 통해 사람과 세상이 보다 맑아지고 흥겨워지는 데에 기여하고자 하고 있다.

이영환

동국대학교 경제학과 명예교수, 정진기언론문화재단 이사

대학에서 오랫동안 경제학을 강의하면서 경제 문제를 비롯해 인간과 사회의 제반 문제의 해결을 가로막는 근본 원인은 무지無知에 있음을 절감하고 여러 분야의 문헌과 자료를 섭렵하면서 부족한 공부를 보완하며 살아가고 있다. 여전히 불가지론자agnostic를 자처하면서 은퇴 후에도 나름 열심히 독서와 통합적 사고 훈련을 통해 자신만의 빅퀘스천을 탐구하고 있다. 최근 인간 의식意識 문제의 본질에 대해 탐구를 통해 새삼 깊고도 넓은 정신세계의 오묘함에 감탄하면서 에고ego의 한계를 극복하는 것만이 인간사 모든 문제 해결의 선결요건임을 절감하고 있다. 저서로는 『시장경제의 통합적 이해』, 『시장과 정보』, 『위험과 정보』, 『Beyond the Korea Discount』 외 다수가 있으며, 한국 사회의 선진화를 위해서는 지식공유가 절실하다면 문제의식을 갖고 《논객닷컴(www.nongaek.com)》과 《기초지식칼럼(www.bkcolumn.com)》에 정기적으로 칼럼을 기고하고 있다.

일상의 빅퀘스천

발행일 | 초판 1쇄 2020년 7월 25일

지은이 | 도영인·박영재·송순현·이영환

펴낸이 | 김종만·고진숙

펴낸곳 | 안티쿠스

책임편집 | 김종만

북디자인 | 디노디자인

CTP출력·인쇄 | 천일문화사

제본 | 대흥제책

물류 | 문화유통북스

출판등록 | 제300-2010-58호(2010년 4월 21일)

주소 | 03021 서울시 종로구 자하문로 41길 6, 가동 102호

전화 | 02-379-8883

팩스 | 02-379-8874

이메일 | mbook2004@naver.com

ISBN 978-89-92801-41-6 03100

이 도서의 국립중앙도서관 출판시도서목록(CIP)은 서지정보유통지원시스템 홈페이지
(http://seoji.nl.go.kr)와 국가자료공동목록시스템(http://www.nl.go.kr/kolisnet)에서
이용하실 수 있습니다.(CIP제어번호 : 2020028646)